MW01250908

iRPP

CRÉÉ EN 1972, L'INSTITUT DE RECHERCHE EN POLITI- ques publiques est un organisme national et indépendant à but non lucratif.

L'IRPP a pour mission de favoriser le développement de la pensée politique au Canada par son appui et son apport à un processus élargi, plus éclairé et plus efficace d'élaboration et d'expression des politiques publiques.

Dans le cadre de cette mission, l'IRPP a pour mandat :

♦ d'identifier les questions politiques auxquelles le Canada sera confronté dans l'avenir et d'entreprendre des recherches indépendantes à leur sujet;

♦ de favoriser une large diffusion des résultats les plus importants de ses propres recherches et de celles des autres sur ces questions;

♦ de promouvoir une analyse et une discussion objectives des questions politiques de manière à faire participer activement au débat public tous les secteurs de la société canadienne et toutes les régions du pays, et à rattacher la recherche à l'évolution sociale et à l'élaboration de politiques.

L'indépendance de l'IRPP est assurée par les revenus d'un fonds de dotation auquel ont souscrit les gouvernements fédéral et provinciaux, ainsi que le secteur privé.

F OUNDED IN 1972, THE INSTITUTE FOR RESEARCH ON Public Policy is an independent, national, nonprofit organization. Its mission is to improve public policy in Canada by promoting and contributing to a policy process that is more broadly based, informed and effective.

In pursuit of this mission, IRPP

- ◆ identifies significant public policy questions that will confront Canada in the longer term future, and undertakes independent research into these questions;
- ◆ promotes wide dissemination of key results from its own and other research activities;
- ◆ encourages non-partisan discussion and criticism of public policy issues by eliciting broad participation from all sectors and regions of Canadian society and linking research with processes of social learning and policy formation.

The IRPP's independence is assured by an endowment fund, to which federal and provincial governments and the private sector have contributed.

INSTITUTE FOR RESEARCH ON PUBLIC POLICY

iRPP

INSTITUT DE RECHERCHE EN POLITIQUES PUBLIQUES

Si je me souviens bien

As I Recall

Regards sur l'histoire

Dirigé par l'Institut de recherche en politiques publiques

Avec
John Meisel
Guy Rocher
Arthur Silver

Imprimé au Canada
Dépôt légal 1999

Bibliothèque nationale du Québec
Bibliothèque nationale du Canada

DONNÉES DE CATALOGAGE AVANT PUBLICATION (CANADA)

Vedette principale au titre :
Si je me souviens bien As I recall : Regards sur l'histoire
Publié aussi en anglais sous le titre de : As I recall Si je me
souviens bien: Historical Perspectives
Comprend des références bibliographiques.
ISBN 0-88645-166-3

1. Canada—Relations entre anglophones et francopho-
nes. 2. Canada—Histoire. 3. Québec (Province)—
Histoire. 4. Québec (Province) —Histoire—Autonomie
et mouvements indépendantistes. 5. Canada—Politique
et gouvernement—XXe siècle. 6. Québec (Province)—
Politique et gouvernement—XXe siècle. 7. Canadiens. 8.
Canadiens français. I. Meisel, John, 1923- II. Rocher,
Guy, 1924- III. Silver, A.I. (Arthur Isaac), 1940- IV.
Institut de recherche en politiques publiques.
FC144.A814 1999   971.4   C98-901338-3
F1027.A814 1999

Suzanne Ostiguy McIntyre
DIRECTRICE DE L'ADMINISTRATION, IRPP

Sarah Fortin
COORDONNATRICE DU PROJET

RÉVISION LINGUISTIQUE
Jacques Constantin
Patricia Juste

TRADUCTION
Jacques Constantin
Claude Gosselin

CONCEPTION ET PRODUCTION GRAPHIQUES
Schumacher Design

ILLUSTRATION DE LA COUVERTURE
Luc Melanson

PUBLIÉ PAR
Institut de recherche en politiques publiques (IRPP)
Institute for Research on Public Policy
1470, rue Peel, bureau 200
Montréal, Québec H3A 1T1

L'AVENTURE DE CE LIVRE COMMENCE EN DÉCEMBRE 1995, DANS LE SILLAGE DU référendum québécois sur la souveraineté-partenariat. En trois ans, de la conception initiale au produit final, de *He says/She says* jusqu'à *Si je me souviens bien As I Recall*, le projet a connu de nombreux détours et de profondes mutations. Le résultat est le fruit de contributions multiples, sans lesquelles ce livre ne serait pas devenu ce qu'il est.

Le mérite d'avoir lancé le projet puis de l'avoir appuyé tout au long de ces trois années revient à Mme Monique Jérôme-Forget, présidente de l'IRPP jusqu'en décembre 1998, qui, la première, en a eu l'idée. Ce livre n'aurait pu voir le jour et ne serait pas aussi réussi s'il n'avait pas bénéficié de sa complicité et de son enthousiasme. L'intérêt et le soutien des membres du conseil d'administration de l'IRPP et des membres du comité de la recherche de l'Institut ont été tout aussi décisifs. Sans eux, cette entreprise n'aurait pu être menée à bien.

La recherche fut entreprise et les premières ébauches furent réalisées sous la direction de F. Leslie Seidle, directeur de recherche pour le programme « Gestion de l'État » de l'Institut. À son arrivée en 1997, Robert Baril lui a apporté un second souffle. Il a précisé la démarche ainsi que le cadre de rédaction et obtenu le concours d'éminents collaborateurs en John Meisel, Guy Rocher et Arthur Silver. À compter d'avril 1998, Sarah Fortin a pris la relève avec l'entrain et l'ardeur de celle qui ne sait pas ce qui l'attend. Elle a terminé la réalisation du manuscrit, piloté la traduction des textes et contribué à la forme actuelle du recueil grâce à l'ajout des illustrations et à sa participation à la conception graphique.

Nous tenons à exprimer nos sincères remerciements à John Meisel, Guy Rocher et Arthur Silver pour leur contribution importante à ce livre. Nous leur savons gré de leur intérêt et de leur engagement envers ce projet.

La recherche et la rédaction des articles, à l'exception du chapitre 1 préparé par Arthur Silver, ont été réalisées par Patricia Bittar, Alain Desruisseaux, Sarah Fortin et Nicholas Ignatieff. Mais une entreprise de cette envergure ne saurait se réaliser sans l'aide et les commentaires de nombreux lecteurs externes. Nous remercions ceux et celles qui ont accepté d'agir à ce titre: Yves Bélanger, Jean-Thomas Bernard, Sandford Borins, Stephen Brooks, André Burelle, Robert Campbell, Stephen Clarkson, Michèle Dagenais, Serge Denis, Léon Dion, René Durocher, Fred Fletcher, Alain-G. Gagnon, Jane Jenson, Eric Kierans, Guy

Laforest, Simon Langlois, Daniel Latouche, Paul-André Linteau, Antonia Maioni, Kenneth McRae, Kenneth McRoberts, Claude Morin, Alain Noël, Leslie Pal, Marc Raboy, Jean-Claude Robert, Gordon Robertson, François Rocher, Michel Sarra-Bournet, Donald Smith, Brian Tanguay, Ronald Watts, Brian Young, Robert Young. Bien entendu, toute erreur demeure notre responsabilité.

La traduction a été réalisée par Jacques Constantin et Claude Gosselin; Patricia Juste a révisé le texte, et Jacques Constantin a fait la lecture d'épreuves; l'index a été préparé par Sylvia Mauro. Leur investissement dans cette tâche a dépassé nos attentes. Nous tenons aussi à témoigner notre gratitude à l'équipe de Schumacher Design, Jenny Schumacher, Anne Tremblay, Isabelle Véronneau et Claudelle Girard, qui a conçu la page couverture et réalisé la mise en page du livre. Sa créativité a grandement facilité le passage du concept au produit final.

En terminant, il faut dire que *Si je me souviens bien As I Recall* représente sans doute ce qu'on peut trouver de plus approchant d'un travail collectif; il incarne le meilleur de l'Institut, et nous tenons à dire merci à l'ensemble du personnel de celui-ci. À France St-Hilaire, qui a agi à titre de présidente par intérim à compter de décembre 1998, pour ses judicieux conseils; à Suzanne Ostiguy McIntyre, directrice de l'administration, pour sa disponibilité et son soutien; à Paul Howe, directeur de recherche, pour son assistance dans la révision du manuscrit anglais; à Chantal Létourneau, pour la préparation du manuscrit; à Stéphane Baillie, technicien en documentation, pour son aide à la recherche. Leur concours fut des plus appréciés.

P LUSIEURS PERSONNES NOUS ONT ÉTÉ D'UNE AIDE PRÉCIEUSE DANS LA RECHERCHE des photos, caricatures et autres œuvres reproduites dans ce livre : Suzanne Morin et Brenda Klinkow, du Musée McCord d'histoire canadienne; Carole Ritchot, des Archives nationales du Québec (ANQ); le personnel des Archives nationales du Canada (ANC), Jennifer Devine en particulier; Fran Berthiaume, de la Société canadienne des postes; Pascale Simard, de la Presse canadienne; Roland Forget, du quotidien *La Presse*; Phil Norton, du quotidien *The Gazette*; Robert Chodos, du magazine *Canadian Forum*; Maryam Abou Did, du Parti communiste du Canada; Andrew Donato, du quotidien *Toronto Sun*; Terry Mosher; et Carole Vincent. Tout a été mis en œuvre pour indiquer les auteurs des œuvres reproduites, mais nous n'avons pu retracer les titulaires des droits d'auteurs dans certains cas.

Depuis maintenant près de quatre décennies, la question du statut du Québec au sein du Canada occupe une place importante à l'ordre du jour politique. Dans le cadre des discussions et des échanges auxquels cette question a donné lieu, il est souvent apparu que les protagonistes des deux communautés linguistiques entretenaient des visions divergentes, parfois radicalement opposées, d'un passé pourtant commun. Pareillement, tous ceux qui suivent l'actualité sont à même de constater que le discours politique est truffé d'allusions au passé et qu'il est usuel pour nos politiciens de n'invoquer que les éléments qui appuient leur rhétorique.

Les rapports historiques entre les anglophones et les francophones sont encore perçus très différemment de part et d'autre de la frontière Québec-Canada. Les allusions aux torts passés sont fréquentes dans le discours des nationalistes et des souverainistes québécois, et bon nombre de Québécois croient avoir été injustement traités au cours des deux siècles de cohabitation[1]. Ainsi, Fernand Dumont écrit :

> Aujourd'hui, des francophones ont beau promouvoir la souveraineté du Québec au nom d'une plus grande efficacité gouvernementale et prétendre avoir exorcisé les démons du nationalisme de leurs grands-pères, ils ne cachent pas que les désirs d'indépendance se nourrissent aussi des souvenirs des vexations passées[2].

De leur côté, que ce soit à propos de la Conquête — qui aura permis aux colons canadiens de se libérer du régime autoritaire de la France et de jouir des mêmes libertés et des mêmes droits que les autres sujets britanniques —, de la reconnaissance du français sur le nouveau territoire britannique, de l'influence des francophones et des Québécois sur la scène politique fédérale ou des décisions relatives à l'octroi de contrats gouvernementaux, les Canadiens du reste du pays concluent que le Québec a amplement bénéficié, d'abord de son statut de colonie anglaise, puis de son statut de province canadienne. En définitive, ils comprennent mal ses récriminations historiques et considèrent que les dommages — si dommages il y a eu — ont été compensés par des avantages autrement plus significatifs[3]. Comme le résume l'historien John A. Dickinson :

> L'historiographie canadienne n'a jamais été unifiée, et les deux traditions linguistiques sont aussi différentes l'une de l'autre que des

historiographies étrangères. Aucune interprétation n'a jamais réussi à réconcilier tous les Canadiens[4].

L'acuité de ces souvenirs, leur persistance et leur récurrence dans le débat constitutionnel nous ont amenés à nous interroger sur cet aspect de notre dilemme existentiel. Le présent recueil est le fruit de cette interrogation. Nous y abordons la question de l'unité et du fédéralisme canadiens sous l'angle de l'histoire, par la reconstitution de 34 événements ayant marqué, parfois durablement, les rapports politiques entre les deux communautés linguistiques : de l'arrivée des Britanniques en 1759 au référendum québécois sur la souveraineté-partenariat de 1995. Chacun à sa manière, ces événements témoignent de l'ancienneté et de la complexité des malentendus et des affrontements qui jalonnent l'histoire du pays.

Pour bien comprendre l'intérêt de la présente initiative, il faut se rappeler que l'histoire contribue à la formation d'une identité collective nationale. Or, dans un pays plurinational comme le Canada, les problèmes soulevés par la constitution d'une mémoire historique nationale sont amplifiés. Non seulement doit-on, comme partout ailleurs, réfléchir aux questions relatives à la place des femmes, des minorités ethniques et des régions dans le récit national, mais aussi composer avec le défi posé par l'existence de deux sensibilités historiques.

Cette situation a souvent été déplorée et critiquée par des historiens et des politiciens soucieux de promouvoir l'unité canadienne. Une enquête menée en 1970 dans le cadre de la commission Laurendeau-Dunton révélait que l'histoire enseignée aux Québécois et celle enseignée aux Canadiens différaient l'une de l'autre: « [...] si le Canada est plus que jamais menacé de scission, il faut, croyons-nous, en chercher la cause, pour une bonne part, dans la façon dont les citoyens d'aujourd'hui ont appris l'histoire de leur pays[5]. » Dans la même veine, l'historien J.L. Granatstein traçait récemment un portrait décapant de la situation de l'enseignement de l'histoire et lançait un appel à la résurrection de l'histoire nationale :

> Si le Canada désire être à la hauteur de sa réputation dans le monde, s'il désire offrir quelque chose à son propre peuple et à l'humanité, il devra forger un esprit national qui puisse unir une population de plus en plus diversifiée. Nous ne pourrons réaliser cette unanimité à moins d'enseigner notre histoire nationale, de célébrer nos fondateurs, d'établir de nouveaux symboles et de ren-

forcer les conditions de notre citoyenneté. [...] Nous avons une nation à sauver et un avenir à construire[6].

Dans un essai remarqué, John Ralston Saul notait, pour sa part, que les Canadiens avaient tendance à adopter une vision négative de l'histoire de leur pays et à entretenir une mythologie de victimes. Ses blâmes ne concernent pas exclusivement le clivage Québec-Canada, mais ils s'y appliquent fort bien. Ainsi, il constate que « des écoles d'historiens et de politiciens n'[ont] cherché dans ce processus que ses failles ou qu'on n'[a] voulu y voir que les torts qui ont été infligés ou que les victoires qu'un parti a remporté sur l'adversaire [...]. » Il conclut en s'interrogeant : « Comment pouvons-nous si aisément oublier que la réconciliation et la réforme sont à l'origine du pays et au cœur de sa survie[7] ? »

Bien que cette dualité historiographique ait parfois donné naissance à des interprétations qui semblent aujourd'hui exagérées, voire erronées, nous croyons que ces différences ne peuvent être aisément supprimées par l'édification d'un nouvel ordre symbolique ou simplement écartées sous prétexte que notre histoire recèle aussi des succès communs. En regard du débat sur le statut du Québec au sein de la fédération canadienne, il importe, au contraire, d'admettre que ces interprétations divergentes alimentent l'incompréhension mutuelle et influencent les échanges entre les deux communautés.

C'est pourquoi l'IRPP s'est lancé dans ce projet. En tant qu'institution nationale bilingue, indépendante et installée à Montréal, l'Institut était particulièrement bien placé pour explorer, sous leurs différentes formes, les rapports passés entre le Québec et le reste du Canada et pour reconstituer les principales pièces de ce casse-tête en forme de mémoires inversées. L'originalité du présent travail repose sur le fait que chaque événement a été résumé selon les points de vue des francophones et des anglophones, présentés respectivement sous les rubriques « Si je me souviens bien » et « As I Recall ».

Chacun des 34 événements retenus l'a été pour son influence déterminante sur l'évolution des relations Québec-Canada, pour les interprétations discordantes qu'il a suscitées ou pour le sentiment d'injustice qu'il a éveillé chez l'une ou l'autre des parties concernées. Notre objectif n'était pas de discerner des coupables ou des victimes, de détruire des mythes ou de corriger des interprétations discutables. Le choix de la problématique et la décision de présenter les rapports politiques entre les deux communautés sous le signe du conflit nous ont plutôt été dictés par le désir de faciliter le dialogue en permettant à chacune de mieux connaître et de mieux comprendre la perspective de l'autre. Interprétations et points de vue constituent la matière première de cette reconstitution, et notre principale préoccupation, tout au long de cette entreprise, aura été de présenter un portrait équitable et équilibré des opinions en présence.

Les événements présentés ici ne sont pas coulés dans le même moule, la division ayant été, selon le cas, plus ou moins profonde et les conséquences plus ou moins durables. En outre, la ligne de clivage entre les deux communautés est mouvante, selon les époques et les événements évoqués, opposant tantôt les Canadiens aux autorités britanniques, tantôt les Canadiens français aux Canadiens anglais, tantôt le gouvernement fédéral au gouvernement du Québec ou tantôt, de manière plus générale, le Québec au reste du Canada. Signalons que près de 20 des événements rapportés se sont produits au cours des 30 dernières années. Une bonne partie de ce recueil évoque donc un passé relativement récent et dont les retombées ne sont pas encore pleinement manifestes.

Compte tenu du fait qu'un très grand nombre de Canadiens ignorent l'a b c de leur histoire, on pourrait nous objecter que c'est accorder beaucoup trop d'importance aux événements du passé que d'en faire des facteurs influant sur le comportement politique des citoyens d'aujourd'hui — ceci est particulièrement fondé pour les événements les plus éloignés de nous, tels la Conquête de 1760 ou la rébellion des patriotes de 1837-1838[8]. D'autres pourraient même ajouter que l'histoire est une préoccupation moins importante dans le reste du Canada qu'au Québec. La romancière canadienne Nancy Huston traduit fort bien cette idée quand elle écrit :

Oui c'est là, en définitive, le problème que pose pour moi ce pays : il est impitoyablement, désespérément, dangereusement moderne; il a effacé son passé — déjà suffisamment mince! — et vit à la surface de son présent[9].

À cela nous répliquerons que le malaise politique et constitutionnel actuel s'explique probablement, en partie, par l'absence de dimension historique ou par une utilisation strictement partisane des événements qui ont marqué l'histoire du pays. Comme le note Dominique Moisi, « Les nations peuvent reconnaître leur passé, le réécrire ou le cacher[10]. » Nous sommes d'avis que le temps est venu pour nous de nous réapproprier notre héritage, tant dans ce qu'il a d'heureux que dans ce qu'il a de malheureux. Une meilleure compréhension et une plus grande empathie pourraient faciliter la coexistence des deux communautés, quelle que soit la forme institutionnelle que prendra cette coexistence.

Par ailleurs, il faut souligner que ce recueil concerne la mémoire collective des Québécois et des Canadiens — c'est-à-dire « le souvenir ou l'ensemble des souvenirs, conscients ou non, d'une expérience vécue et/ou mythifiée par une collectivité et dont le sentiment du passé fait partie intégrante de l'identité[11] » — plutôt que leurs mémoires ou souvenirs individuels. Bien que cette mémoire commune se manifeste souvent de manière indirecte, par la commémoration de personnages ou d'événements importants, elle demeure néanmoins réelle. C'est en elle que nous puisons pour enseigner l'histoire à nos enfants; elle est source d'inspiration pour l'avenir et de débats sur un sujet aussi crucial que le renouvellement de la fédération canadienne.

Les événements et les interprétations rapportés ici n'ont donc pas à être connus de tous ni à faire partie de la mémoire immédiate de chacun pour être signifiants. Ils le sont parce qu'ils esquissent les contours d'une identité collective. Bien entendu, l'identité se conjugue au présent et au futur tout autant, sinon plus, qu'au passé. Les grands récits du passé continuent, néanmoins, d'occuper une place de choix dans la formation des identités collectives. La polémique suscitée lors du dépôt, en mai 1996, du rapport du Groupe de travail sur l'enseignement de l'histoire au Québec (rapport Lacoursière) et les critiques de J. L. Granatstein sur le même sujet nous le rappellent bien[12].

La tâche que nous nous sommes assignée demeure délicate. Ici comme ailleurs, la discipline historique a connu la révolution des sciences sociales. L'image de la nation reconstituée par les historiens a considérablement évolué au cours des dernières décennies : classes sociales, femmes, régions et minorités y trouvent une plus grande place. L'image de la collectivité aujourd'hui projetée diffère grandement de celle qui prévalait dans un passé pas si lointain. Le débat entourant la nouvelle histoire du Québec — qui dépeint le Québec non plus comme une société rurale, agricole et repliée sur elle-même, mais comme une société « normale », connaissant une évolution semblable à celle des autres sociétés nord-américaines — est un cas d'espèce révélant bien les transformations de la représentation qu'une société se fait d'elle-même et l'importance du travail des historiens dans ce processus[13]. De même, l'introduction des problématiques liées au multiculturalisme et aux Premières Nations a suscité une dynamique nouvelle dans le débat sur l'identité canadienne, contribuant, sans doute, à faire baisser le soutien des Canadiens au principe de dualité culturelle si cher aux Québécois[14].

Ces exemples nous rappellent que le rapport entre le présent et le passé n'est pas à sens unique. Les événements historiques ne sont pas des faits objectifs qu'il suffirait de révéler. Les questions que l'on pose au sujet du passé et, par conséquent, les enseignements que l'on en tire varient en fonction des besoins du présent. En ce sens, si l'incompréhension réciproque qui caractérise aujourd'hui les relations entre le Québec et le Canada se nourrit, sans nul doute, de visions contradictoires de l'histoire, les conflits actuels influent à leur tour sur la lecture que l'on fait du passé.

En somme, mémoire et identité collectives sont des concepts difficiles à saisir et s'accommodent mal d'une présentation sommaire. Il est donc important de préciser que les événements rapportés ici ne constituent que des fragments des mémoires et des identités collectives du Québec et du Canada. Nous avons privilégié une approche fondée sur la division linguistique, ce qui a eu pour effet d'exclure des éléments ayant eu une influence considérable sur la formation de la mémoire collective des uns ou des autres et, surtout, de donner la parole à certains groupes au détriment d'autres. Par exemple, les Autochtones n'apparaissent dans cet ouvrage que lorsqu'ils ont joué un rôle dans les conflits opposant le Québec et le reste du Canada, comme lors de la crise d'Oka, lors des événements ayant entouré l'Accord du lac Meech, et lors des référendums de 1992 et de 1995. Ceci dit, si leur absence n'est pas étrangère à notre approche, elle est aussi le fruit d'une historiographie longtemps dominée par la vision européenne qui les confinait au silence et à la marginalité[15].

Notre découpage du passé, effectué sur la seule base des frontières linguistiques, a également eu pour résultat de reléguer au second plan la complexité provinciale et régionale du Canada. Dans la mesure où cette réalité constitue une clé du débat national au Canada, nous nous sommes toutefois efforcés d'en restituer quelques-uns des principaux éléments, ceux qui alimentent l'aliénation de l'Ouest et ceux qui constituent les principaux moteurs de l'activisme provincial à l'extérieur du Québec. Les introductions préparées par John Meisel font une bonne place à ces questions[16].

Si je me souviens bien As I Recall n'est donc pas un manuel d'histoire du Canada ou du Québec. Il est tout au plus un recueil d'histoires permettant de mieux comprendre l'impasse constitutionnelle dans laquelle le Canada se trouve aujourd'hui, avec le désir maintes fois répété du Québec d'obtenir une autonomie plus grande au sein de la fédération et la résistance que manifeste le reste du Canada à cette idée.

Le recueil est divisé en six chapitres, à la fois thématiques et chronologiques. Chacun est précédé de deux introductions, l'une par Guy Rocher et l'autre par John Meisel, qui offrent une vue d'ensemble du contexte ayant entouré, au Québec et dans le reste du Canada, les événements rapportés plus loin. Rocher et Meisel signent également les conclusions générales, dans lesquelles on trouvera leur lecture personnelle des rapports entretenus historiquement par le Québec et le reste du Canada.

Chaque article s'ouvre sur une brève présentation des faits entourant l'événement retenu et enchaîne sur les interprétations respectives qu'en ont données les parties concernées. À la fin de chaque article, on cerne le sens de l'événement décrit ainsi que ses répercussions à long terme. Chaque article, voire chaque introduction, peut être lu indépendamment des autres, dans l'ordre souhaité par le lecteur.

Les conclusions que l'on peut tirer de l'ensemble de l'ouvrage ne sont pas aussi tranchées qu'aurait pu le laisser prévoir une démarche axée sur les conflits. On voit sans doute émerger, au fil des pages, les contours de deux « sociétés globales », pour reprendre l'expression de Simon Langlois; mais il n'en demeure pas moins que les réactions aux différents événements ont souvent été multiples et nuancées. Seuls quelques-uns des événements rapportés dans ce recueil ont connu un dénouement qui aura heurté de front les sensibilités de l'une ou l'autre des parties.

En tout état de cause, ce retour sur le passé ne permet pas de tirer des conclusions définitives sur l'avenir des relations entre le Québec et le reste du Canada. On y trouve des exemples tout aussi bien d'accommodements que de conflits récurrents ou irrésolus; on peut donc extrapoler dans un sens comme dans l'autre. Ce projet, toutefois, n'avait pas pour ambition de tracer les voies de la réconciliation. Il devait plutôt, et avant tout, encourager les lecteurs à considérer des interprétations alternatives de l'histoire et mieux faire connaître les racines historiques de la diversité canadienne avec l'espoir que cela aide à stimuler un dialogue plus constructif entre les deux communautés.

chapitre 1

Les premiers pas

Introductions par
Guy Rocher
John Meisel

Essais préparés par
Arthur Silver

Les premiers pas

POUR LES PEUPLES ET POUR TOUTE COLLECTIVITÉ, COMME POUR TOUTE PERSONNE, LE passé est à la fois mémoire et miroir. L'histoire, qu'elle soit la mémoire d'une personne ou celle d'un peuple, est la source première de l'identité, individuelle ou collective; elle fournit la matière de la construction identitaire. Et cette construction est en même temps en constante reconstruction. L'évolution d'une image identitaire se fait en retravaillant la matière du passé dont elle se compose. C'est par le regard qu'ils portent à ce miroir que l'être humain, le groupe, la société perçoivent et imaginent leurs traits, les composent et les modifient.

Mémoire et miroir, non seulement le passé est présent, mais il est toujours agissant. Il est un des importants déterminants de l'action humaine, individuelle et sociale. Dans la construction et la dynamique de la personnalité, la psychanalyse nous a bien convaincus de cette présence active des souvenirs de l'enfance et de leur influence même inconsciente sur nos comportements, nos motivations, nos affections. Quant aux collectivités, nationales ou autres, l'histoire, qu'elle soit racontée dans des mythes, des légendes, des contes ou des études savantes, sert à fonder, nourrir, rafraîchir, corriger la mémoire collective.

Il est bien reconnu que l'histoire a joué un rôle essentiel dans l'expression et l'évolution du nationalisme canadien-français. C'était inévitable. Une minorité obsédée par la menace de sa disparition avait besoin de légitimer à ses propres yeux son existence solitaire dans la mer anglo-saxonne nord-américaine. Il fallait justifier le prix à payer pour demeurer ce que l'on était. C'est pour créer et entretenir « la fierté de nos origines » que, pendant longtemps, l'enseignement de l'histoire du Canada dans les écoles de langue française accordait au Régime français une place de choix, sinon une place prépondérante. On y assistait aux laborieuses entreprises

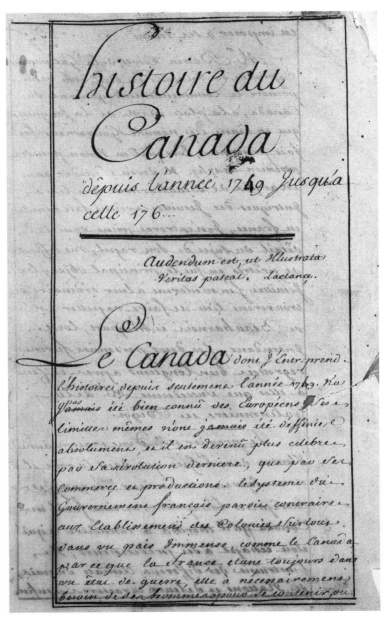

Jusqu'au tournant du XVIIIe siècle, l'appellation de Canadiens désignait les colons français installés dans la vallée du Saint-Laurent. On voit ici la page couverture d'un des premiers ouvrages relatant l'histoire de ces Canadiens. (Histoire du Canada, Collection Nouvelle-France, Musée McCord d'histoire canadienne, C003, M1673.)

de colonisation du territoire par des Français devenant des « Canadiens »; aux rapports multiples — religieux, commerciaux, politiques, militaires — avec les diverses tribus indiennes; aux exploits des troupes françaises contre les envahisseurs britanniques; à la création et à l'enracinement des institutions religieuses missionnaires, éducatives, caritatives. Dans cette optique, la Conquête était racontée comme un arrêt brutal de cette évolution. Et le Régime anglais, d'abord difficilement accepté, comme l'histoire d'une longue lutte de survie.

Pour ma part, je garde de cette histoire le souvenir, réel ou imaginaire, que bien des « Canadiens » espérèrent pendant assez longtemps une reconquête du pays par la France et prirent plus de temps que ne le dit Arthur Silver, dans le premier article, pour reconnaître la « légitimité » de la Conquête. Le sentiment d'avoir été « abandonnés » par la France, demeuré longtemps vivant chez les « Canadiens », ne tenait pas qu'à la signature du traité de Paris (1763); il avait aussi sa source dans l'acceptation du fait que l'armée française ne reviendrait pas. Les réactions divergentes que le fameux voyage du général de Gaulle suscitèrent en 1967 peuvent être interprétées comme un « retour de la France » : celle-ci, par la voix de son prestigieux président, sortait enfin de sa longue indifférence à l'endroit de son ancien pays perdu et apportait même un appui inattendu au projet d'un « Québec libre ».

Un axe de réflexion me paraît traverser ce premier chapitre : c'est l'importance des relations entre diverses minorités et majorités dans les luttes et les conflits ainsi que dans les compromis recherchés ou réalisés. Rapports, bien sûr, entre la minorité de langue française et la majorité de langue anglaise; mais également rapports entre la minorité anglophone et la majorité francophone à l'intérieur du Québec; rapports entre la minorité catholique et la majorité protestante dans le Haut-Canada, puis dans l'Ouest et dans les Maritimes, et rapports entre la minorité protestante et la majorité catholique au Québec; rapports entre les minorités catholiques de langue anglaise et de langue française, dans le contexte d'une majorité catholique de langue française au Québec et d'une majorité protestante de langue anglaise dans le reste du Canada; rapports entre la minorité acadienne franco-catholique et la majorité anglo-protestante au Nouveau-Brunswick et en Nouvelle-Écosse; rapports entre les peuples autochtones minoritaires et la majorité blanche; rapports entre la minorité des Métis, et en particulier des Métis franco-catholiques, et la majorité anglo-protestante du Manitoba, aboutissant à l'affaire Riel; rapports, enfin, entre les nouvelles minorités « ethniques » établies dans les provinces de l'Ouest et la (faible) majorité britannique.

Bref, l'histoire canadienne est tissée de ces rapports entre minorités et majorités. On peut même dire que ce type de rapport débuta sous le Régime français, lorsque les colons se définissant comme « Canadiens » devinrent majoritaires, aux dépens des fonctionnaires, commerçants et autres Français qui étaient de passage et qui demeuraient des « Français ». Et cette histoire des minorités et des majorités se poursuit jusqu'à nos jours, sans se simplifier, tant au Québec que dans tout le Canada : jusqu'en Colombie-Britannique, avec la poussée des nouvelles minorités d'origine asiatique et avec la prise de parole des nations autochtones à travers le Canada.

Il n'en reste pas moins que c'est l'ensemble des rapports mouvementés entre la majorité anglophone et la minorité francophone, accompagnés de l'évolution des deux idéologies nationalistes et de l'idéologie « impérialiste », qui demeure toujours l'axe central de l'histoire canadienne. Quand il s'agit en effet de choisir certains moments chauds de l'histoire canadienne, celle d'hier et celle d'aujourd'hui, c'est à cette dynamique que l'on se reporte inévitablement. Elle constitue la trame de tout le tissu historique, qu'il s'agisse de l'histoire politique, militaire, sociale, économique ou religieuse du Canada.

Une importante dimension, dans l'histoire de ces rapports, demeure difficile à apprécier quantitativement : dans quelle mesure les Canadiens anglais adhérant à la conception impériale du Canada ont-ils été majoritaires et, s'ils l'ont été, quand sont-ils devenus minoritaires ? Les sondages d'opinion publique n'existaient pas encore au XIXe siècle pour nous en instruire. Si je me fie à mes souvenirs personnels, je dirais que, aux yeux des nationalistes canadiens-français du début du XXe siècle, les Canadiens anglais de conviction « impérialiste » paraissaient majoritaires. Cette perception a joué, je crois, un rôle important : l'anti-impérialisme a nourri le nationalisme canadien-français de cette époque, lequel se voulait, nous y reviendrons dans une autre introduction, un nationalisme canadien tout autant que canadien-français. Les nationalistes canadiens-français avaient alors le sentiment d'être plus authentiquement Canadiens que leurs compatriotes canadiens-anglais. Ce fut le cas d'Henri Bourassa; ce fut aussi celui de Lionel Groulx, qui ne fut jamais indépendantiste parce qu'il continuait à s'accrocher à une certaine image du Canada.

Par une dure ironie du sort, ce fut quand le Canada anglais se convertit au nationalisme canadien que le nationalisme canadien-français se transforma en un nationalisme québécois et que naquirent diverses tendances indépendantistes. Un chassé-croisé s'instaura entre les deux nationalismes, qui n'allaient jamais réussir à se rencontrer. Le nationalisme canadien-français me paraît avoir été exacerbé par la montée d'un nationalisme canadien-anglais, qui apparut plus menaçant pour la minorité francophone que ne l'avait été la conception impériale du dominion canadien britannique. L'objectif que poursuivait ce dernier d'assimiler les Canadiens français, c'est-à-dire de les angliciser, était si ouvertement exprimé qu'il était aisé de le combattre. La menace « assimilationniste » du néonationalisme canadien-anglais était plus subtile parce qu'indirecte et non explicite. Tel qu'il était perçu par les nationalistes québécois, ce nationalisme très *Canadian* affichait une idéologie égalitariste et multiculturaliste qui, d'une part, plaçait les minorités francophones hors Québec au même rang que les autres minorités ethniques ou culturelles et, d'autre part, s'accommodait difficilement du caractère distinct du Québec.

À cet égard, Arthur Silver souligne avec raison le rôle que joua l'affaire Riel dans l'évolution des rapports entre Canadiens anglais et Canadiens français. À travers la colère que provoqua chez les Canadiens français la pendaison de Riel, le caractère « distinct » du Québec apparut d'une manière particulièrement choquante aux yeux du Canada anglais, pour qui Riel était un criminel et non un héros. La solution consistant à assimiler ces Canadiens français trouble-fête dans le grand tout anglophone canadien, uni et homogène, alimenta le nouveau nationalisme canadien-anglais tout autant que le nationalisme canadien-français.

Par ailleurs, le lecteur francophone sera probablement étonné par l'importance que Silver accorde à ce qu'il appelle l'« ultramontanisme ». Dans la tradition française remontant aux XVIIe et XVIIIe siècles, ce terme servait à désigner un catholicisme plus fidèle à la papauté qu'à la royauté et, par conséquent, plus universaliste que nationaliste. Le terme avait été créé pour signifier que ces catholiques se référaient à une autorité située « au-delà des Alpes » en Italie, de l'autre côté des « montagnes », par opposition aux catholiques gallicans, qui acceptaient une certaine autorité du roi sur le clergé et en matière religieuse. L'ultramontanisme et le gallicanisme s'affrontèrent dans les débuts de la colonie de la Nouvelle-France, au moment où ils se faisaient une guerre particulièrement vive en France, sous Louis XIV; l'opposition s'atténua ensuite dans la Nouvelle-France du XVIIIe siècle.

J'ai cru comprendre qu'Arthur Silver utilise ce terme dans un sens quelque peu dérivé, surtout lorsqu'il est accolé à des événements postérieurs au Régime français. Il peut alors servir à désigner un catholicisme ultraorthodoxe et en définitive « papiste », en ce sens qu'il entretenait un culte et une dévotion à l'endroit de la personne du pape et de l'autorité vaticane. Mais c'est peut-être plus exactement au pouvoir dont jouissait l'Église catholique et à l'autorité qu'exerçait l'épiscopat québécois — même sur le politique —, à la confusion entretenue et persistante entre l'autorité religieuse et le pouvoir politique qu'Arthur Silver fait référence lorsqu'il parle de l'ultramontanisme — ce que des historiens canadiens-français nomment plutôt « cléricalisme ».

Le cléricalisme fait en effet partie de l'histoire canadienne-française et québécoise. Le fait paradoxal de la fin du XIXe siècle et du début du XXe siècle, c'est que, au moment où le Québec s'industrialisait et s'urbanisait toujours davantage, le cléricalisme parut l'emporter. L'idéologie « ruraliste », fondée sur la valorisation excessive de la vocation paysanne des Canadiens français, vint appuyer cette hégémonie cléricale, qui valut au Québec la réputation de « *priest-ridden province* ». Mais l'hégémonie cléricale fut plus fragile qu'on ne pouvait le croire et elle n'a pas régné sans conteste. L'idéologie libérale était moins marginale qu'il n'y paraît, surtout dans la bourgeoisie canadienne-française. La lutte entre les deux idéologies a traversé l'histoire du XIXe siècle, notamment dans la région montréalaise. En outre, si le nationalisme puisa une part de son inspiration et de son support dans le cléricalisme, d'autres facteurs sociologiques contribuèrent aussi, à la fin du XIXe siècle et au début du XXe siècle, à nourrir et à encourager le nationalisme. J'en soulignerai deux : l'émigration des Québécois et l'urbanisation du Québec.

La deuxième moitié du XIXe siècle fut témoin d'une importante hémorragie démographique de Québécois : des fils et des familles durent quitter le Québec pour s'établir soit en Ontario et dans les provinces de l'Ouest, surtout au Manitoba, soit aux États-Unis, surtout en Nouvelle-Angleterre. Les uns et les autres allaient avoir une influence sur le nationalisme canadien-français, mais de façon différente.

En ce qui concerne d'abord ceux qui choisirent de prendre la route de l'Ouest, le déploiement de cette population francophone hors des frontières du Québec servit à produire et à entretenir l'idée d'un Canada français, c'est-à-dire d'une présence de Canadiens français hors du Québec, en direction de l'Ouest, s'ajoutant aux Acadiens de l'Est. Et cette prise de conscience d'un Canada français adopta un tour particulier, celui de la défense des droits des minorités de langue française, menacés et niés par les gouvernements de ces provinces, tant dans l'Ouest que dans l'Est, et trop faiblement protégés par le gouvernement fédéral. La cause des minorités francophones alimenta le nationalisme de plusieurs générations de Canadiens français, depuis l'affaire Riel jusqu'à la Révolution tranquille. Ceux qui partirent aux États-Unis n'appartenaient plus à ce Canada français. Mais ils devinrent et restèrent des « Franco-Américains », c'est-à-dire des Américains demeurant par de nombreux liens rattachés à ce Canada français. Ils créèrent de puissantes et actives associations de protection et de promotion de leur langue et de leur culture, appuyées par plusieurs journaux de langue française. D'une manière assez paradoxale, des dirigeants, des journalistes et des intellectuels franco-américains furent de bien des façons une source d'inspiration pour le nationalisme canadien-français et en entretinrent la flamme, presque comme s'ils avaient fait partie du Canada français.

Second facteur sociologique, l'urbanisation que connut le Québec à partir de la fin du XIXe siècle eut pour effet une fragmentation ethnique du territoire urbain. Anglophones et francophones créèrent leurs zones résidentielles respectives dans les villes où ils se retrouvèrent, que ce fût à Montréal, à Québec, à Sherbrooke ou à Drummondville. Du même coup, l'écart des niveaux de vie entre les deux communautés devint particulièrement visible. Le nationalisme canadien-français bénéficia en conséquence du développement d'une importante aile économique, qui s'exprima aussi bien par la création d'institutions universitaires — comme l'École polytechnique pour former des ingénieurs canadiens-français et l'École des hautes études commerciales pour ouvrir aux Canadiens français le marché des comptables, des hommes d'affaires et des entrepreneurs — que par des mouvements tels que l'« Achat chez nous » et un certain syndicalisme d'inspiration à la fois cléricale et nationaliste. Ce nationalisme économique comptera beaucoup dans l'évolution ultérieure du Québec vers la Révolution tranquille.

Enfin, s'ajoute un dernier élément qu'on ne doit pas perdre de vue : le nationalisme de la France de cette époque — depuis la défaite « honteuse » de 1871 aux mains de l'Allemagne et la perte de l'Alsace-Lorraine jusqu'à la Première Guerre mondiale. Ce nationalisme français était en partie catholique, ce qui lui donnait de la valeur aux yeux de certains membres du clergé et de

certains intellectuels canadiens-français. Ses excès et ses luttes internes —
notamment autour de l'affaire Dreyfus dans les années 1890 — entachaient
l'autorité dont il aurait pu jouir, mais son romantisme apportait un souffle rhétorique qui faisait parfois défaut au nationalisme canadien-français.

Mais le nationalisme français ne pouvait donner le ton à un nationalisme
de minorité comme celui qui prit racine dans le Canada français, dont le centre
était le Québec. Les articles des chapitres suivants permettront de voir le chemi-
nement qu'effectua par la suite ce nationalisme canadien-français pour évoluer
vers un nationalisme québécois.

Les premiers pas

D ANS CE PREMIER CHAPITRE, NOUS SURVOLERONS LA PÉRIODE DE 184 ANS QUI VA DE 1760 à 1944. Ce panorama nous fournira en quelque sorte le contexte historique où situer les événements particuliers que nous étudierons tout au long de cet ouvrage. Les interactions entre le Québec et le reste du Canada[1] nous apparaîtront ainsi à la façon d'un tableau pointilliste, comme une suite de menues observations qui, réunies, composent un vaste portrait de la société canadienne telle que la perçoivent, en particulier, les deux groupes linguistiques officiels. Ainsi que Guy Rocher le montre habilement dans son introduction, ce contexte historique, à la fois mémoire et miroir, influence les perceptions, les attitudes et les sentiments qui ont actuellement cours. Guy Rocher nous rappelle aussi que notre perception du passé, loin d'être statique, se modifie constamment selon les observateurs qui l'interprètent : personne ne peut en capter une image complète, chacun est condamné à n'en voir qu'une partie. La vision que l'on a du passé dépend du bagage intellectuel et émotif que l'on a et du contexte spatiotemporel dans lequel on se situe.

Ces inévitables limites ont des conséquences considérables pour la lecture du présent chapitre et de la suite du recueil. Car elles déforment la perception que l'on peut avoir de la réalité en donnant l'impression que, d'une part, presque tous les conflits qui déchirent le Canada prennent leur source dans les différences entre Français et Anglais et que, d'autre part, les interactions entre les collectivités francophones et anglophones ont été profondément négatives. Il convient donc d'adopter une perspective à la fois plus complète et plus positive.

L'événement charnière traité dans le présent chapitre reste la Confédération qui, en 1867, marqua l'adhésion du Canada-Uni et de certaines provinces maritimes à une nouvelle entité politique appelée Canada. La plupart des Canadiens, en particulier les anglophones, ont vu dans cet événement le triomphe de la collaboration et de la bonne volonté — ce qu'il fut effectivement, à un certain niveau. Ils en ont conclu que tout allait pour le mieux en matière d'« unité nationale », jusqu'à ce que surviennent des crises comme celles qui ont entouré la conscription durant les deux guerres mondiales et, plus tard, la poussée nationaliste de la Révolution tranquille. Or, la situation est beaucoup plus complexe que ne le laisse entendre cette interprétation simplificatrice.

Certes, durant le deuxième tiers du XIXe siècle, des chefs politiques jugèrent nécessaire de créer un nouveau pays pour relever les défis qu'affrontaient le Canada-Uni et les provinces maritimes, et leur projet fut bien reçu à cet égard. Mais cette entreprise, si remarquable fût-elle, ne souleva jamais un enthousiasme général ou délirant. À plusieurs reprises, elle suscita plutôt dans tout le pays opposition, scepticisme, réticence et déception. On peut, sans exagération, affirmer que le Canada est loin d'avoir surmonté tous les obstacles que ses fondateurs et leurs successeurs ont trouvés sur leur route. Certains diront qu'il arrive tout juste, encore aujourd'hui, à surmonter les obstacles auxquels il fait face. La remarque est juste. Admettons toutefois que de survivre à ces difficultés pendant près de 150 ans n'est pas un mince exploit.

La présentation dichotomique adoptée dans le présent ouvrage met en relief les différentes perceptions que l'on a des mêmes événements selon que l'on est francophone ou anglophone. Mais cette méthode, malgré son utilité, masque un fait essentiel : de part et d'autre, et en particulier chez les anglophones, on est loin de l'unanimité. Ainsi, sur le projet national que nous ont légué les pères de la Confédération, le Canada anglais lui-même était profondément divisé.

La Confédération s'est réalisée par étapes : en 1867, l'union du Nouveau-Brunswick, de la Nouvelle-Écosse, de l'Ontario et du Québec; en 1870, s'ajoutent le Manitoba et les Territoires du Nord-Ouest; en 1871, la Colombie-Britannique; en 1873, l'Île-du-Prince-Édouard; en 1905, l'Alberta et la Sakatchewan; puis, en 1949, Terre-Neuve. Cette procédure n'était pas seulement motivée par le besoin d'établir une base humaine et politique durable à l'intention des colons européens. Elle s'explique aussi par les sérieuses réserves que certains entretenaient à l'égard du projet — réserves qu'il fallait vaincre en offrant divers avantages économiques ou autres : construction d'un réseau ferroviaire viable, subsides spé-

En 1949, Terre-Neuve fut la dernière province à joindre la Confédération. Par voie référendaire, 52, 3 p. 100 des Terre-Neuviens avaient appuyé cette option, contre 47,4 p. 100 ayant opté pour un gouvernement responsable. Ici, un jeune opposant se tient devant le drapeau de Terre-Neuve, mis en berne. (Canapress.)

ciaux ou prise en charge par Ottawa des dettes coloniales. Il est d'ailleurs instructif d'observer la présence, dans la Confédération naissante, de ce que l'on appelle aujourd'hui le « fédéralisme asymétrique » — fait historique que négligent volontiers beaucoup d'opposants à la reconnaissance du caractère distinct du Québec dans la Constitution.

Même parmi les quatre colonies fondatrices, le Nouveau-Brunswick et la Nouvelle-Écosse manifestèrent une vive inquiétude face au projet et n'adhérèrent à celui-ci qu'après avoir surmonté une solide opposition. Face aux nouveaux arrangements et à leurs conséquences, le mécontentement était grand en 1867, et il ne se résorba pas avec le temps. En Nouvelle-Écosse, lors des premières élections fédérales qui suivirent la Confédération, les députés sécessionnistes remportèrent 18 des 19 sièges impartis à cette province; et, lors des élections provinciales, les libéraux anticonfédérationnistes dirigés par Joseph Howe enlevèrent 36 des 38 sièges. Howe réclama de Londres le droit, pour sa province, de se retirer du Canada, ce qui lui fut refusé. Pour persuader les Néo-Écossais de rester dans le giron canadien, Macdonald dut déployer toute son habileté, hausser pour 10 ans les subsides accordés à la province et inviter Howe à faire partie du cabinet fédéral. Plus d'un demi-siècle plus tard, le mouvement sécessionniste dans les Maritimes se manifesta avec une telle vigueur que Wilfrid Laurier créa une commission royale à laquelle il confia le mandat d'explorer les causes du malaise; les conclusions de l'étude permirent de résoudre au moins quelques-uns des problèmes soulevés. De même, certaines régions isolées et certaines classes sociales défavorisées se plaignirent du tort que leur faisait la fédération et demandèrent réparation. Ainsi, la hausse du tarif douanier préconisée par la « politique nationale » de Macdonald et, plus tard, le « tarif préférentiel » que Laurier instaura en faveur de la Grande-Bretagne favorisèrent nettement les provinces centrales, au détriment de l'Ouest et des Maritimes. Les provinces des Prairies (à l'exception de la Saskatchewan) souffrirent des tarifs du transport des marchandises, qui freinaient dans l'Ouest l'essor de la transformation des matières premières et la croissance de l'industrie manufacturière : toutes choses qui semèrent amertume et discorde dans cette région.

Les politiques résolument centralisatrices de John A. Macdonald cristallisèrent l'opposition des provinces qui, dès 1880, se concertèrent pour demander des réformes, en particulier l'abolition du pouvoir de désaveu que le gouvernement fédéral conservait à l'égard de toute loi provinciale. Sur ce front, il convient de le noter, la première attaque vint de l'Ontario, avec à sa tête Oliver Mowat, l'un des « pères de la Confédération »; le Québec, le Nouveau-Brunswick et le Manitoba n'entrèrent que plus tard dans la bataille. Même la crise du Manitoba, dont il sera question dans l'article consacré à Louis Riel, montre la diversité des sources de tension. Ces exemples illustrent amplement le fait que les heurts et les insatisfactions qui ont marqué les années de formation du Canada sont loin de tenir uniquement aux différences qui séparent francophones et anglophones ou aux relations qu'ils entretiennent entre eux.

Certes, la structure binaire qu'épouse chaque étude du présent ouvrage accentue inévitablement cet aspect de la réalité : comme l'annonce le double titre *Si je me souviens bien As I Recall*, chacun des épisodes retenus montre clairement les divergences d'opinions qui sont apparues entre les deux peuples fondateurs ou, à tout le moins, entre d'importants groupes au sein de ceux-ci. Et, comme ce sont généralement les opinions extrêmes qui s'expriment de part et d'autre avec le plus de force et de bruit, la tendance semble être aux conflits et à la polarisation. Or, les divers événements analysés dans ce chapitre, qui vont de la Conquête aux crises de la conscription, peuvent être vus sous un autre jour: la coexistence des francophones et des anglophones au Canada n'est pas uniquement constituée de différences, d'antagonismes et de querelles.

L'anglophone que je suis trouve aisément en lui-même ce qu'il faut de tolérance pour reconnaître que, minorité numérique durant la majeure partie de la période étudiée ici, les Canadiens français ont dû s'accommoder d'un traitement parfois pénible. Les incidents rapportés sont authentiques; les problèmes et les souvenirs qu'ils ont laissés ont gêné le développement de relations harmonieuses entre ce qu'il est convenu d'appeler « les deux peuples fondateurs ». Mais ces récits, réunis en un chapitre court et concentré, laissent au lecteur le sentiment que l'aventure canadienne a été et demeure très éprouvante pour les deux groupes, et en particulier pour les francophones. On a l'impression que les Québécois et les autres habitants du territoire aujourd'hui appelé Canada ont toujours vécu dans la discorde et l'affrontement; que le Canada anglais, par une attitude constamment insensible, incompréhensive, égoïste et hostile, a gravement nui aux intérêts du Canada français; et que celui-ci a montré autant d'égoïsme et d'hostilité, autant d'agressivité et de chauvinisme. Si cela était le cas, on comprendrait mal pourquoi le Québec ne s'est pas depuis longtemps dissocié d'une telle entreprise, ni pourquoi le Canada anglais a si ardemment voulu sauvegarder un pays formé de deux sociétés aussi différentes, ni pourquoi partout dans le monde le Canada passe pour un des pays où il est le plus agréable de vivre.

Il convient donc de se rappeler que d'autres incidents, événements et façons de faire que ceux que nous décrivons dans ces pages se sont inscrits dans la mémoire collective des deux partenaires. Parmi les facteurs qui ont encouragé des relations constructives entre Canadiens et Québécois, il faut compter l'existence de partis politiques forts. À partir de 1867, le système de partis est devenu un rouage essentiel dans l'édification du pays et dans la définition des arrangements et des compromis propices aux principaux acteurs politiques. Dans la poursuite de leur principal objectif — s'attirer le plus de votes possible —, les partis cherchaient, hier comme aujourd'hui, les politiques susceptibles de rallier les électeurs. Il s'agit donc, chaque fois que cela est possible, d'énoncer des positions acceptables pour les deux principaux groupes linguistiques. Cette contrainte a généralement entraîné, en particulier à l'époque où n'existaient encore ni sondages d'opinion ni fabricants d'image, l'établissement d'une étroite collaboration entre les chefs politiques des deux groupes ethniques. Ce n'est pas par hasard que l'on a baptisé Macdonald-Cartier la principale route est-ouest reliant la ville de Windsor à la frontière Ontario-Québec, puis Toronto à Montréal. La collaboration que Louis-Hippolyte LaFontaine et Robert Baldwin avaient instaurée avant la Confédération s'est poursuivie après celle-ci, particulièrement au sein des partis au pouvoir.

Nous verrons, dans l'article intitulé « L'impérialisme et la Première Guerre mondiale », qu'en 1917 les conservateurs se sont profondément aliéné le Québec; ce sont donc les libéraux qui ont gardé le pouvoir durant la plus grande partie du XXe siècle. Lorsqu'on examine le rôle de médiateur que le Parti libéral du Canada (PLC) a joué entre francophones et anglophones, on note, dès 1880, un fait très significatif : c'est la pratique de l'alternance, qui bientôt se cristallisera en un principe. En vertu de celui-ci, francophones et anglophones ont alterné à la tête du parti, augmentant ainsi les chances qu'un premier ministre sur deux vienne du Québec. On ne doit certes pas surestimer les conséquences politiques de cette pratique, mais celle-ci demeure révélatrice de l'état d'esprit des libéraux à l'égard des relations entre francophones et anglophones.

Sur la scène politique provinciale, le Parti libéral du Québec a lui aussi joué un rôle important, fournissant à plusieurs Québécois l'occasion d'influencer le cours des événements à la fois sur le plan local et sur le plan national. Certes, ce ne sont pas tous les libéraux provinciaux qui ont été actifs au sein du PLC, mais bon nombre d'entre eux l'ont fait et, par conséquent, ont élargi aux dimensions du Canada leurs perspectives et leurs relations. Cette collaboration a donné naissance à un vaste réseau de loyautés, de relations — et, disons-le, de souvenirs — autour d'une réalité canadienne qui englobe à la fois le Québec et les autres collectivités.

Mais les partis politiques provinciaux et fédéraux, si importants soient-ils, ne constituent qu'un des champs d'activité qui sollicitent l'attention et l'énergie des Canadiens — Québécois ou autres. La plupart des citoyens, en effet, appartiennent à l'un ou à plusieurs des nombreux organismes qui veillent à leurs intérêts, font appel à leur concours et les relient à d'autres citoyens poursuivant les mêmes objectifs. Il peut s'agir d'organismes voués à la religion, à une profession ou un métier, aux loisirs sportifs ou culturels, etc. Ces regroupements bénévoles ont eu des formes et des tailles diverses selon les époques, mais ils ont toujours existé, canalisant l'activité d'une grande partie de la population. Beaucoup d'entre eux agissent sur la scène non seulement locale, mais aussi pancanadienne et même internationale. Ils tissent ainsi entre leurs membres un réseau d'amitiés, d'activités et de points de référence qui dépasse de loin les intérêts purement locaux. Bon nombre de ces associations s'adressent à l'ensemble du pays et cristallisent autour de celui-ci l'attention et l'attachement de leurs membres; elles les invitent à dépasser leurs préoccupations locales pour embrasser les intérêts de leur région et de leur pays.

Souvent, cette perspective met en lumière de nouvelles loyautés et élargit le contexte d'où l'on observe et juge les événements. Sans nécessairement réduire l'attachement de l'individu au groupe et au milieu immédiats, elle crée pour lui de nouveaux liens, le met en contact avec de nouvelles idées et parfois le force à réviser des positions incompatibles ou même contradictoires. Cela signifie qu'une perspective principalement centrée sur le Québec peut se modifier ou se nuancer au contact d'une vision plus large, ouverte à des préoccupations d'ordre régional, pancanadien ou international. La priorité accordée à l'ethnie ou à la nation peut dès lors être relativisée, et même faire place à une nouvelle échelle de valeurs.

De la crise du Soudan (1884) à la Seconde Guerre mondiale (1939-1945), en passant par la guerre des Boers (1899) et la Première Guerre mondiale (1914-1918), la participation du Canada aux conflits mondiaux a créé des liens entre les Canadiens et plusieurs estiment que le sentiment d'appartenance à une nation canadienne s'est forgé sur les champs de bataille. Sur cette affiche, produite au cours de la Seconde Guerre mondiale, on a complété le bracelet d'identification avec des terminaisons évoquant différents pays d'origine des immigrants qui ont peuplé le Canada : quelle qu'ait été son origine, ce soldat était Canadien. (Harry Mayerovitch, ANC, C115712.)

Le présent chapitre nous offre beaucoup d'exemples de tels retournements. Le cas le plus frappant est sans doute celui du clergé ultramontain, dont le rôle et l'influence furent grands au Québec : ce clergé, pour des raisons religieuses, idéologiques et autres, favorisa des politiques et des mesures que les nationalistes purs et durs — les patriotes de 1837-1838, par exemple — vouaient aux gémonies. On pourrait citer maints autres cas — comme celui où l'on voit le mouvement nationaliste modifier ses objectifs en raison de leurs coûts économiques ou autres.

Pour ces raisons et pour d'autres encore, la plupart des individus sont tôt ou tard forcés de porter des jugements sur les divers événements ou problèmes évoqués ici. Ils doivent alors prendre en compte toute une série de valeurs, dont certaines leur semblent incompatibles avec l'attrait sentimental qui les porte vers le nationalisme québécois ou canadien. Cela nous aide à comprendre pourquoi les francophones, tout comme les anglophones, ont rarement réagi de manière unanime devant les problèmes qu'ils rencontraient, et pourquoi, dans chacun des deux camps linguistiques, des divisions profondes sont apparues sur bon nombre des questions débattues au cours de cette période. En fait, dans presque tous les événements que raconte Arthur Silver, les tenants d'un camp trouvaient des alliés dans l'autre. L'interprétation de la Conquête et de ses suites est révélatrice à cet égard : chez les francophones, François-Xavier Garneau y voyait « une catastrophe », et Louis-François Laflèche « un événement providentiel »; par ailleurs, Arthur Lower et Susan Trofimenkoff — deux éminents historiens canadiens-anglais — voient respectivement dans le même épisode « un genre d'esclavage » et « un quasi-viol ».

Néanmoins, les loyautés ethniques ont la vie dure. Elles nous permettent de mieux comprendre comment les membres de nos deux familles linguistiques réagissent respectivement face à un même fait historique; l'appartenance ethnique ou linguistique a de profondes racines et explique les réactions communes aux individus d'un même groupe. Ainsi, les jugements diamétralement opposés que le Québec et le reste du Canada ont portés sur le traitement réservé à Louis Riel étaient sans doute influencés par l'origine ethnique des observateurs.

De la pendaison du chef métis, on peut tirer une leçon fort utile dans l'analyse qui nous occupe. Le temps — dont on prétend, à tort, qu'il guérit tous les maux — a provoqué un remarquable revirement d'opinion au sein du Canada anglais. On est en train de réhabiliter la mémoire de Riel. Non seulement lui a-t-on érigé une statue dans l'Ouest, mais aussi veut-on faire de lui « l'un des pères de la Confédération ». Et cette entreprise ne rallie pas que des francophones ou des Métis, loin de là.

Cette relative convergence de vues qui se développe peu à peu entre les Québécois et les autres Canadiens s'explique en partie par les nombreux liens que les deux groupes ont tissés entre eux et qui multiplient les occasions d'agir ensemble et d'échanger des opinions. La coexistence des deux groupes et leur continuelle interaction sensibilisent chacun à la présence de l'autre et à l'absolue nécessité de le prendre en compte dans les décisions susceptibles d'engager l'avenir. Cette présence tacite fait désormais partie de « l'esprit canadien » : vive chez les uns et faible chez les autres, bienvenue pour les uns et honnie par les autres, elle est toujours là. Elle crée le sentiment, souvent nébuleux et même inconscient, d'une dépendance mutuelle. Sans pousser trop loin l'analogie, on est tenté de comparer cette situation au fameux syndrome de Stockholm, selon lequel un lien profond tend à s'établir entre un prisonnier soumis à un long interrogatoire et son interrogateur lui-même[2].

En tout état de cause, cette cohabitation des Québécois et des autres Canadiens, implantée à la frange nord de l'hémisphère, bornée au sud par les États-Unis, entretenant, à l'est, des sentiments ambivalents envers la Grande-Bretagne et la France — cette cohabitation, donc, a modelé une mentalité proprement canadienne. Chacune des composantes a conscience de n'être, pour le meilleur ou pour le pire, qu'un élément dans un complexe réseau de relations, dont elle doit prendre en compte l'existence. Cette conscience, certes, n'entraîne pas toujours la recherche spontanée d'un accommodement face aux revendications de l'autre groupe, mais elle permet d'envisager les événements et les problèmes sous une lumière différente de celle dont chaque groupe disposerait s'il vivait isolé. En un certain sens, la personnalité du Canadien — sa « persona », dirait un psychanalyste — comporte une identité ethnique propre, à laquelle se superposent des fragments d'une ou de plusieurs autres identités. Et l'on ne peut échapper à cette situation — qu'on la reconnaisse ou non, qu'on l'apprécie ou non[3].

Quoi qu'il en soit, les pages d'histoire que le professeur Silver résume ici devaient être mises en parallèle avec les souvenirs que chacun des deux groupes en a conservés. Car ces expériences ont modelé la mémoire collective de chacun des deux peuples fondateurs, façonné leurs attitudes et influé sur leurs façons de percevoir le monde. Ces expériences nous aident à comprendre pourquoi les

Canadiens, par-delà la barrière linguistique qui les séparait, ont fait route ensemble tout au long de la période étudiée dans le présent ouvrage et pourquoi ils poursuivent, encore aujourd'hui, leur recherche sur les aménagements propices à la gestion de leurs affaires communes.

La Conquête
(1760)

L A CONQUÊTE DU CANADA PAR L'ANGLETERRE, EN PERMETTANT L'EXISTENCE MÊME DU Canada anglais, a établi le fondement de toutes les relations entre Canadiens anglais et Canadiens français. Jusqu'à cette époque, on appelait « Canada » la colonie établie dans la vallée du Saint-Laurent, peuplée et administrée par les Français. Sa conquête s'inscrivait dans un conflit global qui opposait la France et l'Angleterre, toutes deux désireuses d'acquérir la suprématie commerciale et politique sur terre et sur mer à travers le monde.

La capitulation du Canada eut lieu en 1760, mais il fallut attendre le traité de paix de 1763 pour que fût assuré le transfert définitif à l'Angleterre. Toutes les négociations qui avaient eu lieu après chacune des guerres précédentes avaient entraîné la rétrocession de territoires conquis. Ainsi, l'Acadie, colonie française qui correspondait à peu près à l'actuel territoire de la Nouvelle-Écosse, fut prise et rendue plusieurs fois avant de passer définitivement aux mains de l'Angleterre par un traité signé en 1713[1]. Donc, si cette fois le Canada demeura possession britannique, ce fut parce que la diplomatie française y renonça, en échange d'avantages qu'elle trouvait ailleurs.

De 1760 à 1763, le Canada fut gouverné par l'armée anglaise; celle-ci, incertaine de l'issue de la guerre, transforma le moins possible les façons de faire. Mais la signature du traité de paix modifia radicalement la perspective. Dans la Proclamation royale émise en octobre 1763, l'Angleterre annonçait son intention d'implanter en terre canadienne ses lois et ses institutions (y compris une assemblée législative élue) et d'encourager l'immigration de colons anglophones.

Cette politique s'avéra peu réaliste. Au cours des deux décennies qui suivirent la Conquête, on ne vit arriver que quelques centaines d'anglophones. La tentative d'instaurer des lois anglaises créa donc confusion et instabilité, et fut rapidement jugée impraticable. Impossible, aussi, d'imposer une assemblée législative, car les lois britanniques en auraient exclu les catholiques romains, qui pourtant formaient l'essentiel de la population canadienne. Le gouverneur Guy Carleton écrivait en 1768 :

> Si l'on ne perd pas de vue [...] que nous ne pouvons compter que sur la race canadienne pour augmenter la population [de cette province], il s'ensuit que le maintien de leurs coutumes est la meilleure politique à suivre [...][2].

D'autres dispositions de la Proclamation royale s'avérèrent également mal conçues. Les frontières qu'elles traçaient pour le Canada (dès lors rebaptisé « Québec ») correspondaient à la vallée du Saint-Laurent entre Vaudreuil et Gaspé, région que la France avait effectivement colonisée, où elle avait mis en place un gouvernement stable et où elle avait appliqué ses propres lois[3]. Certes, la France avait affirmé sa souveraineté sur d'autres régions de l'Amérique du Nord et tâché d'en exclure ses rivaux européens, mais elle y avait traité les peuples autochtones en alliés plutôt qu'en sujets, respectant leur autonomie et leur territoire[4]. La Proclamation royale suivait la même voie, en interdisant aux Blancs de s'établir hors des colonies existantes. Mais elle allait plus loin et, en enlevant au gouvernement de Québec la surveillance de l'arrière-pays, elle se montrait insensible aux besoins des traiteurs de fourrures canadiens et inapte à empêcher l'afflux de colons américains vers l'Ouest[5].

Par l'Acte de Québec de 1774, le Parlement britannique corrigea le tir. Il annexait au Québec d'anciennes dépendances (le Labrador, le Sud de l'Ontario ainsi que la région Ohio-Michigan-Illinois). Il confirmait aussi l'usage du Code civil français, maintenait en place le régime seigneurial, rendait obligatoire le paiement de la dîme à l'Église catholique et admettait les catholiques au sein de la fonction publique. Enfin, il confiait le gouvernement à un gouverneur et à un conseil nommés, selon un système semblable à celui du Régime français.

Tout cela avait évidemment pour but de plaire aux Canadiens. Mais les colonies anglo-américaines jugèrent « intolérables » le maintien au Canada d'un gouvernement autocratique et de la tenure seigneuriale, le soutien de l'Église catholique par l'État et le rattachement de la vallée de l'Ohio au Québec. L'Acte de Québec fut un des éléments déclencheurs de la révolution américaine. Or, alors que Carleton avait prévu la permanence et l'accroissement de la population française au Québec, voici que le succès de la révolution américaine refoulait vers le Canada un grand nombre de réfugiés loyalistes. De 6000 à 10 000 d'entre eux s'installèrent au Québec. Irrités par les dispositions de l'Acte de Québec, qui les privaient de droits traditionnellement reconnus aux sujets britanniques (propriété privée, représentation politique, *common law* ou droit coutumier anglais, etc.), ils réclamèrent des changements.

Une nouvelle Constitution fut donc proclamée en 1791. Elle limitait le Québec à la rivière des Outaouais, sauvegardant l'ancienne province française (désormais appelée « Bas-Canada ») et créait, à l'ouest de celle-ci, une nouvelle province (le « Haut-Canada »), où s'étaient établis la plupart des loyalistes. Chaque province disposait d'une assemblée législative élue. Dans le Haut-Canada, on instaurait les lois anglaises et le régime anglais de propriété; dans le Bas-Canada, on maintenait les lois françaises et les privilèges de l'Église catholique[6].

Ainsi, trente ans après la Conquête, l'ancienne province française du Canada demeurait, sous son nouveau nom de Bas-Canada, semblable en bien des aspects à ce qu'elle avait été jusqu'à 1760. Sa population était francophone dans sa vaste majorité — l'expression « les Canadiens » ne désignait, encore à cette époque, que la population de langue française établie avant la Conquête —, même s'il s'y était greffé une minorité de langue anglaise. Le système judiciaire, le régime seigneurial et les institutions catholiques restaient en grande partie plus ou moins inchangés. Bien qu'un gouverneur britannique contrôlât toujours de Québec l'administration du Bas-Canada, les Canadiens allaient maintenant être représentés au sein de leur assemblée législative provinciale — ce qui leur permettrait d'être gouvernés à leur satisfaction, pour reprendre l'expression du premier ministre britannique, William Pitt[7].

si je me souviens bien ⎯⎯⎯⎯⎯⎯⎯

Ce n'est pas sans raison que les Canadiens se montraient inquiets au moment de la Conquête. Peu d'années auparavant, les autorités britanniques avaient dispersé la population acadienne de Nouvelle-

Écosse à travers les colonies de l'Atlantique; bien des Canadiens craignaient donc de subir le même sort. En fait, la plupart des habitants furent peu dérangés. Pour le commun du peuple, la Conquête mit fin à la conscription militaire, même si elle ne supprima ni les corvées, ni les redevances seigneuriales, ni la dîme. La plupart des gens avaient rarement l'occasion de rencontrer un anglophone, et leur vie avait bien peu changé[8].

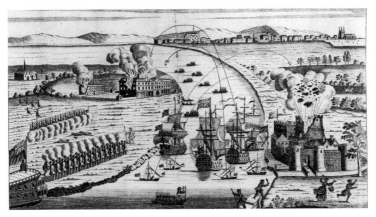

Gravure illustrant le siège et la prise de Québec, parue en 1759 dans la *London Gazette*. (ANC, C77769.)

Les plus touchés par la Conquête furent les membres de l'aristocratie seigneuriale qui faisaient carrière dans l'armée ou l'administration françaises. Environ une centaine d'entre eux quittèrent le Canada après 1760 (laissant généralement derrière eux leurs familles pour entretenir leurs propriétés)[9]. Les premiers gouverneurs britanniques, qui appartenaient eux-mêmes à l'aristocratie militaire, favorisèrent les ambitions des seigneurs canadiens. Dès que l'Acte de Québec permit aux gouverneurs de nommer des catholiques à leur conseil, ce furent des membres de cette classe qu'ils choisirent; et ceux-ci, après 1791, continuèrent de bénéficier des faveurs du gouverneur[10]. Ils comptaient d'autant plus sur celles-ci qu'ils avaient perdu d'importants privilèges dont ils avaient profité sous le Régime français : droits exclusifs sur les bénéfices de la traite des fourrures, brevets d'officiers dans les troupes de la marine, etc.

Le sort des marchands canadiens après la Conquête a fait l'objet de longs débats entre historiens. Ils eurent à affronter de nombreuses difficultés : trouver, en milieu britannique, de nouveaux fournisseurs, de nouveaux bailleurs de fonds et de nouveaux débouchés pour leurs fourrures; faire face à la suspicion et parfois même à l'obstruction des officiers britanniques qui commandaient les postes de traite dans l'Ouest; perdre les contrats d'approvisionnement des garnisons militaires qu'ils avaient remplis auparavant; affronter une concurrence sans précédent, les marchés étant désormais ouverts à tout venant, y compris aux ressortissants de la métropole britannique et de ses autres colonies.

D'éminents historiens de l'Université de Montréal ont longtemps affirmé que ces problèmes étaient si grands qu'ils avaient empêché la classe d'affaires canadienne de survivre : en privant la société canadienne-française de ses élites économiques, la Conquête l'aurait privée d'un leadership laïque progressiste et l'aurait laissée en proie à l'obscurantisme idéologique et à l'exploitation économique[11]. D'autres historiens ont écarté cette thèse. Fernand Ouellet, en particulier, a montré que les marchands canadiens s'en tirèrent assez bien, au moins dans un premier temps: sept ans après la reddition du Canada, 87 p. 100 des commerçants étaient toujours des Canadiens français, et, jusqu'à la révolution américaine, on comptait parmi eux plus des trois quarts des négociants de fourrures[12].

Dès les années 1790, toutefois, les marchands britanniques dominaient sans conteste l'ensemble du commerce. Les historiens ne s'entendent pas sur les causes de cette situation. Les gens d'affaires canadiens-français furent-ils incapables de s'adapter à la nouvelle donne économique ? Subissaient-ils l'effet à long terme de la Conquête ? Les difficultés qui suivirent cette dernière les dissuadèrent-elles, à la fin du XVIIIe siècle, de se lancer dans de nouvelles

entreprises[13] ? Toujours est-il qu'à cette époque, mis à part de petites entreprises locales, le contrôle des affaires était passé aux
mains des anglophones.

Dans un premier temps inquiète par rapport à la Conquête,
l'Église catholique fut plus tard rassurée. Le dernier évêque français
de Québec était mort en juin 1760. Malgré les garanties que l'acte de
capitulation, le traité de Paris et la Proclamation royale donnaient
aux catholiques canadiens quant à leur liberté de religion, les autorités britanniques mirent six ans à trouver une formule qui permît
l'entrée en fonction d'un nouvel évêque sans que Londres eût à
reconnaître la compétence de Rome ou de Versailles en ces matières. Les chefs de l'Église s'inquiétèrent donc du sort de leur religion.
Selon certains historiens, les évêques durent, pour assurer le maintien de l'Église, servir les intérêts du conquérant et prêcher à leurs
ouailles l'obéissance à l'autorité britannique[14]. En fait, l'Église aurait
difficilement pu tenir un autre langage; ne professait-elle pas, depuis
saint Paul, que les chrétiens doivent obéissance à leurs souverains
légitimes ? Selon l'enseignement traditionnel, la domination britannique instaurée par le traité de 1763 était tout aussi légitime que la
domination française qui l'avait précédée. « Ils sont nos maîtres »,
déclarait Jean-Olivier Briand, vicaire général de Québec, « et nous
leur devons ce que nous devions aux Français lorsqu'ils l'étaient[15]. »

Comme on le voit, la première génération réussit tant bien
que mal à s'adapter à la Conquête. À tout le moins le clergé et les
aristocrates purent-ils se rallier à l'autorité britannique avec quelque enthousiasme, particulièrement après la proclamation de l'Acte
de Québec, qui protégeait leurs institutions, leur autorité et leurs
privilèges. Et, dans les générations qui suivirent, il ne manqua point
de gens pour trouver à la Conquête un aspect positif. Louis-François
Laflèche, évêque suppléant de Trois-Rivières, écrivait en 1865 qu'il
s'était agi d'un événement providentiel : Dieu avait ainsi protégé le
Canada français contre l'anticléricalisme de la Révolution française
et lui avait permis de conserver intact son caractère catholique[16]. De

même, dans la société civile, plusieurs de ceux qui firent carrière en politique après l'instauration de la responsabilité gouvernementale louaient l'Angleterre d'avoir, par la Conquête, transplanté au Canada ses institutions parlementaires[17].

Parallèlement pourtant, l'idée que leur pays soit passé aux mains d'étrangers a toujours causé une certaine amertume chez les Canadiens. Le grand historien des années 1840, François-Xavier Garneau, voyait dans la Conquête une terrible catastrophe qui avait arraché le Canada français à la source même de sa personnalité et l'avait soumis à une « domination étrangère, le plus grand mal dont un peuple puisse être frappé[18] ». On n'y voyait d'ailleurs pas qu'une domination politique. L'historien Lionel Groulx écrivit en 1921 que la Conquête avait fait régner au Québec l'influence de la culture anglaise, qu'elle y avait créé une atmosphère protestante et anglo-saxonne, qu'elle avait même soumis l'âme des Canadiens français à la loi du conquérant[19]. À cela s'ajoute la thèse de la domination éco-nomique, avancée par les historiens montréalais. Bref, « Pour ceux qui savent apprécier à sa juste valeur l'indépendance nationale, cette conquête anglo-américaine est un désastre majeur dans l'his-toire du Canada français [...][20]. »

Car, quoique ce dernier ait pu conserver l'essentiel de sa structure sociale, ses institutions, son identité et son territoire dans les premières décennies qui suivirent la Conquête, il ne put finale-ment échapper à la présence d'un Canada nouveau – le Canada anglais – auquel la Conquête avait donné naissance. Quand la révo-lution américaine entraîna l'exode des loyalistes et que, en 1815, la fin des guerres napoléoniennes suscita une émigration encore plus massive en provenance des îles britanniques, le territoire britanni-que du Canada était là pour les accueillir. Dès 1840, dans ce qui avait été la Nouvelle-France, les anglophones étaient devenus majo-ritaires sous l'égide de la Grande-Bretagne. Les Canadiens français n'étaient plus qu'une minorité, dans un pays que dominait une puis-sance étrangère. ◆

as i recall

À l'époque de la Conquête, les idées que l'on entretenait en Grande-Bretagne au sujet du Canada étaient confuses et discordantes. La Proclamation royale elle-même heurtait de front une partie de l'opinion officielle, et son texte final dut beaucoup à la personnalité et aux idées d'un seul ministre, Lord Halifax[21]. Les quelques Britanniques débarqués au Canada durant les années 1760 et 1770 étaient eux-mêmes divisés sur cette question. Quant aux premiers gouverneurs britanniques, ils voyaient dans le maintien des lois et des institutions françaises une politique raisonnable, conforme aux besoins de la population. Membres de l'aristocratie militaire, ils firent tout naturellement en sorte que le régime seigneurial fût maintenu au Canada (le gouverneur James Murray et d'autres officiers britanniques acquirent même des seigneuries). En cela, toutefois, ils s'exposèrent aux critiques de certains marchands que la Proclamation royale avait inclinés à espérer l'instauration des lois et des institutions anglaises et qui se sentaient floués par la conserva-

La victoire des Anglais sur les Français en 1759 a donné lieu à de multiples interprétations. Ce passage du journal de Malcolm Fraser, lieutenant du 78e, le Fraser's Highlanders, en est une des premières : « [...] il faut espérer que cette victoire permettra à la Grande-Bretagne de soumettre tout le pays; si c'est le cas, cela aura été la plus grande acquisition par conquête de l'Empire, depuis que l'Angleterre est une nation [...]. » (*Journal of Wolfe's Campaign of 1759*, Musée McCord d'histoire canadienne, C170, M277 [Traduction].)

tion du système français. Évidemment, la teneur de l'Acte de Québec déçut ces gens; on ne doit donc pas s'étonner de la vive sympathie que certains d'entre eux manifestèrent à l'endroit des révolutionnaires américains.

Au sein de la première génération d'anglophones qui suivit la Conquête, ni les marchands ni les soldats ne constituaient véritablement un Canada anglais. Il fallut attendre le XIXe siècle pour que les anglophones commencent à se dire eux-mêmes « Canadiens », et plus longtemps encore pour que leur appartenance canadienne se dissocie de leur attachement à la Grande-Bretagne.

Or, les idées des anglophones au sujet de la Conquête ont évolué au même rythme que le sentiment de leur propre identité. Au XIXe siècle, certains admirateurs des institutions britanniques trouvaient que les Canadiens français devaient être reconnaissants à l'Angleterre pour les bienfaits que leur avait apportés la Conquête[22]. Les historiens du XXe siècle se sont montrés plus sensibles à la situation d'une nation soumise au pouvoir d'une autre. « La Conquête est un genre d'esclavage », a écrit A. R. M. Lower; et Susan Trofimenkoff l'a comparée à un viol[23]. Pourtant, peu d'Anglo-Canadiens y ont vu un phénomène dont les effets se feraient encore sentir; la plupart d'entre eux ont estimé que la relation de domination créée par la Conquête avait trouvé sa fin ou son dénouement, sinon en 1774 par l'Acte de Québec, du moins dans les années 1840 par l'instauration d'un gouvernement responsable. George Brown, chef des réformistes ontariens (ou « Grits »), prenant la parole en 1865 devant l'assemblée législative canadienne dans le débat sur le projet de Confédération, commença son discours par une allusion à la fin de la Conquête :

> Nous siégeons ici aujourd'hui et cherchons à
> l'amiable à trouver un remède à des maux constitu-
> tionnels et à des injustices dont se plaignent – les
> vaincus ? Non, M. l'Orateur, mais dont se plaignent
> les conquérants ! [24]

Cette idée de tourner la page sur la Conquête répondait à un besoin chez ceux qui, après la Confédération, rêvaient de forger une nation canadienne unie. William Foster par exemple, dans un écrit de 1871 visant à susciter l'émergence d'un sentiment national canadien, donnait à entendre qu'en 1763 les Canadiens français avaient, de bon gré et instantanément, transféré sur l'Angleterre la loyauté jusque-là vouée à la France. Toujours selon Foster, cette loyauté avait créé un solide lien entre les Canadiens français et les loyalistes et, lorsqu'éclata la guerre de 1812, elle fit naître un « dévouement héroïque chez les habitants du Canada, qu'ils fussent d'origine française ou britannique ». Ainsi avait commencé une expérience commune, que Foster espérait voir relayée, pour la nation canadienne, par « une foi commune en un avenir glorieux[25] ». ◆

Les Canadiens anglais, au fur et à mesure que se développait entre eux le sentiment d'appartenance à une nation canadienne, virent de plus en plus dans la Conquête l'événement qui avait réuni Français et Anglais pour former cette nation. Aux yeux des Canadiens anglais d'aujourd'hui, écrit un politologue de la Colombie-Britannique, « la Conquête a fait du Québec une partie du Canada, et cette composante française a, de façon subtile, modelé l'identité canadienne[26] ».

Cette phrase résume bien ce qui, encore aujourd'hui, rend le souvenir de la Conquête aussi troublant pour tant de francophones : elle « a fait du Québec une partie du Canada ». Jusqu'à la Conquête, le Québec *était* le Canada ! La Conquête a transformé le sens même du nom « Canada ». Au fur et à mesure que les anglophones ont pris eux-mêmes le nom de « Canadiens », les Canadiens issus du Régime français ont été obligés d'accoler un qualificatif à leur propre nom : ils se sont appelés « Canadiens français ». En fin de compte, le nom de « Canada » allait recouvrir un vaste pays à prédominance anglophone; la population francophone s'était vu ravir son nom et son identité originels[27].

En ce sens, bien sûr, la Confédération elle-même peut être considérée comme un prolongement de la Conquête. Cette idée, qui peut paraître étrange aux Canadiens anglais, a de profondes racines dans l'histoire du Québec francophone. Au cours des années 1860, même les promoteurs de la Confédération durent admettre que le pouvoir impérial de la Grande-Bretagne limitait la capacité du Canada français de se retirer du système envisagé[28]. En 1921, Lionel Groulx estimait que le mal de la Conquête s'était trouvé aggravé après 1867 par le mal du fédéralisme[29]. Trois décennies plus tard, en 1952, Michel Brunet soutenait que la nation canadienne moderne était simplement un équivalent psychologique de l'Empire britannique, inventé par les Canadiens anglais pour compenser le déclin de celui-ci[30]. Plus récemment encore, un anthropologue attaché à l'Université Laval affirmait que la Confédération était une créature du pouvoir impérial britannique, destinée à assurer en permanence la suprématie du Canada anglais sur le Canada français[31]. Ainsi donc, affirmer que « la Conquête a fait du Québec une partie du Canada » n'est pas si innocent qu'il y paraît à des oreilles anglophones. Pour bien des francophones, à tout le moins, cela signifie que le Canada est « un pays bâti sur la Conquête[32] ».

La rébellion des patriotes (1837-1838)

En vertu de la Constitution de 1791, le Bas-Canada et le Haut-Canada avaient chacun leur gouvernement. Dans l'un et l'autre, le pouvoir administratif était sous l'autorité d'un gouverneur britannique et d'un groupe de fonctionnaires nommés par celui-ci. Quant au pouvoir législatif, il était partagé entre l'Assemblée (dont les membres étaient élus) et le Conseil (dont les membres étaient désignés par le gouverneur). Le droit de vote était réservé aux propriétaires fonciers. Cependant, la population étant composée en majeure partie de fermiers, les biens-fonds étaient largement répartis, et la plupart des ménages se trouvaient représentés au sein des assemblées. Cette disposition avait pour but non pas de donner le pouvoir au peuple, mais plutôt d'assurer l'équilibre et l'harmonie entre trois entités : la Couronne (représentée par le gouverneur), l'aristocratie (représentée par les conseillers que nommait le gouverneur) et l'électorat.

Au début du XIXe siècle, toutefois, cette forme de gouvernement fut remise en question au fur et à mesure que se répandaient au Canada les idées libérales venues de Grande-Bretagne, d'Europe et des États-Unis[1]. De 1807 à 1810, l'Assemblée du Bas-Canada tenta de se soustraire à l'influence du gouverneur[2]. À partir de 1818, elle chercha à contrôler l'utilisation qu'il faisait du budget et se plaignit de plus en plus du Conseil législatif dont les membres, nommés par le gouverneur, rejetaient souvent les lois qu'elle avait adoptées. Dans les années 1830, les réformistes réclamèrent l'abolition du Conseil ou sa transformation en un corps électif.

Dans les deux Canadas, ces revendications étaient liées à des griefs d'ordre social ou économique. Les membres de l'administration et du Conseil législatif appartenaient aux classes aisées : seigneurs ou grands propriétaires terriens,

directeurs de grandes entreprises subventionnées par le gouvernement, évêques
de l'Église catholique ou de l'Église anglicane. Alors que le pouvoir politique et
économique était concentré entre les mains de ces hommes, les gens ordinaires
éprouvaient de graves difficultés. Dans le Bas-Canada, au milieu des années 1820,
les bonnes terres arables se faisaient rares dans les seigneuries; pour compenser,
les seigneurs haussaient les redevances et autres prélèvements exigés des censitai-
res. Dans le Haut-Canada, les colons étaient aux prises non seulement avec une
nature sauvage, mais aussi avec une distribution inéquitable des terres, qui vouait
les cantons au sous-développement et leurs habitants à la pauvreté[3].

En 1834, l'Assemblée du Bas-Canada vota un ensemble de 92 résolutions
qui résumait ses griefs et ses revendications. On réclamait que les membres du
Conseil législatif fussent élus, que l'exécutif devînt responsable devant
l'Assemblée et que fût réformé le système de répartition des terres. Les autorités
britanniques cherchèrent un compromis avec les chefs du Parti réformiste (le
parti des « patriotes »), mais la négociation échoua en 1836. Les patriotes, refusant de participer aux travaux de l'Assemblée, regagnèrent leurs circonscriptions
pour y tenir des assemblées populaires et recueillir l'appui des habitants. Pendant
ce temps, un comité de l'Assemblée du Haut-Canada avait publié, sous la direction de William Lyon Mackenzie, un volumineux rapport qui reprenait plusieurs
des doléances contenues dans les 92 résolutions du Bas-Canada.

Dans le Bas-Canada, le boycott parlementaire menaçait de paralysie le gouvernement, en empêchant l'Assemblée de se réunir pour voter les subsides. Le
parlement britannique y alla donc de ses propres résolutions, refusant d'obtem-
pérer aux demandes des patriotes et autorisant les gouverneurs des colonies à
dépenser les crédits des assemblées sans l'autorisation de ces dernières. Ces
mesures ne firent qu'intensifier le mouvement de protestation dans les campagnes
canadiennes, et particulièrement dans la partie occidentale du Bas-Canada, c'est-
à-dire dans le district de Montréal — la plus occidentale des trois divisions administratives de l'ancien Canada.

En novembre 1837, le gouvernement, de plus en plus inquiet, entreprit de
mobiliser des volontaires et d'arrêter certains chefs patriotes. Puis, des protestataires ayant fait relâcher par la force deux hommes qu'on avait arrêtés, l'armée
attaqua les centres de rassemblement des patriotes dans la vallée du Richelieu.

D'abord repoussée le 23 novembre dans le village de Saint-Denis, l'armée réussit bientôt à écraser la résistance dans cette région, pour se tourner ensuite vers l'autre point de concentration de patriotes à Saint-Eustache, au nord de Montréal. Le 14 décembre, dans une bataille qui coûta la vie à quelque 70 ou 100 rebelles, la ville fut prise, saccagée et incendiée[4].

Devant l'ampleur des troubles survenus dans la région de Montréal, les autorités du Haut-Canada décidèrent d'envoyer des troupes dans le Bas-Canada — ce qui encouragea les protestataires du Haut-Canada à passer eux-mêmes à l'action. « J'invite tous les amis du peuple à se munir d'une carabine, d'un mousquet ou d'un fusil [...] et à garder l'œil sur le Bas-Canada », écrivait Mackenzie[5]. Le 5 décembre, celui-ci avait rassemblé un

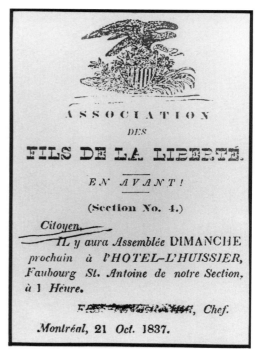

Association mi-politique, mi-militaire inspirée des « Sons of Liberty » américains, les Fils de la Liberté avaient été créés par les patriotes pour faire contrepoids au Doric Club des Anglais. On voit ici une affiche invitant les Montréalais à une assemblée publique de l'Association. (ANQ, Centre de Montréal, Fonds Le Jour, P348, dossier les Patriotes.)

millier d'hommes juste au nord de Toronto, mais leur tentative de prendre la ville tourna bientôt en une débandade dérisoire.

Émigrés pendant quelques mois aux États-Unis, les chefs rebelles y cherchèrent des appuis et tentèrent de se réorganiser. En novembre 1838, dans le but de déclencher un second soulèvement, ils traversèrent la frontière près de Napierville dans le Bas-Canada et de Prescott dans le Haut-Canada. Mais leur rapide dispersion fut suivie d'une dure répression. Après l'insurrection de 1837, seulement deux chefs rebelles avaient été pendus dans le Haut-Canada et aucun dans le Bas-Canada. En 1838, toutefois, il y eut 10 pendaisons dans la première province et 12 dans la seconde, et des douzaines d'hommes de l'une et de l'autre furent condamnés à l'exil. Au Bas-Canada, l'armée se livra à des saccages et à des incendies encore plus graves que ceux de l'année précédente.

si je me souviens bien

L'attitude des Canadiens français à l'égard des patriotes ou de leurs rébellions ne fut pas unanime. La population était divisée selon les classes sociales, et la rébellion elle-même ne toucha que la région de Montréal.

La plupart des réformistes de l'aile parlementaire pratiquaient le droit ou une autre profession libérale et étaient souvent issus de milieux modestes. Avec des boutiquiers et d'autres petits commerçants, ils contrôlaient l'Assemblée au XIXe siècle. Mais le Conseil exécutif et le Conseil législatif étaient formés de membres des anciennes élites aristocratiques : seigneurs terriens, évêques de l'Église. Dès lors, la lutte pour rendre le gouvernement responsable devant l'Assemblée élue apparaît comme la lutte d'une classe moyenne montante revendiquant le pouvoir que détenait l'ancienne élite.

Au cours de l'été et de l'automne de 1837, l'agitation contre ces élites gagna les campagnes. Depuis quelque temps, en effet, les fermiers du Bas-Canada perdaient du terrain sur le marché de l'exportation du blé, cependant que, surtout dans la région de Montréal, les redevances et privilèges exigés par les seigneurs s'alourdissaient et que le clergé haussait les dîmes et autres impôts. Les habitants, entraînés dans l'agitation qu'avait lancée la classe politique patriote, dirigèrent de plus en plus leurs attaques contre les privilèges des aristocrates et les exactions des seigneurs. Si bien que, quand la violence éclata, plusieurs manoirs seigneuriaux furent la cible de la vindicte populaire[6].

Par-delà cet affrontement entre classes sociales, la rébellion était aussi un conflit ethnique. Car, si les seigneurs canadiens-

français jouissaient d'un avantage certain sur les avocats et notai-
res ordinaires quand il s'agissait d'obtenir des faveurs gouvernementales, les anglophones jouissaient d'un avantage encore plus
grand[7]. Cette situation, qui semblait dénoter un préjugé racial de la
part du gouverneur britannique, sensibilisa les patriotes à la
dimension ethnique du conflit qui les opposait à ce dernier. Les
patriotes se heurtaient également aux grands commerçants de
Montréal et de Québec. Ceux-ci, pour la plupart anglophones au
XIXe siècle, pressaient le gouvernement d'attirer des immigrants et
de créer des infrastructures propres à orienter vers le Bas-Canada
les marchés du Haut-Canada et de l'Ouest américain. Or, ces projets ne servaient pas nécessairement les intérêts de l'électorat
rural canadien-français. Devant l'hésitation de l'Assemblée à voter
les subsides nécessaires à ces projets, les commerçants anglophones sollicitèrent l'appui du gouverneur et des conseils nommés par
celui-ci. Ainsi donc, une alliance d'anglophones du milieu des affaires et du gouvernement s'opposait aux patriotes et suscitait chez
ceux-ci un vif ressentiment[8].

   En fait, on pouvait difficilement éluder la question de la
nationalité. Le premier ministre britannique, en assurant aux
Canadiens français en 1791 que l'Angleterre « n'a[vait] pas l'intention
de leur imposer ses lois » et qu'« ils [allaient] être gouvernés selon
leurs vœux », semblait indiquer que le Bas-Canada allait être gouverné en tant que province canadienne-française[9]. C'est certainement ainsi que l'entendaient les patriotes. Leur chef parlementaire,
Louis-Joseph Papineau, proclamait que l'établissement de deux provinces séparées – le Haut-Canada et le Bas-Canada – venait essentiellement de ce que « tout d'ailleurs différait et diffère encore
entre l'un et l'autre : religion, loix [sic], usages, coutumes et langa-
ges ». Et, ajoutait-il, c'est parce « qu'on [voulait] leur confi[er] à eux-
mêmes la défense de ces établissements et de ces lois » qu'on leur
avait accordé en 1791 une assemblée élue[10]. En tout cas, les patriotes
voulaient un gouvernement local, responsable devant la majorité

locale : « [...] une administration canadienne de sentiments, canadienne d'intérêt, canadienne même de préjugés[11]. » On invitait certes les Anglais du Bas-Canada à y prendre part, mais ils devaient le
faire à titre de Bas-Canadiens, et non pas à titre d'Anglais.

De tout le programme des patriotes, c'est cet élément que
les générations suivantes allaient privilégier. Car, durant la seconde
moitié du XIXe siècle, dans un Canada français de plus en plus
influencé par son clergé, on voit mal comment les tendances anti-
cléricales des réformistes radicaux et l'illégalité de leurs actions en
1837 auraient pu recevoir l'approbation populaire[12]. Mais leur nationalisme gardait son attrait. Pour les nationalistes du XXe siècle, le
séparatisme sous-jacent à la rébellion des patriotes résumait la
vraie signification de celle-ci : « [...] un soulèvement de la section la
plus avancée des nationalistes canadiens-français, contre la domination anglaise[13]. » Les plus radicaux des séparatistes des années 1960
et 1970 puiseront donc leur inspiration dans l'aventure des patriotes
et se considéreront comme « les héritiers de Papineau et des révolutionnaires de 1837-1838[14] ». ◆

as i recall

La proportion d'immigrants récents était beaucoup plus élevée dans
la population du Haut-Canada que dans celle du Bas-Canada, ce qui
explique en partie pourquoi les gouverneurs pouvaient compter sur
un appui populaire plus solide dans la province occidentale qu'au
Québec. Les réformistes du Haut-Canada n'étaient pas assurés
d'obtenir la majorité des sièges lors d'élections provinciales; celles
de 1836, en particulier, avaient reconduit une majorité favorable au
gouvernement. Mackenzie, contrairement à ses homologues du Bas-
Canada, ne put donc obtenir l'appui des membres de l'Assemblée du
Haut-Canada dans l'organisation de son mouvement en milieu rural.
Il n'avait jamais été lui-même chef des réformistes à l'Assemblée du

Haut-Canada – alors que Louis-Joseph Papineau avait présidé l'Assemblée du Bas-Canada et y avait dirigé un important groupe de députés réformistes. Ceci contribue à expliquer la rapidité avec laquelle on put mater l'insurrection du Haut-Canada sans même faire appel aux troupes britanniques; on disposait sur place de volontaires à cette fin.

De son côté, Mackenzie essaya d'établir des contacts avec les patriotes du Bas-Canada, et beaucoup de ses partisans s'estimaient engagés dans une lutte commune avec eux. Cette tendance de l'Ontario à voir dans les rébellions des deux Canadas une lutte commune contre le gouvernement autocratique allait être confortée, au cours des années 1840, par la collaboration entre réformistes du Canada français et réformistes du Canada anglais.

Plus que les anglophones du Haut-Canada, ceux du Bas-Canada étaient conscients des enjeux ethniques qui les séparaient des francophones. Leur inquiétude quant à l'influence politique des Canadiens français était apparue au tournant du siècle : la Révolution française et les guerres napoléoniennes leur faisaient craindre la présence d'agents français à l'œuvre dans le Bas-Canada[15]. Les anglophones qui occupaient des fonctions officielles grâce aux faveurs du gouverneur étaient particulièrement enclins à de tels soupçons. À eux se joignirent des commerçants anglophones, frustrés par l'indifférence de l'Assemblée à l'égard de projets qu'eux-mêmes estimaient nécessaires à la prospérité du pays. En 1809, par exemple, le marchand Hugh Gray écrivait que la concession d'une assemblée aux Canadiens français avait été une erreur : d'une part, soutenait-il, la majorité d'entre eux étaient trop ignorants des affaires publiques; d'autre part, et faute d'une véritable tradition de représentation électorale, même les plus instruits d'entre eux n'étaient pas mûrs pour faire bon usage d'un parlement de type britannique[16]. De même, des commerçants anglophones soutinrent en 1822 un projet qui, pour faire échec au nationalisme canadien-français, proposait une nouvelle union des deux Canadas – projet qui avorta. Aussi, après l'adoption des 92 résolutions, des Anglo-Montréalais levèrent des « corps de fusi-liers » volontaires, pour combattre le « républicanisme » et la « déloyauté » des Canadiens français[17]. ◆

Du côté anglophone comme du côté francophone, on a souvent vu les insurrections de 1837 et de 1838 comme un pas important vers un gouverne-ment responsable et présenté Papineau et Mackenzie comme des héros de la réforme démocratique. En même temps, on s'est beaucoup interrogé sur l'utilité de ces rébellions (particulièrement celle de Mackenzie), estimant que le gouver-nement responsable serait tôt ou tard apparu, même sans elles. Chose certaine, les rébellions, quelle qu'ait été leur importance dans l'histoire de la réforme démocratique, allaient avoir une profonde influence sur les relations entre fran-cophones et anglophones : peu après, s'appuyant sur le rapport de Lord Durham à qui elle avait confié en 1838 le soin d'analyser les causes des rébellions, la Grande-Bretagne allait imposer l'Union des deux Canadas.

Le Canada-Uni (1840)

Eɴ ᴍᴀɪ 1838, Lᴏʀᴅ Dᴜʀʜᴀᴍ ᴅᴇ́ʙᴀʀǫᴜᴀɪᴛ ᴀ̀ Qᴜᴇ́ʙᴇᴄ ᴀ̀ ᴛɪᴛʀᴇ ᴅᴇ ɢᴏᴜᴠᴇʀɴᴇᴜʀ ᴅᴜ Bas-Canada; il était, en même temps, chargé de faire enquête sur les causes des récentes rébellions. Cinq mois plus tard, après un voyage dans le Haut-Canada et une courte visite à Niagara aux États-Unis, il regagnait la Grande-Bretagne, laissant sur place les gens de son personnel qui allaient poursuivre l'enquête. Son rapport fut terminé en janvier 1839.

Durham attribua les soulèvements des deux Canadas à trois causes principales : les contradictions de la Constitution de 1791, le sous-développement économique du pays et le nationalisme des Canadiens français. La Constitution de 1791 avait été « mal conçue », écrivait Durham. Selon lui, il était insensé de croire que des gens qui avaient participé à l'adoption des lois pussent accepter de n'avoir aucun contrôle sur leur administration. Tant que ne serait pas corrigée cette situation, les Canadiens resteraient insatisfaits et éprouveraient un ressentiment envers la Grande-Bretagne. Les gouverneurs, concluait-il, doivent soumettre leur Conseil exécutif à la volonté de l'Assemblée, « en confiant son administration à des hommes qui détiendraient la majorité[1] ». Rendre le gouvernement responsable devant l'Assemblée aiderait au développement économique des colonies. Dans les deux Canadas, les assemblées avaient refusé de voter les subsides destinés au développement économique, tellement l'absence de responsabilité ministérielle les avait rendues méfiantes à l'égard des fonctionnaires chargés d'administrer ces dépenses.

Cependant, on voyait mal comment accorder un gouvernement responsable au Bas-Canada, où les nationalistes francophones domineraient probablement l'Assemblée. Par leurs actions passées, ceux-ci avaient montré l'écart idéologique qui, en matière de développement économique, les séparait des Nord-Américains de langue anglaise.

> La population anglaise [...] regardait les provinces de l'Amérique comme un vaste champ de colonisation et de spéculation [...]; elle pensait que c'était la tâche primordiale du gouvernement de promouvoir [...] la croissance de la population et l'accroissement de la propriété.

C'est ce qu'écrivait Lord Durham. Les hommes politiques canadiens-français, au contraire, considéraient la province comme « le patrimoine de [leur] propre race »; ils refusaient donc de voter des subsides destinés aux « améliorations » — surtout quand il s'agissait de projets propres à accroître la prospérité des immigrants britanniques ou à développer le commerce entre le Canada et la Grande-Bretagne[2].

Durham ne reprochait pas aux Canadiens français d'agir de la sorte. L'Angleterre elle-même ne les avait-elle pas encouragés, en 1791, à considérer le Bas-Canada comme une province réservée à leur groupe ethnique ? Or, elle avait déçu leurs attentes en permettant l'installation d'immigrants britanniques sur ce territoire. Pis encore, les gouverneurs du Bas-Canada avaient injustement privé les Canadiens français de leur juste part des postes gouvernementaux et avaient alimenté ainsi leur ressentiment.

Il n'en restait pas moins que les Canadiens français avaient, eux aussi, besoin de développement économique. La Conquête les avait isolés de la France et privés de la modernisation que leur ancienne mère patrie connaissait depuis lors. De même, leur langue et leur nationalisme les avaient isolés du reste de l'Amérique du Nord et empêchés d'en assimiler les idées modernes. C'est ainsi que leur économie agricole, fondée sur le régime seigneurial, demeurait désuète et rétrograde, inapte à soutenir convenablement une population en pleine croissance. Déjà, un grand nombre d'entre eux émigraient vers les États-Unis, pour y chercher l'emploi qu'ils ne pouvaient trouver dans leur province.

Puisque le nationalisme canadien-français bloquait à tous la route de la prospérité, il fallait l'extirper. À cette fin, Durham recommandait la fusion du Haut-Canada et du Bas-Canada. Au sein d'une assemblée législative unique, les hommes politiques canadiens-français seraient bien forcés d'en venir à des accommodements avec la majorité anglophone. Dans l'ensemble des deux Canadas, les anglophones dépassaient déjà en nombre les francophones, et l'immigration viendrait augmenter encore cette avance. Avec l'instauration de la responsabilité gouvernementale, l'unique assemblée législative, dominée par les anglophones, pourrait mettre en œuvre les programmes de développement économique dont le pays avait besoin. Dépassés en nombre, mis en minorité à la Chambre, les Canadiens français se laisseraient pourtant séduire par la prospérité qu'entraîneraient ces réformes : ils abandonneraient leur rêve d'autonomie nationale, apprendraient l'anglais comme le faisaient déjà les Français de la Louisiane et s'intégreraient à la majorité de la population.

En 1840, le Parlement britannique adopta l'Acte d'Union, qui reprenait en bonne partie les recommandations du rapport Durham. Les deux Canadas seraient réunis sous un seul gouvernement et représentés au sein d'une seule assemblée législative. Les lois adoptées par celle-ci et le journal de ses délibérations ne seraient publiés qu'en anglais. Le Canada français se fondrait dans une province plus vaste, où domineraient les Canadiens anglais.

L'Angleterre ne rendait pas pour autant le nouveau gouvernement pleinement responsable devant l'Assemblée. Qui plus est, pour rallier à l'Union la population du Haut-Canada (et bien que celle-ci fût, en nombre, inférieure d'un tiers à celle du Bas-Canada), l'Angleterre accordait à l'une et à l'autre le même nombre de représentants au sein de la nouvelle Assemblée.

Avant même l'entrée en vigueur de l'Union, les réformistes du Haut-Canada proposèrent à Louis-Hippolyte LaFontaine — ancien patriote, député à l'Assemblée du Bas-Canada — une alliance politique : le parti de LaFontaine accepterait l'Union et travaillerait avec les réformistes du Haut-Canada à l'obtention d'un gouvernement pleinement responsable; ses alliés haut-canadiens, en contrepartie, collaboreraient à la sauvegarde des lois, des institutions et de l'identité canadiennes-françaises. Les deux groupes pourraient, grâce à leur alliance, constituer une majorité au sein de l'Assemblée et mettre à exécution leur programme, puisque le gouverneur devait désormais, conformément aux nouvelles instructions, travailler « en harmonie » avec l'Assemblée et qu'il ne pourrait par conséquent aller trop loin contre la volonté de celle-ci.

Cette stratégie réussit. On abandonna bientôt tout espoir de fusionner le droit français et le droit britannique, et l'on maintint deux appareils judiciaires distincts : l'un pour le Haut-Canada, l'autre pour le Bas-Canada. En matière d'enseignement, on nomma en 1842 deux fonctionnaires distincts, chargés de superviser les écoles subventionnées par le gouvernement dans l'une et l'autre des provinces. Un an plus tard, l'Assemblée demanda à l'Angleterre le rétablissement du français comme l'une des deux langues officielles, requête à laquelle le gouvernement britannique accéda en 1848. Plus le temps passait, et plus l'Assemblée

adoptait des lois applicables à une seule des deux anciennes provinces. Ainsi naissait une sorte de quasi-fédéralisme, au sein duquel une seule législature et un seul gouvernement dirigeaient pour le Haut-Canada et le Bas-Canada deux administrations parallèles, et au sein duquel chacune des deux parties conservait son identité propre[3]. On mit bientôt en place un gouvernement responsable, conformément aux instructions données à Lord Elgin lorsqu'il devint gouverneur en 1847. Cette responsabilité fut confirmée en 1849 avec la ratification par Elgin de la Loi des indemnités, destinée à dédommager les habitants du Bas-Canada pour les pertes subies durant les rébellions de 1837-1838.

L'instauration d'un gouvernement responsable permit à LaFontaine, à son homologue du

Monument érigé à la mémoire de Robert Baldwin et de Louis-Hippolyte LaFontaine, dont l'alliance politique dans les années 1840 a permis aux Canadiens d'obtenir un gouvernement responsable. (ANC, C970.)

Haut-Canada, Robert Baldwin, et à leurs successeurs de constituer des administrations qui jouissaient d'un large appui dans la population; et le système de
représentation parlementaire assura aux Canadiens français un rôle important
dans ces administrations. En 1851, la population du Haut-Canada dépassait déjà
en nombre celle du Bas-Canada, mais les deux anciennes provinces avaient toujours le même nombre de sièges à l'Assemblée. Ainsi, pour les Canadiens français,
la Constitution de 1840 devenait en définitive un rempart contre les pires conséquences de l'infériorité numérique à laquelle elle les avait réduits[4].

Parallèlement, l'Union força Canadiens français et Canadiens anglais à travailler ensemble sur le plan politique, avec ce que cela comporte inévitablement de
compromis et d'influences mutuelles. Au milieu du XIXe siècle, sans jamais se
fusionner, le droit civil de l'un et de l'autre — le Code civil et la Common Law —
s'influençaient réciproquement. Francophones ou anglophones, les hommes politiques et les gens d'affaires partageaient un intérêt commun pour le développement de
l'industrie et du commerce, axé sur le système de transport dans la vallée du Saint-
Laurent : très vite, l'Assemblée de l'Union autorisa la construction de canaux le long
du fleuve et encouragea celle d'un réseau ferroviaire de milliers de kilomètres. En
1854, elle abolit pratiquement au Bas-Canada la tenure seigneuriale, considérée jusque-là par ses partisans comme une institution « nationale » du Canada français[5].

Si je me souviens bien

Les Canadiens français furent unanimes dans leur opposition au projet
d'Union. Clercs et laïcs, conservateurs et libéraux, tous signaient des
pétitions contre cette mesure, qui leur semblait conçue pour mener leur
nation à sa perte : elle ne faisait pas une place officielle à leur langue;
en fusionnant les budgets des deux provinces, elle forcerait les contribuables du Bas-Canada à payer en partie l'énorme dette publique du
Haut-Canada; elle fausserait en faveur du Haut-Canada la représentation au sein du Parlement. Par-dessus tout, elle priverait les Canadiens
français de la patrie qui leur était propre et, pour la première fois de
leur histoire, ferait d'eux une minorité dans leur propre pays.

Après l'entrée en vigueur de l'Union, toutefois, des divisions apparurent au sein de l'opinion canadienne-française. Tandis que LaFontaine adoptait une stratégie de collaboration avec les réformistes de Baldwin, d'autres, anciens patriotes comme LaFontaine, s'employaient à dénoncer l'Union et accordaient à l'autonomie du Canada français priorité sur la mise en place d'un gouvernement responsable. À leurs yeux, LaFontaine faisait figure de renégat, de traître à la cause des siens.

L'alliance entre réformistes ne pouvait réussir que si LaFontaine y amenait assez de députés pour lui assurer la majorité au sein de l'Assemblée. Afin de rallier à sa cause les électeurs canadiens-français, LaFontaine chercha de l'aide. Or, le clergé exerçait sur l'opinion publique une influence grandissante dans les années 1840 – alors qu'il devenait de plus en plus ultramontain; ce fut donc vers lui que LaFontaine se tourna pour gagner les appuis dont il avait besoin[6]. Ses opposants, fidèles à leurs idées libérales, plaidaient pour l'abolition de la dîme obligatoire et pour la création d'un réseau d'écoles publiques non confessionnelles, libéré de l'emprise du clergé; ils s'élevaient aussi contre les prétentions de l'Église sur les terres qui avaient appartenu aux jésuites avant la Conquête et que le gouvernement utilisait maintenant pour financer l'enseignement. Sur toutes ces questions, le parti de LaFontaine soutint le clergé. En retour, ce dernier mit son influence et celle des journaux à son service.

La stratégie de LaFontaine fut couronnée de succès; mais celui-ci eut pour conséquence un conservatisme rigide, qui allait marquer de plus en plus la politique de la majorité au Canada français[7].

L'ultramontanisme donna un nouvel élan au nationalisme canadien-français, puisqu'il enseignait que la nation canadienne-française avait été créée par Dieu lui-même, qu'elle avait été investie d'une mission divine et que les Canadiens français avaient le devoir religieux de conserver leur nationalité au sein du Bas-Canada[8]. De plus, les ultramontains rejetaient la tendance, qui avait cours au XIXe siècle dans les pays d'Amérique du Nord et d'Europe occidentale, à créer des réseaux d'écoles publiques non confessionnelles, régis par l'État; ils insistaient pour faire de l'enseignement une fonction religieuse, exercée sous le contrôle du clergé. Ainsi donc, alors que le Haut-Canada optait pour la neutralité des écoles publiques, le Bas-Canada se dotait de deux réseaux scolaires parallèles – l'un catholique, l'autre protestant – et accordait au clergé catholique un contrôle de plus en plus étroit sur la conduite de ses écoles. En fin de compte, l'influence de l'ultramontanisme, en situant le catholicisme au cœur de l'identité canadienne-française, rendit difficile la distinction entre les deux, de sorte que tout ce qui était catholique semblait *ipso facto* canadien-français, et que tout ce qui était rejeté par l'Église était forcément perçu comme anti-canadien-français. Ainsi, les libéraux du Haut-Canada, qui préconisaient la séparation de l'Église et de l'État et qui, surtout, s'opposaient au financement des écoles religieuses à même les fonds publics, faisaient figure d'ennemis du Canada français.

L'influence de l'ultramontanisme sur le parti de LaFontaine rendit plus difficile le maintien de l'alliance avec les réformistes du Haut-Canada. En 1854 Augustin-Norbert Morin, successeur de LaFontaine, entraîna le parti dans une nouvelle coalition avec les « tories » canadiens-anglais. Cette coalition allait dominer la politique canadienne jusqu'à la fin du siècle.

L'opposition entre LaFontaine et ses vis-à-vis plus libéraux et nationalistes se retrouve dans les écrits des historiens canadiens-français. D'un côté, Jacques Monet brosse un tableau optimiste des événements des années 1840[9]. Il y voit une victoire sur les forces de l'assimilation, Français et Anglais travaillant dès lors à leur bien commun tout en sauvegardant leurs identités respectives – collaboration qui enleva le pouvoir à des élites privilégiées et rendit le gouvernement responsable devant l'opinion publique. Dans ce sens, les années 1840 effacèrent les effets de la Conquête et firent triompher la liberté, sous l'égide de la couronne britannique.

Les historiens nationalistes nous livrent, cependant, une tout autre image de cette période. Les Canadiens français échappèrent peut-être à l'assimilation, mais pas à « l'annexion, la subordination politique ou la provincialisation[10] ». Ayant perdu le statut de majorité dans leur propre patrie, ils étaient maintenant une minorité dans une province que leur avait imposée le pouvoir britannique. Après avoir longtemps réussi à bloquer les projets des marchands anglais, ils étaient désormais obligés de les accepter. En réalité, ce fut la classe moyenne anglaise qui gagna du pouvoir; les Canadiens français, eux, n'obtinrent qu'un accès partiel aux postes gouvernementaux et ne gardèrent qu'une identité nationale limitée. Pis encore, leurs chefs politiques, pour conserver l'appui des électeurs face à cette défaite, durent « aller à Canossa », reniant le libéralisme des patriotes et concédant au clergé une influence démesurée dans la vie sociale, culturelle et même politique du Canada français. Et cette influence conservatrice allait retarder pendant plus d'un siècle le développement de la société québécoise[11]. Selon cette optique, l'Union n'avait en rien mis fin à la Conquête; elle n'avait fait que la confirmer.

Fédéralistes ou séparatistes, les Canadiens français ne pouvaient rester indifférents au souvenir de Lord Durham, lui qui avait proposé l'Union comme moyen d'éradiquer leur nationalité. Son nom continue de symboliser pour eux une politique d'anglicisation ainsi que l'hostilité des anglophones à l'égard de leurs traits distinctifs. ◆

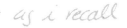

Alors que les Anglais du Bas-Canada approuvaient en général le projet d'Union, il n'en allait pas de même pour les habitants du Haut-Canada, et l'Angleterre ne put obtenir le consentement de ces derniers qu'en offrant à leur province – la moins populeuse – une représentation égale à celle du Bas-Canada.

Beaucoup de partisans canadiens-anglais de l'Union espéraient que celle-ci rassemblerait Anglais et Français « en *un seul* peuple ». Cela ne signifiait pas nécessairement le remplacement de tout ce qui était français par son équivalent anglais.

Dans la révision et la refonte des lois, par exemple,
personne n'a jamais rêvé ni de rejeter chaque loi ou
coutume française, ni de n'adopter que des lois ou
coutumes anglaises. Le principal objectif sera de
rédiger un code qui prenne en compte tout ce qui
convient au pays [...], quelle qu'en soit l'origine[12].

Dans cette perspective, on s'attendait à ce que les Canadiens
français abandonnent leur langue, mais sans y être contraints par le
gouvernement. On supposait que des individus libres de choisir
opteraient pour ce qui était dans leurs propres intérêts et que,
réunis aux anglophones dans une même société politique, les
Canadiens français décideraient de leur propre chef qu'il était dans
leur intérêt d'apprendre la langue de la majorité[13].

En soi, la disparition de la langue française n'était cependant
pas un objectif nécessaire. L'essentiel était que Français et Anglais
puissent travailler ensemble à la prospérité et au progrès économique. La classe politique canadienne-française, en soutenant le programme de développement économique préconisé par les grands
marchands et par les hommes politiques canadiens-anglais, facilita
l'appui de ces derniers à la restauration du français comme langue
officielle et au maintien du droit français et des écoles catholiques
dans le Bas-Canada.

Toutefois, vers la fin des années 1850 et durant les années
1860, l'influence de l'ultramontanisme sur les Canadiens français
contribua à rendre les anglophones plus critiques à l'égard de
l'Union. Les Réformistes jouissaient encore d'un appui majoritaire
dans le Haut-Canada où les libéraux radicaux, surnommés « grits »,
luttaient pour la séparation de l'Église et de l'État, pour la sécurari-
sation des terres encore réservées au soutien du clergé protestant,
ainsi que pour la création d'écoles publiques non confessionnelles.

Les catholiques du Haut-Canada (qui, dans les années 1850,
constituaient presque 18 p. 100 de la population) furent capables,
jusqu'à un certain point, de limiter l'effet de ces tendances. Grâce

au mode de représentation en vigueur au sein de l'Assemblée, l'alliance entre un groupe important de députés du Bas-Canada et un groupe moins nombreux de députés du Haut-Canada permit l'adoption, à la majorité, de lois accordant aux catholiques du Haut-Canada des écoles subventionnées par le gouvernement, mais indépendantes des écoles non confessionnelles. Lorsque, en 1855 et en 1863, ces lois furent adoptées malgré l'opposition d'une majorité de députés du Haut-Canada, les « grits » exprimèrent la frustration populaire qui couvait dans leur province. Ils s'en prirent au système de représentation qui, en accordant au Bas-Canada plus de députés qu'au Haut-Canada proportionnellement à leurs populations respectives, instaurait une sorte de « domination française », amenait le gouvernement de l'Union à dépenser plus d'argent dans le Bas-Canada que dans le Haut-Canada et permettait au premier d'empêcher l'adoption de mesures jugées nécessaires par le second.

Les « tories » canadiens-anglais étaient moins critiques à l'égard de l'Union que ne l'étaient les « grits ». Après 1854, grâce à la force de leurs alliés canadiens-français, leur coalition conservatrice avait pu conserver le pouvoir, si bien qu'ils n'avaient aucune raison de souhaiter quelque modification. Toutefois, ils trouvaient de plus en plus difficile de garder l'appui de leurs électeurs sans reconnaître la nécessité d'un changement constitutionnel. Cela les amènera à soutenir le projet de Confédération en 1864.

De nos jours, la plupart des Anglo-Canadiens ne savent sans doute même pas qu'il y ait jamais eu un Canada-Uni. Mais s'il est vrai, comme le dit Samuel LaSelva, qu'ils voient dans la Conquête l'événement qui « a fait du Québec une partie du Canada[14] », l'Union devrait leur prouver qu'il est possible pour les Canadiens – francophones et anglophones – de travailler ensemble à l'intérieur de ce pays, dans le respect mutuel et pour leur bien commun. ◆

Sans parvenir à angliciser les Canadiens français, l'Union les a réduits au rang de minorité. Elle a ainsi limité l'envergure de leur vie nationale et les a forcés à faire des compromis avec la majorité. C'est toutefois la frustration du Haut-Canada qui, en définitive, a entraîné la fin de l'Union et obligé la classe politique à définir une nouvelle relation entre les deux Canadas. Cette nouvelle relation s'appelera la Confédération.

La Confédération (1867)

C'EST GEORGE BROWN, CHEF DES « GRITS » QUI LANÇA LE MOUVEMENT QUI ALLAIT mener à la Confédération. Dans son esprit, la transformation de l'union canadienne en une fédération mettrait fin à une situation dont le Haut-Canada se plaignait depuis longtemps. Si chaque province disposait d'un gouvernement pour gérer ses propres affaires, les élus du Bas-Canada ne pourraient plus imposer aux habitants de l'autre province des écoles catholiques distinctes du réseau public, ni dépenser l'argent des contribuables haut-canadiens au profit d'institutions et de travaux publics du Bas-Canada. Gagnant eux aussi par là une « relative indépendance », les Canadiens français n'auraient pas à craindre les effets d'une représentation proportionnelle à la population, au sein de la législature fédérale; ils collaboreraient donc plus volontiers avec les élus du Haut-Canada dans les domaines d'intérêt commun. Ainsi, selon Brown, « la rupture de l'union actuelle et l'établissement au Canada d'un système fédéral constituent le seul remède aux maux qui nous affligent[1] ».

En 1864, Brown rallia à son projet George-Étienne Cartier (leader des Bleus, parti conservateur qui détenait la majorité des sièges du Bas-Canada dans l'Assemblée du Canada-Uni) et John A. Macdonald (chef des « tories » du Haut-Canada). Tout en acceptant le projet d'une fédération, ces derniers proposèrent que l'on invitât les colonies maritimes à s'y joindre. Ils espéraient ainsi faciliter le développement du commerce et la construction d'un chemin de fer, entre le Canada et ces colonies. De telles considérations revêtaient à l'époque une importance particulière, puisque les États-Unis s'apprêtaient à abroger le Traité de réciprocité qui, depuis 1854, avait permis une certaine libéralisation des échanges entre eux et les provinces de l'Amérique du Nord britannique. Un chemin de fer interprovincial aurait également une fonction militaire. Durant l'hiver 1861-1862, alors qu'un conflit armé avec les États-Unis semblait imminent, l'absence de tout lien ferroviaire avait terriblement gêné l'accès des troupes britanniques au sol canadien. Les disputes avec les États-Unis furent fréquentes au cours des années 1860, et l'on avait généralement l'impression que les colonies britanniques devaient assurer leur propre défense militaire, la Grande-Bretagne ne pouvant plus y pourvoir seule. Une confédération des colonies britanniques de l'Amérique du Nord paraissait utile à cet égard.

Cartier, Macdonald et Brown formèrent donc, en juin 1864, une coalition en vue de fédérer l'ensemble de ces colonies — tout en prenant soin de préciser qu'en cas d'échec on établirait une fédération des deux Canadas seulement. En septembre de la même année, à Charlottetown, ils soumirent le projet à des délégués de la Nouvelle-Écosse, du Nouveau-Brunswick et de l'Île-du-Prince-Édouard, qui y donnèrent leur accord de principe. Pour mettre au point les détails du projet, on tint, en octobre à Québec, une nouvelle conférence à laquelle prirent part des délégués de Terre-Neuve.

Des divergences apparurent bientôt quant à la structure à donner à la Confédération. D'une part, les représentants du Canada, maîtres de l'ordre du jour et auteurs des propositions à discuter, tenaient fermement à ce que, dans l'Assemblée fédérale (qu'on appellerait Chambre des communes), chaque composante eût un nombre de représentants proportionnel à sa population; d'autre part, les délégués des Maritimes craignaient qu'un tel système ne les privât de toute influence sur la gestion des affaires fédérales[2]. Les délégués ne s'entendaient pas non plus sur le degré de centralisation ou de décentralisation à donner à la Confédération. Contre la volonté des petites provinces, les résolutions finalement adoptées à Québec souscrivaient au principe de la représentation selon la population; mais, pour le reste, elles restaient assez ambiguës pour que chacun pût, selon son optique, les juger centralisatrices ou décentralisatrices[3].

Terre-Neuve et l'Île-du-Prince-Édouard rejetèrent catégoriquement les résolutions de Québec. Au Nouveau-Brunswick, celles-ci furent au cœur des élections qui, en 1865, entraînèrent la défaite du gouvernement de Leonard Tilley, favorable au projet confédéral. Toutefois, le nouveau gouvernement s'avéra instable, et l'on dut tenir l'année suivante de nouvelles élections. Durant cette secon-

de campagne, Tilley bénéficia de l'appui financier des Canadiens et de la menace
d'un nouveau conflit avec les États-Unis, qui fit valoir l'urgence de mettre en
place un solide système de défense. Il reprit le pouvoir et obtint de son assemblée
législative la permission de participer, à Londres, à une autre conférence chargée
de revoir le projet de Confédération. Le premier ministre de la Nouvelle-Écosse,
Charles Tupper, obtint de son côté la même autorisation. Mais seuls les députés

Oeuvre du peintre Charles W. Simpson (1927), représentant les pères de la Confédération et exécutée à
l'occasion du soixantième anniversaire de la Confédération. (ANC, C13943.)

du Canada eurent l'occasion d'étudier les résolutions de Québec et d'en débattre. Celles-ci furent adoptées par une majorité de députés du Bas et du Haut-Canada, quoique la majorité fut modeste au Bas-Canada.

Les résolutions de Québec furent révisées à la Conférence de Londres, au cours de l'hiver 1866-1867, et le Parlement britannique les adopta en mars 1867. L'Acte de l'Amérique du Nord britannique entra officiellement en vigueur le 1er juillet de la même année.

si je me souviens bien

Le débat public sur le projet de Confédération n'eut lieu, en français, que dans le Bas-Canada. Les Acadiens des Maritimes n'avaient aucun représentant au sein de leurs gouvernements, aucun journal où faire valoir leur point de vue sur les questions d'intérêt public, aucune association nationale ni autre tribune où échanger des opinions. Le premier journal francophone du Nouveau-Brunswick ne fut lancé qu'une semaine après la Confédération. À ce moment-là, il ne restait plus aux Acadiens qu'une chose à faire : « nous [devons nous] résigner à notre sort et [...] tâcher d'en tirer le meilleur parti possible[4]. »

Au Canada, tous les membres francophones du gouvernement venaient du Bas-Canada et, dans leur esprit, l'appartenance à la nation canadienne-française coïncidait avec l'appartenance à cette province. « Les Canadiens français sont réellement une nation : la vallée du Saint-Laurent est leur patrie », écrivait Louis-François Laflèche au moment où se déroulait le débat sur le projet de Confédération[5].

Chez les francophones, par conséquent, le débat porta sur le degré d'autonomie que le Bas-Canada allait acquérir. Les Rouges, c'est-à-dire les libéraux – seul parti qui n'avait pas été invité à se joindre au gouvernement de coalition – craignaient que la Confédération ne fût beaucoup trop centralisée et que, Ottawa dominant trop facilement les provinces, le Canada français ne fût à la merci de la majorité anglo-protestante. « Sans finances, sans initiatives dans les grands travaux publics, la législat[ure] locale ne sera guère autre chose qu'un grand conseil municipal [...][6]. » Selon eux, le mot « confédération » ne faisait que « déguiser » la réalité : « Cette union quasi-législative n'est qu'un acheminement vers une union législative entière et absolue[7]. » Le Canada français, plutôt que d'être uni à une seule province anglophone, serait submergé parmi plusieurs, dans une version élargie de l'Union de 1840. Rien d'étonnant, donc, à ce que les Rouges aient qualifié l'AANB de « bill d'anglification [8]. »

Les partisans canadiens-français du projet de Confédération voyaient celui-ci d'un tout autre œil. Le gouverneur du Nouveau-Brunswick, ayant rencontré quelques-uns d'entre eux à l'automne 1864, déclarait : « Pour un Bas-Canadien, l'expression "union fédérale" signifie l'indépendance de sa province de toute influence anglaise ou protestante [...][9]. » Telle était certainement l'opinion que les chefs Bleus s'efforçaient de faire valoir. Devant le Conseil législatif, Étienne-Pascal Taché, qui avait présidé la conférence de Québec et qui était le chef de la coalition canadienne, déclara que la Confédération équivalait à « une séparation des provinces, et [que] par là le Bas-Canada conserver[ait] son autonomie avec toutes les institutions qui lui [étaient] si chères[10] ». Dans une province de Québec devenue autonome, les Canadiens français, quittant le statut de minorité auquel les avait réduits l'Union, deviendraient et resteraient « à toujours, la majorité nationale et religieuse[11] ». Ils avaient là la clé de leur avenir national : la maîtrise de toutes les institutions qui leur étaient propres et de leurs intérêts locaux. La Confédération, en créant pour eux une province distincte, dotée de son propre gouvernement, de sa propre assemblée législative et d'une majorité francophone, assurerait :

> la reconnaissance de la nationalité canadienne-française. Comme nationalité distincte et séparée, nous formons un état [sic] dans l'état [sic], avec la pleine jouissance de nos droits, la reconnaissance formelle de notre indépendance nationale[12].

Les chefs des Bleus ne s'attendaient certes pas à une totale
indépendance. Comme leurs vis-à-vis anglophones, ils étaient satisfaits du gouvernement de type parlementaire; ils étaient loyaux
envers la Grande-Bretagne[13]; ils craignaient les États-Unis et étaient
conscients de la nécessité d'une défense commune contre la menace que ceux-ci représentaient[14]. Enfin et surtout, ils avaient en commun des intérêts économiques. Comme les gens d'affaires
anglophones de Montréal, George-Étienne Cartier – dont la circonscription était Montréal, qui comptait parmi les clients de son cabinet
d'avocat la compagnie ferroviaire du Grand Tronc et qui tirait en
partie ses revenus d'immeubles commerciaux – rêvait de faire de
cette ville le centre d'un réseau de transports interprovincial et la
plaque tournante de l'industrie et du commerce pour l'Amérique du
Nord britannique. Il était très conscient de ce que la prospérité de
Montréal reposait sur les voies de transport qui la reliaient au Haut-
Canada, sur l'expédition du blé et du bois que le Haut-Canada
exportait vers les marchés européens, ainsi que sur l'aptitude des
industries montréalaises à approvisionner en produits manufacturés
les consommateurs du Haut-Canada. Aussi Cartier souhaitait-il
l'expansion de l'arrière-pays montréalais[15]. Or, pour atteindre ces
objectifs, il fallait un gouvernement central fort. Car le développement des liens économiques entre les provinces n'allait pas seulement enrichir les hommes d'affaires québécois; il créerait aussi des
emplois pour les Canadiens français qui, dans les années 1860 plus
encore qu'à l'époque de Durham, émigraient massivement vers les
États-Unis pour y chercher du travail[16].

Toutefois, dans le projet de Confédération tel que les Bleus
le présentaient à l'électorat canadien-français, le gouvernement
central n'aurait que les pouvoirs nécessaires à la poursuite de ces
objectifs militaires et commerciaux. Cartier lui-même, devant un
auditoire du Bas-Canada, déclara que, au cours des négociations
constitutionnelles, il avait veillé « à ce qu'il ne fût accordé au gouvernement fédéral que la somme d'autorité strictement nécessaire

pour servir les intérêts généraux de la Confédération[17] ». Devant l'Assemblée législative, il incluait dans les compétences du gouvernement central « les matières de défense, de tarif, d'accise, de travaux publics », mais pas les questions relatives à la nationalité, à l'identité nationale ou aux institutions religieuses[18]. Et la presse conservatrice d'approuver :

> Le gouvernement central de la Confédération n'aura de prise que sur les questions jugées d'intérêt commun pour toutes les provinces. [...] Mais l'avenir de notre race et la conservation de tout ce qui constitue notre caractère national relèvera directement des législatures locales[19].

Le gouvernement fédéral n'aurait non plus aucun droit d'intervention dans les sphères de compétence provinciale :

> Chacun de ces gouvernements sera investi de pouvoirs absolus pour les questions de son ressort et sera également souverain dans sa sphère d'action, qui devra être entièrement distincte et séparée [...][20].

Le nouveau régime, selon la description qu'en faisaient ses promoteurs francophones, était en fait une sorte de souveraineté-association pour le Québec : « Nos hommes d'état [sic] ont suivi ce conseil : faites une alliance avec vos voisins pour protéger vos intérêts généraux et ayez vous mêmes le contrôle exclusif de vos intérêts particuliers[21]. » Dans cette alliance fédérale, le Québec serait le pays canadien-français, l'expression politique de la nationalité canadienne-française. ◆

as i recall

Parmi les anglophones, le projet de Confédération avait ses partisans et ses opposants comme parmi les Canadiens français, mais, contrairement à ce qui se passait chez ces derniers, les partisans anglophones ne s'entendaient pas sur le genre de confédération qu'ils désiraient. Certains, comme le chef conservateur John A. Macdonald, voulaient un système très centralisé. Devant l'Assemblée législative, Macdonald admit qu'il aurait préféré une union législative et n'avait accepté une union fédérale que par nécessité. Il n'en décrivait pas moins cette dernière comme hautement centralisée, confiant à l'autorité centrale « toutes les grandes questions de législation » et « tous les pouvoirs inhérents à la souveraineté », ne laissant aux provinces que des pouvoirs subalternes[22]. Dans une lettre à l'un de ses collègues, il prédit même qu'on verrait un jour « le gouvernement central absorber les législatures et les gouvernements locaux[23] ».

Macdonald était donc fort éloigné des Bleus, mais il ne faisait pas non plus l'unanimité chez les anglophones. Dans les Maritimes, le sentiment d'appartenance locale et la crainte d'être noyés au sein d'une majorité canadienne étaient forts. Macdonald et Brown remarquèrent tous deux, devant l'Assemblée canadienne, qu'une union législative aurait été tout aussi inacceptable pour les gens des Maritimes que pour les Canadiens français[24]. En effet, pour les citoyens de Terre-Neuve et de l'Île-du-Prince-Édouard ainsi que pour bon nombre d'électeurs du Nouveau-Brunswick et de la Nouvelle-Écosse, le projet adopté à Québec et à Londres n'était pas assez décentralisé, ni conçu pour donner aux provinces un véritable droit de regard sur la gestion des affaires fédérales[25].

Même dans le Haut-Canada, les opinions de Macdonald ne ralliaient pas tous les suffrages. Après tout, l'idée d'un arrangement fédéral était née dans les milieux « grits » du Haut-Canada, qui tenaient pour fondamentale l'autorité des provinces sur des questions comme l'éducation, les affaires sociales et culturelles, la propriété et les institutions municipales. En fait, plusieurs réformistes du Haut-Canada rejoignaient les Bleus sur le sujet de l'autonomie provinciale : chaque ordre de gouvernement – le provincial aussi bien que le fédéral – devait être souverain dans ses propres sphères de compétence, chacun recevant du parlement impérial et de la

> même façon une autorité souveraine. Le *Globe* de Toronto souhaitait que les assemblées législatives provinciales « tiennent leur pouvoir du parlement impérial et de la Couronne » et que le gouvernement fédéral « n'ait pas le droit d'intervenir dans l'exercice de ce pouvoir ». Le même journal soutenait que, grâce à la Confédération, « la population de l'Ontario a[vait] obtenu la pleine maîtrise de ses affaires locales[26] ». ◆

Quelque opinion que l'on eût de la Confédération, personne ne s'attendait à ce que, du jour au lendemain, elle transformât en un seul peuple les habitants de l'Amérique du Nord britannique. John A. Macdonald lui-même, qui souhaitait l'avènement d'« un seul peuple et [d']un seul gouvernement », reconnaissait que les Canadiens français avaient besoin de demeurer « comme nationalité[27] ». Les populations des différentes provinces qui composaient le Canada de 1867 n'avaient ni assez de contacts entre elles, ni assez de valeurs et d'attitudes communes pour former une entité nationale unique[28]. Et bien peu de Canadiens, à l'époque, auraient renié l'affirmation de Cartier selon laquelle la Confédération créait « une nationalité politique indépendante de l'origine nationale, ou de la religion d'aucun individu », et où chaque province conserverait son identité[29].

Dans certains esprits, toutefois, la Confédération suscita des espoirs qui dépassaient la création d'une simple entité politique. Ce fut le cas, à tout le moins, pour cinq jeunes hommes (quatre Ontariens et un Néo-Écossais) qui, s'étant rencontrés par hasard à Ottawa en 1868, découvrirent que la Confédération avait éveillé en chacun d'eux le rêve d'une grande nation, unie par « un sentiment national fort » et par le dévouement à une cause commune. Pour marquer leur engagement personnel, ils formèrent un club appelé « Canada First », afin de promouvoir « les intérêts supérieurs du pays », d'encourager les citoyens à penser à leur pays avant de penser à eux-mêmes et de donner à tous des perspectives et des valeurs communes[30].

Au cours des décennies qui suivirent la Confédération, cette idée d'une nationalité canadienne unie par un « sentiment national » commun allait séduire, chez les Anglo-Canadiens, un nombre croissant de journalistes, d'enseignants et d'hommes politiques. À la fin du XIXe siècle, comme nous le verrons ailleurs, le désir de créer un « sentiment national » se manifestera par des mesures visant à assimiler les francophones et à limiter l'usage de leur langue; au milieu du XXe siècle, ce même désir se traduira par l'extension des pouvoirs du gouvernement fédéral et par l'accentuation de son caractère « national »[31].

Les efforts déployés pour faire naître une identité canadienne unique provoquèrent inquiétude et colère parmi les Canadiens français, chez qui restait très fort le sentiment de leur propre identité nationale. Et, au XXe siècle, les visées centralisatrices d'Ottawa heurteront chez eux une conviction bien ancrée : l'autonomie du Québec, qu'avait promise la Confédération, restait la garantie essentielle de leur avenir national.

La pendaison de Louis Riel (1885)

DURANT L'HIVER 1868-1869, GEORGE-ÉTIENNE CARTIER SE RENDIT À LONDRES POUR convenir du transfert au Canada de l'immense territoire de la Compagnie de la baie d'Hudson, territoire qui s'étendait au nord et à l'ouest du Dominion. La nouvelle de cette entente provoqua une grande inquiétude dans la principale colonie du Nord-Ouest, celle de la Rivière-Rouge, établie autour de l'actuelle ville de Winnipeg. Cette colonie comptait environ 12 000 habitants, parmi lesquels quelque 1600 étaient des Blancs (employés de la Compagnie de la baie d'Hudson, descendants d'émigrants écossais venus avec lord Selkirk en 1812 et colons ontariens récemment arrivés) et la plupart des autres étaient des Métis, enfants issus de mariages entre des Blancs trafiquants de fourrures et des femmes indiennes. Parmi ces Métis, 5800 environ parlaient le français et 4100 l'anglais.

Les colons ontariens, bien entendu, étaient satisfaits de ce transfert. Mais les autres s'inquiétaient des répercussions que pourrait avoir l'arrêt du commerce des fourrures sur leur vie et se demandaient si leurs propriétés seraient protégées et si leurs intérêts seraient représentés au sein du nouveau gouvernement; les Métis catholiques craignaient d'être submergés par l'immigration anglo-protestante; et tous étaient offusqués de ne pas avoir été consultés au sujet de ce changement.

À l'automne 1869, un groupe de Métis français employa la force pour empêcher le nouveau gouverneur du Canada d'entrer sur le territoire, puis entreprit de s'emparer du fort Garry, centre administratif de la Rivière-Rouge, ainsi que des magasins de la Compagnie. Leur chef était Louis Riel, un Métis récemment revenu de Montréal où il avait fait ses études classiques.

Lorsque la nouvelle parvint à Ottawa, le gouvernement interrompit le transfert et dépêcha sur les lieux trois émissaires chargés d'étudier la situation. Ces derniers arrivèrent à la Rivière-Rouge au début de 1870 et assurèrent aux gens que le Canada entendait respecter leurs droits. Ils invitèrent la population locale à dresser une liste de ses revendications et à la faire parvenir à Ottawa pour négociation. Une « convention » formée d'un nombre égal de représentants des paroisses anglaises et des paroisses françaises se réunit donc et rédigea une « déclaration des droits ». Elle décida également de mettre en place un « gouvernement provisoire » pour diriger la colonie jusqu'à ce qu'une entente avec le Canada puisse entrer en vigueur[1]. Louis Riel fut nommé à la tête de ce gouvernement.

Au printemps, trois représentants de la colonie se rendirent à Ottawa pour remettre la déclaration au gouvernement. Les discussions avec les ministres fédéraux furent fructueuses et il en résulta l'Acte du Manitoba, qui créait une petite province (le Manitoba) dans la région de la Rivière-Rouge. Comme le Québec, le Manitoba aurait une législature bilingue et des tribunaux bilingues. De plus, il reconnaîtrait le droit des Métis aux terres qu'ils occupaient déjà et mettrait une réserve de 570 000 hectares à la disposition de leurs familles. La nouvelle fut accueillie avec satisfaction à la Rivière-Rouge, et le transfert au Canada fut achevé à la fin de l'été.

Entre-temps, au début du mois de décembre, Riel avait capturé un certain nombre de Canadiens qui tentaient d'organiser une résistance contre lui. Il les avait gardés prisonniers une partie de l'hiver et finalement, au mois de mars, l'un d'eux, Thomas Scott, homme fougueux, indiscipliné et indomptable, avait été traduit devant une « cour martiale » et fusillé par un peloton d'exécution formé de Métis. Cette mise à mort causa problème, car les gouvernements britannique et canadien, qui avaient convenu de fermer les yeux sur les autres agissements de Riel, ne pouvaient passer sous silence un geste qualifié de meurtre sur le plan judiciaire.

Les délégués de la Rivière-Rouge, en particulier le père N. J. Ritchot, eurent beau plaider en faveur d'une amnistie générale et totale, ni Ottawa ni Londres ne purent se résoudre à accorder celle-ci[2]. Au Manitoba, les autorités locales émirent contre les meurtriers de Scott des mandats d'arrêt qu'elles n'appliquèrent pas; mais de nouveaux arrivants anglophones tentèrent, au cours de l'automne et à l'hiver 1870-1871, de se faire justice eux-mêmes en s'en prenant violemment à des Métis qu'ils croyaient impliqués dans l'assassinat de Scott. Riel, quant à lui, s'enfuit aux États-Unis, où plusieurs le suivirent.

Riel, cependant, ne resta pas longtemps à l'étranger. Lors des élections fédérales de 1872, il fut désigné candidat dans la circonscription manitobaine de Provencher. Bien qu'il se soit désisté cette année-là, il fut élu en 1873 et encore en 1874. En avril 1874, il se rendit à Ottawa pour occuper son siège au Parlement. L'accusation de meurtre portée contre lui étant encore en vigueur, il était toujours considéré comme fugitif selon la loi. Aussi la Chambre des communes vota-t-elle son expulsion lorsqu'on découvrit sa présence. Par la même occasion, elle créa un comité chargé de vérifier si oui ou non on lui avait promis l'amnistie en 1870, ainsi qu'il l'alléguait. La preuve fut peu concluante, les témoignages contradictoires et le rapport du comité laissa l'affaire non résolue.

À l'automne, Ambroise Lépine, président de la cour martiale qui avait condamné Scott, fut jugé au Manitoba pour le meurtre de ce dernier. Reconnu coupable par un jury composé à parts égales d'anglophones ainsi que de Métis anglais et de Métis français, Lépine fut condamné à mort. Cependant, en janvier 1875, le gouverneur général commua la peine et, en février, le gouvernement proposa une amnistie générale et totale pour ceux qui avaient participé au soulèvement de la Rivière-Rouge, à condition toutefois qu'elle ne s'appliquât à Riel et à Lépine que cinq ans plus tard.

Riel passa l'année suivante chez des amis au Québec et aux États-Unis — mais en 1876, il se mit à avoir des hallucinations de nature religieuse, d'une telle intensité que ses protecteurs le firent interner. Remis en liberté en 1878, il se rendit aux États-Unis et s'établit finalement dans le Montana, où il devint instituteur.

Entre-temps, des colons, venus pour la plupart de l'Ontario et presque tous de langue anglaise, s'établissaient en grand nombre dans les Prairies. En 1885, le groupe d'origine française (incluant les Métis et les nouveaux arrivants) ne constituait plus que 10 p. 100 de la population du Manitoba et 14 p. 100 de celle des Prairies. Le mode de vie traditionnel fut bouleversé par l'apparition de fermes, de clôtures, de villes et d'une ligne de chemin de fer. En 1884, les Métis français du district de la Saskatchewan se sentaient tellement menacés par ces transformations et tellement frustrés par la lenteur d'Ottawa à répondre à leur demande de protection qu'ils firent appel à Louis Riel, espérant que celui-ci pourrait les aider à attirer l'attention du gouvernement.

Riel arriva à la colonie métisse de Batoche au mois de juin 1884 et, soutenu d'abord par des colons canadiens-anglais qui avaient eux aussi des plaintes à formuler, il entreprit d'organiser des assemblées publiques et de rédiger des pétitions. Au début de 1885, perdant patience, il décida de former un « gouvernement provisoire ». Cela lui fit perdre l'appui des colons ainsi que des missionnaires catholiques, mais il n'en continua pas moins, menaçant de mener une « guerre d'extermination » si le détachement de la Police montée ne quittait pas le territoire[3]. Finalement, le 26 mars, une confrontation armée entre les hommes de Riel et un groupe de policiers et de volontaires eut lieu, faisant 12 morts et 11 blessés.

Réagissant rapidement, Ottawa rassembla une armée de volontaires formée de bataillons venus de la Nouvelle-Écosse, du Québec, de l'Ontario et du Manitoba, pour mater la rébellion. À la mi-mai, cette armée avait atteint Batoche et s'en était emparée. Quelques jours plus tard, Riel lui-même était arrêté. Il fut jugé pour haute trahison à Regina à la fin du mois de juillet. Incapable de nier que Riel avait provoqué le soulèvement, ses avocats invoquèrent la démence. Les avis des médecins étant partagés et le comportement de Riel, au cours du procès, semblant celui d'un homme lucide et raisonnable, le jury le déclara sain d'esprit et coupable. Il fut condamné à mort. La cause fut portée en appel devant la Cour du banc de la Reine du Manitoba et devant le comité judiciaire du Conseil privé, mais le verdict fut maintenu. Riel fut pendu le 16 novembre 1885.

A RIEL UGLY POSITION.

Caricature de John Wilson Bengough (1851-1923) parue en août 1885 dans *Grip*, quelques semaines après que Louis Riel eut été condamné à mort pour haute trahison. (ANC, C22249.)

si je me souviens bien

Sans télégraphie ni distribution régulière de courrier, sans journalistes professionnels en poste à la Rivière-Rouge, les journaux canadiens devaient se fier à des sources d'information indirectes, dont les plus importantes étaient des articles parus dans les journaux de Saint-Paul et de Chicago. Mais comme ces articles étaient coûteux et longs à traduire, les journaux de langue française n'en reprirent que très peu. Au début, leurs comptes rendus s'appuyaient sur les déclarations faites au Parlement, puis, de plus en plus, sur des lettres envoyées au Québec par des francophones de la Rivière-Rouge. Ces lettres, provenant pour la plupart de personnes proches de Riel, insistaient sur le fait que ce dernier était soutenu par « presque toute la population de la Rivière-Rouge » – « Canadiens français comme anglais[4] ». Ceci donnait l'impression que Riel représentait toute la collectivité, que son pouvoir était fondé sur l'assentiment populaire.

En conséquence, lorsque Thomas Scott fut exécuté, les Québécois, quoique bouleversés et horrifiés par « un crime qu'on ne saurait trop déplorer » et « que nous blâmons aussi énergiquement que possible[5] », pensèrent tout de même qu'il fallait fermer les yeux sur ce crime puisqu'il était l'acte d'un gouvernement soutenu par la population.

> Demander au peuple de la Rivière-Rouge de nous
> livrer ses chefs, son gouvernement, ses jurés, pour
> les condamner à mort comme des félons et des
> meurtriers, c'est mettre la vie de toute cette société
> à la merci d'une autre société[6].

En réalité, la colonie de la Rivière-Rouge était divisée. Riel était activement soutenu par une partie des Métis français et des missionnaires catholiques, mais cet appui n'était pas unanime puisque les Canadiens anglais s'opposaient à lui, ainsi que de nombreux Métis. Parmi ces derniers, plusieurs étaient déchirés entre leur loyauté envers leurs cousins français et leur aversion pour les méthodes violentes employées par Riel[7]. Les journaux de langue anglaise insistaient sur ces divisions et ces oppositions, faisant ainsi paraître son groupe comme un mouvement essentiellement de langue française. Une telle représentation de la rébellion inquiétait les journalistes canadiens-français. Si toute la population de la Rivière-Rouge soutenait Riel, comme l'affirmaient leurs correspondants, pourquoi les journaux de l'Ontario pointaient-ils les Français du doigt, à moins que ce ne fût qu'un « prétexte pour demander [leur] expulsion [...] du Nord-Ouest[8] » ? Ce soupçon fut renforcé lorsque les Canadiens anglais exigèrent la condamnation des meurtriers de Scott. Puisque l'exécution de ce dernier avait été ordonnée par un gouvernement *de facto* soutenu par toute la population, ce désir de faire arrêter Riel devait être motivé par un préjugé contre sa nationalité. « Riel qui est un Canadien français, eût-il été la victime au lieu de Scott, ces messieurs n'auraient pas pris la peine de se déranger comme ils le font[9] ».

L'opinion canadienne-française appuyait donc la demande d'amnistie, et les événements qui survinrent au début des années 1870 – attaques contre les Métis au Manitoba, expulsion de Riel par la Chambre des communes, procès de Lépine – ne firent qu'intensifier cet appui. Au cours de l'été 1874, Antoine-Aimé Dorion, leader du caucus libéral fédéral du Québec, prévint le premier ministre Alexander Mackenzie que « la sympathie à l'égard de Riel et de ses compagnons [devenait] de plus en plus forte au Bas-Canada et [qu'elle serait] bientôt cause de difficultés pour tout gouvernement[10] ».

L'amnistie que Mackenzie accorda finalement ne satisfit pas tout à fait l'opinion canadienne-française. Le délai de cinq ans exigé pour qu'elle s'appliquât à Riel et à Lépine parut une « injustice, qui comporte une insulte pour nous[11] ». Néanmoins, les libéraux du Québec furent capables de le justifier. Après tout, malgré ce délai, Riel et Lépine « étaient amnistiés[12] ». En pratique, l'amnistie mit fin aux attaques contre les Métis au Manitoba[13] et fit disparaître la question métisse de la discussion politique. En

1884, lorsque Riel revint en Saskatchewan, les journaux canadiens-français l'ignorèrent, au moins jusqu'à la rébellion.

Lorsque débuta le soulèvement de 1885, les Canadiens français se montrèrent déterminés à le réprimer. Le gouvernement devait
« agir vite et frapper fort », pouvait-on lire dans le plus important
journal francophone de Montréal[14]. Deux bataillons canadiens-français
prirent part à l'expédition du Nord-Ouest et des foules enthousiastes
se massèrent pour les acclamer à Montréal et à Québec[15].

En même temps, la rébellion ravivait le souvenir des années
1870 et soulevait des sentiments contradictoires. « La cause des Métis
nous est chère, écrivait un éditorialiste. Ils nous tiennent de trop près,
par le sang, pour que nous puissions rester indifférents à leur bonne
ou mauvaise fortune[16]. » Certes, les Métis avaient eu tort de se révolter,
mais ils ne l'avaient pas fait « sans y être malheureusement poussés
depuis longtemps[17] ». Quant à Riel, on se souvenait de son internement
et on le considérait comme un « halluciné de premier ordre[18] ».

Ces points de vue influencèrent la réaction des Canadiens
français au procès de Riel. Personne ne pouvait nier qu'il avait
fomenté la rébellion, mais on s'attendait à ce que les griefs des Métis
soient considérés comme des facteurs atténuants, portant à l'indul-
gence. Plus important encore, il était impensable que Riel pût être
reconnu coupable, car c'était « un insensé, un illuminé, entièrement
irresponsable de ses actes », un homme qui avait fomenté un soulèvement « sans se rendre compte de ce qu'il faisait[19] ». Lorsque le
procès prit fin sur un verdict de culpabilité et une condamnation à
mort, les Canadiens français furent bouleversés. Des milliers de personnes envoyèrent des télégrammes et signèrent des pétitions,
demandant au cabinet fédéral d'épargner Riel; des rassemblements,
des manifestations et des assemblées publiques furent organisés
dans tout le Québec.

Normalement, prétendait-on, un déséquilibré n'aurait pas été
condamné en pareil cas. Si Riel constituait une exception, cela ne pouvait être qu'en raison de sa nationalité, parce que, en lui faisant du mal,

les Canadiens anglais voulaient faire du mal au Canada français. Ils semblaient déjà avoir agi de la sorte au cours des années 1870. « Riel n'est qu'un nom : c'est l'élément canadien-français et catholique qu'on veut faire danser au bout de la corde[20] ». Ceci paraissait d'autant plus vraisemblable que Riel avait été condamné par un magistrat anglophone et par un jury composé en totalité d'anglophones[21].

Après l'exécution, les Canadiens français, convaincus que Riel avait été pendu pour « le crime d'appartenir à notre race[22] », descendirent dans les rues pour exprimer leur colère. Au cours d'un grand rassemblement à Montréal, six jours après la pendaison, Honoré Mercier, chef du Parti libéral du Québec, déclara que l'exécution de Riel avait « frappé notre race au coeur[23] ». Et comme le Canada français était attaqué, il devait se défendre. Les conservateurs et les libéraux avaient le devoir de s'unir pour former un seul parti national canadien-français et consolider ainsi leur nationalité au sein de leur province de Québec. Mercier fit campagne sur ces thèmes jusqu'aux élections provinciales de 1886. Lors des élections provinciales de 1886, un certain nombre d'anciens Bleus, en colère à cause de l'affaire Riel, quittèrent leur parti pour se présenter comme « conservateurs nationaux ». Avec leur soutien, Honoré Mercier forma le « gouvernement national » du Québec au début de 1887. Au cours des cinq années suivantes, il ne cessa de proclamer le caractère distinct du Québec (canadien-français et catholique). ◆

Les journaux canadiens-anglais, reprenant les dépêches de Saint-Paul, publièrent, sur les événements de la Rivière-Rouge, une version différente de celle de leurs homologues francophones. Comme la plupart des opposants à Riel étaient anglophones et que plusieurs d'entre eux avaient gagné les États-Unis alors que Riel dirigeait la colonie, les entrevues, les lettres et les comptes rendus publiés dans les journaux de Saint-Paul et de Chicago tendaient à attirer l'attention sur les divisons parmi la population de la Rivière-Rouge ainsi que sur l'opposition à Riel. L'impression se forma, parmi les lecteurs des journaux anglophones, que Riel n'était pas le vrai représentant de la population de la Rivière-Rouge, qu'il s'était imposé par la force et qu'il gouvernait par la violence. En décembre, un correspondant rapportait que « la situation de ces Blancs et de ces Métis qui s'opposent à la rébellion devient chaque jour de plus en plus précaire et plusieurs parlent d'émigrer aux États-Unis[24] ».

En gardant les Canadiens prisonniers pendant des semaines et des mois, sans accusation, ni procès, ni autorité légale, Riel et ses amis avaient agi comme des « tsars ou des sultans [...] tyranniques[25] ».

Or, si Riel était un despote qui s'était imposé lui-même, l'assassinat de Thomas Scott ne pouvait être qu'un meurtre commis de sang-froid; la thèse d'une exécution ordonnée par un gouvernement *de facto* était totalement invraisemblable. En effet, l'assassinat de Scott ne faisait que confirmer que l'autorité de Riel était fondée sur le « terrorisme[26] ». Par conséquent, pour la plupart des Canadiens anglais, il ne pouvait être question d'accorder une amnistie, surtout pas en rapport avec la question du « procès des meurtriers de Scott[27] ».

Même la confiance manifestée par les électeurs du Manitoba ne réussit pas, au début, à modifier l'opinion des Ontariens, à savoir que Riel était « un aventurier forcené, dont les mains étaient tachées du sang répandu [...] lors d'un meurtre délibéré[28] ». Toutefois, vers l'automne 1874, à la suite de la deuxième élection de Riel au Parlement, dans la foulée du rapport du comité sur l'amnistie et après quatre années d'agitation, les Canadiens anglais en vinrent à reconnaître que les Canadiens français pensaient sincèrement que Riel et Lépine avaient cru agir en toute légitimité en tuant Scott. Plusieurs finirent donc par accepter l'amnistie, non parce qu'ils étaient d'accord avec le point de vue des Canadiens français, mais « parce qu'ils ne [voulaient] pas heurter la sympathie et la sensibilité mal placées de leurs concitoyens francophones[29] ». Il était temps de mettre fin à « la désunion et à la discorde entre les citoyens du Québec et ceux de l'Ontario[30] ».

Dans l'ensemble, les Canadiens anglais acceptèrent donc l'amnistie de 1875, surtout parce que le délai de cinq ans imposé à Riel et à Lépine reconnaissait qu'un meurtre avait été commis, même si ses auteurs ne devaient pas être punis. Riel fut bientôt oublié. Son retour en Saskatchewan en 1884 n'attira pas l'attention et suscita peu d'inquiétudes, jusqu'à la rébellion.

Lorsque celle-ci éclata, on crut, au Canada anglais, que le pays était sérieusement menacé, et les « citoyens-soldats » qui s'engagèrent volontairement pour le défendre furent à la source d'une grande fierté. En effet, ceux qui souhaitaient l'émergence d'une véritable nation canadienne furent enhardis à la vue de ces hommes de la Nouvelle-Écosse, du Québec et de l'Ontario « combattant pour une cause commune et pour un même pays »; il semblait, en conséquence, que la « nation canadienne était unifiée par une même et irrésistible ardeur[31] ». Mais cet espoir fut brisé par la réaction des francophones au procès et à l'exécution de Riel.

Peu de Canadiens anglais furent surpris du dénouement du procès. « La preuve était claire et convaincante[32] ». La défense n'avait même pas essayé de nier que Riel avait fomenté la rébellion. Les souffrances des Métis ne pouvaient pas atténuer son crime, puisqu'il n'était pas resté au Canada pour les partager. De plus, deux témoins, dont un missionnaire catholique, avaient attesté que Riel aurait été prêt à abandonner les Métis et à quitter le pays si le gouvernement lui avait versé 35 000 $. Apparemment, il avait voulu exploiter les doléances des Métis pour servir ses propres intérêts[33].

Quant à sa démence, les experts médicaux étaient divisés à ce sujet, et les propos qu'il avait tenus devant le jury, tout à fait cohérents et clairs, « en [amenèrent] plusieurs à croire que Riel [était] sain d'esprit[34] ». C'était peut-être un « fanatique » religieux, mais « cela ne le dispens[ait] pas d'assumer ses responsabilités, ni n'amenuis[ait] sa culpablilité[35] ».

Qui plus est, Riel était un récidiviste. Amnistié pour son premier crime, il l'avait répété à une plus grande échelle « et il le fera[it] encore s'il [était] libéré[36] ». Cette fois, il avait même incité les Indiens à la violence et, en conséquence, des prêtres et des colons innocents avaient été tués. Ceci était intolérable; une société ne pouvait survivre sans enlever à des gens comme lui « toute possibilité de répéter leurs crimes ». L'exécution de Riel était donc nécessaire pour « protéger la société[37] ».

L'attitude des Canadiens français semblait donc choquante. Comment pouvaient-ils être unanimement opposés à cette sentence, alors que l'on avait de si bonnes raisons de l'imposer, sinon parce qu'ils nourrissaient des préjugés raciaux ? En fait, « personne ne [pouvait] croire que, si Louis Riel avait été un Anglais, le Québec se serait le moindrement montré intéressé à son sort[38] ». Après l'exécution, lorsque les Canadiens français protestèrent, il sembla qu'ils étaient en colère simplement parce qu'un des leurs avait été exécuté pour avoir commis des crimes qui auraient valu la même sentence à un homme de n'importe quelle autre nationalité. Les Canadiens français semblaient vouloir un statut privilégié : « une loi pour les anglophones et une autre moins sévère pour les francophones[39] ». Refusant de vivre sous la même loi et d'appartenir à la même nation que les autres, ils semblaient déterminés « à ne se considérer d'aucune façon comme des nôtres[40] ».

Le nationalisme d'Honoré Mercier ne fit qu'intensifier ces impressions, faisant naître chez les Canadiens anglais la crainte que la survie même de la Confédération ne fût menacée par le caractère distinct du Canada français : « Nous dérivons de plus en plus vers un état de méfiance, de plus en plus vers un état d'esprit qui rend impossibles les efforts mutuels tentés en vue d'édifier notre pays commun ». Et la cause en était cette croyance des Canadiens français « qu'ils constituent une race distincte, ayant des intérêts différents de ceux des autres Canadiens[41] ». ◆

L'idée que Riel avait été victime des préjugés canadiens-anglais demeura un thème important de l'histoire du Canada français jusqu'aux années 1960. Depuis, les historiens du Québec se sont désintéressés de Riel, portant leur attention sur le développement social et économique du Québec. Toutefois, cette vieille idée persiste dans les médias ainsi que dans l'opinion publique. En 1980, au moment où les Québécois préparaient leur premier référendum sur l'indépendance, on leur rappela Riel dont la persécution, leur dit-on, avait entraîné l'exclusion des Canadiens français de l'Ouest[42]. En 1983, un journal franco-ontarien décrivait encore Riel comme une victime de « préjugés anglais » francophobes[43]. Bien que peu de personnes, aujourd'hui, connaissent les faits ayant entouré la vie et la mort de Riel[44], son nom demeure un symbole de la mauvaise volonté canadienne-anglaise et de l'injustice à l'égard du Canada français.

Chez les Canadiens anglais, les opinions ont radicalement changé depuis l'affaire Riel. Au milieu du XXe siècle, les historiens anglophones ont commencé à adopter le point de vue canadien-français et, dans les années 1970, l'historien Desmond Morton faisait remarquer que « la version canadienne-française des faits a[vait] triomphé » dans la culture populaire du Canada anglais[45]. À la même époque, Riel en venait à être considéré moins comme un personnage français catholique que comme un représentant de la population autochtone ou comme un homme de l'Ouest qui s'opposait à la domination du Canada central[46].

C'est au cours des trois décennies qui ont suivi la mort de Riel que cette affaire a eu le plus d'impact sur le Canada anglais. En suscitant une forte appréhension à l'égard du caractère distinct des Canadiens français, l'affaire Riel a provoqué une poussée assimilatrice qui allait modifier grandement la condition des Canadiens français à travers le Canada.

Monument érigé à la mémoire du leader métis Louis Riel à Regina en Saskatchewan (Archives *La Presse*)

Les droits des
minorités
francophones
(1871-1916)

A U Canada, les relations entre francophones et anglophones ont longtemps souffert de l'association, et parfois de la confusion, entre deux types
de droits des minorités : d'une part, le droit des catholiques à avoir des écoles
confessionnelles subventionnées par l'État et, d'autre part, le droit des francophones à utiliser leur langue au sein des institutions publiques.

Au XIXᵉ siècle, les francophones étaient minoritaires parmi les catholiques
en dehors du Québec : selon le recensement de 1871, ils représentaient seulement 27 p. 100 des catholiques en Ontario, 47 p. 100 au Nouveau-Brunswick, et
32 p. 100 en Nouvelle-Écosse. De même à l'Île-du-Prince-Édouard, province qui
se joignit à la Confédération en 1873 et où le financement public des écoles
catholiques fut remis en question trois ans plus tard, seulement 23 p. 100 des
catholiques étaient d'origine française d'après le recensement de 1881.

La question des écoles catholiques fit surface quand les gouvernements des
provinces de l'Amérique du Nord britannique, comme ceux d'autres pays influencés par le libéralisme du XIXᵉ siècle, instaurèrent des réseaux d'écoles publiques
financés par l'État, contrôlés par des fonctionnaires du gouvernement et dispen-
sant un enseignement non confessionnel. L'Église catholique s'opposa à la création de telles écoles, alléguant que l'on ne pouvait dissocier la formation générale
et la doctrine religieuse sans priver les enfants catholiques de l'éducation que
prescrivait leur religion. Du reste, ajoutaient les ultramontains, la loi divine et la
loi naturelle confiaient à l'Église et à la famille la responsabilité de l'éducation, et
l'État n'avait en cette matière aucun droit d'intervention[1].

Le gouvernement du Haut-Canada, en vertu d'un compromis anté-
rieur à la Confédération, avait établi un système d'écoles publiques non

confessionnelles, tout en accordant aux écoles catholiques séparées une part des fonds publics destinés à l'éducation. L'article 93 de l'Acte de l'Amérique du Nord britannique consacra ce compromis, en interdisant aux provinces d'adopter des législations qui pourraient porter « préjudice » aux « droits ou privilèges dont jouit aucune classe de personnes en matière d'écoles séparées à la date de la présente loi ».

Dans les colonies maritimes, cependant, les écoles séparées catholiques ne bénéficiaient pas d'un pareil précédent. La Nouvelle-Écosse avait, dès 1864, cessé de financer ces écoles et mis sur pied un système unique, à statut public. Au Nouveau-Brunswick, il n'y avait pas officiellement d'écoles catholiques séparées, quoique le système public établi en 1858 était à ce point décentralisé que, dans les districts catholiques, on pouvait en pratique gérer les écoles publiques à la façon d'écoles confessionnelles.

La faiblesse de l'article 93 apparut lorsque, en 1871, le Nouveau-Brunswick adopta une loi centralisant son réseau d'écoles publiques et imposant à toutes un même programme d'études. Aux catholiques qui réclamaient d'Ottawa le désaveu de cette mesure, sir John Macdonald (alors ministre de la Justice) répondit que l'article 93 ne s'appliquait pas dans ce cas-ci, puisqu'aucune loi du Nouveau-Brunswick n'avait créé d'écoles séparées pour les catholiques. L'affaire fut portée en appel, et la cour donna raison à Macdonald. Par trois fois (en 1872, en 1873 et en 1875), le député anglo-catholique John Costigan demanda en vain au Parlement de renverser la décision de Macdonald. Durant l'hiver 1874-1875, la résistance catholique se radicalisa : quand, en janvier, les autorités provinciales tentèrent de forcer la main au conseil scolaire du village acadien de Caraquet, la violence éclata et deux hommes furent tués. Cette affaire secoua et le gouvernement provincial et les chefs catholiques, qui négocièrent ensemble un compromis : on laisserait en place le système public, mais on enlèverait du programme tout ce qui pouvait blesser la conscience des catholiques, on autoriserait prêtres et religieux à enseigner dans les écoles, et l'instruction religieuse serait donnée aux élèves catholiques après les heures de classe.

Tout cela n'avait rien à voir avec les droits linguistiques. Les divers gouvernements de l'Amérique du Nord britannique avaient d'ailleurs fait montre de souplesse et de pragmatisme, en permettant aux populations locales l'usage de leur

Illustration parue en 1875 dans *Canadian Illustrated News* et évoquant les troubles de Caraquet. (« La mort du constable Gifford », Musée McCord d'histoire canadienne, M984.306.1597.)

langue dans les écoles, qu'il s'agît d'établissements publics ou séparés. En Nouvelle-Écosse, une loi adoptée en 1841 avait accordé des fonds publics aux écoles de langue allemande, gaélique ou française; dans le Haut-Canada, le Conseil de l'instruction publique avait autorisé dans les écoles l'enseignement en français ou en allemand là où ces langues étaient parlées[2]. Au Nouveau-Brunswick, on utilisait le français dans les écoles acadiennes. La loi de 1871 ne modifia pas cette pratique : l'enseignement se faisait toujours en français; le gouvernement provincial autorisa l'utilisation de nouveaux manuels dans cette langue et nomma des inspecteurs francophones[3]. De même le gouvernement de l'Île-du-Prince-Édouard, en établissant en 1877 un système d'écoles publiques non confessionnelles, confirma le droit d'utiliser le français dans les districts francophones[4]. Autrement dit, les premières controverses scolaires portèrent non pas sur la langue, mais sur la religion.

Toutefois, s'ils autorisaient dans leurs écoles l'usage du français, les gouvernements provinciaux n'en avaient pas pour autant fait une langue officielle protégée par la Constitution. En vertu de l'article 133 de l'Acte de l'Amérique du Nord britannique, le français ne jouissait d'un statut officiel que dans les parlements et les tribunaux fédéraux et québécois; jusqu'à l'entrée du Manitoba dans la Confédération (en 1870), seul le Québec était reconnu comme une province bilingue dans la Constitution. L'égalité officielle des langues française et anglaise, qui figurait parmi les revendications des délégués de la Rivière-Rouge auprès d'Ottawa au printemps 1870, fut inscrite dans la Loi du Manitoba. Le principe en fut ensuite étendu au reste des Prairies, par un amendement apporté en 1877 à l'Acte des Territoires du Nord-Ouest[5].

À la même époque, on élargit aussi au Nord-Ouest le droit des catholiques à avoir leurs propres écoles. Lors de la mise sur pied de son réseau d'écoles publiques en 1871, le premier gouvernement du Manitoba respecta le principe de confessionnalité, avec secteur catholique et secteur protestant séparés. Le gouvernement fédéral en fit autant en 1875, lorsqu'il dota d'écoles publiques les Territoires.

Mais dès 1890, la population francophone était submergée par l'arrivée massive de colons anglophones dans les Prairies et forcée, en pratique, d'apprendre la langue de la majorité malgré le statut officiel du français. En 1889, le francophone Joseph Royal, lieutenant-gouverneur des Territoires du Nord-Ouest, prononça en anglais seulement le discours inaugural de la session de l'Assemblée territoriale, et cette dernière exprima elle-même le vœu d'abandonner complètement l'usage du français. Comme une telle décision exigeait l'autorisation du gouvernement fédéral, un député ontarien, D'Alton McCarthy, présenta au Parlement, au début de 1890, une résolution à cette fin; adoptée avec des amendements, elle accordait au gouvernement territorial la permission demandée. Entre-temps, le Manitoba décida lui aussi d'abandonner l'usage officiel du français — décision qui n'allait être réellement contestée que dans les années 1970 — et remplaça par un seul système neutre la structure biconfessionnelle de son réseau scolaire.

C'est la Loi scolaire du Manitoba qui, à l'époque, suscita une véritable controverse. Les catholiques y virent une violation non seulement de l'Acte de l'Amérique du Nord britannique, mais aussi de la loi qui avait fait du Manitoba une province canadienne. Cependant, le Conseil privé statua en 1892 que le gouvernement manitobain n'avait pas violé la Constitution. Les catholiques invoquèrent alors une autre disposition constitutionnelle, qui leur permettait de solliciter l'aide du gouvernement fédéral. Au début de 1895, le Conseil privé confirma que la Constitution donnait à ce dernier le pouvoir d'intervenir et même celui d'adopter une loi rétablissant au Manitoba les écoles catholiques, mais il laissait à Ottawa le soin de décider si l'usage de ce droit était opportun sur le plan politique.

L'opinion publique étant profondément divisée sur le principe d'une intervention fédérale, le gouvernement conservateur, fort embarrassé, hésita pendant un an avant de soumettre au Parlement une loi réparatrice. Trop tard : le mandat de cinq ans de ce parlement prenait fin.

Lors des élections qui suivirent, les conservateurs espéraient que leur tentative, malgré son échec, leur permettrait de gagner le vote des catholiques. Mais les libéraux — dirigés par un Québécois catholique de langue française, Wilfrid Laurier — promirent de trouver un compromis qui, sans empiéter sur la compétence provinciale en matière d'éducation, serait plus favorable aux catholiques manitobains. Grâce à la majorité qu'ils recueillirent au Québec, les libéraux remportèrent les élections. Ils annoncèrent bientôt qu'un compromis avait été atteint avec le Manitoba : on allait maintenir le système d'écoles publiques, mais le Manitoba autoriserait les prêtres, dans les districts catholiques, à donner l'instruction religieuse après les heures de classe; il nommerait des inspecteurs et des instituteurs catholiques; et il veillerait à ce que les manuels scolaires ne contiennent rien d'offensant pour les catholiques.

Même si ces dispositions étaient décevantes pour ceux qui avaient espéré la restauration des écoles catholiques, Laurier resta au pouvoir et garda l'appui des Québécois[6] lors des élections de 1900, de 1904 et de 1908 — et cela malgré la nouvelle déception que représenta en 1905, pour l'électorat catholique et francophone, la loi qui créait les provinces de Saskatchewan et d'Alberta à même les Territoires du Nord-Ouest. Cette loi comportait une garantie pour les écoles catholiques, mais elle était nettement plus faible que celle qui avait été négociée en 1875. Et, bien que les conservateurs du Québec réclamassent pour la Saskatchewan et l'Alberta le bilinguisme officiel, Laurier le refusa au nom de l'autonomie des provinces, laissant celles-ci libres d'utiliser l'anglais seulement.

Au début du XXe siècle, le gouvernement de l'Ontario cessa à son tour de se montrer aussi souple qu'il l'avait été dans le passé sur le plan linguistique; en 1912, le ministère de l'Éducation de cette province édicta le fameux Règlement 17, qui obligeait les écoles publiques et les écoles séparées à enseigner en anglais seulement. Le Manitoba allait l'imiter en 1916, mettant fin dans ses écoles à tout enseignement dans la langue d'une minorité.

Ainsi donc, pendant la période qui s'étendit de la fin des années 1880 jusqu'au milieu de la Première Guerre mondiale, l'Ontario et l'Ouest furent le théâtre d'un véritable assaut contre l'enseignement catholique et contre la langue française[7].

Carte postale représentant de jeunes étudiants faisant grève pour s'opposer au Règlement 17 adopté par le gouvernement ontarien en 1912. (Archives du Centre de recherche Lionel-Groulx, Fonds des Familles Laurendeau et Perrault, P1/T4, 10.5.)

si je me souviens bien

Catholiques, les francophones du Bas-Canada éprouvaient une sympathie naturelle envers leurs coreligionnaires des autres provinces.

D'une part, ils se sentaient responsables de l'ensemble de la catholi-
cité – les écrivains et les prédicateurs d'obédience ultramontaine ne
leur enseignaient-ils pas qu'ils avaient, en tant que nation, reçu du
ciel la mission de promouvoir la cause catholique ? D'autre part, ils
voyaient dans l'autonomie du Québec la sauvegarde de leur sécurité
collective et se méfiaient de toute garantie qui, accordée à une
minorité, pourrait les contraindre eux-mêmes. On tenait ces
garanties pour des privilèges qui, accordés au protestantisme, pourraient porter atteinte au caractère catholique du Québec[8].

Aussi, les pères de la Confédération canadiens-français ne se
présentèrent-ils à la conférence de Québec qu'avec une simple proposition accordant aux provinces un contrôle absolu sur l'instruction
publique, sans aucune garantie en faveur des minorités; ce fut à la
demande d'un anglophone catholique que l'on apporta à cette résolution un amendement afin de protéger les écoles protestantes et les
écoles catholiques de l'Ontario et du Québec. Mais, lorsque l'archevêque catholique de Halifax demanda l'aide d'Hector Langevin (ministre
francophone au sein du cabinet fédéral) pour obtenir de la conférence
de Londres la même garantie en faveur des écoles catholiques des
provinces maritimes, Langevin se montra réticent : « Comme
Catholiques nous serions heureux », dit-il en son nom et en celui de
Georges-Étienne Cartier, « de voir accorder à nos coreligionnaires des
Provinces d'en bas les avantages en question ». Mais ils n'en feraient
pas eux-mêmes la proposition, puisque cela relevait de la compétence
des provinces maritimes[8]. La question semble n'avoir jamais été sou-
levée, car cinq ans plus tard, au cours d'un débat sur la controverse
des écoles du Nouveau-Brunswick, Cartier déclarait aux Communes :
« Dans toutes nos discussions au sujet de la Confédération, il ne fut
pas question des droits des catholiques de cette province[9]. »

Même les garanties offertes aux minorités du Québec et de
l'Ontario n'inspiraient pas un enthousiasme sans bornes. Au
Québec, elles signifiaient privilèges accordés aux Anglo-Protestants,
ce qui pouvait porter atteinte au caractère catholique et français de

la province. Ainsi, lorsqu'en août 1866 on retira deux projets de loi qui promettaient de nouveaux privilèges aux protestants du Québec et aux catholiques de l'Ontario, les députés et les journalistes francophones des deux partis politiques exprimèrent leur approbation. D'après un journal, « ils préféraient qu'il n'y eût dans la constitution projetée aucune cession de privilèges aux minorités religieuses[10] ».

Dans la controverse sur les écoles du Nouveau-Brunswick, les mêmes attitudes se manifestèrent. En tant que catholiques, les Canadiens français sympathisaient avec leurs coreligionnaires néo-brunswickois, victimes d'une loi « injuste » qui les privaient, disait-on, de leurs droits religieux, de leurs droits parentaux et de leur droit à une véritable liberté de conscience[11]. Mais lorsque le Parlement fut appelé à corriger la situation – soit directement, soit par un amendement constitutionnel qui eût mieux garanti les droits des minorités –, la plupart des députés québécois s'abstinrent. Cartier les avait prévenus : toute intervention fédérale en faveur des catholiques du Nouveau-Brunswick battrait en brèche le principe de l'autonomie provinciale, qui avait assuré aux Québécois la maîtrise de leurs propres écoles; la Constitution avait été conçue pour donner aux provinces toute compétence en matière d'éducation, et cette disposition était particulièrement importante pour les Canadiens français. « J'ai beaucoup insisté sur cela au cours des discussions qui ont entouré le projet d'union, déclara Cartier, parce que je tenais à ce droit pour la province de Québec[12]. » Les députés québécois, malgré leur désir d'appuyer les minorités catholiques des autres provinces, « doivent surtout protéger les intérêts du Québec »; une intervention fédérale en faveur d'une minorité créerait un dangereux précédent, qu'on invoquerait un jour contre le Québec pour justifier quelque violation des ses droits[13].

Dans un premier temps, la classe politique québécoise ne montra pas plus d'empressement à défendre les droits des minorités de l'Ouest qu'elle n'en avait mis à soutenir les minorités des provinces maritimes. Quand la rébellion de Riel entraîna au Manitoba la

constitutionnalisation de ces droits, les Québécois reconnurent là un
avantage qu'ils n'avaient pas escompté :

> Disons franchement ici ce que l'on se répète tout
> bas : ces folies-là nous ont bien servi. [N'eût été le
> soulèvement de la Rivière-Rouge], la population fran-
> çaise du Nord-Ouest se serait mal trouvée de l'orga-
> nisation politique qu'on lui destinait[14].

En réalité, les Québécois francophones avaient fait peu de
cas de la population franco-manitobaine jusqu'à ce que le soulèvement de la Rivière-Rouge attirât leur attention. Divers incidents
allaient de nouveau la retenir par la suite : violentes attaques de
colons anglo-manitobains contre des Métis francophones, arresta-
tion et procès de Lépine, lutte de cinq ans pour obtenir une amnistie en faveur des rebelles.

De même, avant que n'éclatât la controverse scolaire au courant des années 1870, les Canadiens français du Québec n'avaient pas
vraiment été conscients de l'existence d'une communauté acadienne
dans les Maritimes. La plupart croyaient qu'elle avait été décimée
après la déportation de 1755. En outre, les porte-parole des catholiques néo-brunswickois étaient anglophones, et le problème était de
nature religieuse. Mais le récit des actes de violence perpétrés à
Caraquet en 1875 modifia cette perception. Caraquet était une petite
ville acadienne; les catholiques dont les droits étaient en jeu n'étaient
pas que des Irlandais : c'étaient des « Acadiens », des « Français » ou
même des « Canadiens français »[15]. La crise de Caraquet coïncidait
d'ailleurs avec le sommet de la controverse entourant l'amnistie promise aux Métis de l'Ouest, ce qui faisait ressortir le caractère linguistique des deux affaires. L'une et l'autre semblaient impliquer, contre des
groupes francophones, une attaque dont les conséquences pouvaient
être terribles : « Foulés aux pieds au Manitoba, écrasés au Nouveau-
Brunswick, nous sommes menacés d'anéantissement[16]. »

Ainsi donc, les controverses qui faisaient rage au Nouveau-
Brunswick et dans le Nord-Ouest suscitaient une sympathie et une

inquiétude croissantes à l'endroit des collectivités franco-catholiques qui, implantées en dehors du Québec, semblaient en butte à la
persécution des Anglo-Canadiens. En 1885, le procès de Louis Riel
et sa pendaison portèrent cette inquiétude à un sommet, et les attaques menées dans l'Ouest à partir de 1889 contre la langue française et les écoles catholiques apparurent comme le prolongement de
ce même fanatisme qui avait causé la mort de Riel : on cherchait à
exclure les Canadiens français de toute participation réelle à la vie
de la Confédération.

Tout cela amena les Canadiens français à réviser leur conception de la Confédération. Il ne leur suffisait plus de voir dans celle-ci
une association de provinces dont une seule, le Québec, était francophone; il fallait obtenir une reconnaissance du français dans l'Ouest.
Au cours des années 1890, les droits des minorités avaient aux yeux
des Canadiens français une importance qu'ils n'avaient pas eue en
1867. Il leur semblait alors que « tout le système confédératif
repos[ait] sur cette base fondamentale : le respect et la protection
des minorités[17]». La décision relative aux écoles du Manitoba rendue
par le Conseil privé en 1895 sembla conforter cette opinion et entraîna, à la fin de la décennie, l'émergence d'une toute nouvelle théorie
sur la nationalité canadienne : un Canada parfaitement biculturel,
avec « l'usage officiel des deux langues dans toutes et chacune des
provinces de la Confédération[18] ». C'est cette vision qu'Henri
Bourassa allait répandre au XXe siècle : celle d'un « Canada franco-
anglais dans chacune de ses parties comme dans son ensemble[19] ».

Cette conception dualiste était cependant promise à l'échec :
un à un, les gouvernements provinciaux abandonnaient l'usage du
français dans leur assemblée législative et dans leurs écoles.
L'amertume que cela suscita chez les Canadiens français contribua
au terrible affrontement qui, en 1917, allait les opposer aux
Canadiens anglais. ◆

as i recall

Beaucoup d'Ontariens avaient appuyé le projet de confédération dans le seul but de mettre un terme à la situation qui avait permis aux députés du Bas-Canada d'étendre dans le Haut-Canada le système des écoles séparées. En conséquence, ils ne désiraient pas voir inscrire dans la Constitution de nouveaux droits en faveur des écoles catholiques – même si le *Globe* les disait prêts à maintenir les droits déjà établis :

> Dans notre système parlementaire actuel [celui de l'Union], il n'est pas sûr que les évêques papistes du Canada ne puissent pas, avec un peu d'effort, obtenir tout ce qu'ils désirent. Au sein de la Confédération, au contraire, il suffirait de leur laisser ce qu'ils ont déjà et qu'ils peuvent garder malgré nous; mais nous serions en mesure de leur refuser tout autre privilège[20].

Dans les Maritimes, on ne se montra pas disposés à adapter le système scolaire, même dans ces limites.

Sur la question de la langue, les anglophones se montrèrent toutefois plus enclins aux compromis, même s'ils refusèrent de dépasser l'énoncé de l'article 133 de la Constitution. Même ceux qui souhaitaient l'éventuelle fusion des deux races en une seule nation anglophone étaient prêts à permettre l'usage du français aussi longtemps que des citoyens continueraient de parler cette langue. Ainsi le *Toronto Leader* préconisait qu'on fît du français l'une des deux langues officielles du Parlement, tout en s'attendant à ce que l'anglais y dominât, puisque c'était la langue de la vaste majorité et que les députés l'utiliseraient pour être compris de tous : « Avec le temps, le bilinguisme de l'assemblée confédérale tombera peut-être en désuétude [...] » Mais il ne fallait pas forcer cette évolution : elle devait « découler de causes naturelles et répondre au vœu des francophones[21] ».

Ainsi donc, au cours des années 1860, il était courant de traiter cas par cas et dans un esprit pragmatique les besoins des communautés culturelles. Les Canadiens n'avaient pas alors les

mêmes idées qu'aujourd'hui sur l'égalité des droits ou du statut
à travers le pays ; ils acceptaient volontiers que ceux-ci pussent
différer d'un endroit à l'autre, et la Loi du Manitoba traduisait
cette façon de voir. Les Anglo-Canadiens ne s'étaient pas attendus à ce que la langue française et l'existence d'écoles catholiques deviennent officielles dans le Nord-Ouest et, quand on
apprit que la déclaration des droits rédigée à la Rivière-Rouge
exigeait ce genre de choses, il y eut des objections. C'était « une
mauvaise politique et un mauvais départ » que d'imposer des
langues officielles avant même que la région ne fût colonisée.
Une fois la colonisation faite, il appartiendrait à la population de
choisir elle-même sa langue d'usage; inutile de l'encombrer à
l'avance de deux langues officielles dans le seul but de « se
concilier M. Riel et ses quelques centaines de mécontents[22] ».
Malgré ces objections, libéraux et conservateurs approuvèrent la
Loi du Manitoba – les uns par désir de ramener la paix dans la
région de la Rivière-Rouge, les autres par souci de « justice » –
et elle fut adoptée par la Chambre des communes sans nécessité d'une mise aux voix.

Lorsque, en 1875 et en 1877, les écoles catholiques et le bilinguisme officiel furent reconnus dans l'Acte des Territoires du Nord-
Ouest, la presse ontarienne n'émit aucune protestation. Même ceux
qui avaient espéré voir émerger une véritable nationalité canadienne après la Confédération ne s'opposèrent pas à ces dispositions; ils
n'étaient pas encore convaincus que le patriotisme canadien dût
s'exprimer dans une seule langue. Comme nous l'avons vu, nombre
d'entre eux crurent que le combat mené de concert par les
Canadiens français et les Canadiens anglais dans le Nord-Ouest au
cours de l'été 1885 avait forgé un tel patriotisme.

Cependant, la réaction des francophones au procès de Riel
et à sa pendaison vint tout changer. Le mouvement de protestation
et le gouvernement Mercier auquel il aboutit semblaient montrer
que, faute d'une identité collective et d'un ensemble de valeurs

Au moment où éclate la question des écoles séparées au Nouveau-Brunswick, la
protection des minorités est mise à l'ordre du jour politique. Publiée en février 1875
dans *Canadian Illustrated News*, cette caricature énumère toutes les questions qui
devraient retenir l'attention du premier ministre, dont celle des droits des minorités.
(Musée McCord d'histoire canadienne, M993X.5.782.)

communes, la « nation politique » elle-même était vouée à l'échec.
La tournure des événements mondiaux – l'unification récente de
l'Italie et celle de l'Allemagne, par exemple – confirmait la nécessité
d'une véritable unité nationale pour assurer la viabilité d'un pays; le
Canada devait se doter d'une identité commune. *The Varsity* résumait la pensée d'un nombre croissant de Canadiens en écrivant : « Il
paraît à peu près impossible qu'une nation puisse être unie par la
sympathie sans être unie par la langue [...][23] ».

Les mêmes idées circulèrent au sein du mouvement assimilationniste après 1889. En présentant en 1890 le projet de loi qui
autorisait l'abandon du français comme langue officielle dans les
Territoires du Nord-Ouest, le député D'Alton McCarthy soutint que
« l'unité nationale du dominion exige[ait] une communauté de langue pour toute la population canadienne [24]». Et l'« Equal Rights
Association », formée à la même époque pour promouvoir l'unité
nationale, préconisait l'abolition des écoles séparées, estimant que
les enfants, faute de recevoir l'enseignement dans des classes communes, ne pourraient acquérir un sentiment d'appartenance à une
citoyenneté commune[25].

Cet argument acquit plus de force encore avec l'arrivée, à
partir de 1896, d'un grand nombre d'immigrants ayant des langues,
des cultures et des identités différentes. Aux yeux des Canadiens
anglais déjà convaincus que le caractère distinctif de leurs concitoyens francophones menaçait la survie du pays, cette diversité
nouvelle constituait un défi de taille. Il leur semblait que le Canada
irait tout droit vers le chaos s'il ne pouvait fondre toute la population en une seule nationalité. Et le moyen le plus sûr d'y arriver
semblait résider dans la création d'un système scolaire unique, où
l'enseignement serait dispensé dans une seule langue. Ce fut le
principal facteur qui motiva la décision que prit le Manitoba en 1916
d'interdire l'usage de toute langue minoritaire. ◆

Au début du XXe siècle, les Canadiens français et les Canadiens anglais en
étaient arrivés à concevoir de manières diamétralement opposées la Confédération
et les conditions nécessaires à sa survie. Les Canadiens français y voyaient désormais un partenariat entre deux nations, chacune avec sa langue et ses écoles implantées partout au pays. Les Canadiens anglais, eux, étaient de plus en plus convaincus
que seule l'émergence d'une nationalité unique grâce à l'assimilation culturelle et
linguistique pourrait assurer la survie du Canada comme entité politique.

L'impérialisme et la Première Guerre mondiale (1884-1917)

À L'ÉPOQUE DE LA CONFÉDÉRATION, LE CANADA N'ÉTAIT NI COLONIE PROPRE-ment dite, ni pays souverain. Il gérait lui-même ses affaires internes, percevait taxes et impôts dont il disposait à son gré, et votait ses propres lois. Mais il n'exerçait aucun contrôle sur ses relations extérieures. Aux yeux des autres nations, il n'existait pas en dehors de la Grande-Bretagne. La plupart des Canadiens prévoyaient pour leur pays une évolution graduelle vers l'indépendance, par laquelle il deviendrait l'allié de la Grande-Bretagne plus que sa colonie.

Après 1885, toutefois, la notion d'autonomie se heurta à de nouveaux projets d'unification de l'Empire, qui visaient à faire du Canada et des autres « dominions » (colonies qui se gouvernaient) des partenaires égaux au Royaume-Uni dans l'élaboration de politiques communes et dans la poursuite d'objectifs généraux. En Grande-Bretagne, où la montée de puissances comme l'Allemagne et les États-Unis provoquait un sentiment d'insécurité, certains voyaient dans l'unification de l'Empire un moyen de défendre la position mondiale du pays avec l'aide de ses propres colonies.

Bien que les impérialistes n'aient jamais réussi à définir, en pratique, un modèle de partage du pouvoir au sein de l'Empire, on tenta, à la fin du XIXe siècle, diverses formes de collaboration avec les colonies. La plus controversée fut la collaboration militaire. La Grande-Bretagne demanda d'abord, en 1884, l'aide du Canada pendant la crise du Soudan. Le gouvernement de sir John Macdonald refusa d'y envoyer des troupes, mais il permit à Londres de recruter quelques centaines de bateliers canadiens-français et mohawks pour assurer le transport des soldats britanniques vers le haut Nil.

Lors de la guerre des Boers, en 1899, l'idée de l'unité impériale s'était renforcée, et le gouvernement canadien pouvait difficilement écarter de telles demandes. À l'approche de la guerre, les autorités britanniques et les groupes impérialistes exerçaient sur lui de fortes pressions. Le cabinet lui-même était divisé et le premier ministre, sir Wilfrid Laurier, s'opposait à l'envoi de troupes en Afrique du Sud. Toutefois, lorsque la guerre éclata, il céda et autorisa l'envoi d'un contingent de 1000 hommes. D'autres groupes de volontaires suivirent, si bien qu'en 1902, à la fin de la guerre, plus de 7000 Canadiens s'étaient enrôlés.

La décision de Laurier d'envoyer des Canadiens en Afrique du Sud amena le jeune député libéral Henri Bourassa à remettre sa démission en signe de protestation. Au cours des décennies suivantes, Bourassa allait être le principal promoteur de la lutte contre l'impérialisme.

Après la guerre des Boers, un ambitieux projet allemand de construction navale fit croître l'inquiétude en Grande-Bretagne et, en 1909, le gouvernement britannique demanda aux « dominions » de l'aider financièrement à maintenir sa puissance navale. Laurier hésitait. Il craignait (et Henri Bourassa ne manquait pas d'entretenir cette crainte) que, en accédant à de telles demandes, le Canada ne minât sa propre autonomie et la responsabilité de son

Homme politique et journaliste, Henri Bourassa (1868 - 1952) sera l'un des principaux porte-parole du nationalisme canadien-français dans la première moitié du XXe siècle. (Archives du Centre de recherche Lionel-Groulx, Fonds Lionel-Groulx.)

gouvernement. Le sentiment impérialiste était cependant tenace, et Laurier fit adopter en guise de compromis une loi visant à créer une modeste marine canadienne. Les Britanniques ne seraient plus obligés de patrouiller les eaux canadiennes et pourraient tourner contre la menace allemandes les effectifs ainsi libérés. Si les impérialistes trouvaient insuffisante l'aide que cette loi apportait à la Grande-Bretagne, Henri Bourassa y voyait pour sa part une soumission au militarisme britannique. Au cours de la campagne électorale de 1911, la Ligue nationaliste de Bourassa forma une coalition avec l'aile québécoise du Parti conservateur, contribuant ainsi à la défaite de Wilfrid Laurier et à la prise du pouvoir par les conservateurs de Robert Borden.

Trois ans plus tard éclatait la Première Guerre mondiale. Juridiquement, la déclaration de guerre par la Grande-Bretagne signifiait que le Canada était en guerre; dans les faits, seul le Parlement canadien pouvait décider d'agir ou non en ce sens. L'opinion publique appuyait presque unanimement une participation active, et un grand nombre d'hommes se portèrent volontaires. Un premier contingent canadien partit pour l'Europe à l'automne 1914 et plusieurs autres suivirent; au début de 1916, le gouvernement s'était engagé à entretenir une armée d'un demi-million d'hommes.

Les Canadiens français et les Canadiens anglais ne participèrent pas à cette mobilisation de façon égale. L'armée était mal préparée à recevoir des troupes de langue française. Au cours des années antérieures, la formation des officiers s'était donnée en anglais; par conséquent, moins de 4 p. 100 des diplômés du Collège militaire royal du Canada et moins de 12 p. 100 de ceux qui avaient suivi les cours destinés aux officiers supérieurs étaient de langue française[1]. À la veille de la guerre, seulement 9 p. 100 des officiers des troupes permanentes étaient francophones[2]. Avec un si petit nombre d'officiers, il était difficile de constituer des bataillons de langue française efficaces, de sorte que de nombreux volontaires canadiens-français étaient affectés à des régiments de langue anglaise.

Pour cette raison, et pour plusieurs autres encore dont nous parlerons plus loin, on recrutait au Québec moins de soldats que dans les autres parties du pays. Même après la première année de la guerre — où les chiffres étaient faussés par la forte proportion, parmi les volontaires, d'hommes nés en Grande-Bretagne —, l'écart était considérable : d'octobre 1915 à octobre 1917, on constitua 60 bataillons dans l'Ouest, 75 en Ontario et seulement 13 au Québec. Les provinces maritimes, dont la population ne représentait que 45 p. 100 de celle du Québec, recrutèrent deux bataillons de plus que ce dernier[3]. De toute évidence, l'enthousiasme était moindre au Québec que dans le reste du pays.

Cette situation allait engendrer un grave problème lorsque Robert Borden, convaincu que le volontariat ne suffisait pas aux besoins de l'armée, décida de recourir à la conscription. Prévoyant l'opposition du Canada français, il invita

Wilfrid Laurier à former avec lui une coalition. Laurier refusa, mais la majorité de ses députés canadiens-anglais se dissocièrent de lui, votant en faveur de la conscription et s'alliant à Borden. Ce geste provoqua au Québec une vive hostilité, qui s'exprima par des manifestations violentes; on alla jusqu'à dynamiter la maison de campagne du propriétaire d'un journal favorable à la conscription.

Lors des élections fédérales de décembre 1917, les libéraux de l'Ouest se joignirent à Borden pour former un « gouvernement d'union », ne laissant à Laurier qu'un parti diminué, confiné surtout au Québec. Ainsi fut élu un gouvernement d'où étaient exclus les Canadiens français. Pas un seul député de langue française, québécois ou acadien, ne fut réélu. Le gouvernement fédéral était bel et bien, désormais, un gouvernement canadien-anglais[4].

Les Canadiens anglais n'étaient pas tous enthousiastes à l'idée de voir leur pays intégré à une fédération impériale. Le *Toronto Daily News* qualifiait cette idée de

si magnifiquement absurde que les Canadiens s'en moqu[ai]ent et que les Britanniques tourn[ai]ent en ridicule les coloniaux trop imbéciles pour voir qu'un tel projet entraînerait la perte de l'immunité, des droits et de toutes les libertés des provinces autonomes[5].

Néanmoins, l'unification de l'Empire en séduisait plusieurs. Devant le faible niveau de développement économique atteint à la fin des années 1880, de nombreux commentateurs voulaient que le Canada établît des relations commerciales privilégiées avec d'autres pays. Le libre-échange avec les États-Unis fut envisagé, mais cette avenue faisait craindre l'annexion[6]. L'unification de l'Empire, au contraire, permettrait de conclure de meilleures ententes commerciales, compatibles avec la loyauté traditionnelle des Canadiens anglais envers la Grande-Bretagne.

Les impérialistes avançaient aussi des arguments plus idéalistes. Depuis le XVIIIe siècle, la Grande-Bretagne était reconnue
pour ses idéaux de liberté politique et civile et pour ses institutions
parlementaires qui semblaient incarner cette liberté. Aux yeux de
plusieurs, le maintien de la puissance et de la suprématie de la
Grande-Bretagne garantissait donc l'épanouissement de la liberté,
l'essor de la tolérance et la primauté du droit. À la fin du XIXe siècle, ces notions étaient associées au mouvement de réforme sociale
qui entendait appliquer les principes chrétiens de fraternité, de charité et de justice pour résoudre les problèmes engendrés par
l'industrialisation : paupérisme, injustices sociales, détérioration du
milieu de vie. Bon nombre de citoyens voyaient dans le projet impérialiste le moyen d'améliorer les politiques canadiennes qui, autrement, risquaient de s'enliser dans le favoritisme, la corruption et
l'esprit de clocher[7].

L'unification de l'Empire semblait aussi nécessaire à la
défense militaire. Pour garantir leur sécurité, les Canadiens avaient
jusque-là compté sur la puissance de la Grande-Bretagne. Or celle-
ci, à la fin du XIXe siècle, semblait moins apte à assurer seule cette
tâche; il lui fallait compter sur la collaboration des « dominions ».
En effet, accepter l'aide gratuite de la Grande-Bretagne sans rien
donner en retour semblait moralement méprisable et indigne d'un
peuple adulte.

Il est scandaleux, écrivait un pamphlétaire, que le
Canada accepte l'aide consulaire de la Grande-
Bretagne, bénéficie de la suprématie de celle-ci sur
les mers et de son appui [dans ses différends avec les
États-Unis] sans débourser un seul sou pour la défen-
se de l'Empire, qui rend tout cela possible[8].

Une telle situation ne faisait que perpétuer le statut colonial
que les impérialistes canadiens méprisaient. « Moi qui écris ces
mots, je suis un impérialiste parce que je refuse d'être un colonial[9] », déclarait l'un d'eux. Au lieu de demeurer colonie, le Canada

devait devenir partenaire de la Grande-Bretagne; il devait, à la face du monde, s'imposer en tant que nation au sein de l'Empire[10].

La plupart des Canadiens anglais, toutefois, n'étaient pas prêts à renoncer à l'autonomie du Canada et à ses possibilités d'indépendance. Ils seraient fiers de voir leur pays secourir l'Empire, mais c'était en tant que nation que le Canada devait le faire.

L'un des aspects du mouvement impérialiste canadien-anglais allait poser problème. Nous avons vu qu'après l'affaire Riel de nombreux Canadiens anglais, voyant dans le caractère distinct du Canada français un danger pour la Confédération, se mirent à promouvoir l'anglicisation. Pour ces gens, l'intégration du Canada à l'Empire offrait une raison supplémentaire d'adopter une telle ligne de conduite. Le premier président de la « Canadian Imperial Federation League », D'Alton McCarthy, avait parrainé en 1890 la loi abolissant l'utilisation officielle du français dans les Territoires du Nord-Ouest. Le français, disait-il, devait céder sa place afin que les deux races qui composent le Canada puissent fusionner en un seul « pays britannique »[11]. Il lui paraissait impensable que « le français demeurât langue officielle dans une partie de l'Empire britannique[12] ». Le secrétaire provincial du Manitoba partageait cette perspective : il fallait proscrire l'usage du français parce qu'on ne pouvait pas, selon lui, « tolérer une langue étrangère dans une province britannique[13] ».

La guerre des Boers illustre bien toutes ces tendan-

Premier président de la « Canadian Imperial Federation League », D'Alton McCarthy (1836- 1898) fut un des principaux promoteurs de l'idéal impérial et d'un Canada britannique. (ANC, PA25697.)

ces. La majorité des Canadiens anglais étaient convaincus que le
Canada devait contribuer à la défense du système impérial dont
dépendait sa propre sécurité. Certains d'entre eux espéraient que la
guerre favoriserait l'établissement de relations d'affaires avec
l'Afrique du Sud; la plupart croyaient, comme Wilfrid Laurier, que
l'idéal britannique était « la lutte pour la justice, l'humanité, les
droits civils et la liberté de religion[14] ». Mais ils voulaient que la participation du Canada prît une allure nationale. Lorsque Laurier proposa l'envoi de petites unités de volontaires commandées par des
officiers subalternes et qui seraient intégrées à l'armée britannique,
G. T. Denison, président de la « British Empire League », s'y opposa,
insistant pour que ces volontaires forment un contingent national
canadien sous commandement canadien. « Ils doivent sentir qu'ils
représentent notre pays et que l'honneur de ceux qui restent ici est
entre leurs mains[15]. »

La guerre des Boers éveilla aussi la défiance envers le caractère distinct des Canadiens français et la menace qu'il pouvait
représenter pour le Canada. Dans le cabinet de Laurier, c'est Joseph
Israël Tarte qui s'opposa le plus vigoureusement à la participation
du Canada. Organisateur du parti au Québec pour les élections de
1896, il avait donné un accent nationaliste canadien-français à la
campagne libérale. Devant les hésitations du gouvernement à
envoyer des volontaires en Afrique du Sud, certains Canadiens
anglais reprochèrent donc à leurs concitoyens francophones d'avoir
empêché le Canada d'accomplir son devoir national. « Les
Canadiens sont des sujets britanniques, proclamait le *Montreal Star*,
et ils exigent que leur gouvernment soit britannique, ou alors cela
ira mal[16]. » À Toronto, *The News* fulminait : « Il n'y aura jamais de
Canada uni tant et aussi longtemps que les Canadiens français
pourront s'y opposer ». Il exhortait les Canadiens anglais à se libérer « de la domination d'un peuple inférieur[17]. » Répondant à ces
appels, des foules en furie brûlèrent l'effigie de Tarte, au cours de
manifestations tenues à Toronto et à Kingston[18].

En fin de compte, l'idée de la participation du Canada à l'effort de guerre prévalut et, comme en témoignent les monuments érigés à la mémoire des combattants de la guerre des Boers dans de nombreuses villes canadiennes, la plupart des Canadiens anglais virent dans cette participation la manifestation glorieuse de l'émergence d'une nation canadienne.

En 1914, ni le concept de nationalité canadienne, ni le désir de voir celle-ci jouer un rôle dans le monde en tant que partenaire de la Grande-Bretagne n'avaient perdu de leur vigueur. La sympathie à l'égard de la Grande-Bretagne, la foi en la noblesse de sa cause et la conviction que la sécurité du Canada dépendait du maintien de la puissance britannique, tout cela incitait les Canadiens à participer activement à la guerre mondiale. Mais, dès le début, on insista pour que le Canada le fît en tant que nation et non en tant que colonie. Le premier ministre Robert Borden expliqua que les Canadiens y avaient pris part de leur propre gré et parce qu'ils en avaient perçu les enjeux mondiaux : le Canada s'opposait à l'agression et à la violation brutale de l'ordre international; allié à d'autres « États civilisés », il défendait « la civilisation et l'humanité » ainsi que « la cause de la liberté »[19].

Cette conception du rôle du Canada dans la guerre séduisait les idéalistes et les réformistes sociaux de confession protestante. La défense de la civilisation mondiale éveillait le même idéalisme, le même dévouement et le même sens de la justice que le projet canadien de réforme sociale. Cet élan conduisit, pendant la guerre, à l'adoption de réformes importantes comme la prohibition de l'alcool, le droit de vote des femmes, l'impôt sur le revenu[20]. Mais il suscita en même temps des attentes exagérées quant à l'enrôlement des jeunes ainsi que des sentiments d'intolérance et d'hostilité à l'égard de ceux qui hésitaient à s'acquitter de ce devoir. Les Canadiens français, moins nombreux que les autres à s'enrôler, furent les principales victimes de ces attitudes. Durant l'été 1915, *The Sentinel*, journal orangiste, porte-parole d'une association particulièrement hostile

au caractère distinct des Canadiens français, leur reprochait de
« s'enrôler en petit nombre et de déserter en grand nombre ». Deux
ans plus tard, le nationaliste et libéral John Dafoe, rédacteur en
chef du *Manitoba Free Press*, disait des Canadiens français qu'ils
étaient la « seule race blanche connue à démissionner[21] ».

Ces attaques ne firent que renforcer la faveur que les thèses
assimilationnistes connaissaient depuis l'affaire Riel. Ainsi, le com-
mandant des forces canadiennes outre-mer s'opposa à la formation
de bataillons canadiens-français distincts : « Ils ne doivent pas être
tenus à l'écart, disait-il, ils sont Canadiens comme les autres; plus
vite ils seront considérés comme tels, mieux ce sera pour notre
pays[22]. » Ce désir d'unité, joint à la méfiance que la guerre faisait
naître à l'égard des étrangers, ravivait l'hostilité envers les langues
des minorités. Au Manitoba, le français fut balayé en même temps
que les langues des immigrants. ◆

Si je me souviens bien

Au début, la notion d'impérialisme ne provoqua pas d'opposition
particulière chez les Canadiens français. Eux aussi étaient protégés
par la puissance impériale et tiraient profit des relations avec les
autres pays de l'Empire. Les ultramontains, convaincus que certaines nations avaient été choisies par Dieu pour répandre les valeurs
et le mode de vie chrétiens, étaient sensibles aux grands idéaux
prônés par les impérialistes[23]. Ainsi, la presse canadienne-française
compara les « Voyageurs » canadiens-français qui participèrent à
l'expédition du Soudan, en 1884, aux Zouaves canadiens-français
qui, en 1860, avaient servi à Rome dans l'armée française pour
défendre le pape contre Garibaldi; on qualifiait leur mission de grande, noble et chrétienne.

Tout comme les Canadiens anglais allaient plus tard insister
pour que les volontaires se rendent en Afrique du Sud à titre de

corps national canadien, la presse canadienne-française voyait les
« Voyageurs » de 1884-1885 comme un contingent national canadien-français. Les éloges que firent les officiers britanniques et les
journalistes français quant à la compétence et au courage de ces
marins furent interprétés comme une reconnaissance du Canada
français : « Bravo, Jean-Baptiste[24] ! » C'était la preuve que l'Empire
pouvait ménager une place aux Canadiens français malgré leur
caractère distinctif. L'Empire pouvait en effet être considéré comme
une mosaïque constituée de diverses nationalités – « une grande
assemblée de nations venues des quatre coins du globe », écrira
plus tard Adolphe Basile Routhier, « avec une diversité de races et
de couleurs, de croyances et de langues[25] ».

Cette façon de voir l'Empire devint cependant de plus en
plus difficile à défendre à la fin du XIXe siècle. Plus des hommes
comme D'Alton McCarthy invoquaient l'impérialisme pour justifier
leur opposition à la langue française et à l'identité canadienne-française, plus l'Empire perdait ce caractère de mosaïque et apparaissait comme une puissance hostile. Cette orientation se dessinait
déjà à l'époque de la guerre des Boers.

Les Canadiens français ne s'opposaient pas tous à cette
guerre. Quelques-uns se portèrent volontaires, et la presse et le
public canadiens-français saluèrent chaleureusement, à l'occasion
de son embarquement, une compagnie placée sous commandement
canadien-français (même si seulement la moitié des soldats étaient
de cette origine)[26]. Toutefois, le *Nouveau Monde* de Montréal exprima sa « sympathie » envers les Boers, qu'il comparait aux
Canadiens français : les uns et les autres luttaient pour sauvegarder
leur identité face à l'assimilation et à la tyrannie anglo-saxonne[27].
Cette comparaison parut plus pertinente encore lorsque l'hésitation
de Wilfrid Laurier entraîna une réaction francophobe. La campagne
en faveur de la formation d'un contingent canadien sembla faire
surgir l'élément anti-français chez les Canadiens anglais (« man-
geurs de français »), comme en témoignèrent ces manifestants qui

brûlèrent en effigie Joseph Israël Tarte « parce qu'il [était] français
d'abord et ensuite pas assez impérialiste au goût de ces messieurs
de la race supérieure[28] ».

Les politiques assimilatrices prônées par plusieurs impérialistes contribuèrent donc à détourner de l'Empire les Canadiens
français. Mais la crainte qu'ils éprouvaient de voir le Canada perdre
son autonomie les influença aussi. Henri Bourassa voyait dans l'envoi de troupes en Afrique du Sud un précédent qui contraindrait les
Canadiens à soutenir la Grande-Bretagne dans toutes ses guerres
étrangères, même lorsque les intérêts canadiens ne seraient pas en
cause. Non qu'il préconisât l'indépendance. Il admettait que le
Canada avait encore besoin de la protection de la Grande-Bretagne
et il affirmait un profond attachement à la tradition libérale britannique[29]. Il estimait plus simplement que la politique expansionniste
alors mise en œuvre par les autorités impériales constituait une
entorse à cette tradition, « un régime d'accaparement et de domination militaire [...] stupide, brutal, et vantard » qui cherchait à établir
« la suprématie mondiale de la race anglo-saxonne, de sa pensée,
de sa langue [...][30] ».

Malgré ces appréhensions, la plupart des Canadiens français
appuyèrent la participation du Canada à la Première Guerre mondiale lorsque celle-ci fut déclarée en août 1914. Nombreux étaient ceux
qui étaient prêts à se porter volontaires, et Mgr Bruchési, archevêque de Montréal, déclara qu'il était du devoir du Canada d'aider la
Grande-Bretagne par tous les moyens possibles. L'Action sociale, que
l'on disait porte-parole de l'archevêque de Québec, affirmait que la
Grande-Bretagne s'était engagée dans une guerre juste et que les
Canadiens devaient « [leur] plus généreux concours[31] ».

Le journal d'Henri Bourassa, Le Devoir, n'était pas si catégorique; l'éditorial du 18 août faisait remarquer que les Canadiens, en
reconnaissant devoir prendre part à cette guerre, pourraient être
contraints, dans l'avenir, de participer « [à] tous les autres conflits
où l'Angleterre sera entraînée, que ce soit en Europe, en Asie ou en

Affiche publicitaire invitant les Canadiens français à suivre l'exemple de Dollard des Ormeaux, héros canadien-français du XVIIe siècle. (ANC, C93228.)

Afrique et quels que soient les adversaires ou les alliés de la métropole[32] ». Henri Bourassa lui-même hésita au début, ne voulant pas
contredire le clergé; mais bientôt il s'opposa plus ouvertement à
l'effort de guerre.

Son opposition n'était pas sans rapport avec la campagne
déployée en Ontario contre le Règlement 17, campagne qui retint de
plus en plus l'attention des Canadiens français au cours de la guerre. En 1915, l'Assemblée législative du Québec demanda à l'Ontario
de respecter les droits de sa minorité, puis elle autorisa les municipalités québécoises à contribuer financièrement au maintien des
écoles franco-ontariennes. Ni la décision des tribunaux affirmant la
constitutionnalité du Règlement 17, ni une encyclique pontificale
exhortant les Canadiens français à cesser leur campagne, ne purent
apaiser leur amertume ou les empêcher d'associer cette question à
la guerre.

Au nom de la religion, de la liberté et de la fidélité au
drapeau britannique, écrivait Henri Bourassa, on
adjure les Canadiens français d'aller combattre les
Prussiens d'Europe. Laisserons-nous les Prussiens de
l'Ontario imposer en maîtres leur domination, en
plein cœur de la Confédération canadienne, à l'abri
du drapeau et des institutions britanniques[33] ?

Armand Lavergne, collègue d'Henri Bourassa, se fit plus
virulent : les Franco-Ontariens, disait-il, étaient victimes d'une persécution plus grave encore que celle que les Allemands avaient
imposée en Europe. « Jusqu'à ce qu'on les ait complètement libérés
de cette persécution, je ne puis considérer un instant l'idée de
déserter leur cause pour une aventure quelque peu intéressante en
pays étranger[34]. »

Le Règlement 17 n'était cependant que le point culminant
des mesures d'intimidation et d'anglicisation que le Canada anglais
mettait en œuvre depuis 1889. Au Manitoba, cette campagne devait
mener en 1916 à la décision de n'autoriser que l'usage de l'anglais

dans toutes les écoles. La structure de l'armée canadienne semblait suivre le même courant. Il n'est donc pas étonnant que les Canadiens français aient montré moins d'empressement que les autres à se porter volontaires.

L'adoption de la Loi sur la conscription en juin 1917 amena même les évêques à adopter la position d'Henri Bourassa, car, tout en soutenant l'effort de guerre, ils s'étaient toujours opposés à la coercition. À Ottawa, un ou deux ministres canadiens-français approuvèrent cette loi, mais ils furent désavoués aux élections de décembre.

Au Québec, le résultat de ces élections secoua tellement l'opinion publique que l'Assemblée législative, plusieurs conseils municipaux et plusieurs sections locales des partis politiques étudièrent des résolutions en faveur de la séparation[35]. Plus grave encore, en mars 1918, une tentative pour rassembler de force des conscrits dans la ville de Québec provoqua une émeute qui se termina seulement lorsque les troupes ouvrirent le feu, tuant quatre personnes et en blessant au moins 35 autres[36]. ◆

C'est un lieu commun, au Canada anglais, de dire que la nationalité canadienne s'est formée sur les champs de bataille européens au cours de la Première Guerre mondiale[37]. L'attachement à la nation vient de la fierté des victoires remportées durant cette guerre et du dévouement collectif qui s'y manifesta. En outre, la guerre mena le Canada à l'autonomie et ce, de façon spectaculaire. Sa contribution militaire lui valut le droit de participer à la conférence de paix, de signer le traité de paix en son propre nom et de devenir membre à part entière de la Société des Nations et autres organismes internationaux — si bien qu'en 1931, par le Statut de Westminster, la Grande-Bretagne lui reconnut l'autonomie de droit et de fait.

En même temps que ce passé glorieux, la guerre laissa cependant un héritage plus funeste. Lors des élections de 1917, les Canadiens anglais et les Canadiens français exprimèrent des points de vue opposés, non seulement sur la mise en œuvre de la conscription, mais aussi sur la signification même du Canada. Un quotidien de Toronto, *The Star,* le soulignait dès le lendemain du scrutin : les Canadiens français considéraient le Canada comme un pays bilingue, alors que les Canadiens anglais y voyaient un pays anglophone comportant une province bilingue[38]. En faisant du Canada « un pays anglais », les Canadiens anglais n'avaient pas simplement interdit l'emploi du français au sein des gouvernements et des réseaux scolaires à l'extérieur du Québec; ils avaient également créé des institutions nationales — y compris les forces armées — de mentalité et de langue anglaises et élaboré une politique extérieure qui présentait le Canada comme partie intégrante de la communauté des nations de langue anglaise. Les élections de 1917 avaient montré que le Canada anglais pouvait même former un gouvernement national sans le soutien ou le consentement du Canada français et mettre en œuvre ses politiques malgré l'opposition de ce dernier. Il n'est donc pas surprenant que des projets séparatistes aient vu le jour au Québec.

Après la Première Guerre mondiale, l'idée de l'indépendance du Québec continua à se discuter, entretenue par l'influent historien, prêtre et enseignant que fut Lionel Groulx. Dans ses jugements acerbes sur la Confédération, publiées en 1917 et en 1927, Groulx accusait les Canadiens anglais d'avoir saboté la Confédération en violant les droits des minorités et en persécutant les Canadiens français. Cela ne pouvait pas durer. Un document de la ligue nationaliste l'Action française, inspiré des idées de Groulx et publié en 1923, annonçait que l'indépendance du Québec était à portée de main et demandait aux Canadiens français de s'y préparer[39].

William Lyon Mackenzie King, chef du Parti libéral du Canada et premier ministre pour la plus grande partie des années 1920 et 1930, n'oublia rien des dissensions et de l'amertume qu'avait engendrées la Première Guerre mondiale. Sa politique extérieure montrait son aversion pour tout engagement (particulièrement envers la Grande-Bretagne) susceptible d'entraîner le Canada dans une autre guerre. Lorsqu'il comprit l'impossibilité de demeurer à l'écart d'un important conflit avec l'Allemagne, il prit le parti de convaincre les Canadiens français que cette guerre était non voulue, mais inévitable[40]. Quand elle fut enfin déclarée, il souligna l'autonomie du Canada en différant d'une semaine sa participation

de la présente guerre, le Canada n'a pas le droit ni encore moins l'obligation de se saborder.

✳ ✳ ✳

Ce n'est donc point comme province ni comme groupe ethnique que nous prenons position. Si nous refusons de relever le gouvernement de ses engagements de 1939 et de 1940, nous le faisons comme citoyens du Canada, plaçant au-dessus de tout l'intérêt du Canada. Il existe, en ce pays, estimons-nous, une majorité de Canadiens pour qui le Canada est la patrie et pour qui la consigne: CANADA D'ABORD ou CANADA FIRST, n'a jamais été un simple cri électoral, mais l'expression d'un sentiment profond et d'une suprême conviction de l'esprit. Nous faisons appel à tous ceux-là. Nous leur demandons de mettre la patrie au-dessus de l'esprit de race ou de l'emportement partisan. Veulent-ils poser un acte qui arrête la course à l'abîme et qui atteste avec force la voix de la majorité d'un océan à l'autre? Qu'au plébiscite de M. King, avec tout le calme et toute la force d'hommes libres, ils répondent par un NON retentissant.

Que Dieu garde notre pays! Vive le Canada!

LA LIGUE POUR LA DEFENSE DU CANADA
par ses directeurs: —
(signé) Dr J.-B. PRINCE, président,
Maxime RAYMOND,
Georges PELLETIER,
J.-Alfred BERNIER,
L.-Athanase FRECHETTE,
Philippe GIRARD,
Gérard FILION,
Jean DRAPEAU,
Roger VARIN,
André LAURENDEAU, secrétaire.

L'IMPRIMERIE POPULAIRE LIMITÉE, MONTRÉAL

Le plébiscite

MANIFESTE

de la

Ligue pour la Défense du Canada

◆

« Nulle province et nul groupe ethnique ne sauraient s'abstenir ou se taire »

◆

Avec tout le calme et toute la force d'hommes libres, qu'ils répondent un

NON

retentissant

Des opposants à la conscription fondèrent en 1942 la Ligue pour la Défense du Canada, dont on aperçoit ici un extrait du manifeste : « Nous leur demandons de mettre la patrie au-dessus de l'esprit de race ou de l'emportement électoral. » (Archives du Centre de recherche Lionel-Groulx, Fonds des Familles Laurendeau et Perrault, P2/A, 119.)

officielle. Puis, durant la campagne électorale qui eut lieu au Québec en octobre 1939, ses collègues francophones parcoururent la province en promettant que, si les libéraux l'emportaient, il n'y aurait pas de conscription.

Cependant, lorsque, à la fin de 1941, l'ampleur des hostilités engendra au Canada anglais un fort mouvement en faveur de la conscription, King chercha un moyen de se délier de sa promesse. Dans un plébiscite pancanadien tenu en avril 1942, il demanda aux électeurs de l'en libérer. Le résultat fut le même qu'en 1917 : alors que le reste du Canada lui donnait un Oui sans équivoque, le Québec votait massivement en faveur du Non. Ce fut un moment décisif, même si King attendit encore deux ans avant d'envoyer des conscrits outre-mer. Les Canadiens français qui avaient fait campagne pour le Non avaient interprété la promesse de 1939 comme un marché conclu entre les deux collectivités nationales : la minorité accepterait la participation du Canada à la guerre, et la majorité s'abstiendrait de faire ce qu'elle avait le pouvoir de faire, c'est-à-dire imposer la conscription. En dégageant Mackenzie King de sa promesse, le Canada anglais s'était retiré unilatéralement de l'entente[41].

De nos jours, les historiens canadiens-anglais admirent généralement Mackenzie King pour la façon dont il régla le problème de la conscription. Il montra, dit-on, aux Canadiens français son désir de ne pas imposer cette mesure et la retarda le plus longtemps possible, conservant ainsi leur confiance et sauvegardant par là l'unité du pays.

Certes, Mackenzie King réussit à garder les votes du Québec (car les conservateurs auraient imposé la conscription bien plus vite qu'il ne le fit), mais il ne put éviter un problème beaucoup plus profond : la vision dualiste du Canada, à laquelle les Canadiens français adhéraient de plus en plus depuis la fin du XIXe siècle, avait été violemment rejetée en 1942 tout comme en 1917. Deux décennies plus tard, le mouvement séparatiste moderne se mettait en place au Québec. Comme preuve de l'incapacité de la Confédération à accueillir en son sein deux nationalités, les séparatistes évoquèrent le souvenir du plébiscite de 1942, qui aurait permis au Canada anglais d'« imposer » la conscription et forcé les Canadiens français à « servir [leur] pays au sein d'une armée unilingue anglaise »[42].

chapitre 2

L'édification de l'État providence

Introductions par
Guy Rocher
John Meisel

Essais préparés par
Alain Desruisseaux et
Sarah Fortin

L'édification de
l'État providence

D EPUIS LA DÉCENNIE 1930 JUSQU'APRÈS LA SECONDE GUERRE MONDIALE, LE
Canada a évolué vers le modèle de l'État providence. Il ne faut cependant
pas croire qu'il fut le premier pays à s'engager dans cette direction. D'autres
l'avaient devancé : l'Allemagne impériale de Bismarck avait ouvert la voie dès les
années 1880, avec un régime d'assurance-maladie et de pensions pour les personnes âgées; la Grande-Bretagne en 1901 et la Nouvelle-Zélande avaient déjà mis en
place des modalités d'assurance-maladie. En réalité, le Canada fut plutôt lent à
suivre ce mouvement.

On mesure mal aujourd'hui, toutefois, combien une telle évolution a pu
exiger de changements non seulement dans les structures, mais plus encore dans
les mentalités, chez les dirigeants politiques et les hauts fonctionnaires, chez les
capitalistes et les chefs d'entreprise, dans le clergé et dans la population. Il s'est
agi d'une profonde mutation sociopolitique. Jusque-là, au XIXe siècle et au début
du XXe siècle, le Canada présentait à bien des égards l'image d'une colonie économique dont le développement était en bonne partie tributaire de l'apport de
capitaux et de capitalistes britanniques et américains. Tant sur la scène fédérale
que sur la scène provinciale, l'État canadien adoptait une politique de « laisser-
faire » typique, tant à cause de son statut semi-colonial que de son idéologie
socioéconomique libérale; sa principale préoccupation était d'assurer la mise en
place des infrastructures nécessaires au développement économique, tels les
ports, le chemin de fer, le réseau routier.

À compter des années 1890-1920, un certain nombre de personnes commencèrent à s'alarmer de la dégradation des conditions de vie d'une partie croissante de la population canadienne : l'urbanisation et l'industrialisation rapides

créaient en milieu urbain et dans les régions minières une classe ouvrière exploitée, composée de ruraux ayant quitté leurs terres et d'immigrants. En Europe, ces conditions avaient favorisé l'expansion de l'idéologie socialiste, laquelle fut assez aisément et rapidement importée au Canada par les nouveaux arrivants. Ce fut pour répondre à ces transformations sociales et à ce qui était vu comme la menace socialiste que l'esprit du réformisme social gagna certains milieux religieux, notamment des membres du clergé. Du côté protestant, ce mouvement porta le nom d'« évangélisme social », mieux connu en anglais sous l'appellation de « Social Gospel ». L'équivalent catholique fut la « doctrine sociale de l'Église », explicitée en particulier dans l'encyclique *Rerum novarum* du pape Léon XIII en 1891.

Bien que ce mouvement de réformisme social chrétien n'ait pas réussi à influencer le gouvernement fédéral, il y a lieu de croire qu'il a ouvert la voie à l'État providence en critiquant les abus du capitalisme sauvage, en propageant la crainte de la menace socialiste et en tentant de mettre en place des lois sociales dans quelques provinces canadiennes. Ces efforts furent couronnés d'un plus grand succès dans l'Ouest, où les nouveaux partis politiques — le Parti du crédit social et la Co-operative Commonwealth Federation (CCF), premier parti d'inspiration socialisante — avaient une grande influence et où des immigrants venus d'Europe avaient amené avec eux des idées de gauche.

En réalité, il fallut une crise économique d'une gravité exceptionnelle, qui débuta en 1929, et des motivations plus économiques que religieuses pour amener l'État canadien à s'engager sur la voie des politiques sociales. La grande crise économique des années 1930 obligea l'État à prendre le relais de la charité privée, devenue insuffisante pour venir en aide à la masse des nouveaux chômeurs. Ce fut l'institution de ce que l'on connut au Québec sous le nom de « secours direct ». Mais l'État n'était pas en mesure d'assurer bien longtemps un régime de subsides de cette nature, c'est-à-dire prélevés à même ses coffres. Le recours à un système d'assurance collective parut alors la solution.

Cette solution ne fut toutefois pas adoptée sans susciter hésitations, résistances et atermoiements, qui sont bien rapportés dans les articles du présent chapitre. Parmi les obstacles qui entravèrent l'évolution de l'État providence, on compte les intérêts des entrepreneurs et des financiers, qui n'étaient pas prêts à participer à leur financement; l'idéologie libérale dominante, qui valorisait l'initiative personnelle et voyait dans ces politiques une atteinte à la mystique du travail; la faiblesse de l'État lui-même, mal équipé en ressources humaines et financières pour penser ces politiques et les mettre en place; enfin l'absence d'une théorie économique appropriée.

Un autre facteur faisait également obstacle à l'élaboration des politiques sociales : la nature de la Confédération canadienne, plus précisément le partage des pouvoirs qui avait été négocié en 1867 et qui avait confié la responsabilité des politiques sociales aux instances les plus proches de la population, soit les gouvernements provinciaux. Ceux-ci s'étaient acquittés plus ou moins bien de cette mission, chacun à sa manière. Au Québec, le gouvernement libéral de Louis-Alexandre Taschereau avait voté en 1921 la Loi de l'assistance publique, laquelle visait à assurer une aide élémentaire à ceux que l'on appelait les « indigents » de tous âges et de différentes conditions (c'est-à-dire les « pauvres » en général, mais aussi les « enfants illégitimes », les « filles-mères », les « handicapés physiques »), cette aide comprenant les soins de santé dont ils pouvaient avoir besoin en institutions. À cet égard, l'assistance publique était un premier programme d'assistance sociale et un début d'assurance-hospitalisation, mais sans le principe de l'assurance collective.

La Loi de l'assistance publique n'était cependant pas une loi sur l'assurance-chômage. Elle n'avait pas été conçue de manière à faire face à une crise économique de l'ampleur de celle qui débuta en 1929. Le gouvernement fédéral dut alors entreprendre de participer à l'aide aux chômeurs. Mais, dès qu'il voulait légiférer en ce domaine, se posait le problème constitutionnel du respect des compétences provinciales. L'obstacle était de taille, et l'on peut dire qu'il s'est présenté tout au long de la mise en place des diverses politiques sociales canadiennes, depuis le début des années 1930 jusqu'à nos jours. Le gouvernement du Québec s'opposa presque constamment aux interventions fédérales, sauf en de courtes périodes où le gouvernement fédéral put compter sur la « compréhension » d'un gouvernement provincial libéral : principalement celui d'Adélard Godbout (1939-1944) et, dans une bien moindre mesure, ceux de Jean Lesage (1960-1966) et de Robert Bourassa (1970-1976, 1985-1994). Mais même ces derniers subirent les pressions du mouvement nationaliste canadien-français puis québécois qui, farouche adversaire des empiètements du gouvernement fédéral, les dénonça toujours dans les médias.

Il faut mentionner ici d'importants éléments contextuels qui jouèrent dans les relations entre le Québec et le Canada en matière de politiques sociales. En premier lieu, le gouvernement fédéral se donna, bien avant les gouvernements provinciaux, les ressources humaines, intellectuelles et financières nécessaires pour agir dans le champ social de manière plus efficace que les gouvernements provinciaux. Pour faire face à ses obligations de guerre, il recruta une impressionnante brochette de hauts fonctionnaires, alors qu'à la même époque arrivaient au pouvoir d'énergiques hommes d'État. Cette forte bureaucratie allait jouer un rôle de premier plan dans la formulation et la mise en place des politiques sociales fédérales et, par conséquent, de l'État providence. Ainsi soutenu, le gouvernement fédéral créa de grandes commissions d'enquête, dotées d'importants moyens et dont les rapports, appuyés sur d'imposantes recherches, furent marquants. Rappelons en particulier la Commission royale d'enquête sur les relations entre le Dominion et les provinces (commission Rowell-Sirois, 1940); le Comité consultatif sur la reconstruction de l'après-guerre, créé en 1941 et pour lequel fut préparé le fameux *Rapport sur la sécurité sociale au Canada* (1943), par L. C. Marsh; la Commission royale d'enquête sur l'avancement des arts, des lettres et des sciences au Canada (commission Massey-Lévesque, 1951).

Pendant ce temps, le gouvernement du Québec n'était pas tout à fait inactif. Les gouvernements libéraux de Louis-Alexandre Taschereau (1920-1936) et d'Adélard Godbout (1936, 1939-1944) manifestèrent une certaine ouverture aux questions sociales. C'est à cet état d'esprit que l'on doit notamment le rapport de la Commission des assurances sociales du Québec (rapport Montpetit, 1933); celui de la Commission provinciale d'enquête sur les hôpitaux (1943); celui de la Commission royale d'enquête sur les problèmes constitutionnels (commission Tremblay, 1956, créée par Duplessis pour contrer les rapports Rowell-Sirois et Massey-Lévesque); ainsi que les rapports de deux commissions d'enquête sur les services de santé (1951 et 1972). Mais ce qui faisait la faiblesse du gouvernement du Québec, c'était une fonction publique déficiente, qui ne pouvait faire le poids face à la forte bureaucratie installée à Ottawa. Ce ne fut qu'à partir de 1960 que le gouvernement du Québec entreprit à cet égard un virage radical, en recrutant une jeune génération d'universitaires qui allaient mettre sur pied une véritable fonction publique québécoise, capable de discuter sur un pied d'égalité avec celle du gouvernement fédéral.

L'INTRÉPIDE DÉFENSEUR DE NOS DROITS

COOPÉRATION
<u>OUI</u>
ASSIMILATION
<u>JAMAIS</u>

Affiche électorale de l'Union nationale montrant Maurice Duplessis, « L'intrépide défenseur de nos droits ». Conservateur et autonomiste, Duplessis fut un des principaux opposants à la mise en place des programmes sociaux au Canada. (ANC, C87690.)

Ce dernier avait cependant pris une sérieuse avance. L'organisation de l'« effort de guerre » lui avait permis de se doter de ressources importantes; la planification de l'après-guerre, qu'il avait su faire à son avantage, lui avait assuré une bonne marge de manœuvre; il avait enfin réussi à obtenir une série de concessions de la part des provinces, dans différents domaines comme l'assurance-chômage, l'assurance-hospitalisation, le financement des universités, le régime des rentes. Mais il était surtout parvenu à s'assurer la part du lion dans l'impôt sur le revenu des particuliers et des sociétés, acquérant ainsi un énorme « pouvoir de dépenser » qui allait commander tout le reste. Le débat constitutionnel qui accompagna l'édification de l'État providence canadien ne fut pas seulement juridique : il fut avant tout économique et politique, dans un rapport de forces longtemps inégales entre le gouvernement fédéral et les gouvernements provinciaux.

Un deuxième facteur allait avoir une influence décisive sur l'adoption du modèle de l'État providence : la publication en 1936 de l'ouvrage d'un économiste britannique, John Maynard Keynes, *Théorie générale de l'emploi, de l'intérêt et de la monnaie,* qui ouvrait une toute nouvelle perspective de réflexion économique et posait les fondements théoriques d'un État providence interventionniste et social-démocrate. Keynes traçait les grandes lignes d'un plan d'action destiné à soutenir le plein-emploi par des politiques et des investissements susceptibles d'encourager la propension à consommer et, par conséquent, l'activité économique. Non seulement la théorie keynésienne justifiait-elle les politiques sociales, mais elle pouvait aussi servir à légitimer les interventions du gouvernement fédéral. Cette théorie gagna Ottawa bien avant Québec, où elle ne fut véritablement adoptée qu'au début de la décennie 1960, avec l'arrivée de jeunes économistes dans la nouvelle fonction publique québécoise.

On ne peut parler de l'édification de l'État providence sans rappeler, en troisième lieu, le rôle que le syndicalisme joua au fil du temps sur la scène canadienne et sur la scène québécoise. Au Québec, le syndicalisme fut scindé en deux branches : celle des syndicats dits « internationaux », qui, comme dans le reste du Canada, étaient en réalité d'inspiration américaine; celle du syndicalisme catholique, fondé par le clergé pour contrer l'influence des premiers, trop neutres sur le plan confessionnel. Les syndicats s'employaient avant tout à améliorer les conditions de travail de leurs membres. Mais l'évolution idéologique que connut le syndicalisme québécois l'amena à appuyer les projets de législation sociale, notamment l'assurance-chômage et l'assurance-hospitalisation.

Par ailleurs, l'omniprésence de l'Église catholique dans l'ensemble de la vie québécoise joua aussi un rôle important, mais dans ce cas pour ralentir l'évolution vers l'État providence au Québec. Les prêtres et les religieuses avaient en effet la responsabilité de créer et de faire fonctionner la plupart des institutions de santé et d'assistance sociale, ainsi que de mettre en place les services sociaux, épargnant ainsi à l'État l'obligation de s'y engager. La doctrine sociale catholique dont s'inspirait le clergé ne réservait à l'État, en ces domaines, qu'un rôle auxiliaire limité, qui consistait à soutenir les œuvres et les institutions de l'Église et de la charité privée. Élevée pratiquement au rang de dogme, parce qu'elle émanait de la papauté même, cette doctrine était respectée, dans son esprit et dans son application, grâce à une solide alliance entre le haut clergé et le pouvoir politique. Le rôle auxiliaire attribué à l'État par la doctrine sociale de l'Église coïncidait parfaitement avec l'idéologie ultraconservatrice du gouvernement Duplessis, qui régna sur le Québec de 1944 à 1959. Toute intervention de l'État était considérée comme inspirée par une dangereuse philosophie étatique et socialisante. Il fallut attendre la mort de Duplessis en 1959 et le rapide déclin, puis la disparition du rôle public de l'Église catholique à partir de 1960, pour que le Québec prenne le virage de ce qu'on a appelé la Révolution tranquille.

Si le gouvernement canadien fut lent à adopter le modèle de l'État providence, le Québec le fut plus encore. Quand il le fit finalement, à partir de 1960, ce fut avec une bonne dose d'énergie qui lui permit de rattraper le temps perdu.

L ' é d i f i c a t i o n   d e
l ' É t a t   p r o v i d e n c e

L ES ARTICLES RÉUNIS DANS LE PRÉSENT CHAPITRE PASSENT EN REVUE LES ÉVÉNEMENTS qui ont entouré au Canada l'édification de l'État providence. Ils dressent l'inventaire des facteurs qui ont influencé de quelque façon le déroulement de la plupart des épisodes relatés dans cet ouvrage. Ces facteurs sont liés au contexte démographique, aux antécédents historiques, à l'évolution économique et socio-politique, aux personnes et aux organismes en cause et, par-dessus tout, aux valeurs que professent respectivement les Québécois et les Canadiens anglais.

Étant donnée, cependant, la durée de chacune des périodes analysées, les éléments qui furent déterminants dans le dénouement d'un épisode particulier changent souvent au cours de celui-ci. Ainsi, lorsque s'amorça la mise en place de l'État providence, le Québec n'avait pas encore vécu sa Révolution tranquille et restait plutôt replié sur lui-même; or, à la fin de cette période, il affichait les traits d'une société plus moderne, plus active, plus tournée vers l'avenir. C'est dire que, au départ, l'attitude des Québécois face à l'assistance sociale et à la sécurité sociale était modelée par la toute-puissante et omniprésente Église catholique. L'action de cette dernière et de ses nombreuses ramifications — jointe à l'homogénéité linguistique de la société québécoise et à sa longue histoire de minorité relativement isolée — créait entre les Québécois une réelle cohésion, un véritable sentiment d'appartenance. Cette société confiait donc plus volontiers à l'Église qu'à l'État les soutiens et les services à fournir à la population.

Toutefois, à mesure que déclina l'influence de l'Église et que prit forme le projet de modernisation de la société, ce furent des organismes publics qui prirent en charge le financement et l'administration des services sociaux. Un fort sens d'entraide et de solidarité collective, désormais sécularisé, continua donc d'unir les Québécois autour de la création d'un État providence.

Du côté du Canada anglais, l'élan fut d'une autre nature. Bien que le rôle de l'évangélisme social — le « Social Gospel » — ne fut pas négligeable, l'appui à l'État providence fut d'abord le fait d'associations bénévoles et, surtout, de partis politiques. La Co-operative Commonwealth Federation (CCF) et son successeur, le Nouveau Parti démocratique (NPD), eurent une influence considérable sur le contenu de la législation sociale. Certes, ces partis d'inspiration sociale-démocrate ne formèrent jamais le gouvernement à Ottawa; mais ils obligèrent celui-ci, notamment sous le règne des libéraux, à adopter des politiques sociales progressistes. Par ailleurs, leur présence épisodique à la tête de certains gouvernements provinciaux contribua à faire accepter certains aspects de l'État providence. Comme le rappelle l'article consacré à l'assurance-hospitalisation et à l'assurance-maladie, c'est l'initiative du gouvernement CCF de la Saskatchewan (dirigé par Tommy Douglas) qui mena à la mise en place d'un régime pancanadien de soins de santé.

Le rôle considérable joué par la CCF et par le NPD dans la création et l'évolution de l'État providence au Canada illustre bien l'utilité des partis politiques et du système de partis pour trouver des solutions aux questions controversées. D'une façon générale, la croissante fragmentation des partis au fil des années a rendu plus difficile l'obtention d'un consensus pancanadien.

Mais cette difficulté n'est pas chose nouvelle. Les articles réunis dans le présent chapitre nous montrent que les mesures de sécurité sociale ont, parfois, difficilement rallié l'accord des provinces. Ces dernières craignaient que les programmes lancés et financés par Ottawa ne faussent leurs priorités en matière de dépenses et ne leur imposent un ordre du jour préparé dans les officines fédérales. Fait à noter, le Québec n'était pas la seule province à redouter cette intrusion d'Ottawa. Plusieurs programmes de l'État providence supposaient une certaine redistribution des revenus entre les provinces les plus riches et les provinces les plus pauvres — un des traits les plus positifs du fédéralisme canadien —, et ces dernières se montraient souvent plus réceptives aux propositions d'Ottawa que les autres, qui craignaient d'être perdantes à ce jeu.

Malgré ce malaise, les gouvernements provinciaux et la population canadienne en vinrent à accepter le principe de la péréquation. Ce revirement s'explique, d'une part, par les ravages de la crise économique des années 1930 et, d'autre part, par l'héritage de la Seconde Guerre mondiale : ces deux événements ont largement contribué à transformer la perception que les Canadiens avaient de leur pays.

Le lecteur d'aujourd'hui, habitué aux fluctuations périodiques du climat économique, sous-estime probablement l'influence que la Dépression exerça sur les Canadiens, surtout au début de la période qui nous occupe ici. L'héritage de la crise mondiale était lourd : on estime que les dépenses brutes de l'État diminuèrent de 42 p. 100 entre 1929 et 1933 et que, à la fin de cette période, près du tiers de la main-d'oeuvre était en chômage. Un Canadien sur cinq dépendait de l'aide gouvernementale. Dans les quatre provinces de l'Ouest, à l'économie principalement axée sur l'exportation, les effets de la Crise furent particulièrement dévastateurs. Ils renforcèrent dans l'opinion publique l'idée que l'État avait un rôle à jouer envers les personnes qui se trouvaient en difficulté.

En outre, parce que les effets de la Dépression varièrent en intensité et en gravité d'une région à l'autre, la nécessité de conclure des ententes en vertu desquelles les régions épargnées ou plus fortunées aideraient les régions plus lourdement touchées devint une évidence pour un plus grand nombre de Canadiens : il fallait mettre en place des dispositions fédérales-provinciales, et peut-être même interprovinciales. Cette prise de conscience mena à la création, en 1937, de la Commission royale sur les relations entre le Dominion et les provinces, ou Commission Rowell-Sirois. Celle-ci avait pour mandat d'examiner les fondements économiques et fiscaux de la Confédération et la distribution des pouvoirs législatifs, à la lumière de l'évolution économique et sociale. Les recommandations de la Commission, déposées en 1940, étaient dans l'ensemble plutôt centralisatrices et, de ce fait, difficilement acceptables pour bon nombre de provinces. Plusieurs de ces recommandations furent néanmoins mises en oeuvre après le conflit. Cela prouve, entre autres choses, la possibilité d'apporter des changements importants touchant les membres d'une fédération sans pour autant modifier la Constitution.

La crise économique des années 1930 à peine résorbée, la Seconde Guerre mondiale éclata et, dans les années 1940, la nécessité de restructurer une économie bouleversée par la guerre contribua à son tour à la mise en place de l'État providence. Il fallait non seulement réintégrer au marché du travail les anciens combattants, mais aussi transformer la machine de guerre qu'était devenue l'industrie canadienne. À la fin du conflit et après la signature des deux armistices, on craignait l'accroissement du taux de chômage, et cette crainte s'alimentait au souvenir de la récente crise. En outre, pour un très grand nombre de Canadiens (d'origine britannique ou autre), la contribution du Canada à l'effort de guerre était une source d'inspiration. Cet engagement collectif alimenta un nouveau type de nationalisme — un nationalisme qui avait pour objet le Canada, et non plus la Grande-Bretagne — et le sentiment que ceux qui s'étaient sacrifiés pendant la guerre méritaient un niveau de vie décent ainsi que les avantages normalement associés à l'État providence.

Pour bien comprendre la période étudiée ici, il faut se rappeler que la professionnalisation des activités gouvernementales et l'apparition d'une fonction publique qualifiée et spécialisée se produisirent d'abord à Ottawa, avant de se répandre dans les provinces. Dès la fin de la guerre, Ottawa put compter sur un fort contingent de fonctionnaires compétents et motivés. Les provinces, elles, étaient encore aux prises avec les vieilles méthodes, l'esprit de clocher et le favoritisme; elles tardaient donc à se doter d'une fonction publique composée de professionnels recrutés par voie de concours.

La haute fonction publique mise sur pied par l'administration King avait quelque chose d'impressionnant. Elle comptait dans ses rangs plusieurs universitaires, dont la plupart souscrivaient à la théorie du plein-emploi prônée par l'économiste britannique John Maynard Keynes : en cas de contraction de l'économie, le gouvernement devait accroître le pouvoir d'achat des citoyens, grâce à de vastes programmes de dépenses publiques. Ottawa devait donc procéder à des investissements majeurs, de sorte que les fonds ainsi mis à la disposition du secteur privé servent à la création d'emplois. Comme le régime d'allocations familiales, presque tous les programmes de l'État providence répondaient à ce modèle keynésien. Ottawa en mit en œuvre un certain nombre, bientôt imités par plusieurs provinces.

Jouissant d'une longueur d'avance en ce domaine, le gouvernement fédéral avait coutume, durant les rencontres fédérales-provinciales, de prendre l'initiative et de présenter des projets solidement étayés. Les représentants provinciaux, faute d'analyses aussi fouillées, y répondaient de façon évasive et souvent improvisée. Mais ce rapport de forces se trouva singulièrement modifié quand arrivèrent les négociations pour la définition d'un nouveau régime de pensions.

Le Québec présenta alors son propre projet, que la plupart des participants à la rencontre jugèrent supérieur au projet fédéral. Le premier ministre ontarien de l'époque m'a confié un jour que cette expérience l'avait convaincu de créer un comité composé de fonctionnaires compétents, qui le conseillerait désormais dans ses négociations avec Ottawa et les autres provinces. C'est ainsi que l'exemple du Québec, bientôt imité par l'Ontario, suscita l'émergence de ministères provinciaux consacrés aux relations fédérales-provinciales.

Devant l'excellente préparation du gouvernement québécois sur la question du régime de pensions, la surprise fut d'autant plus grande qu'on ne soupçonnait pas l'existence, au Québec, des infrastructures nécessaires à de telles études. Dans les autres provinces, les universités s'étaient développées plus vite — particulièrement dans les sciences exactes, le génie et les sciences sociales. Les gouvernements de ces provinces pouvaient donc recruter plus facilement, à titre de conseillers, des spécialistes bien formés. Le gouvernement fédéral avait été le premier à mettre ces ressources à profit, suivi en cela par quelques gouvernements provinciaux — celui de la Saskatchewan notamment. Québec accusait un certain retard mais, comme cela arrive souvent en pareil cas, il compensa par un départ fulgurant. Après l'arrivée de Jean Lesage au pouvoir, de jeunes diplômés, issus principalement de la Faculté des sciences sociales de l'Université Laval, exercèrent un rôle de premier plan dans la fonction publique québécoise ainsi que dans les nombreux organismes publics et parapublics nés de la Révolution tranquille. Bientôt, la position de ces « technocrates », comme on les appelle, devint plus importante qu'ailleurs au pays; cela conféra au Québec un avantage décisif dans les négociations intergouvernementales. Par la suite, la plupart des provinces se dotèrent de ressources humaines semblables.

La différence entre le Québec et le reste du pays quant à la façon d'aborder la question du soutien public des plus démunis et le problème général de l'État providence rappelle à mon esprit la perspicace analyse que Ferdinand Tönnies faisait des structures sociales au XIXe siècle. Ce sociologue allemand établissait une distinction fondamentale entre *Gemeinschaft* (la communauté) et *Gesellschaft* (la société). Dans la première, le sentiment d'appartenance repose sur une commune origine; chaleureux et informels, les liens y vont de soi. Dans la seconde, au contraire, les liens sont volontaires et largement fondés sur la poursuite rationnelle de l'intérêt de chacun. Malgré l'imperfection de l'analogie, je soumets l'idée que la société québécoise francophone, tout en étant beaucoup plus hétérogène et plus complexe qu'elle ne l'était jadis, affiche encore aujourd'hui plusieurs traits de la *Gemeinschaft*, de la communauté. L'histoire a laissé au Québec les vestiges d'une société communautaire. Quant aux autres composantes du Canada, elles semblent unies par des liens affectifs plus ténus (quoique non négligeables) et par une recherche plus rationnelle de leur bien-être individuel. Les impératifs économiques revêtent pour elles une importance particulièrement grande et sont perçus comme compléments obligés de la dimension sociale et communautaire. Ces différences ont aussi contribué à modeler les attitudes face à la redistribution des richesses et face à l'État providence.

L'adoption du
programme
d'assurance-
chômage (1940)

B IEN QUE L'ÉTABLISSEMENT D'UN PROGRAMME NATIONAL D'ASSURANCE-CHÔMAGE FÛT inscrit au programme du Parti libéral du Canada depuis 1911[1], la première loi sur l'assurance-chômage ne fut adoptée que le 12 mars 1935 par le gouvernement conservateur de R. B. Bennett. De retour au pouvoir à l'automne 1935, le premier ministre King, convaincu que la loi de Bennett empiétait sur un domaine de compétence provinciale, décida d'en référer aux tribunaux[2]. En juin 1936, la Cour suprême statua que la Loi sur l'assurance-chômage était anticonstitutionnelle et, le 28 janvier 1937, le Conseil privé de Londres entérina la décision : le gouvernement fédéral ne pourrait légiférer en matière d'assurance-chômage à moins d'amender la Constitution canadienne.

En janvier 1938, la Commission nationale sur l'emploi, créée deux ans plus tôt, déposa son rapport, dans lequel elle recommandait l'établissement d'un programme national d'assurance-chômage. Au cours de la même année, le premier ministre King invita les provinces à céder au gouvernement fédéral leur compétence en matière d'assurance-chômage, mais seules les provinces d'allégeance libérale acceptèrent. Les provinces dissidentes étaient alors le Québec, l'Alberta et le Nouveau-Brunswick, gouvernées respectivement par l'Union nationale, le Parti du crédit social et le Parti conservateur[3].

Lors des élections provinciales de 1939, la défaite du gouvernement de Maurice Duplessis élimina un des plus farouches opposants au programme. Un nouveau climat de collaboration entre Québec et Ottawa en résulta[4]. En mai 1940, la Commission royale d'enquête sur les relations entre le Dominion et les provinces (la commission Rowell-Sirois), créée trois ans plus tôt, déposa son rapport, dans lequel elle recommandait la mise sur pied d'un programme national d'assurance-chômage. À la même époque, par une simple lettre d'entente et sans consulter l'Assemblée législative[5], le premier ministre Godbout accepta finalement de céder au gouvernement fédéral l'entière compétence en matière d'assurance-chômage. Il écrivait au premier ministre King :

> Compte tenu de tout cela, nous ne pensons pas pouvoir refuser notre consentement aux modifications proposées de l'Acte de l'Amérique du Nord britannique, et nous estimons nous acquitter simplement par là de notre devoir à l'égard de notre province comme à l'égard de notre pays[6].

Le gouvernement du Nouveau-Brunswick lui emboîta bientôt le pas, suivi de l'Alberta.

si je me souviens bien

À l'époque, le nationalisme des milieux politiques du Québec s'exprimait par la défense de l'autonomie provinciale. Les conservateurs de Bennett furent pratiquement rayés de la carte aux élections générales qui eurent lieu en 1935 au Québec, en raison notamment de leurs visées interventionnistes peu compatibles avec le principe de l'autonomie provinciale[7]. Duplessis, lorsqu'il opposa un refus catégorique à la demande d'Ottawa de transférer la responsabilité de l'assurance-chômage, obtint l'approbation des nationalistes, qui s'opposaient à la centralisation que cette mesure entraînerait selon eux. Les nationalistes se rendaient compte que, en abandonnant à Ottawa la compétence en matière d'assurance-chômage, on lui cédait un énorme pouvoir. Ainsi, André Laurendeau écrivait :

> [...] nous ne saurions pour aucune raison transiger sur la législation sociale : *il nous la faut entière.* Toute autre attitude serait suicidaire pour le Canada français, et céder cette fois nous amènerait à céder demain sur d'autres points. Nous serons maîtres de

Si je me souviens bien

notre vie sociale et économique, maîtres de notre
éducation, ou bien nous sommes destinés à disparaître comme peuple. Sommes-nous prêts à signer
notre arrêt de mort[8] ?

D'autres jugeaient l'assurance-chômage peu utile, voire nui-
sible. Pour plusieurs, à cette époque, développement économique
rimait encore avec agriculture, et le corporatisme était présenté
comme le modèle de relations industrielles le plus compatible avec
la morale catholique. « Avant de résoudre notre problème ouvrier,
pour pouvoir le résoudre même, il faut d'abord apporter une solution à nos problèmes agricoles de l'Ouest comme de l'Est », notait
l'économiste François-Albert Angers[9].

Le consentement du premier ministre Godbout à l'amendement constitutionnel de 1940 fut donc très mal accueilli par ce
groupe : « [...] des nationalistes virent dans ce geste un acte de trahison envers le groupe ethnique canadien-français[10] », écrit l'historien Jean-Guy Genest.

Néanmoins, tous n'étaient pas opposés à l'établissement
d'un programme fédéral d'assurance-chômage. Plusieurs organisations syndicales appuyèrent le projet[11] et, en 1933, la
Commission d'assurance sociale, instituée par le gouvernement
du Québec et présidée par Édouard Montpetit , avait recommandé la création d'un régime d'assurance-chômage par le gouvernement fédéral[12].◆

Au cours des années 1920 et 1930, le projet d'assurance-chômage
ne faisait pas consensus au Canada anglais. Soutenu par les syndicats, il était critiqué par le milieu des affaires. Croyant que la crise
de l'emploi était temporaire, les premiers ministres Bennett et King
eux-mêmes se montrèrent très réticents à se lancer dans ce qui

Lors de la grève de Stratford en Ontario (1934), les grévistes demandaient l'implantation d'un programme d'assurance-chômage : « Nous nous battons pour une assurance contre le chômage, gratuite et complète ». (ANC, PA125093; Parti communiste du Canada.)

promettait d'être le programme le plus vaste et le plus onéreux jamais mis en œuvre au Canada. Pour eux comme pour plusieurs autres, un programme d'assurance-chômage contrevenait à l'éthique du travail13. D'ailleurs, la première loi de l'assurance-chômage adoptée par le gouvernement Bennett en 1935 était compatible avec ce principe; par son intermédiaire, on cherchait d'abord à contenir le déficit grandissant du gouvernement fédéral et à cesser de verser des primes de secours aux indigents, qui s'étaient multipliés à la suite de la crise de 192914. De même, les arguments constitutionnels mis de l'avant par King servirent longtemps de prétexte à l'inaction, alors que plusieurs provinces souhaitaient voir Ottawa intervenir dans ce domaine. L'historien James Struthers observe à ce sujet :

> [...] tout au long de la dépression des années 30, c'est
> Ottawa – et non les provinces – qui, pour justifier les
> limites de sa responsabilité envers les chômeurs,
> invoquait constamment la Constitution canadienne et

le caractère sacré des droits des provinces[15].

Quelques provinces refusèrent, à différents moments, de céder au gouvernement fédéral leur compétence en matière d'assurance-chômage. Ce fut le cas, en 1937, du Nouveau-Brunswick et de l'Alberta, qui exigeaient que l'on revît l'ensemble des contentieux fédéraux-provinciaux avant d'aborder les enjeux plus spécifiques tels que l'assurance-chômage[16].

Avec le temps, le projet de programme national d'assurance-chômage se gagna des appuis de plus en plus nombreux dans la population canadienne, notamment dans les milieux bancaires et financiers[17]. King lui-même devint un solide partisan de cette mesure[18]. La grande dépression du début des années 1930, l'introduction des idées keynésiennes dans les milieux universitaires puis dans la fonction publique fédérale et le désir d'accumuler des fonds pour aider à payer l'effort de guerre contribuèrent à la faire accepter[19]. ◆

Le 10 juillet 1940, avec l'assentiment de toutes les provinces, la Constitution canadienne fut amendée pour donner à Ottawa la responsabilité de l'assurance-chômage et, le 7 août, la Loi sur l'assurance-chômage reçut la sanction royale.

Comme l'avait prévu André Laurendeau, toutefois, cette première brèche dans les compétences provinciales ne fut pas la dernière. Au lendemain de la Seconde Guerre mondiale, Ottawa entreprit de créer un filet de sécurité sociale élargi, en justifiant ses interventions dans ce domaine par ses responsabilités à l'égard du développement économique, dans le but d'assurer un « niveau élevé et stable d'emploi[20] ». Malgré les objections de plusieurs provinces, le plan du gouvernement fédéral fut lentement réalisé, morceau par morceau. En 1968, avec l'entrée en vigueur de la Loi sur les soins médicaux, l'État providence évoqué dans le programme de 1945 était pratiquement en place[21].

Par ailleurs, la modification constitutionnelle qui transféra la responsabilité de l'assurance-chômage au gouvernement fédéral ne mit pas fin au débat, puisque les politiques d'assurance-chômage empiètent sur deux autres domaines de compétence provinciale, soit les politiques sociales et les politiques de l'emploi.

Avec la Révolution tranquille, au cours des années 1960, Québec occupa lui aussi progressivement le champ de la main-d'œuvre, et ces dédoublements firent l'objet de conflits récurrents avec le gouvernement fédéral[22].

Au fil des années, Québec exigea d'avoir seul la responsabilité du système de sécurité sociale, y compris la gestion de la caisse d'assurance-chômage; en 1990, cette position faisait l'objet d'un très large consensus parmi tous les intervenants québécois concernés[23]. Durant les négociations constitutionnelles de Charlottetown, en 1992, la formation et le perfectionnement de la main-d'œuvre constituaient un des champs de compétence qu'Ottawa avait accepté de libérer; le fonds d'assurance-chômage restait toutefois de compétence fédérale[24].

Après que cette entente eut été rejetée lors de la consultation référendaire de 1992, des négociations bilatérales furent entreprises pour tenter de trouver un arrangement administratif qui donnerait corps à ce qui avait été négocié à Charlottetown. Le 30 mai 1996, le premier ministre Chrétien annonçait que le gouvernement fédéral reconnaîtrait aux provinces l'entière responsabilité de la formation de la main d'œuvre[25]. L'Alberta et le Nouveau-Brunswick furent les premières provinces à signer de telles ententes en décembre 1996, suivies du Québec.

Les accords de
location fiscale
(1947-1954)

D ANS LA FOULÉE DES RECOMMANDATIONS DE LA COMMISSION ROWELL-SIROIS[1],
le gouvernement fédéral annonça, dans son discours du budget d'avril
1941, son désir de s'approprier, pour la durée de la guerre plus un an, l'impôt sur le revenu des particuliers et des sociétés ainsi que les droits de succession. En échange, il s'engageait à verser aux gouvernements provinciaux
des subventions inconditionnelles et des subsides exceptionnels. Après
maintes négociations, huit des neuf provinces, dont le Québec, acceptèrent
la proposition fédérale. En effet, le premier ministre du Québec, Adélard
Godbout, fit déposer en avril 1942 un projet de loi stipulant que, en échange d'une subvention annuelle d'Ottawa, le Québec accorderait à ce dernier le
droit exclusif de percevoir les impôts sur le revenu des particuliers et des
sociétés, et ce pendant toute la durée de la guerre. Le projet de loi stipulait
également que, un an après la fin de la guerre, le gouvernement fédéral
autoriserait le gouvernement provincial à récupérer en partie ses champs de
taxation et réduirait ses propres taux d'imposition[2]. La loi fut sanctionnée le
13 mai 1942. Un an plus tard, l'Ontario céda aux pressions de son électorat
et accepta l'entente[3].

Au lendemain de la guerre, tous les gouvernements provinciaux tentèrent
de récupérer les champs d'imposition cédés ou, à tout le moins, de faire hausser
la compensation financière versée par Ottawa[4]. À la Conférence fédérale-provinciale d'août 1945 sur la reconstruction, le gouvernement fédéral présenta ses propositions fiscales, directement issues de sa nouvelle politique économique
d'inspiration keynésienne[5]. Il proposait de se réserver l'usage exclusif des impôts
sur le revenu des particuliers et des sociétés, ainsi que des droits de succession.

En contrepartie, il s'engageait à verser aux provinces des compensations calculées au prorata du nombre d'habitants[6]. Les premiers ministres furent incapables de s'entendre, et la conférence fut un échec.

En 1947, Ottawa parvint à trouver un terrain d'entente avec huit provinces en concluant des accords séparés[7]. Les provinces acceptaient, contre compensations, de renoncer pendant cinq ans à percevoir l'impôt sur le revenu des particuliers et des sociétés et, pendant quatre ans, à percevoir les droits de succession. Particulièrement jaloux de leurs champs de compétence, l'Ontario et le Québec refusèrent de signer. En 1952, les ententes fiscales furent négociées de nouveau et l'Ontario, désormais dirigé par le gouvernement de Leslie Frost, finit par les accepter.

En janvier 1954, pour faire face à une importante hausse des dépenses publiques en matière de santé et d'éducation et pour défendre son autonomie[8], le gouvernement du Québec annonça pour sa part son intention d'exercer les droits que lui reconnaissait la Constitution et de prélever ses propres impôts sur le revenu des particuliers. Ottawa en fut grandement indisposé. Dans le discours budgétaire d'avril 1954, le gouvernement fédéral refusa aux contribuables québécois la possibilité de déduire de leur impôt fédéral l'équivalent de la somme versée au Trésor provincial : « Si le gouvernement fédéral créditait automatiquement aux contribuables toute taxe perçue unilatéralement par une province, cela reviendrait à donner aux provinces le pouvoir de déterminer le taux de la taxe fédérale[9] ». En septembre de la même année, le premier ministre Saint-Laurent critiqua sévèrement le gouvernement Duplessis, faisant valoir que le Québec n'avait pas besoin de traitement spécial : « Le Québec est une province comme les autres[10] », déclara-t-il. La double taxation était sur le point d'être imposée aux contribuables québécois.

Il fallut plusieurs mois et d'intenses négociations pour sortir de l'impasse. En janvier 1955, les gouvernements du Canada et du Québec annoncèrent avoir trouvé un terrain d'entente : le Québec pourrait lever un impôt sur le revenu des particuliers équivalant à 10 p. 100 de l'impôt fédéral, lequel en serait réduit d'autant pour les contribuables québécois[11].

si je me souviens bien

Déjà au moment du dépôt du rapport Rowell-Sirois en 1940, les nationalistes avaient mis le premier ministre Godbout en garde contre la centralisation[12]. Lorsque celui-ci consentit, en avril 1942, à céder tous ses pouvoirs fiscaux à Ottawa, les réactions ne se firent pas attendre. Maurice Duplessis, alors chef de l'opposition à l'Assemblée législative, protesta : « Ce projet de loi est une des pires menaces à l'autonomie du Québec[13]. »

Aux élections générales d'août 1944, Godbout se défendit d'avoir « renoncé à un fragment de l'autorité et du prestige de la province; [d'avoir] abdiqué un seul droit constitutionnel; [d'avoir] sacrifié un iota de l'autonomie provinciale », mais en vain[14]; le Parti libéral fut défait.

En avril 1946, quatre mois après que l'Ontario eut fait connaître sa position, Québec exposa son point de vue. Réaffirmant la souveraineté des provinces dans leurs domaines de compétence, il proposa un compromis par lequel Québec louerait au gouvernement fédéral l'impôt sur le revenu des particuliers et des sociétés, en échange d'une compensation et du retrait d'Ottawa de tous les champs provinciaux d'imposition. Le mémorandum expliquait : « Il est facile de constater que la province qui n'aurait d'autres revenus que les subsides que lui verserait l'État central cesserait d'être un État souverain, pour devenir une espèce d'organisme gouvernemental inférieur, sous la tutelle de l'autorité d'où elle tirerait ses moyens de subsistance[15] ». Si elle avait été acceptée, cette solution aurait signifié la reconnaissance aux provinces, par le gouvernement fédéral, du statut de propriétaire relativement à ces champs d'imposition.

Ce fut en bonne partie sous la pression des milieux nationalistes, soutenus par les milieux syndicaux, que Duplessis entreprit de résister à la politique fédérale[16]. La Chambre de commerce de Montréal joua un rôle particulièrement important à cet égard. Fervente partisane de l'autonomie provinciale, elle invita le premier ministre à lever un impôt de 5 p. 100 sur le revenu des particuliers, ce que Duplessis refusa sous prétexte qu'« il ne faisait pas de l'autonomie à 5 p. 100[17] ». Ce dernier consentit toutefois à créer, en février 1953, la Commission royale d'enquête sur les problèmes constitutionnels (Commission Tremblay).

Peu intéressée par ces débats, la population ne semblait pas disposée à pousser le premier ministre à entreprendre cette nouvelle bataille. Certains craignaient d'ailleurs que cette insouciance ne constituât un atout précieux pour le gouvernement fédéral[18]. Selon le politologue Léon Dion, ce fut la déclaration du premier ministre Saint-Laurent – « le Québec est une province comme les autres » – qui fournit à Duplessis ce dont il avait besoin pour s'assurer l'appui de l'opinion publique.

> La déclaration intempestive de Saint-Laurent [eut] l'effet d'une bombe. Les cercles nationalistes s'insurg[èrent], les médias tonn[èrent] et l'opinion publique, partagée jusque-là entre Saint-Laurent et Duplessis comme elle le sera plus tard entre Trudeau et Lévesque, favoris[a] Duplessis bien plus qu'il ne l'avait escompté[19].

Néanmoins, la plupart des témoins entendus par la Commission Tremblay au cours de l'hiver 1954 reconnurent que « Québec avait raison de demander une plus large part des ressources fiscales et de vouloir maintenir son autonomie[20] ». Dans leur rapport, les commissaires notaient que le geste du gouvernement Duplessis de lever un impôt sur le revenu avait « reçu, en général, l'appui des contribuables, bien qu'il établît un régime de double imposition pour plus de 300 000 citoyens[21] ». Plusieurs observateurs du temps reprochaient à Duplessis d'être plus fort en parole qu'en action : « Si les provinces, plus particulièrement le Québec, s'étaient prévalues de tous les droits de législation et de taxation, Ottawa aurait eu moins de chance de prendre pied sur leur territoire », notait Gérard Filion[22]. Ils accueillirent donc sa décision comme un signal d'action positif[23]. Quant aux nationalistes, ils exultaient :

« [Cette victoire] mettait fin aux combats d'arrière-garde que
menait le Québec; elle marquait un point tournant dans les relations
fédérales-provinciales[24] », explique Michael Behiels. ◆

La proposition du gouvernement fédéral de s'arroger le droit exclusif de percevoir l'impôt sur le revenu des particuliers et des sociétés
ainsi que les droits de succession bénéficiait de l'appui de larges
fractions de l'opinion publique canadienne-anglaise. Le principe qui
avait guidé Ottawa dans cette démarche fut bien résumé par
Douglas Abbott, ministre des Finances en 1953 :

> Toute allocation des ressources fiscales qui serait
> adéquate pour répondre aux besoins des provinces
> plus riches aurait pour effet de rendre les plus pau-
> vres incapables d'équilibrer leur budget ou d'offrir un
> niveau de services équivalent à celui qu'on trouve à
> l'échelle canadienne. [...] Aucun arrangement fiscal
> ne peut modifier les facteurs géographiques ou la
> localisation des ressources naturelles, mais de tels
> arrangements devraient atténuer les effets des dis-
> parités régionales de richesses et de ressources, plu-
> tôt que de les aggraver.[25]

Après que les propositions fédérales de 1945 eurent été
rendues publiques, toutes les provinces se plaignirent du fait que
les compensations offertes n'étaient pas suffisantes pour leur permettre de faire face à leurs responsabilités. Les provinces les plus
démunies, toutefois, étaient plus sensibles aux principes sous-ten-
dant les propositions fédérales.[26] Le premier ministre Douglas de la
Saskatchewan, par exemple, appuyait fermement la centralisation
des politiques fiscales et financières, soutenant que seul Ottawa
pouvait mettre en place les nouvelles politiques sociales.[27] Peu

après le discours du budget de 1946, les gouvernements du
Manitoba, de la Saskatchewan, du Nouveau-Brunswick et de l'Île-
du-Prince-Édouard donnèrent leurs accord de principe. Les premiers ministres Macdonald de la Nouvelle-Écosse et Hart de la
Colombie-Britannique se montrèrent plus récalcitrants et exigèrent
des concessions.

Pour venir à bout de la résistance des provinces, Ottawa proposa trois formules de calcul, axées sur les besoins particuliers de
chaque province et plus généreuses que les arrangements précédents[28]. « Nous obtiendrons plus en signant qu'en ne signant pas »,
déclara le premier ministre de la Nouvelle-Écosse, Angus
Macdonald[29]. Très rapidement, les accords de location fiscale firent
partie intégrante du paysage politique des Canadiens anglais.

Seul le premier ministre de l'Ontario, George Drew, opposa
une résistance réelle au projet d'Ottawa. Bien que le Québec fût
souvent considéré comme l'unique responsable de la mésentente
fiscale, c'est l'Ontario qui assumait bien souvent le leadership dans

La décision du gouvernement Duplessis de percevoir ses propres impôts ne souleva
pas de vive opposition dans le reste du Canada. Compte tenu des abus de pouvoirs
commis par ce gouvernement (violence policière, censure), plusieurs se question-
naient toutefois sur les véritables motifs de son discours autonomiste. (*Canadian
Forum*, janvier 1953)

la défense de l'autonomie provinciale. Déjà en 1941, le premier ministre ontarien de l'époque, Mitchell Hepburn, avait décrit les recommandations de la commission Rowell-Sirois comme « une mise aux déchets de la Confédération qui vole aux provinces leur indépendance fiscale et leur pleine autonomie[30] ». Pour sa part, tout en admettant la nécessité d'un gouvernement central fort, le premier ministre Drew demeurait profondément attaché à l'autonomie provinciale. « Quelles que soient les intentions en jeu, le résultat inévitable de l'acceptation d'un tel arrangement sera de conduire en définitive à l'abandon du système fédéral de gouvernement en faveur d'un système unitaire[31] », déclara-t-il. Ce n'est qu'en 1952 que l'Ontario accepta de participer aux arrangements fiscaux. « Rétrospectivement, il semble raisonnable de croire que, dans le contexte tendu de l'époque, [le premier ministre Frost] a décidé que l'intérêt supérieur du pays exigeait la participation de l'Ontario », explique R.M. Burns.[32] ◆

En établissant un impôt provincial sur le revenu, le gouvernement Duplessis affirma son opposition aux visées centralisatrices du gouvernement fédéral et, par le fait même, sa volonté de définir lui-même ses propres politiques fiscales.

Ottawa, toutefois, ne sortit pas tout à fait perdant de cette négociation, puisqu'il avait fait reculer Duplessis sur deux points majeurs : le principe de la déduction totale et celui de la priorité provinciale dans le champ d'imposition directe. Chose plus importante, la solution adoptée ouvrit la porte à une approche plus flexible en matière de relations fiscales. Par les accords de location négociés de 1947 à 1954, les provinces abandonnaient leur marge fiscale à Ottawa. Les arrangements négociés à compter de 1957 marquèrent le début d'une nouvelle approche, qui se traduisit par un partage fiscal plus traditionnel entre le gouvernement central et les provinces et par un programme de péréquation[33].

Les subventions fédérales aux universités (1951)

E N RÉACTION À L'INFLUENCE GRANDISSANTE DES ÉTATS-UNIS, LE GOUVERNEMENT DU Canada institua, en 1949, la Commission royale d'enquête sur l'avancement des arts, des lettres et des sciences au Canada (commission Massey Lévesque). Deux ans plus tard, cette commission fit connaître ses recommandations, parmi lesquelles figurait l'aide financière d'Ottawa aux universités. La même année, le gouvernement fédéral fit voter une subvention de 7 100 000 $ destinée aux universités du pays[1]. Après avoir accepté les octrois fédéraux pendant un an[2], le gouvernement du Québec obligea les universités de la province à les refuser[3]. Au grand dam de nombreux universitaires québécois, les fonds fédéraux s'accumulèrent sans être dépensés.

si je me souviens bien

L'opposition du gouvernement Duplessis à l'octroi de subventions fédérales aux universités trouva des appuis à la chambre de commerce de Montréal et parmi de nombreux intellectuels québécois. L'historien Michel Brunet, par exemple, considérait l'aide fédérale aux universités comme « l'un des articles du vaste programme d'unification politique conçu et exécuté par les principaux dirigeants de la société anglo-canadienne[4] ». Ironiquement, Pierre Elliott Trudeau, mieux connu pour son opposition au régime Duplessis, se trouva, sur cette question, du même côté de la barricade que le chef unioniste. Selon lui, les gouvernements ne doivent exercer leur

prérogative de distribuer l'argent provenant des impôts qu'à l'intérieur de leur compétence propre :

> [...] il reste du devoir de chaque gouvernement de
> s'assurer qu'il ne perçoit pas d'impôts pour cette par-
> tie du bien commun qui ne dépend pas de lui. Et si le
> gouvernement fédéral a un surplus de deniers tel
> qu'il peut en donner à l'ensemble des systèmes uni-
> versitaires, sans pouvoir prétexter la péréquation
> (puisqu'il donne à toutes les provinces), ni la défense
> anticyclique (puisqu'il est dans une période inflation-
> niste), ce gouvernement est ostensiblement coupable
> d'avoir enfreint le principe de fiscalité proportionnel-
> le qui sous-tend tout système fédéral : il a perçu pour
> l'enseignement, qui ne relève pas de lui, de l'argent
> qui – s'il avait été laissé aux provinces – aurait servi
> ou n'aurait pas servi aux universités, suivant le bon
> plaisir des électorats provinciaux et de leurs gouver-
> nements respectifs[5].

Tous n'étaient cependant pas de cet avis. Le père Georges-
Henri Lévesque, fondateur de la Faculté des sciences sociales de
l'Université Laval et membre de la commission Massey, défendit
pour sa part la légitimité des subventions fédérales. D'après lui, il
fallait faire la distinction entre l'éducation, qui était un domaine de
compétence provinciale, et la culture, un champ libre dans lequel
l'État fédéral pouvait s'engager : « La culture française est l'héritage commun de tous les Canadiens, et le gouvernement fédéral a
le droit et le devoir de faire tout ce qu'il peut pour favoriser ses
progrès [...][6]. »

Le sous-financement des universités et le caractère arbitraire
et aléatoire des fonds alloués incitèrent aussi plusieurs institutions
universitaires à prendre position en faveur des subventions fédérales. Ainsi, l'Association canadienne-française pour l'avancement des
sciences, qui entretenait des relations plutôt harmonieuses avec le

Si je me souviens bien

gouvernement unioniste, les approuva[7]. Souhaitant ménager la chè-
vre et le chou, les autorités de l'Université de Montréal et de
l'Université Laval recommandèrent d'accepter les subventions fédérales, mais seulement si le gouvernement provincial ne s'y opposait
pas. Pour sa part, l'Université McGill haussa ses frais de scolarité et
en imputa la faute au gouvernement québécois : « En refusant les
offres du gouvernement fédéral, la province a privé McGill de
615 000 $ », déclara le principal de l'Université, Cyril James[8]. ◆

Le fait que le gouvernement fédéral donne des subventions aux universités souleva peu d'opposition au Canada anglais. En général,
l'opinion publique l'approuvait et ne voyait rien de mal à ce qu'il
intervînt dans un champ de compétence provinciale. Le monde universitaire ainsi que les milieux artistiques et intellectuels du Canada
anglais accueillirent les conclusions du rapport Massey avec la
même satisfaction[9]. En fait, la Conférence nationale des universités
canadiennes avait soumis à la commission Massey un mémoire dans
lequel elle recommandait l'adoption d'un programme d'aide fédérale
aux universités, proportionnelle au nombre d'étudiants, en alléguant que les provinces les plus pauvres n'étaient pas en mesure
d'aider l'enseignement supérieur[10].

Selon le constitutionnaliste Frank R. Scott, le gouvernement
fédéral ne commettait aucune ingérence dans les affaires des provinces :

En termes juridiques, le gouvernement fédéral
n'empiète en rien sur le champ législatif d'une province lorsque, représentant de la Couronne et propriétaire légal de fonds publics, il offre des subsides à
quelque institution ou groupe engagé dans une
œuvre éducative ou culturelle. Car offrir des dons
n'équivaut pas à appliquer des lois[11]. ◆

Selon Jean-Claude Robert, « [l]e refus des octrois fédéraux aux universités du Québec [...] leur a causé un tort dont il est difficile encore d'apprécier la portée mais qui a sérieusement entravé leur croissance[12] ». Il fallut attendre la mort de Duplessis pour que son successeur, Paul Sauvé, soulève de nouveau la question des subventions fédérales aux universités et obtienne finalement un nouveau mode de financement, par lequel le gouvernement du Québec se voyait octroyer un point d'impôt supplémentaire sur le revenu des sociétés pour financer les universités, plutôt que des paiements en argent versés directement aux universités par l'intermédiaire de la Fondation canadienne des universités[13].

Un gouvernement provincial pouvait désormais se retirer d'un programme fédéral sans subir de perte financière. Créant un précédent, cette concession sera importante pour les relations fédérales-provinciales subséquentes, notamment lors des négociations entourant le financement des programmes établis en 1964 et en 1965, le Régime des rentes du Québec en 1965 et le Régime d'assistance publique du Canada en 1966, négociations au cours desquelles le Québec réussira à se doter d'un statut distinct *de facto*[14].

Le Régime de pensions du Canada et le régime des rentes du Québec (1965)

A U DÉBUT DES ANNÉES 1960, LES gouvernements du Québec, de l'Ontario et du Canada manifestèrent un intérêt croissant pour la question des caisses de retraite. Avec la Loi sur les pensions de vieillesse, adoptée par le gouvernement King en 1927, Ottawa s'était déjà intéressé à cette question, mais le programme mis sur pied ne visait qu'à soutenir le revenu des personnes les plus démunies[1]. Les caisses de retraite des travailleurs étaient demeurées du domaine de l'entreprise privée. Il s'agissait donc de légiférer pour permettre que le fonds de retraite accumulé par une personne soit transférable d'une entreprise à l'autre, de sorte qu'un travailleur qui changeait d'emploi ne fût pas pénalisé. On désirait améliorer la mobilité de la main-d'œuvre tout en assurant aux Canadiens une plus grande sécurité de revenu.

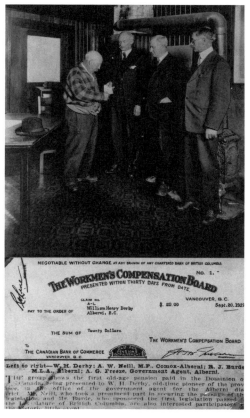

Le premier chèque de pension jamais payé à un citoyen du Canada fut remis en 1927 à M. W. H. Derby, résidant de la Columbie-Britannique. (ANC, PA-203149.)

En mai 1963, pour respecter son engagement électoral, le premier ministre Pearson annonça son intention de créer un régime national de rentes universel et contributoire. Au cours de l'été 1963, il déposa un livre blanc sur la question. Le projet fédéral prévoyait l'instauration d'un régime public qui devait être financé progressivement, c'est-à-dire que les cotisations augmenteraient à mesure qu'un plus grand nombre de cotisants prendraient leur retraite. Quelques jours avant les élections fédérales, le premier ministre du Québec avait toutefois mis les partis fédéraux en garde contre toute tentative visant à instaurer unilatéralement un programme de pensions, leur faisant part de son désir de voir le Québec mettre sur pied son propre régime[2]. Dans ce domaine, la Constitution était de son côté, puisque les provinces avaient préséance en matière de pensions.

L'impasse prit l'allure d'une véritable crise politique durant la conférence fédérale-provinciale des premiers ministres, au printemps 1964. À cette occasion, Québec soumit son propre projet de caisse de retraite, qui reposait sur trois grands principes : un régime universel de rentes; l'option de capitalisation, c'est-à-dire l'accumulation immédiate de fonds; une caisse centrale de dépôt. Supérieur au projet fédéral, le régime québécois impressionna tous les délégués présents à la rencontre[3] et mit les fonctionnaires fédéraux dans l'embarras, eux qui n'avaient pas pris au sérieux l'intention de Québec de créer son propre régime[4]. La conférence se termina sur un désaccord total, les participants n'arrivant à s'entendre ni sur le régime de rentes ni sur les répartitions fiscales et les programmes conjoints[5]. Lesage et Pearson donnèrent des conférences de presse séparées, chose qui n'était jamais arrivée. Lesage déclara :

> Nous devons dire que le gouvernement du Québec n'est pas satisfait et qu'il nous faudra bientôt étudier, beaucoup plus attentivement que nous ne l'avons fait jusqu'ici, le contenu de notre prochain budget[6].

La menace était nette : Québec songeait à imposer la double taxation et à en jeter le blâme sur l'intransigeance d'Ottawa.

Au sortir de cette rencontre, le projet fédéral semblait condamné, et les tensions entre Ottawa et Québec étaient telles que plusieurs observateurs exprimèrent leurs craintes de voir le pays éclater : « Je crois que nous nous sommes soudain rendu compte d'une chose : oui, ce pays pourrait bientôt éclater[7] », se rappelle un participant.

Au cours des 16 jours suivants, d'intenses négociations secrètes entre les représentants d'Ottawa et ceux de Québec permirent de sortir de l'impasse. Le 20 avril 1964, Lesage et Pearson annonçaient qu'ils étaient arrivés à s'entendre. Le Québec aurait son propre régime de retraite, lequel serait toutefois en tout point identique à celui du Canada[8].

si je me souviens bien

Au Québec, la mise sur pied d'un régime de rentes public était motivée par le désir de constituer un réservoir de capitaux qui pourrait être utilisé pour réaliser des projets nécessaires au développement économique de la province, comme le suggérait un discours de Jean Lesage :

> Des fonds aussi considérables doivent être canalisés dans le sens du développement accéléré des secteurs public et privé, de façon que les objectifs économiques et sociaux du Québec puissent être atteints rapidement et avec la plus grande efficacité possible[9].

Avec la Révolution tranquille, le gouvernement québécois avait lancé plusieurs projets d'envergure, dont la réalisation nécessitait d'importantes sommes d'argent. Dans l'esprit de ses promoteurs, la création du régime de retraite permettrait au Québec de se libérer du carcan financier imposé par les consortiums anglophones[10]. En effet, dans les démarches qu'il avait entreprises pour obtenir les fonds nécessaires pour réaliser son programme (nationalisation de l'électricité notamment), le gouvernement québécois s'était fait éconduire par le milieu financier canadien[11].

La formule ontarienne, qui laissait la gestion des fonds de retraite au secteur privé, était tout aussi peu satisfaisante que le projet d'Ottawa parce qu'elle risquait de privilégier les intérêts économiques ontariens, compte tenu du faible niveau de développement des compagnies d'assurances et des sociétés fiduciaires québécoises[12]. C'était le modèle français, avec sa Caisse des dépôts et consignations fondée en 1816, que les Québécois désiraient reproduire.

Pour les libéraux provinciaux, le compromis d'avril 1964 constitua donc une grande victoire. En Chambre, le ministre de l'Éducation Gérin-Lajoie déclara : « Le 20 avril 1964 marquera une date importante dans les annales du Canada, et l'histoire retiendra les noms de ceux qui ont participé à ces événements[13]. » Dans *Le Devoir*, Claude Ryan s'interrogeait :

> Sommes-nous en face d'un « point tournant » dans
> l'histoire de la Confédération ? Il est trop tôt pour
> poser un jugement aussi global. [...] Mais, au moins,
> un rayon de lumière est apparu. Il faut s'en réjouir[14]. ◆

as i recall

En 1963, alors que le premier ministre annonçait son intention de créer un régime national de rentes universel et contributoire, quelques provinces manifestèrent des réticences, l'Ontario en particulier. Le premier ministre Robarts déclara que sa province pourrait ne pas participer au régime fédéral, puis qu'elle avait déjà adopté sa propre loi en la matière. Appuyé par le Manitoba, il incita le gouvernement fédéral à retarder son projet, inquiet des coûts qui y étaient associés et des conséquences qu'il aurait sur le secteur privé des assurances. La loi ontarienne laissait aux assureurs le soin d'offrir des régimes de retraite, mais exigeait que les fonds accumulés soient transférables. Les compagnies d'assurances ne tardèrent pas à attaquer à leur tour le projet fédéral, préférant l'approche ontarienne. Mais, les autorités fédérales, fortes de l'appui que la population, les milieux syndicaux et la gauche canadienne, (le Nouveau Parti démocratique notamment), accordaient à leur projet, firent peu de cas des pressions émanant du monde de la finance et des assurances[15].

L'annonce qu'Ottawa et Québec en étaient arrivés à une
entente fut finalement accueillie avec enthousiasme par la plupart
des gouvernements provinciaux :

> Tous ont apprécié la diversité des questions couver-
> tes [par l'entente] et le fait qu'on ait évité les conflits.
> Ils ont apprécié, par-dessus tout, les gains réalisés
> quant au fonds de pension et à l'augmentation de
> leur part de l'impôt sur le revenu[16].

Le gouvernement ontarien, qui trouvait le régime trop généreux et réprouvait l'idée d'accorder au Québec un statut spécial, au
point d'envisager la création d'un régime ontarien pour éviter un
statut distinct *de facto*, finit par se rallier aux autres provinces.
John Robarts dira par la suite :

> J'aurais pu me retirer tout comme l'avait fait le
> Québec, mais il m'est apparu que cela aurait eu pour
> effet d'abolir tout régime national de pensions [...].
> J'ai alors décidé, non sans déchirements, que nous
> souscririons à ce régime [...][17].

À Ottawa, Tommy Douglas, leader du NPD, affirma que le
nouveau régime de retraite constituait « une véritable victoire pour
l'unité nationale », même s'il regrettait qu'il comportât une accumulation de capitaux. Le chef de l'opposition, John Diefenbaker, quant
à lui, qualifia ce projet de « monstruosité »[18]. ◆

La loi instituant le Régime de pensions du Canada fut adoptée le 29 mars
1965 par une très forte majorité. À Québec, la Loi sur la Régie des rentes fut promulguée le 23 juin suivant, en même temps que celle qui instituait la Caisse de
dépôt et de placement. La Caisse allait devenir un des investisseurs les plus
importants du Canada et une institution financière très puissante, valant 41
milliards $ au début des années 1990[19].

Sur le plan du développement économique, la Caisse de dépôt a contribué au financement du projet hydroélectrique de la baie James et au succès

d'entreprises privées comme Provigo et Vidéotron. Signalons aussi que la Caisse de dépôt et les entreprises qu'elle a soutenues ont joué un rôle clé dans la montée d'une nouvelle classe d'affaires et dans l'affirmation de la présence francophone dans le monde des affaires. Sur le plan politique, l'achat d'obligations du gouvernement du Québec par la Caisse de dépôt lorsque les investisseurs canadiens les boudaient a effectivement permis au Québec de s'affranchir de sa dépendance envers les financiers canadiens[20].

Dans l'histoire des relations Québec-Canada, la négociation du Régime des rentes a marqué un point tournant : pour certains, ce programme a consacré le statut distinct du Québec et constitué un parfait exemple de fédéralisme coopératif[21]; pour d'autres, il a consolidé les positions d'Ottawa dans le domaine des politiques sociales et lui a offert un tremplin pour l'avenir[22]. Ce ne serait pas la dernière fois que la question du droit de retrait serait débattue. Elle reviendra hanter les négociations intergouvernementales, celles entourant le programme d'assurance-maladie par exemple, et les débats constitutionnels, de Victoria à Charlottetown.

L'assurance-hospitalisation et l'assurance-maladie (1957-1968)

L A PREMIÈRE GRANDE MESURE CANADIENNE DANS LE DOMAINE DE LA SANTÉ VIT LE jour en 1946, en Saskatchewan, où le gouvernement CCF (Co-operative Commonwealth Federation) de T. C. Douglas instaura un régime d'assurance-hospitalisation. Malgré que ce programme eût tôt fait l'envie des autres provinces, le gouvernement fédéral demeura longtemps réticent à l'idée d'implanter un régime national d'assurance-hospitalisation[1]. Ce n'est qu'à l'automne 1955 que le premier ministre canadien s'engagea à le faire dès qu'une « majorité substantielle » de provinces y aurait donné son appui. Le 12 avril 1957, la Loi sur l'assurance-hospitalisation et les services diagnostiques était sanctionnée[2].

La loi définissait les paramètres nationaux que devaient respecter les provinces souhaitant établir, sous leur responsabilité administrative, un programme d'assurance-hospitalisation. Le gouvernement fédéral s'engageait à leur verser environ la moitié de ce qu'il leur en coûterait pour offrir à leur population des soins hospitaliers gratuits; les provinces qui ne répondraient pas aux politiques incitatives du gouvernement fédéral priveraient leurs citoyens de sommes considérables. Lorsque la Loi entra en vigueur, le 1er juillet 1958, les quatre provinces de l'Ouest et Terre-Neuve participaient au régime. Puis ce fut le tour de l'Ontario et de la Nouvelle-Écosse (le 1er janvier 1959), de l'Île-du-Prince-Édouard et du Nouveau-Brunswick (en 1960) et, finalement, du Québec (le 1er janvier 1961)[3]. En 1961, toutes les provinces et tous les territoires avaient adopté le régime et, dès le 31 mars 1963, 99 p. 100 de la population canadienne était couverte par l'assurance-hospitalisation. C'était le premier pas vers la réduction substantielle du champ de l'assurance privée et vers l'universalité d'accès aux services de santé.

Onze ans plus tard, en juillet 1968, la seconde grande politique en matière de santé, le programme d'assurance pour les soins médicaux, entrait en
vigueur. Encore une fois, l'initiative était venue de la Saskatchewan, qui avait
adopté dès 1961 une loi sur l'assurance-maladie. Le programme offrait aux provinces une aide financière du gouvernement fédéral à la condition qu'elles respec-
tent cinq principes : l'accessibilité, l'universalité, la transférabilité, la gestion
publique et l'intégralité des services. Le 1er juillet 1968, lorsque le programme
fut lancé, seules la Saskatchewan et la Colombie-Britannique offraient un régime
d'assurance-maladie universel, mais, dès 1971, toutes les provinces en avaient
adopté un.

si je me souviens bien

Malgré les pressions qui provenaient principalement du mouvement syndical en faveur d'une réforme des politiques de santé[4], le
gouvernement de Maurice Duplessis s'opposa à l'introduction d'un
programme fédéral-provincial d'assurance-hospitalisation au
Québec. Ce programme représentait une intrusion fédérale dans
un champ de compétence provinciale. Conservateur, le premier
ministre québécois s'objectait aussi à l'interventionnisme d'État et
préférait laisser à l'Église et aux organismes de charité le soin
d'offrir ces services à la population. La position du Québec fut
révisée lors de l'arrivée au pouvoir des libéraux de Jean Lesage,
en 1960, et ce malgré l'opposition de l'Union nationale, qui prédi-
sait que ce programme créerait un régime étatique incompatible
avec la doctrine sociale de l'Église. Le député unioniste Jean-
Jacques Bertrand déclairait :

> Avec les sociologues catholiques, nous croyons que
> l'État n'a qu'un rôle supplétif et qu'il doit éviter
> d'entrer de plain-pied dans un domaine où la frontiè-
> re entre la doctrine sociale et le socialisme est si faci-
> le à franchir[5].

L'adoption du programme d'assurance-maladie fut plus
tumultueuse. Dès l'annonce des propositions fédérales, le gouvernement Lesage déclara son intention de mettre sur pied son propre
régime. Durant la conférence fédérale-provinciale de juillet 1965, le
premier ministre Lesage fit cette promesse :

> Notre régime, dès son entrée en vigueur, fonction-
> nera indépendamment de tout programme mixte
> fédéral-provincial. Il respectera notre politique
> générale qui consiste, dans tous les domaines rele-
> vant de notre compétence, à nous retirer des pro-
> grammes mixtes[6].

Dans ce but, on créa à l'automne 1965 un groupe de recherche; puis, en novembre 1966, la Commission d'enquête sur la santé
et le bien-être social (Commission Castonguay) fut constituée avec
le mandat de revoir la totalité des services personnels dispensés
aux Québécois. Conformément à l'esprit de la Révolution tranquille,
la réforme qui en résulta dans le domaine de la santé fut profonde[7].
Mais ce ne fut pas sans peine. Comme ailleurs au Canada, l'assurance-maladie obligatoire et universelle suscita une vive opposition de
la part des milieux d'affaires, de l'industrie des assurances et, surtout, des médecins spécialistes.

La Commission conseillait une série de réformes qui touchaient directement le statut, l'administration et la mission de tout
établissement offrant des services de santé ou des services sociaux.
Elle proposait une politique globale de développement social, fondée
sur une conception d'ensemble des services sociaux, des services de
santé et de la sécurité du revenu[8]. Surtout, elle recommandait qu'un
régime d'assurance complet et universel soit établi au Québec et
financé par un impôt de 1 p. 100 sur le revenu.

Déposé en août 1967, le rapport de la Commission suscita
une vague d'enthousiasme dans le public et dans les médias. En
fait, c'était au Québec que l'assurance-maladie jouissait du plus
large appui parmi la population. En janvier 1968, au moins

64 p. 100 des personnes interrogées dans cette province étaient d'accord pour qu'un tel programme fût mis en place, même si cela devait entraîner une augmentation des impôts – contre 55 p. 100 dans l'ensemble du Canada[9].

Encouragé par le droit de retrait qu'il avait arraché au gouvernement fédéral au cours des négociations sur les subventions destinées aux universités en 1959, sur le Régime des rentes et sur le financement des programmes établis en 1965[10], le gouvernement du Québec s'efforça d'obtenir des concessions d'Ottawa quant au financement du programme ou quant aux règles du droit de retrait, mais sans succès. Ottawa avait pris soin de préciser que le programme d'assurance-maladie n'était pas un programme à frais partagés et qu'il entendait subventionner les provinces participantes selon un barème prédéterminé. Durant la conférence fédérale-provinciale des ministres des Finances tenue en novembre 1968, le premier ministre Bertrand dénonça d'ailleurs vivement la décision du gouvernement fédéral d'augmenter de deux points l'impôt sur le revenu pour financer son projet :

> Nous ne pouvons tolérer que le gouvernement fédé-
> ral perçoive chez nous des impôts supplémentaires
> afin de financer des programmes destinés à servir
> d'autres provinces, dans un domaine que nous
> savons de compétence provinciale[11].

Le dilemme était le suivant : ou le Québec acceptait de participer au programme aux conditions d'Ottawa, ou il faisait perdre aux contribuables québécois d'importantes sommes auxquelles ils avaient droit.

Pressé par l'opposition et par l'opinion publique, alors qu'une échéance électorale approchait, le gouvernement unioniste décida d'accepter l'offre fédérale. La Loi sur les services de santé fut présentée le 10 mars 1970 et adoptée en juillet. Elle n'entra en vigueur qu'en novembre, après qu'une loi spéciale eut obligé les médecins spécialistes à mettre fin à une grève qui durait depuis 10 jours. ◆

Inscrit au cœur de la réflexion canadienne sur les politiques
sociales, le débat public concernant l'assurance-hospitalisation
avait commencé dès le début des années 1940 au Canada
anglais[12] – et plus tôt encore dans plusieurs provinces de
l'Ouest[13]. L'idée d'instaurer un programme national d'assurance-
maladie jouissait depuis longtemps d'un très fort appui dans la
population en général. En 1945, tous les programmes des partis
politiques fédéraux proposaient l'introduction d'une assurance-
maladie, et des sondages indiquaient que 80 p. 100 de la population était en faveur de l'adoption d'un programme national
d'assurance-maladie[14].

Les médecins et les assureurs toutefois ne partageaient pas cet
enthousiasme. Dans les années 1950, l'Association médicale canadienne
prit position contre le plan d'assurance-hospitalisation. Les historiens
Douglas Francis, Richard Jones et Donald B. Smith résument comme
suit les arguments du corps médical :

> Inquiets, les médecins mettaient le gouvernement en
> garde contre un régime qui, estimaient-ils, les prive-
> rait de leur indépendance, abaisserait les standards
> de leur pratique et interférerait dans l'intime relation
> qui les lie à leurs patients[15].

Pour leur part, les compagnies d'assurances auraient préféré
que le régime public ne couvre que les personnes non assurables[16].

Dans les années 1960, ces intervenants firent aussi vigoureusement obstacle à l'implantation d'un programme d'assurance-maladie universel et obligatoire. Cette fois, ils bénéficièrent de l'appui de plusieurs
gouvernements provinciaux. L'Alberta, l'Ontario et la Colombie-
Britannique avaient en effet adopté des politiques d'aide aux plus démunis, en laissant à la majorité de la population le soin de se procurer des
assurances à titre facultatif. En outre, dès 1965, une majorité de citoyens
préféraient cette option[17]. Le premier ministre ontarien, John Robarts,
parlait du programme fédéral en ces termes : « À mon humble avis, le
régime d'assurance-maladie est un parfait exemple de manœuvre

machiavélique, l'une des plus grandes fraudes politiques jamais perpé-trées contre la population du pays[18]. »

    Le sort réservé à ces deux programmes s'explique aussi par les oppositions ou les appuis qu'ils recueillaient au sein du gouvernement fédéral. La lenteur à adopter le programme d'assu-rance-hospitalisation tint en bonne partie au fait que plusieurs membres influents du cabinet, dont le premier ministre Saint-Laurent (de même que son prédécesseur W.L.M. King), étaient réticents à l'idée d'instaurer un programme d'une telle envergure sur le plan financier ou préféraient un programme qui n'aurait couvert que les plus démunis. En définitive, le programme d'assu-rance-hospitalisation ne fut adopté qu'à contrecœur, après maints débats, controverses et délais[19]. Ce furent les pressions de la population, la montée de la CCF, l'influence du premier ministre ontarien Leslie Frost[20] et celle du ministre fédéral de la Santé, Paul Martin père, qui vinrent finalement à bout de ces réserves[21]. Par contraste, l'engagement du premier ministre Pearson et de plusieurs membres influents de son cabinet en faveur du program-me national et universel d'assurance-maladie trancha avec cette première expérience[22]. ◆

L'adoption du programme d'assurance-maladie illustre de manière exem-plaire la force du pouvoir fédéral de dépenser, ainsi que les limites du droit de retrait comme mode d'accommodement. En 1959, Québec et Ottawa s'étaient entendus pour adopter cette voie dans le dossier des subventions fédérales aux universités et, encore en 1965, dans le dossier des pensions de vieillesse et celui de l'assurance-hospitalisation. Le gouvernement fédéral refusa de répéter l'expé-rience pour l'assurance-maladie[23].

L'intervention du gouvernement fédéral dans les champs de compétence provinciale, notamment dans les domaines de la santé et de l'éducation, allait régulièrement susciter des tensions entre le gouvernement fédéral et les gouver-nements provinciaux, celui du Québec en particulier. Au cours des années 1980 et 1990, la restriction du pouvoir fédéral de dépenser sera d'ailleurs un des sujets à l'ordre du jour des discussions constitutionnelles.

Depuis l'introduction du Transfert canadien en matière de santé et de services sociaux en 1995 (qui a réduit de plusieurs milliards $ les transferts aux provinces pour le financement des programmes sociaux, dont l'assurance-maladie), le partage des pouvoirs et le financement des programmes dans le domaine des politiques sociales sont redevenus des sujets de discorde. En décembre 1997, les gouvernements des provinces, à l'exception de celui du Québec, acceptaient de participer à un conseil intergouvernemental dans le but de conclure une entente-cadre sur l'union sociale canadienne qui préciserait les grands principes de la politique sociale, définirait des approches favorisant la collaboration dans l'exercice du pouvoir fédéral de dépenser et mettrait en place des mécanismes pour le règlement des litiges entre gouvernements[24]. Le Québec, bien qu'il se soit finalement joint aux discussions à l'été 1998 après l'annonce d'un consensus provincial sur le droit de retrait avec pleine compensation financière, fut la seule province à refuser de signer l'entente sur l'union sociale intervenue en février 1999.

chapitre 3

La définition
de l'identité
canadienne

Introductions par
Guy Rocher
John Meisel

Essais préparés par
Alain Desruisseaux,
Sarah Fortin et
Nicholas Ignatieff

La définition de
l'identité
canadienne

L E NATIONALISME CANADIEN-FRANÇAIS DE LA PREMIÈRE MOITIÉ DU XXe SIÈCLE EST UN
phénomène plus complexe qu'il n'y paraît à première vue. Il était en effet
aussi canadien que canadien-français, trait paradoxal auquel on n'accorde pas
aujourd'hui l'importance qu'il a eue. Sans doute ce nationalisme s'employait-il à
protéger et à promouvoir la survivance et les intérêts de la communauté canadienne-française. Mais son champ d'action ne se limitait pas au Québec; il s'étendait aussi à toutes les parties du Canada où se trouvaient des minorités de langue
française, c'est-à-dire depuis les côtes de l'Atlantique jusqu'à l'île de Vancouver.
En particulier, la reconnaissance du droit à l'enseignement primaire et secondaire en français dans les provinces autres que le Québec — droit longtemps refusé — faisait l'objet d'incessantes plaintes et revendications.

Ces interventions trouvaient leur sens et leur justification dans une certaine « idée canadienne », une vision du Canada considéré comme une entité nationale dont la communauté canadienne-française faisait partie de droit. Dans la
perspective nationaliste canadienne-française de l'époque, l'idée canadienne était
en fait davantage un « projet canadien » qu'une réalité : elle correspondait à l'image d'un Canada bilingue, dans lequel les deux communautés linguistiques et culturelles seraient sur un pied d'égalité et collaboreraient à l'édification d'un pays
qui leur appartiendrait, c'est-à-dire un véritable pays, indépendant. Par conséquent, pour que ce « projet » de pays se réalise, il fallait que le Canada sorte le
plus rapidement possible de l'Empire britannique et qu'il devienne membre de la
Société des Nations. C'est en ce sens que les nationalistes canadiens-français réclamaient l'abolition des structures politiques coloniales, qu'ils jugeaient désuètes, et
l'adoption des symboles d'un Canada indépendant. Ainsi, le recours judiciaire au

Conseil privé de Londres, l'appellation « dominion » pour désigner le Canada, la citoyenneté britannique au lieu de la citoyenneté canadienne, la dépendance envers la monarchie britannique étaient dénoncés comme autant de liens archaïques dont il fallait se libérer. On voyait dans l'« Union Jack », qui flottait en guise de drapeau canadien, puis dans le « Red Ensign », drapeau de la marine marchande britannique, les symboles les plus humiliants d'un colonialisme attardé.

Je me permets ici d'évoquer un souvenir personnel. Dans le collège classique que je fréquentais, nous pouvions, parmi les activités facultatives, faire partie d'une « Académie française » ou d'une « Académie anglaise » où nous apprenions l'art de parler en public, en français dans la première, en anglais dans la seconde. J'appartenais à cette dernière. Pour le premier discours que j'eus à y faire — qui fut aussi le premier discours de ma vie, et en anglais de surcroît ! —, j'avais choisi comme thème « Il nous faut un drapeau canadien » et je le prononçai avec une passion toute juvénile ! C'était en 1938. Il fallut attendre encore plus de 25 ans pour que le Canada adopte, en 1964, son propre drapeau.

Aux yeux d'un Québécois qui a grandi dans le climat nationaliste canadien-français de cette époque, les autres Canadiens, à l'ouest et à l'est du Québec, n'ont acquis que très lentement et laborieusement une identité canadienne propre. Les Canadiens anglais paraissaient se complaire dans le régime colonial du Canada à l'intérieur de l'Empire britannique, vouloir à tout prix perpétuer la dépendance du « dominion » à l'égard de l'Angleterre et garder à l'endroit de celle-ci une fidélité devenue absurdement désuète. Les nationalistes canadiens-français avaient la vive conviction d'être bien plus Canadiens que les Canadiens anglais qui, plus Britanniques que Canadiens, retardaient l'évolution du Canada vers son indépendance.

On peut imaginer une histoire du Canada qui raconterait comment les Canadiens anglais auraient progressivement adopté l'identité canadienne, qu'ils partageraient désormais avec les nationalistes canadiens-français qu'ils auraient ainsi rejoints. Mais ce que les articles du présent chapitre nous montrent, c'est plutôt l'évolution de deux identités nationales qui, au lieu de converger et de se rencontrer, sont allés en divergeant et en s'éloignant l'une de l'autre. Dans le Canada anglais, une identité proprement canadienne a peu à peu gagné du terrain, pour se substituer à l'identité britannique qui avait jusque-là prévalu. Un nationalisme canadien naissait et grandissait. Il trouvait son expression à travers un long périple : l'acceptation d'un drapeau canadien (1965) et d'un hymne national canadien (1964-1980), l'adoption de la Loi sur la capitale nationale (1958) et un grand nombre d'autres décisions à différents niveaux, comme celle qui fut prise au début des années 1960 de nommer un Canadien au poste de principal de l'Université McGill pour succéder à la longue lignée des principaux recrutés à l'extérieur du Canada, en Grande-Bretagne principalement. Avec l'adoption, en 1969, d'une politique canadienne de bilinguisme officiel, le « projet » du nationalisme canadien-français pouvait paraître se réaliser, ou à tout le moins être en voie de réalisation.

Et pourtant, la rencontre des identités en évolution n'allait pas se produire. Alors que l'identité canadienne mûrissait dans le milieu canadien-anglais, le sentiment d'appartenance au Canada français, qui avait prévalu chez les Québécois jusqu'au milieu du XXe siècle, s'affaiblissait pour laisser place à un sentiment d'appartenance au Québec. Cette évolution se traduisait dans le désir de substituer « le Québec » à l'expression « la province de Québec », traditionnellement utilisée et désormais considérée comme une négation réductrice d'un pays québécois.

Je crois que l'on peut délimiter la période critique de cette évolution et, par conséquent, de l'histoire canadienne contemporaine : il s'agit de la dizaine d'années allant du début de la décennie 1960 au début de la suivante. Le gouvernement Pearson en marqua le début; le gouvernement Trudeau, le terme. À mes yeux, le premier ministre Lester Pearson fut, de tous les premiers ministres qui l'avaient précédé et qui allaient lui succéder, celui qui perçut de la manière la plus sensible la dimension dramatique, le côté tragique de l'évolution politique canadienne. C'est pour répondre à son inquiétude qu'il créa la Commission royale d'enquête sur le bilinguisme et le biculturalisme, à laquelle il confia la tâche de sonder et, finalement, de vivre elle-même le drame de la conscience nationale canadienne. La Commission connut à la fois la pression des communautés ethniques solidement implantées dans l'Ouest canadien, leur résistance au bilinguisme et au biculturalisme et la poussée du jeune mouvement séparatiste québécois, encore marginal mais très militant.

Cette période critique prit fin lorsque, en 1971, le gouvernement Trudeau adopta la définition d'un Canada multiculturel plutôt que celle du Canada biculturel que Lester Pearson avait envisagée et que la Commission sur le bilinguisme et le biculturalisme avait préconisée. Au Québec, le rapport de la Commission avait été accueilli avec une bonne dose d'ambivalence. Les intérêts des minorités françaises n'y paraissaient pas suffisamment protégés. Le virage du gouvernement Trudeau lorsqu'il adopta la définition multiculturelle du Canada ne pouvait que rendre plus cruelle encore la déception de ceux qui avaient quand même espéré la reconnaissance des « deux peuples fondateurs » et la mise en place de politiques canadiennes qui en auraient découlé. Au lieu de cela, le multiculturalisme ramenait la culture canadienne-française au même rang que toutes les autres, tournait le dos à l'histoire canadienne et se référait à l'idée « ahistorique » d'une égalité de toutes les cultures et de toutes les communautés ethniques.

Le concept d'un Canada multiculturel n'a jamais pris solidement racine au Québec, où il a mauvaise presse et prend plutôt figure de repoussoir. Sans s'opposer directement au multiculturalisme du gouvernement fédéral, le gouvernement du Québec a élaboré une politique de l'immigration et de la citoyenneté qui reconnaît d'emblée le pluralisme ethnique à l'intérieur du Québec, mais à sa manière, c'est-à-dire en donnant la priorité à la langue et à la culture françaises et sans renier cette priorité.

Parmi les facteurs qui ont contribué à l'évolution divergente des identités canadienne et québécoise, le rapport de la commission Dunton-Laurendeau et, surtout, l'usage qu'en fit le gouvernement Trudeau comptent très lourdement. On peut y voir le moment où la divergence des deux identités, qui se préparait sans doute depuis longtemps, ne put être évitée : l'identité canadienne et l'identité québécoise ont alors pris deux voies séparées. La période allant du début des années 1960 au début des années 1970, qui a voulu être celle de la conciliation et de la réconciliation des points de vue et des identités, et qui aurait pu l'être, s'est avérée en définitive celle de la rupture. Le malentendu latent qui existait depuis longtemps entre l'image canadienne qu'entretenaient les Québécois — surtout les nationalistes — et celle qui évoluait et prenait forme dans le reste du Canada a explosé durant cette période. C'est en ce sens que cette dernière a été un point tournant dans l'histoire canadienne : elle a ouvert la crise canadienne dont on n'a pas encore vu le terme.

Au Québec, ce fut durant cette période qu'apparurent, pour la première fois, le clivage et l'opposition entre fédéralistes et souverainistes. En 1960, les Québécois se partageaient encore entre libéraux et conservateurs (ou unionistes sur la scène québécoise, l'Union nationale ayant remplacé le Parti conservateur dans les années 1930). Après 1970, la montée du mouvement indépendantiste allait obliger chaque Québécois à se situer politiquement par rapport à ce mouvement.

Dans la culture politique traditionnelle du Québec, le gouvernement provincial apparaissait, depuis longtemps, comme plus proche de la population que le gouvernement fédéral. Ottawa était vue comme une ville lointaine, anglaise de surcroît. Une certaine identité québécoise existait déjà au sein du sentiment « canadien » qui avait longtemps prévalu chez les Québécois. Elle servit sans doute de terreau à la rapide émergence de la nouvelle identité québécoise, prête à se substituer, chez un bon nombre, à l'identité canadienne.

La définition de l'identité canadienne

L A PÉRIODE DE L'APRÈS-GUERRE FUT SANS DOUTE CELLE AU COURS DE LAQUELLE LA conception que les Canadiens se faisaient de leur pays se transforma le plus largement. Mais ce n'est qu'au cours des années 1960, à l'époque de la Commission royale d'enquête sur le bilinguisme et le biculturalisme (la Commission B&B, qui siégea de 1963 à 1967), que cette nouvelle perception se traduisit en politiques précises avec le plus de rigueur. Jusqu'à cette époque, et ce depuis le milieu du XVIIIᵉ siècle, le Canada avait toutes les allures d'un pays anglais.

En effet, en dépit des ententes formelles et des subtilités constitutionnelles, le pouvoir politique et économique était, dans l'ensemble du Canada, entre les mains des élites anglophones. La langue anglaise et les attributs extérieurs d'un État britannique étaient partout présents et définissaient le pays aux yeux de la plupart des gens. Le Canada était, en fait, un pays britannique avec une composante francophone qui occupait une place unique mais, somme toute, secondaire. Et l'immigration venue du Royaume-Uni après la guerre ne fit que renforcer ces caractéristiques.

Les leaders politiques et économiques du Canada anglais et les élites religieuses du Québec, soutenues par un vaste réseau de notables, en étaient arrivés à un compromis tacite, fondé sur le respect de la liberté d'action de chaque partie dans sa sphère d'activité. Ainsi donc, le clergé et ses alliés dominaient au Québec, alors que les élites anglophones contrôlaient fermement le reste du pays, en particulier son industrie et son commerce; les anglophones, d'origine britannique pour la plupart, demeuraient fortement attachés à la mère patrie. Telle fut, en gros, la situation qui prédomina jusqu'à ce que des changements démographiques et politiques importants ébranlent ce *modus vivendi*. Outre l'obligation de trouver de nouvelles façons de concevoir la réalité politique canadienne, ces changements entraînèrent, on s'en doute, de sérieuses tensions.

L'amoindrissement de l'influence britannique, jusque-là prépondérante, fut le premier de ces grands changements. Avant même les événements rapportés dans le présent chapitre, un certain nombre de mesures avaient fait passer le Canada « du statut de colonie à celui de nation » (pour paraphraser le célèbre ouvrage de l'historien Arthur Lower). Ainsi, en 1947, la Loi sur la citoyenneté canadienne définissait pour la première fois les citoyens de ce pays comme des « Canadiens »; en 1949, changement capital, on abolissait les appels au Conseil privé de Londres, et la Cour suprême du Canada devenait la cour de dernière instance; en 1952, enfin, la nomination du Canadien Vincent Massey comme gouverneur général mettait fin à la tradition de nommer à ce poste des Britanniques de haut rang.

Assez vite, le Canada perdit son vernis britannique, et un nombre grandissant de Canadiens commencèrent à le considérer comme le fruit d'une alliance exceptionnelle entre francophones et anglophones; puis, plus tard, comme une double entité composée du Québec et du reste du pays. Bien que la théorie du « pacte confédératif », chère à la Commission Tremblay (1953-1956) et à de nombreux nationalistes québécois, ne ralliait pas tous les Canadiens anglais, l'idée que le Canada reposât sur un partenariat entre francophones et anglophones, renforcée par la

Le 1er juillet 1967, au moment de célébrer le centenaire de la Confédération, le Canada était doté de la plupart des attributs d'une nation indépendante. Sur cette photo, des Canadiens célèbrent sur la colline parlementaire : « Je suis fier d'être Canadien ». (Canapress.)

reconnaissance mutuelle de leur langue respective, était largement acceptée. La Loi sur les langues officielles, adoptée en 1969, en vint à symboliser la dualité du pays, même si sa portée était restreinte à la sphère politique fédérale.

À peine cette dualité commençait-elle à faire son chemin dans les esprits, que l'émergence du multiculturalisme venait freiner sa progression. Celui-ci fut d'abord reconnu dans le rapport de la Commission B&B, qui avait aussi pour mandat d'étudier la situation des « autres groupes ethniques ».

En effet, la vague d'immigration venue de l'Europe continentale avant la Seconde Guerre mondiale avait constitué, dans les provinces de l'Ouest surtout, une population dont les préoccupations s'éloignaient de celles du Québec et du reste du Canada; après la guerre, de nouveaux arrivants étaient venus grossir les rangs de ce groupe. Pour faire en sorte que la voix de cette « troisième force » soit entendue, le gouvernement Pearson avait nommé deux de ses représentants à la Commission. Celle-ci consacra d'ailleurs un des volumes de son rapport à la question de savoir comment le pays pourrait s'adapter à la présence de ces nouveaux Canadiens. Bref, la Commission mit le multiculturalisme à l'ordre du jour, même si les recommandations qu'elle consacra à cette question étaient de moins grande portée que celles qui visaient la protection de la langue et de la culture françaises à travers le pays. De là l'accueil contradictoire que les Canadiens d'origine autre que française ou anglaise leur réservèrent.

Quelle qu'ait été la contribution de la Commission B&B à l'avènement du multiculturalisme, celui-ci était désormais dans l'air. Il s'incarna dans une politique officielle et donna même naissance à un ministère d'État au Multiculturalisme, dont l'existence fut brève. Il contribua aussi à mettre en veilleuse le dualisme anglais-français, au grand dam du Québec.

Des préoccupations nouvelles l'empêchèrent toutefois de prendre véritablement racine. Ainsi, alors même que les nouveaux groupes culturels se joignaient, à titre d'éléments constitutifs du Canada, aux deux « peuples fondateurs », de profonds changements sociaux venaient atténuer la portée du multiculturalisme. Ceux-ci apparurent, certes, après la période analysée dans le présent chapitre, mais il convient de les présenter dès maintenant parce qu'ils ont influé sur la définition de l'identité canadienne.

Parmi ces changements sociaux, il faut compter d'abord la transformation même de la réalité multiculturelle avec l'afflux d'un nombre croissant d'immigrants non-européens. Constituant des minorités visibles, ces nouveaux arrivants amenaient avec eux un bagage culturel qui était souvent fort différent de celui des Canadiens déjà présents au pays. Autre changement, plus capital encore : les Autochtones, jusque-là négligés, se sont imposés comme une composante essentielle de la société canadienne. D'autres groupes enfin — comme les femmes, les personnes physiquement handicapées ou les personnes dont le mode de vie s'écartait des schèmes traditionnels — firent valoir leurs droits. La Charte canadienne des droits et libertés, promulguée en 1982, conféra à certains de ces groupes des droits collectifs d'où découlaient des avantages et des identités sans rapport avec la définition traditionnelle du Canada. Ainsi se trouva émoussée la force des deux courants qui avaient nourri l'identité canadienne : le dualisme et le multiculturalisme.

Ces changements, toutefois, ne sauraient occulter une réalité fondamentale : le Canada demeure profondément influencé par la présence, en son sein, de deux cultures distinctes et solidement établies, l'une française concentrée au Québec, l'autre anglaise présente dans le reste du pays. Il serait facile de démontrer que ces deux groupes ont souvent réussi dans le passé — et réussissent souvent encore — à faire consensus et à harmoniser leurs actions en vue de leur bien commun. Mais, reconnaissons-le, cette coexistence fut souvent minée par la méfiance et le malentendu : la liste est longue de leurs différends et de leurs divergences. On peut donc se demander s'il y a des irritants fondamentaux qui empoisonnent, à la base, les relations entre francophones et anglophones.

À ce propos, un irritant est particulièrement douloureux : les Québécois n'arrivent pas à comprendre pourquoi certains anglophones ne peuvent voir que la préservation du français est primordiale pour eux et que cela justifie la mise en œuvre de mesures — qui peuvent sembler radicales — pour y arriver. Ils concluent volontiers que cela se traduit par un manque flagrant de considération, d'intérêt et d'empathie à leur endroit. Rien d'étonnant, donc, à ce qu'ils se sentent négligés et qu'ils cherchent des chemins plus propices à leur épanouissement collectif. Ainsi, l'opposition à la présence du français sur les ondes de la Société Radio-Canada dans les années 1930 lançait aux francophones un message négatif : le reste du Canada ne les acceptait pas vraiment et ne comprenait pas leur situation particulière en Amérique du Nord. À ce propos Hector Charlesworth déclarait : « S'il existe au Québec un sentiment séparatiste, il a été provoqué, dans une mesure non négligeable, par l'étroitesse d'esprit et l'hostilité de certains groupes anglo-canadiens[1]. » Cette déclaration est remarquable, pas tant par sa substance, qu'on pourrait répéter des milliers de fois dans différents contextes, que par son caractère prophétique, puisqu'elle fut faite... en 1937.

Chose étrange, les Canadiens des autres provinces sont convaincus, de leur côté, que les Québécois les négligent et ne comprennent pas leur point de vue non plus. Cette frustration s'exprime généralement par deux griefs : d'une part le manque d'ouverture des Québécois aux réalités non-québécoises et, d'autre part, leur méconnaissance des efforts que l'on déploie pour satisfaire à leurs demandes.

Premier grief, donc : on estime que les Québécois sont trop tournés vers eux-mêmes, trop peu intéressés à ce qui se passe hors de leur petit monde. Ce n'est peut-être là que ressentiment (plus ou moins conscient) de citoyens qui se disent « Québécois d'abord, Canadiens ensuite », alors que la plupart des autres Canadiens, au contraire, se définissent d'abord par rapport au Canada (encore que cette primauté ait actuellement tendance à se relativiser). L'article concernant l'adoption du drapeau canadien fournit un exemple de cette attitude que l'on reproche aux Québécois. Mais les Anglo-Canadiens évoquent facilement d'autres exemples à l'appui : le quasi-mutisme des journaux québécois en ce qui concerne l'actualité pancanadienne; la prétention des Québécois d'être seuls à éprouver quelque sentiment national; ou encore leur conviction que le reste du Canada est une masse homogène et que tous les Canadiens entretiennent sur le Québec la même opinion; et ainsi de suite.

Le second grief souvent formulé par les Canadiens anglais concerne l'incapacité des Québécois à reconnaître les efforts que le reste du Canada déploie pour s'adapter à leurs besoins, ainsi que les mesures qui ont été prises à diverses époques pour y répondre. Prenons pour exemple l'expérience de la Commission d'enquête sur le bilinguisme et le biculturalisme. Bien des Canadiens hors Québec ont le sentiment que cet « exercice à deux » a débouché sur des recommandations très fécondes, dont certaines ont largement contribué à redresser la situation dans les sphères fédérales (égalité de chances pour les francophones dans la fonction publique; usage du français dans les institutions fédérales; création d'une région de la capitale nationale, chevauchant le Québec et l'Ontario et où sont concentrés un grand nombre d'immeubles et d'organismes gouvernementaux; renforcement du français à Montréal, au point où cette langue domine désormais dans le milieu des affaires; etc.). Certes, les lois linguistiques adoptées par le gouvernement du Québec ne sont pas étrangères à ces transformations; mais bien des Anglo-Canadiens croient à juste titre que la Commission B&B a contribué de façon positive au bien-être des Canadiens en général et à celui des Québécois en particulier. Et, s'il est vrai que cette Commission ne s'est pas penchée sur le problème que pose l'afflux des allophones au Québec, cela ne diminue en rien son utilité. En somme, les Anglo-Canadiens sont nombreux à penser que les Québécois, prompts à dénoncer les manques d'égards commis à leur endroit, sont lents à reconnaître les mesures mises en œuvre pour les aider à réaliser leurs rêves.

La création de Radio-Canada (1932)

L ANCÉE EN 1919 AVEC L'OCTROI D'UNE LICENCE À LA COMPAGNIE MARCONI DE Montréal (CFCF), la radiodiffusion (ou téléphonie sans fil, comme on l'appelait à l'époque) — commerciale et civile — se développa sans intervention gouvernementale jusqu'au tournant des années 1930. Dans le contexte d'un nationalisme canadien grandissant, la domination des ondes par des émissions américaines incita les autorités fédérales à se pencher sur cette question en créant la Commission royale d'enquête sur la radiodiffusion. Le rapport Aird, du nom de son président, fut déposé en septembre 1929. On y recommandait l'organisation de la radiodiffusion en tant que service public et l'établissement d'une « compagnie nationale » de radiodiffusion. Bien que la question de la production d'émissions destinées à la population de langue française ne fût pas spécifiquement mentionnée, on recommandait que le choix du contenu fût fait localement[1].

En 1932, après une autre enquête du Comité spécial de la Chambre des communes sur la radiodiffusion et après une décision favorable au gouvernement fédéral rendue par la Cour suprême du Canada et le Conseil privé de Londres quant à la compétence sur le domaine de la radiodiffusion, la Loi sur la radiodiffusion créant la Commission canadienne de la radiodiffusion (CCR) fut enfin adoptée, à l'unanimité moins une voix dissidente.

Mandatée pour créer un système canadien avec un contenu canadien accessible à tous, la CCR entreprit de mettre sur pied un réseau pancanadien et commença, dès l'année suivant sa création, à diffuser des émissions qui pouvaient être entendues d'une mer à l'autre. Sur les sept heures hebdomadaires consacrées aux émissions pancanadiennes, entre trois et quatre heures étaient réservées à une programmation francophone.

si je me souviens bien

Comme dans le reste du pays, le soutien ou l'opposition au projet fédéral de légiférer sur la radiodiffusion fut en partie fonction des intérêts que l'on possédait ou non dans cette industrie. Ainsi, le journal *La Presse*, propriétaire de CKAC, première station radiophonique francophone en Amérique, s'opposa à la nationalisation des ondes, sous prétexte que cela menacerait la langue française et que la centralisation accentuerait le conflit entre les deux communautés linguistiques[2]. De même, le gouvernement du Québec s'efforça de contrer les prétentions du gouvernement fédéral et prit le leadership dans la contestation juridique des interventions de celui-ci en ce domaine. Les nationalistes québécois de cette époque s'opposèrent à l'intrusion du gouvernement fédéral dans un domaine qu'ils croyaient de compétence provinciale[3]. Québec avait adopté dès 1929 sa propre loi sur la radiodiffusion.

Des personnalités bien connues du Canada français, dont Édouard Montpetit, économiste de l'Université de Montréal, et Georges Pelletier, directeur du journal *Le Devoir*, étaient toutefois favorables à ce projet et s'étaient jointes à la Ligue canadienne de radiodiffusion, l'un des organismes qui s'impliquèrent le plus activement en faveur de l'intervention gouvernementale[4]. Plusieurs membres de l'élite canadienne-française étaient préoccupés, à l'instar de leurs pairs du Canada anglais, par l'américanisation des ondes[5] et par la qualité du contenu[6]. Ils voyaient donc d'un bon œil la protection qu'une radio publique pouvait apporter à l'identité nationale.

Pour ces fédéralistes, le bilinguisme était une question de « fair-play »[7]; ils insistèrent pour avoir la parité dans les émissions et dans la publicité. C'est ainsi que, en avril 1937, *Le Devoir* se porta à la défense du directeur général de la nouvelle Société Radio-Canada, Gladstone Murray, qui avait déclaré que la radiodiffusion pourrait aider chaque communauté à mieux connaître l'autre et la langue de l'autre[8].

Si je me souviens bien

Toutefois, devant les réactions que la diffusion d'émissions en français suscitait au Canada anglais, devant la lenteur du réseau français à atteindre l'ensemble des francophones du Canada[9] et devant la persistance du bilinguisme sur les ondes des stations francophones privées[10], on en vint à souhaiter l'autonomie du réseau français[11]. ◆

À l'heure où l'idée de nation canadienne commençait à émerger, la décision d'Ottawa de légiférer en matière de radiodiffusion fut généralement bien accueillie par le Canada anglais[12]. Au cours des audiences publiques tenues en 1932 par le Comité spécial de la Chambre des communes sur la radiodiffusion, la vaste majorité des personnes entendues approuvaient une forme ou une autre de propriété publique ainsi que la réglementation étatique des ondes[13]. Les principaux motifs invoqués pour justifier l'intervention de l'État étaient les suivants : renforcer l'unité nationale en diffusant des émissions sur l'ensemble du territoire et en assurant un contenu canadien; améliorer la qualité de la programmation afin d'en faire un instrument d'éducation du grand public; contrôler la quantité et la qualité de la publicité. La Ligue canadienne de la radiodiffusion fut sans doute l'organisme le plus actif et le plus éloquent dans ce débat. « Voilà une importante société d'État, qui devrait exercer une influence réelle et prépondérante dans la définition de la nation canadienne[14] », disait Graham Spry, l'un des dirigeants de la Ligue, invitant les Canadiens à choisir entre « l'État et les États ».

Le gouvernement fédéral fit sien cet objectif, et le premier ministre Bennett déclara en Chambre que le contrôle des ondes par les autorités canadiennes s'imposait afin de faire de la radiodiffusion

un organisme voué aux communications d'intérêt national ainsi qu'à la diffusion de la pensée canadienne et des idéaux canadiens; [...] [un] organisme capable de soutenir et stimuler la conscience nationale et de renforcer l'unité du pays [...][15].

Au cours des discussions qui menèrent à l'adoption de la Loi sur la radiodiffusion, la question linguistique ne fut pas débattue de manière aussi explicite que les questions de la propriété des ondes, du contenu des émissions ou même des compétences des gouvernements provinciaux. Témoignant en 1932 devant le Comité spécial de la Chambre des communes sur la radiodiffusion, le président de la commission Aird avait toutefois laissé entendre que, en règle générale, l'anglais serait la langue de communication dans les radiodiffusions continentales[16]. Aussi, en mai 1933, la décision de la CCR de diffuser en français sur l'ensemble du réseau provoqua-t-elle un flot de protestations de la part des auditeurs de langue anglaise[17]. Plusieurs groupes extrémistes, tels le « Klu Klux Klan », le « Protestant Vigilance Committee », les « Royal Black Knights of Ireland » et les « Sons of England », s'opposèrent à ce qu'ils considéraient comme une violation des droits de la majorité[18].

« C'était un singulier mélange de préjugés, d'intolérance et de crainte – mais pas nécessairement d'antagonisme – à l'égard du français comme langue de communication[19] », écrit l'historien E. Austin Weir à propos de cet épisode. Se remémorant cette période, Hector Charlesworth, qui était à l'époque président de la CCR, écrit : « S'il existe au Québec un sentiment séparatiste, il a été provoqué, dans une mesure non négligeable, par l'étroitesse d'esprit et l'hostilité de certains groupes anglo-canadiens[20]. »

Selon Frank Peers, la présence du français sur les ondes rappelait aux Canadiens anglais que le Canada était un pays bilingue, et cela n'était pas toujours apprécié.

Dans bien des milieux anglo-canadiens, la Commission [canadienne de la radiodiffusion] apparaissait comme l'instrument d'une domination française ou, à tout le moins, comme un organisme dominé par les francophones[21].

AN APPRECIATION

HECTOR CHARLESWORTH—"Thanks for the applause."

Cette caricature de George Shields, parue dans le *Evening Post* en 1934, illustre le mécontentement suscité par les émissions en langue française sur les ondes de la nouvelle Commission canadienne de la radiodiffusion.

Selon un sondage commandé en 1934 par le *Regina Star*, 87 p. 100 des répondants s'opposaient à l'utilisation du français sur les ondes[22]. Ainsi, F. W. Turnbull, député conservateur de Regina, déclara :

> Le français n'est pas la langue officielle de tout le Canada, il est restreint dans sa portée par les termes de l'Acte de l'Amérique du Nord britannique. [...] Lorsque la Commission de la radiodiffusion fait quelque chose qui apparaît au reste du pays comme l'imposition de ce que j'appellerais la perspective québécoise, les gens en sont vexés. Loin de renforcer l'unité du pays [...], on dresse alors entre les citoyens un mur d'hostilité[23]. ◆

Les tensions linguistiques engendrées par les émissions bilingues provoquèrent une séparation progressive des émissions de langue française et de langue anglaise. Les deux réseaux devinrent complètement autonomes en décembre 1937 avec l'ouverture d'une station de 50 000 watts à Montréal — le vieil émetteur de 5000 watts fut utilisé pour combler les besoins de la communauté anglo-québécoise. La mise sur pied de Radio-Canada, qui avait initialement pour but de renforcer l'unité canadienne, aurait paradoxalement pour effet de promouvoir la différence québécoise[24].

Le même genre de préoccupations linguistiques allait renaître lors de la création du réseau de télévision national en 1951[25]. Au cours des années subséquentes, le rôle de Radio-Canada reviendrait sporadiquement hanter les rapports entre les deux communautés : lors de la crise de la conscription au début des années 1940[26]; lors de la grève des réalisateurs du réseau français de Radio-Canada en 1958[27]; à l'époque du Front de libération du Québec (FLQ) et de la crise d'Octobre en 1970[28]; lors de l'élection du Parti québécois en 1976[29] et des référendums de 1980, de 1992 et de 1995[30]; et, enfin, lors de la création d'un réseau anglais de nouvelles continues[31]. Avec la Révolution tranquille, le domaine des télécommunications devint, et est resté jusqu'à ce jour, un important sujet de discorde et de concurrence entre le gouvernement fédéral et le gouvernement du Québec[32].

La Commission
royale d'enquête
sur le bilinguisme
et le biculturalisme
(1963-1970)

L A COMMISSION ROYALE D'ENQUÊTE SUR LE BILINGUISME ET LE BICULTURALISME FUT
créée en 1963 par le premier ministre Lester B. Pearson, peu de temps après
l'arrivée de celui-ci au pouvoir. À cette époque, dans le cadre de ce qu'il est
convenu d'appeler la Révolution tranquille, la modernisation de l'État du Québec
était en voie de réalisation sous la direction du gouvernement libéral de Jean
Lesage. « Maîtres chez nous » était le slogan du jour.

À la Chambre des communes, en décembre 1962, Pearson avait retenu
l'attention de tout le monde avec un discours sur l'unité canadienne qui constituait une réponse aux changements alors en cours au Québec. (Il dirait plus tard
de ce discours que c'était celui dont il était le plus fier[1].) Fait sans précédent pour
un politicien issu du Canada anglais, Pearson reconnaissait dans cette allocution
que les interprétations différentes que les Canadiens anglais et les Canadiens français avaient à propos de la Confédération constituaient un sérieux problème[2]. Ce
discours reflétait une large ouverture face à la vision canadienne-française de la
Confédération:

> Techniquement, la Confédération ne fut peut-être pas un traité ou
> un pacte entre États, mais c'était une entente, ou un règlement,
> entre les deux nations [« races »] fondatrices du Canada, établie sur
> la base d'un partenariat acceptable et équitable. [...] Hors Québec,
> et à mesure que le Canada prenait son expansion d'une mer à
> l'autre, cette entente fut plus souvent marquée par les manque-
> ments que par l'observance [...].

De plus, Pearson demandait qu'une enquête fût menée sur « la situation
du biculturalisme et du bilinguisme dans notre pays », formule qu'il retint dans

le titre de la commission royale qu'il créa en 1963 et dont la présidence fut confiée conjointement à André Laurendeau et à Davidson Dunton[3].

La Commission avait pour mandat de « recommander les mesures à prendre pour que la Confédération canadienne se développe d'après le principe de l'égalité entre les deux peuples qui l'ont fondée[4] ». Elle tint une série d'audiences publiques et publia un rapport préliminaire qui ébranla les Canadiens, puisqu'elle y avançait que « [...] le Canada traverse actuellement, sans toujours en être conscient, la crise majeure de son histoire[5]. » Un important programme de recherche fut entrepris sur les conditions socioéconomiques et culturelles des deux principales communautés linguistiques du pays. La Commission mit fin à ses travaux en 1970.

La Commission recommandait que l'on adopte une loi sur les langues officielles; que l'on étende le bilinguisme dans la fonction publique fédérale; que l'on crée des districts bilingues où des services seraient offerts dans les deux langues là où les minorités linguistiques constituaient au moins 10 p. 100 de la population; et que le bilinguisme soit adopté par l'Ontario et le Nouveau-Brunswick.

si je me souviens bien

Le *Rapport préliminaire* de la Commission faisait écho à l'impatience des Canadiens français face au fait que « les principales institutions du pays frustrent leur désir de vivre pleinement leur vie comme Canadiens français ». Au Québec, notait le *Rapport*, les Canadiens français sont conscients d'appartenir à une société distincte, « laquelle se questionne très sérieusement » et « montre une grande détermination de se libérer ». Notant que la crise était principalement issue des divergences opposant le Québec français et le Canada anglais, le *Rapport* observait que les minorités francophones hors Québec avaient été déstabilisées par l'évolution québécoise[6].

Plusieurs intellectuels fédéralistes, dont Pierre Elliott Trudeau et Marc Lalonde, publièrent dans *Cité libre* une critique du *Rapport préliminaire* dans laquelle ils ridiculisaient les méthodes de la

Commission, qualifiées de non scientifiques, déclaraient exagéré le diagnostic de crise posé par les commissaires en ce qui concernait les relations entre anglophones et francophones, et rejetaient la nécessité de procéder à une réforme fondamentale de la Confédération[7].

À l'autre extrémité du spectre politique, la Commission fut accueillie par de vigoureuses protestations de la part des indépendantistes. Un des commissaires, Paul Lacoste, se souvient :

C'est au Québec que les commissaires connurent leurs audiences les plus difficiles, voire pénibles à l'occasion. Les éléments les plus nationalistes, systématiquement hostiles à la Commission, se manifestèrent beaucoup et donnèrent dans certaines villes l'impression d'un refus quasi général de sa démarche[8].

Aux yeux de René Lévesque, le bilinguisme et le biculturalisme étaient « un marché de dupes[9] » pour le Québec, compte tenu de l'assimilation dont, historiquement, avaient été victimes les francophones hors Québec. Le premier ministre Daniel Johnson, élu en 1966 avec le slogan « Égalité ou indépendance », trouva toutefois dans le rapport de la Commission des arguments utiles à sa campagne en faveur d'un statut spécial pour le Québec[10].

Le sociologue Guy Rocher résume les réticences que suscitaient les recommandations de la Commission chez les nationalistes québécois, notamment son incapacité à proposer des réformes politiques et institutionnelles :

À la communauté francophone du Québec, inquiète et soupçonneuse, hantée par le projet du séparatisme, la commission Laurendeau-Dunton offre la perspective d'un Canada bilingue, dans lequel le français est destiné à être indéfiniment minoritaire, probablement de plus en plus minoritaire, et démographiquement menacé de surcroît au sein même du Québec. [...] Elle lui ouvre les portes du Canada mais l'invite en échange à courir le très grand risque de se voir progressivement dépossédée de tout pouvoir politique effectif, à Québec aussi bien qu'à Ottawa[11]. ◆

Caricature dépeignant le Québec sous les traits d'une danseuse récalcitrante, refusant « d'entrer dans le gâteau » préparé par André Laurendeau et Davidson Dunton à l'occasion du centenaire de la Confédération. Dépités, les deux pâtissiers doivent s'expliquer avec Lester B. Pearson. (Donald MacPherson, 1967, *Toronto Star Syndicate*.)

Dans son *Rapport préliminaire*, la Commission s'inquiétait de ce que le Canada anglais semblait très mal connaître ses compatriotes de langue française :

> Il est tragique de constater combien peu les
> Canadiens de langue anglaise sont conscients des

sentiments et des aspirations des Canadiens français.
Très peu sont parvenus à saisir les problèmes que le
renouveau québécois pose à tous les Canadiens[12].

Laurendeau rapporte que bon nombre de Canadiens anglais
étaient d'avis que les travaux de la Commission avaient créé un problème qui n'existait pas avant sa mise sur pied[13]. L'ex-ministre
conservateur Gordon Churchill fit valoir ce point de vue :

J'y étais opposé [à la Commission] dès le départ. Je
pensais qu'elle ne ferait que créer la désunion. [...]
Au lieu de créer l'union, elle a créé plus de désunion
que je n'en ai jamais connue de toute ma vie, sauf
pendant la crise de la conscription en 1917[14].

La Commission fut aussi largement critiquée par les politiciens du Canada anglais pour les frais que son programme de recherche occasionnait. Avec un budget final de 7,6 millions $, elle était la
plus coûteuse des commissions royales d'enquête jamais créées.

Des deux thèmes abordés par la Commission, bilinguisme et
biculturalisme, le second allait être le plus difficile à faire accepter.
Dans l'Ouest canadien, les commissaires affrontèrent une forte opposition de la part des Canadiens d'origine ukrainienne, qui se considéraient comme les cofondateurs des provinces de l'Ouest et pour qui la
notion de deux peuples fondateurs sous-entendait une citoyenneté de
deuxième classe[15]. Dans son journal, Laurendeau nota à ce propos :

Ces provinces ont eu des problèmes délicats à résoudre parce qu'elles ont été construites par des groupes ethniques très divers; elles ont réussi à trouver
un certain équilibre; elles craignent que le biculturalisme ne vienne mettre cet équilibre en danger[16].

Le concept de biculturalisme ne fut donc pas bien reçu au
Canada anglais. Si certains l'accueillirent comme une protection
utile contre l'annexion culturelle aux États-Unis, d'autres « craignaient que la reconnaissance d'une double société n'amène l'éclatement du pays[17] ». Le sociologue John Porter fit écho à cette

inquiétude lorsque, en réponse au rapport final de la Commission, il observa : « [Il] nous réunit par le biais du bilinguisme, mais nous sépare par le biais de la culture[18]. »

Au contraire, le bilinguisme – la reconnaissance de deux langues officielles au Canada – trouva un appui considérable, ce qui permit de procéder à une importante réforme de la fonction publique fédérale. À la Chambre des communes en 1968, le néo-démocrate David Lewis émit l'opinion suivante :

> Pour la première fois depuis les quarante et quelques années que je vis ici, on sent, d'après l'atmosphère et le climat, que le Canada anglais est prêt à accepter le fait que le bilinguisme fait partie de la mosaïque canadienne. C'est une chose qui aurait été impossible, dans de nombreuses parties du pays, avant la Commission royale d'enquête sur le bilinguisme et le biculturalisme[19]. ◆

Après l'élection de Pierre Elliott Trudeau en 1968, le biculturalisme et l'idée d'un partenariat égal entre deux nations fondatrices, qui avaient guidé la Commission sous la direction d'André Laurendeau, furent mis au rancart « de peur que, en dépassant la langue et en s'aventurant dans la culture, on cautionne ainsi l'idéal des deux nations[20]». Toutefois, les recommandations concernant le bilinguisme furent largement adoptées, en 1969, par le biais de la Loi sur les langues officielles. De même, celles qui avaient trait au multiculturalisme, contenues dans le quatrième volume du rapport final de la Commission, servirent à la préparation de la politique fédérale sur le multiculturalisme, adoptée en 1971[21].

Les avertissements de la Commission quant à la nécessité de se pencher sur les dimensions politiques du partenariat accélérèrent le mouvement vers une réforme constitutionnelle. En novembre 1967, un mois après la publication du premier volume du rapport final, le premier ministre ontarien, John Robarts, recevait tous les premiers ministres provinciaux dans le cadre de la « Conférence du lendemain » à Toronto, et une conférence fédérale-provinciale sur la Constitution suivit en février 1968.

Le drapeau canadien (1965)

En tant que colonie puis de « dominion » de l'Empire britannique, le Canada utilisait l'« Union Jack » comme étendard. Ce n'est qu'en 1925 que le gouvernement fédéral commença à envisager sérieusement la possibilité de doter le Canada d'un drapeau national distinct. Le premier ministre libéral Mackenzie King chargea un comité du Conseil privé d'étudier divers modèles et de faire rapport au Parlement. Toutefois, le projet fut accueilli tièdement à la Chambre des communes, comme le rappelle l'historien George F. G. Stanley :

> Lorsque la question du drapeau fut soulevée à la Chambre des communes, les partisans de l'« Union Jack » accusèrent King de chauvinisme [...] et de déloyauté envers la mère patrie[1].

Le gouvernement King abandonna le projet et mit fin aux travaux du comité. En 1945, un décret autorisa l'utilisation du « Canadian Red Ensign », drapeau rouge arborant l' « Union Jack » et les armoiries des provinces canadiennes, sur les édifices fédéraux jusqu'à ce qu'un drapeau proprement canadien puisse être adopté[2].

L'année suivante, le gouvernement King jugea de nouveau le moment opportun pour doter le Canada d'un drapeau distinct et créa un comité parlementaire à cette fin. Mais, très vite, l'entreprise s'avéra une pomme de discorde. À la demande du gouvernement Duplessis, l'Assemblée législative du Québec adopta, à l'unanimité, une résolution exigeant que le drapeau canadien soit exempt de « tout symbole étranger ». Or, à la Chambre des communes, non seulement les conservateurs, mais aussi les libéraux de l'Ontario, de l'Ouest et des Maritimes informèrent le gouvernement que, au contraire, le futur drapeau canadien devrait arborer l'« Union Jack »[3]. Devant cette situation, le gouvernement

King préféra abandonner le projet. Par conséquent, aucune des 2695 esquisses proposées au comité ne fit l'objet d'un vote au Parlement.

Il fallut attendre presque 20 ans avant que le projet ne soit ressuscité. Au début de 1964, le premier ministre Lester B. Pearson fit part à la Chambre des communes du désir du gouvernement d'adopter un drapeau national distinct. Le centenaire de la Confédération approchait, et le premier ministre avait promis solennellement, durant la campagne électorale de 1963, de pourvoir le Canada de son propre drapeau avant que ne prennent fin les deux premières années de son mandat.

En octobre 1964, le Comité mixte du Sénat et de la Chambre des communes, chargé d'étudier les propositions soumises, retint trois esquisses : un « Red Ensign » portant la fleur de lys et l'« Union Jack »; un dessin représentant trois feuilles d'érable entre deux bordures bleu ciel; et un drapeau rouge orné d'une feuille d'érable rouge stylisée sur un carré blanc[4]. À l'unanimité, les membres du Comité recommandèrent l'unifolié. Les conservateurs, cependant, préféraient la

Le premier ministre Lester B. Pearson dévoile le drapeau du Canada. (Duncan Cameron, ANC, PA 136153.)

première des trois esquisses. Pour mettre un terme à leur obstruction, le gouvernement libéral de Pearson eut recours le 14 décembre 1964 à la motion de clôture, mesure controversée qui n'avait pas été utilisée depuis 1956[5]. Le lendemain, la Chambre des communes approuva l'unifolié par 163 voix contre 78. Le nouveau drapeau fut adopté officiellement le 15 février 1965.

si je me souviens bien

Les débats sur le choix du nouveau drapeau ne provoquèrent pas beaucoup de controverses au Québec. Manifestement, les francophones n'avaient pas le même attachement au « Red Ensign » que les Canadiens anglais. Cela fut d'ailleurs source de discorde dans les rangs conservateurs à Ottawa : des 10 députés conservateurs du Québec, trois seulement restèrent fidèles à leur parti et s'opposèrent à la motion de clôture. Quatre défièrent l'autorité de leur chef pour appuyer le gouvernement, et trois autres étaient absents de la Chambre au moment du vote. En tête de la dissidence conservatrice du Québec figurait le député de Trois-Rivières, Léon Balcer. Celui-ci décrit ainsi la division qui régnait alors dans son parti :

> Chez les conservateurs, les débats au caucus prirent l'allure d'une bataille rangée. La majorité anglophone du parti s'engagea dans une croisade pour sauver ce vestige colonial : le « Red Ensign ». À chaque caucus, nous, députés du Québec, nous avons plaidé pour la reconnaissance du droit des francophones tout comme des anglophones de faire partie d'un Canada moderne qui aurait cessé d'être le vassal d'aucun autre pays quel qu'il puisse être. Diefenbaker, en excellent « debater » qu'il était, utilisait tous ses talents pour entraîner son groupe à tourner le dos aux aspirations si légitimes de ses collègues du Québec[6].

Dans la population en général, l'unifolié fut accueilli avec sobriété. Éditorialiste au *Devoir*, Claude Ryan décrivait ainsi l'accueil qui fut réservé à l'unifolié le 15 février 1965, jour de son adoption officielle :

> Nul n'éprouvait d'enthousiasme délirant à la vue du
> nouveau drapeau : tout le monde sent[ait], sans oser le
> dire publiquement, qu'on [était] encore une fois en
> face d'un compromis, que le drapeau exprim[ait] une
> unité profondément désirée mais non encore réalisée[7].

À l'Assemblée nationale, le premier ministre du Québec, Jean Lesage, compara l'adoption de l'unifolié au passage du Canada de l'adolescence à l'âge adulte. « Notre jeune pays vient de quitter sa *toga praetexta* (toge prétexte) pour endosser la *toga virilis* (toge virile)[8] », déclara-t-il. Le chef de l'opposition, Daniel Johnson, souligna pour sa part que le Québec avait devancé de 17 ans le Canada en adoptant, en 1948, le fleurdelisé comme « drapeau de la nation canadienne-française[9] ». ◆

Les débats parlementaires que provoqua l'adoption d'un drapeau canadien révélèrent l'attachement persistant de nombreux Canadiens anglais aux symboles britanniques. Avec l'appui de groupes tels la « Canadian Corps Association » et la Légion royale canadienne[10], le chef conservateur John Diefenbaker privilégiait le « Red Ensign » portant la fleur de lys et l'« Union Jack ». L'ancien premier ministre expose ainsi son point de vue dans ses mémoires :

> M. Pearson croyait qu'un drapeau, pour être proprement canadien, ne devait comporter aucune référence à notre histoire ou à notre héritage : ni à la grandeur du Régime français ni à l'apport de la Grande-Bretagne. J'étais au contraire convaincu que,

pour symboliser l'union qui règne dans notre pays, le
nouveau drapeau canadien devait contenir à la fois
l'« Union Jack » et la fleur de lys. [...] Ni [l'un ni
l'autre] n'étaient les symboles d'une soumission à
quelque passé colonial. L'évocation de notre histoire
n'eut pas été une marque de colonialisme[11].

Dans le grand public, toutefois, le débat sur le drapeau ne
souleva pas la levée de boucliers qu'avait espérée Diefenbaker. Pour
leur part, les néo-démocrates, les députés du Crédit social et ceux
du Ralliement créditiste étaient favorables à l'adoption d'un nouveau drapeau.

L'avènement du drapeau canadien fut célébré paisiblement.
Le *Globe and Mail* le salua poliment, en déplorant que les débats
parlementaires ayant précédé son adoption aient détourné de problèmes plus urgents l'attention des élus[12]. Dans une lettre au
Toronto Star, un lecteur ontarien relevait aussi, en réaction à
l'ampleur des débats suscités par l'adoption de l'unifolié :

Si tous les Canadiens se battent sous le nouveau drapeau avec la même vigueur qu'ils ont mise à se bat-
tre contre celui-ci, tout espoir n'est pas perdu pour le
Canada de devenir une grande nation[13].

Selon l'historien J. M. Bumsted, l'opération de Pearson fut
couronnée de succès :

La génération des « baby-boomers » adopta presque
instantanément le nouveau drapeau. [...] En 1967, on
mit à profit le centenaire de la Confédération pour
faire partout – et avec grand succès – la promotion
de l'unifolié[14]. ◆

Bien que l'unifolié soit aujourd'hui largement accepté, une enquête com-
mandée en 1994 par le ministère du Patrimoine canadien révèle que les
Québécois et les Canadiens des autres provinces ne lui accordent pas la même

importance. Alors que les Canadiens des autres provinces classent le drapeau canadien au premier rang des symboles canadiens, les Québécois ne lui accordent que la sixième place, derrière la Charte canadienne des droits et libertés, les parcs nationaux, les sites historiques, le bilinguisme et l'hymne national[15]. En outre, le programme fédéral qu'a lancé en 1995 la ministre du Patrimoine canadien, Sheila Copps, pour diffuser le drapeau canadien n'a pas remporté au Québec le même succès que dans le reste du Canada. En août 1996, sur les 500 000 drapeaux distribués gratuitement au Canada, seulement 8,5 p. 100 l'avaient été au Québec, province qui compte pourtant 24 p. 100 de la population canadienne[16].

La Loi sur les
langues officielles
(1969)

E N 1968, APRÈS PLUS DE CINQ ANS DE TRAVAIL, LA COMMISSION ROYALE D'ENQUÊTE sur le bilinguisme et le biculturalisme recommanda que l'on reconnût aux Canadiens la possibilité de traiter avec leur gouvernement aussi bien en français qu'en anglais, selon leur désir; qu'on leur offrît des chances égales d'accès aux emplois gouvernementaux et, dans la mesure du possible, de travailler dans la langue officielle de leur choix; que l'on renforçât les minorités de langue française; et, enfin, que l'on donnât au pays et à ses principales institutions un visage conforme à leur dualité linguistique[1].

Un certain bilinguisme avait précédé l'adoption de cette loi. Depuis 1867, le français était admis au Parlement[2] et il était progressivement apparu sur les timbres-poste (1927), sur les billets de banque (1936) et sur les chèques émis par le gouvernement (1945-1962)[3]. Toutefois, le bilinguisme n'avait jamais véritablement atteint la bureaucratie fédérale même si, en vertu de l'Acte de l'Amérique du Nord britannique, les institutions fédérales devaient être bilingues et les documents officiels publiés dans les deux langues; en 1938, un amendement apporté à la Loi sur la fonction publique spécifiait qu'un fonctionnaire devait maîtriser la langue parlée par la majorité des gens avec qui il devrait travailler, mais, moins de cinq ans après son adoption, cette clause était pratiquement tombée dans l'oubli :

> Pendant les trois décennies qui suivirent l'adoption de la loi de 1918 sur la fonction publique, l'administration fédérale d'Ottawa, traditionnellement de langue anglaise, était demeurée fidèle à ses modes de recrutement et de promotion et avait empêché l'établissement d'une « juste représentation » des Canadiens français [...][4].

Pour la première fois en 1908, on émit, pour commémorer le tricentenaire de la ville de Québec, une série de huit timbres bilingues. Celui que l'on voit ici évoque l'arrivée, en 1535, de Jacques Cartier à Stadaconé, village iroquoien près duquel Samuel de Champlain érigera la ville de Québec en 1608. Ce n'est qu'à compter de 1927 que tous les timbres canadiens seront bilingues. (Société canadienne des postes.)

Encore en 1947, la situation du français laissait plutôt indifférent. Le comité créé par Mackenzie King avec le mandat d'enquêter sur l'état du bilinguisme dans la fonction publique fédérale ne laissa pas la moindre trace : ni rapport ni politique[5].

C'est précisément cette situation que l'on désirait modifier par le biais de la Loi sur les langues officielles. Celle-ci stipulait que :

L'anglais et le français sont les langues officielles du Canada pour tout ce qui relève du Parlement et du gouvernement du Canada, elles ont un statut, des droits et des privilèges égaux quant à leur emploi dans toutes les institutions du Parlement et du gouvernement du Canada[6].

si je me souviens bien

Jusqu'au milieu du XXe siècle, les efforts des Canadiens français en matière de langue ont été orientés vers la scène fédérale. Leurs principales revendications visaient à faire respecter les droits scolaires et linguistiques des minorités françaises, à faire appliquer le bilinguisme à Ottawa et à obtenir une présence équitable des Canadiens français dans la fonction publique fédérale[7].

Compte tenu de cette lutte historique pour obtenir l'équité linguistique sur la scène canadienne, la Loi sur les langues officielles fut accueillie avec satisfaction par les Québécois : « Pour nous, qui réclamons depuis si longtemps l'égalité officielle des deux langues au niveau fédéral, cette loi représente une victoire d'une très grande signification[8] », écrivait à ce propos Renaude Lapointe, éditorialiste à *La Presse*. D'après les historiens Jean-François Cardin et Claude Couture, la Loi sur les langues officielles fut « généralement bien accueillie au Québec[9] ».

Les nationalistes se montrèrent toutefois plus critiques à son égard. En effet, dans le contexte de la Révolution tranquille, alors que l'on prenait de plus en plus conscience du phénomène d'anglicisation des immigrants, la nouvelle loi fédérale ne répondait plus à leurs attentes. Déjà, au moment du dépôt du rapport de la Commission royale d'enquête sur le bilinguisme et le biculturalisme, ils avaient affirmé que ses recommandations ne suffiraient pas à apaiser l'insatisfaction des francophones[10]. Aux yeux de bon nombre de Québécois, le seul endroit approprié pour appliquer une politique linguistique efficace était désormais l'arène provinciale et, au moment où le gouvernement canadien adoptait la Loi sur les langues officielles, un consensus émergeait parmi les leaders d'opinion en faveur de l'unilinguisme officiel au Québec[11]. Selon Eric Waddell, ce recentrage sur le territoire québécois s'explique en bonne partie par l'échec relatif de la stratégie pancanadienne de bilinguisme adoptée par l'élite canadienne-française au cours de la première moitié du XXe siècle[12].

Si je me souviens bien

Encore aujourd'hui, l'approche légaliste et personnaliste adoptée par les autorités fédérales pour gérer la question linguistique, ainsi que la décision d'abandonner au profit du multiculturalisme le concept de biculturalisme mis de l'avant par la commission Laurendeau-Dunton, sont souvent vues comme des politiques qui contrecarrent les efforts faits pour renforcer et promouvoir le français au Québec. Les nationalistes, préférant l'approche collective et territoriale, s'opposent au traitement symétrique accordé aux minorités francophones hors Québec et à la minorité anglophone du Québec[13]. Pierre Fournier résume ainsi cette opinion :

> Depuis deux décennies, le gouvernement fédéral utilise les minorités francophones comme instrument de chantage pour combattre le nationalisme québécois. Dans une large mesure, le bilinguisme pancanadien et le renforcement des droits des minorités sont d'élégants prétextes pour réduire la marge de manœuvre du Québec dans la défense de sa majorité francophone et, plus important, pour contester sa prétention à vouloir rapatrier les pouvoirs nécessaires pour être efficace[14]. ◆

 *as i recall*

L'introduction du français sur certains symboles canadiens et sur les ondes de la nouvelle Commission canadienne de la radiodiffusion au cours des années 1930 se heurta à une vive opposition au sein du Canada anglais[15]. D'autant plus que le gouvernement fédéral avait tacitement ou activement soutenu la politique d'unilinguisme anglais adoptée par plusieurs provinces; ses interventions dans le domaine linguistique, depuis la fin des années 1870, n'avaient donc pas préparé les Canadiens d'expression anglaise à ces manifestations de la francophonie canadienne[16].

Les Canadiens anglais trouvaient adéquates les dispositions contenues dans la Constitution (article 133) et ils étaient indifférents, parfois même hostiles, aux efforts que faisaient les Canadiens français pour obtenir une plus grande équité en matière linguistique[17]. Pendant longtemps, on présuma que les principes d'efficacité et de rationalité militaient contre une plus grande utilisation du français dans la fonction publique[18].

En conséquence, les Canadiens hors Québec étaient mal préparés à l'adoption de la Loi sur les langues officielles :

> [...] la grande majorité des anglophones voient dans le
> Canada un pays de langue anglaise. [...] Ils estiment
> que les minorités ethniques, y compris les francopho-
> nes, doivent s'adapter à cette réalité. On peut certes,
> pour plaire à la majorité francophone du Québec, utili-
> ser dans cette province le français comme langue
> régionale. Mais, partout ailleurs au Canada, on a tort
> de nous forcer à parler cette langue[19].

Bien qu'elle ne fut le fait que d'une minorité de parlementaires, l'adoption du projet de loi suscita une vive opposition à la Chambre des communes. On associa l'accroissement des services offerts en français à une réponse directe et beaucoup trop coûteuse aux revendications des francophones du Québec[20]. La crise linguistique qui éclata au Québec et les manifestations de plus en plus bruyantes en faveur de l'unilinguisme français semblaient en outre montrer que le bilinguisme ne répondait même pas aux aspirations des Québécois[21]. On considérait la Loi sur les langues officielles comme une politique discriminatoire, propre à miner les chances de promotion des non-francophones dans la fonction publique fédérale, voire à miner plus encore l'unité du pays :

> Dans la fonction publique du Canada, le bilinguisme
> est le phénomène quotidien prédominant quoique
> caché. Il est devenu la condition virtuelle, bien qu'on
> n'en parle pas, de tout emploi et, en tout cas, de tout

avancement. Si cette politique est encore renforcée par une loi comme celle dont nous sommes saisis, elle écartera pratiquement de la fonction publique presque tous les Canadiens dont la langue maternelle n'est pas le français. Si une mesure aussi clairement destinée à aliéner les Canadiens de l'Ouest de leur capitale et du gouvernement central est adoptée, je ne serais pas surpris que la voix du séparatisme de l'Ouest ne se fasse entendre de plus en plus haut.[22]

La conviction que le bilinguisme « profite démesurément à une petite élite bilingue » était encore largement partagée par les opposants au bilinguisme en 1990[23].

Selon Kenneth McRoberts, l'idéal d'un Canada bilingue contredisait non seulement la vision que bien des Canadiens avaient de leur pays, mais aussi la façon dont ils le connaissaient. Ainsi, une enquête réalisée en 1985 révélait que seulement 14 p. 100 des anglophones avaient des contacts quotidiens avec la langue française et que 52 p. 100 d'entre eux n'entendaient jamais parler français ou seulement à l'occasion (34 p. 100)[24]. L'opposition à la Loi sur les langues officielles fut d'ailleurs particulièrement forte dans les provinces de l'Ouest, où les francophones ne constituaient qu'une faible proportion de la population[25].

Bien que les provinces aient approuvé à l'unanimité en février 1968 la recommandation de la commission Laurendeau-Dunton d'accorder aux francophones hors Québec les mêmes droits qu'aux anglophones du Québec[26], la plupart des gouvernements provinciaux se montrèrent réticents à mettre en place une politique de bilinguisme sur leur territoire. Seul le Nouveau-Brunswick se déclara officiellement bilingue en 1970, disposition qui fut constitutionnalisée en 1982. Au cours des années 1970 et 1980, le gouvernement ontarien adopta lui aussi un certain nombre de mesures en vue d'améliorer le statut du français dans cette province : il permit aux étudiants du secondaire de recevoir un enseignement en français

"...don't turn the box around that way, Ricky...you know your father can't stand all that French in the morning..."

Caricature illustrant les tensions quotidiennes suscitées par le bilinguisme (Syd Barron, 1967, *Toronto Star Syndicate.*)

dans ses écoles publiques[27], autorisa l'utilisation du français à l'Assemblée législative (1970), adopta une politique sur les services en français (1972), créa un réseau français de télévision (1984) et promulgua la Loi sur les services en français (1986)[28].

Par ailleurs, la Loi sur les langues officielles jouissait d'un appui considérable parmi les chefs de file de tous les secteurs d'activité, les politiciens en premier lieu[29]. Le sénateur conservateur Edgar Fournier du Nouveau-Brunswick, par exemple, rétorqua à ceux qui s'opposaient à la Loi sur les langues officielles et qui criaient à la discrimination : « Qu'en est-il de la discrimination contre nous [les Canadiens français] ? S'attendent-ils [les opposants] à ce que le Canada soit une rue à sens unique ? Nous en avons eu assez depuis trop longtemps[30]. » Pour les partisans du bilinguisme, cette loi apparaissait comme un bon moyen de répondre aux aspirations des francophones. « [...] Ce projet de loi est d'une importance capitale pour le Canada que nous sommes à bâtir », affirma le premier ministre Trudeau lors du dépôt du projet. Daniel Lewis, chef du Nouveau Parti démocratique, abonda dans le même sens :

> À mon avis, [cette mesure] corrige une profonde lacune qui a hanté les Canadiens pendant le premier siècle de notre pays en tant que nation − lacune qui a nui à l'évolution harmonieuse des Canadiens. C'est une mesure qui s'imposait depuis longtemps[31].

Pour d'autres, la politique du bilinguisme permettrait une meilleure compréhension de la spécificité canadienne. Durant le débat à la Chambre des communes, le député néo-démocrate Lorne Nystrom fit valoir le point de vue suivant :

> [Cette mesure] devrait aider à rendre l'identité et la culture du Canada distinctes de celles des États-Unis. Je suis persuadé qu'elle renforcera la personnalité de notre pays et qu'elle rendra le monde plus conscient du sentiment d'unité et de patriotisme qui anime les Canadiens[32].

Au fil des ans, l'idéal du bilinguisme individuel, incarné par Pierre Elliott Trudeau lui-même, suscita l'adhésion d'un nombre grandissant de Canadiens anglais. Bien que le bilinguisme officiel continue de susciter le mécontentement de plusieurs Canadiens, comme en font foi des groupes tels que la « Confederation of Regions », l'« Association for the Preservation of English in Canada » ou le Parti réformiste du Canada[33], une majorité de Canadiens anglais croient que, « grâce à ses deux langues officielles, le Canada est un pays plus intéressant, voire meilleur ». Pour eux, il est devenu très important ou assez important que leurs enfants connaissent le français, ce qui s'est traduit par une augmentation considérable des classes d'immersion française au cours des années 1980 et 1990[34]. ◆

En dépit des objections exprimées par ses opposants et d'une opinion publique divisée, la Loi sur les langues officielles fut adoptée par la Chambre des communes le 9 juillet 1969, avec l'appui de tous les partis; seulement 17 députés, dont l'ancien premier ministre John Diefenbaker, votèrent contre. Depuis lors, malgré les controverses dont elle continue de faire l'objet, elle a réussi à se tailler une place dans le paysage politique canadien et est devenue pour un grand nombre de Canadiens un élément central de la « canadianité ».

En 1982, on a constitutionnalisé les principes de base de la Loi sur les langues officielles en les incluant dans la Charte canadienne des droits et libertés. Quelques années plus tard, soit le 15 septembre 1988, une nouvelle version de la Loi fut promulguée. Elle précise les droits et les obligations de chacun en matière de langues officielles et exprime l'engagement du gouvernement fédéral à « "favoriser l'épanouissement des minorités francophones et anglophones" et à promouvoir la pleine reconnaissance et l'usage du français et de l'anglais dans la société canadienne[35] ».

Après 25 ans d'application de la Loi sur les langues officielles, le commissaire aux langues officielles en fait un bilan positif, notamment en ce qui a trait à la représentation des francophones au sein de la fonction publique fédérale[36], à la prestation de services aux minorités officielles[37] et à l'instruction dans la langue des communautés minoritaires[38]. En regard de la situation qui prévalait avant l'adoption de la Loi, des progrès importants ont été réalisés :

> De nombreux Canadiens ont oublié qu'il y a 30 ans les francophones
> qui téléphonaient ou écrivaient à un bureau du gouvernement à Ottawa
> étaient loin d'être sûrs de recevoir une réponse dans leur langue. Parfois,
> le service en français n'était pas disponible [...] même au Québec[39].

Toutefois, en regard des attentes que la Loi avait suscitées au moment de son adoption par rapport à la santé linguistique des minorités officielles, au bilinguisme individuel ou au renforcement de l'unité canadienne, par exemple, les conclusions sont plus réservées. En effet, le taux d'assimilation des francophones hors Québec est inquiétant[40], le bilinguisme individuel est toujours l'affaire des groupes minoritaires et des francophones avant tout[41], et cette loi n'a pas permis de modifier substantiellement le sentiment d'appartenance des Québécois, qui continuent en grand nombre à se dire Québécois d'abord[42].

La politique fédérale du multiculturalisme (1971)

L A POLITIQUE DU MULTICULTURALISME ANNONCÉE PAR LE PREMIER MINISTRE TRUDEAU en 1971 s'inspirait du quatrième volume du rapport final de la Commission royale d'enquête sur le bilinguisme et le biculturalisme, *L'Apport culturel des autres groupes ethniques*. Cette étude était la réponse donnée aux communautés autres que française et anglaise, pour qui le mandat initial de la Commission d'enquête sur le bilinguisme et le biculturalisme diminuait leur propre apport à la société canadienne et faisait d'eux des citoyens de deuxième classe. Car en 1971 le Canada, pays d'immigration, comptait 26,7 p. 100 de citoyens dont l'origine n'était ni britannique ni française. C'est en bonne partie sous la pression de ces communautés minoritaires que le mandat de la Commission fut élargi et que le gouvernement canadien adopta le virage du multiculturalisme.

La politique de 1971 comprenait quatre grandes orientations : 1) une aide du gouvernement fédéral aux groupes culturels; 2) son engagement à abolir les barrières qui empêchaient une participation pleine et entière des communautés culturelles à la société canadienne; 3) la promotion du dialogue entre les groupes culturels; 4) un programme d'enseignement des langues officielles pour les nouveaux arrivants. Comme le notait Raymond Breton, le gouvernement fédéral était déjà engagé dans ces activités, mais la nouvelle politique représentait « un virage important en ce qui concern[ait] l'ampleur des programmes, l'éventail des objectifs et l'importance accordée aux quatre domaines d'application[1] ».

Toutefois, la dimension symbolique de cette politique était sans doute plus importante encore que ses aspects pratiques. À ce propos, le premier ministre Trudeau déclara : « [...] bien qu'il y ait deux langues officielles, il n'y a pas de culture officielle, et aucun groupe ethnique n'a la préséance[2]. » D'après lui, le multiculturalisme dans un cadre bilingue favoriserait la « liberté culturelle » des Canadiens et renforcerait l'unité canadienne, en réduisant « la discrimination et la jalousie qu'engendrent les différences de culture ». L'importance symbolique de la politique fédérale de multiculturalisme fut confirmée par son enchâssement dans la Charte canadienne des droits et libertés. L'article 27 de celle-ci stipule : « Cette charte doit être interprétée en conformité avec la préservation et la promotion de l'héritage multiculturel des Canadiens. »

Dans les faits, les programmes mis sur pied dans le cadre de la politique de multiculturalisme n'égalèrent jamais en importance cette dimension symbolique. En 1987, le Comité permanent du multiculturalisme rapportait : « On a l'impression que cette politique vieille de 15 ans patauge[3]. » Sous le gouvernement Trudeau, elle resta une partie relativement mineure des activités du Secrétariat d'État, comparativement aux efforts consacrés au bilinguisme officiel[4]. Au cours des années, les fonctionnaires chargés de l'appliquer délaissèrent la préservation de l'héritage multiculturel pour se préoccuper des problèmes liés aux relations interraciales et à la discrimination[5]. Il fallut attendre 1988 pour que le gouvernement conservateur de Brian Mulroney adopte enfin une Loi sur le multiculturalisme, créant le ministère du Multiculturalisme et de la Citoyenneté. Celui-ci connut une brève existence, puisqu'il fut démantelé en 1993, le ministère du Patrimoine canadien héritant de ses responsabilités en matière de multiculturalisme.

si je me souviens bien

Au Québec, le multiculturalisme fut largement perçu comme reléguant la majorité francophone de cette province à un statut de minorité ethnique comme les autres, n'ayant aucun droit à quelque statut spécial[6]. Par conséquent, ainsi que le dit Kenneth McRoberts, la politique fédérale de multiculturalisme, en tant que vision du Canada, « fut presque universellement rejetée au Québec[7] ».

Compte tenu du statut minoritaire des francophones en Amérique du Nord, l'intégration des immigrants à la société francophone est une question extrêmement délicate au Québec, et les habitudes linguistiques des nouveaux arrivants, qui ont traditionnellement tendance à opter pour l'anglais comme langue d'intégration, ont été une importante source de préoccupation à compter des années 1960.

Dès 1971, le premier ministre Robert Bourassa écrivit à son homologue fédéral pour protester contre la nouvelle politique et l'aviser que sa province n'adopterait pas le multiculturalisme dans ses propres domaines de compétence. Depuis, les gouvernements québécois successifs, tant péquistes que libéraux, ont privilégié l'interculturalisme, qui met davantage l'accent sur l'intégration des immigrants au sein d'une culture commune globale[8].

La politique de multiculturalisme va à l'encontre des objectifs du Québec en matière d'immigration, dans la mesure où le relativisme culturel dont elle est porteuse donne à croire aux immigrants qu'il est légitime de ne pas s'intégrer à la culture francophone de la province, tout comme le bilinguisme officiel leur laisse entendre que l'adoption du français est optionnelle. Cette situation est d'autant plus préoccupante, aux yeux de bien des Québécois, que l'existence de deux systèmes identitaires, dont chacun tente de gagner l'allégeance des immigrants au Québec, crée une ambiguïté qui entrave leur intégration à la majorité francophone[9].

Par conséquent, le rejet de la politique de multiculturalisme par les Québécois ne signifie pas que ceux-ci refusent le pluralisme comme tel, mais plutôt le modèle d'intégration sur lequel il repose. Comme le notent Micheline Labelle, François Rocher et Guy Rocher, ce modèle « nie l'existence d'une communauté politique déjà constituée au Québec, qui doit être le principal pôle d'intégration des membres des groupes ethnoculturels minoritaires[10] ».

Dans la politique « interculturelle » du Québec, rendue publique dans un livre blanc publié en 1990, on trouve trois grands principes qui doivent servir de fondements au contrat moral liant l'État et le nouvel arrivant : 1) le français « comme langue commune de la

vie publique »; 2) « une société démocratique où la participation et
la contribution de tous sont attendues et favorisées »; 3) « une
société pluraliste ouverte aux multiples apports, dans les limites
qu'imposent le respect des valeurs démocratiques fondamentales et
la nécessité de l'échange intercommunautaire »[11]. ◆

as i recall

Les premières pressions en faveur d'une politique multiculturelle
provinrent de groupes qui, d'origines autres que française ou anglaise, s'inquiétaient de leur statut au sein de la société canadienne.
Comme l'écrit Raymond Breton : « [...] on craignait de se voir définir
comme des citoyens de seconde classe, comme des marginaux par
rapport au système d'identité alors en voie de redéfinition[12]. »

À mesure que l'on mettait en place les programmes liés à
la politique de multiculturalisme, les groupes ethnoculturels
devinrent d'importants bénéficiaires des fonds qui y étaient
consacrés, entre autres pour l'éducation dans la langue maternelle[13]. Cette politique ne toucha pas que ces groupes, puisqu'elle
acquit aussi un rôle symbolique concernant le sens de la canadianité et s'adressant à tous les Canadiens. Ainsi, tandis que le
Canada était transformé par les vagues d'immigration, beaucoup
de Canadiens anglais en vinrent à voir dans cette « mosaïque culturelle » un facteur de différentiation vis-à-vis des États-Unis et
de leur « melting-pot »[14].

Toutefois, à bien des égards, le multiculturalisme perdit progressivement sa cote au Canada anglais[15]. En 1991, le Forum des
citoyens sur l'avenir du Canada notait à ce propos :

> Bien qu'ils acceptent et apprécient la diversité cultu-
> relle du pays, les Canadiens ne prisent pas la plupart
> des activités prévues dans le cadre du programme du
> multiculturalisme. Ils les perçoivent comme coûteuses

et comme sources de divisions, du fait qu'elles rappellent aux Canadiens leurs origines diverses plutôt que
leurs symboles, leur société et leur avenir communs[16].

Le Forum en arrivait à la conclusion suivante : « Le but premier du multiculturalisme devrait être d'établir une société d'accueil
dynamique, ouverte à tous et, partant, d'encourager le vrai respect
de la diversité. » L'inquiétude des Canadiens anglais face à la crise
de l'unité canadienne et leur crainte de voir la spécificité du Canada
disparaître à la suite de la signature de l'Accord de libre-échange
nord-américain ont créé un climat favorable à l'intégration plutôt
qu'à la promotion de la diversité. On tient souvent le multiculturalisme pour responsable de l'absence d'une identité nationale nette au
Canada anglais[17].

Curieusement, c'est le Parti réformiste qui a le plus critiqué
les dépenses du gouvernement en matière de multiculturalisme[18].
D'après le politologue Thomas Flanagan, l'appui dont la politique de
multiculturalisme jouissait au début parmi les gens de l'Ouest, qui y
voyaient un moyen de contrer la « domination française » implicite
dans le bilinguisme et le biculturalisme, a aujourd'hui disparu[19]. En
outre, des membres des communautés culturelles ont aussi dénoncé cette politique. Parmi ceux-ci, on compte notamment l'auteur
Neil Bissoondath qui, dans son essai intitulé *Le Marché aux illusions*
et dont la version anglaise originale a paru en 1994, soutient que la
politique fédérale est allée trop loin, provoquant l'affaiblissement du
tissu social, et que la célébration des divisions en tant que manifestations de la diversité empêche dans les faits une acceptation entière des immigrants dans la culture dominante[20].

La politique de multiculturalisme continue de jouir de l'appui de
ses principaux bénéficiaires, c'est-à-dire les groupes ethniques et culturels[21]. Toutefois, des enquêtes d'opinion montrent que, paradoxalement,
parmi les gens interrogés, les plus nombreux à se prononcer en faveur
de la conservation de la culture d'origine sont les Canadiens anglais d'origines britannique et irlandaise ayant une éducation universitaire.[22] ◆

D'après Kenneth McRoberts, le multiculturalisme a « intensifié le conflit constitutionnel entre le Québec et le Canada », au lieu de contribuer à l'unité nationale comme Trudeau l'avait espéré[23]. Il reste que, à plusieurs égards, les politiques québécoise et canadienne en matière de multiculturalisme se sont rapprochées, mettant toutes deux l'accent sur la non-discrimination et sur les relations interraciales, par exemple[24]. Il semble maintenant qu'on s'entende de plus en plus sur la nécessité d'accorder la priorité à l'intégration des nouveaux arrivants à la culture dominante : la québécoise pour les uns, la canadienne pour les autres. Pour les immigrants arrivant au Québec, toutefois, cette intégration a lieu dans le cadre d'une problématique identitaire non encore résolue, portant sur la place du Québec au sein du Canada.

chapitre 4

Au-delà de la Révolution tranquille

Introductions par
Guy Rocher
John Meisel

Essais préparés par
Alain Desruisseaux et
Sarah Fortin

Au-delà de la
Révolution
tranquille

L ORSQU'ON SE REPORTE AU QUÉBEC DES ANNÉES 1960 ET 1970, LA « RÉVOLUTION
tranquille » est devenue une référence obligée. Il arrive donc que l'on divi-
se l'histoire contemporaine du Québec en trois phases : l'avant-Révolution tranquille, la Révolution tranquille, l'après-Révolution tranquille. Et cette présence
insistante de la Révolution tranquille concerne tout autant l'histoire canadienne
contemporaine que l'histoire québécoise, à cause des répercussions qu'elle a pu
avoir, des changements qu'elle a amenés dans les relations entre le Québec et le
reste du Canada et dans les perceptions que les Québécois et les Canadiens des
autres provinces avaient les uns des autres.

    Comme à peu près toute révolution, violente ou tranquille, celle-ci ne fut
ni subite ni spontanée. Elle fut précédée par une période d'incubation, l'avant-
Révolution tranquille, dont l'histoire n'est pas moins importante que celle des
périodes suivantes pour comprendre le Québec d'hier et d'aujourd'hui. La
Seconde Guerre mondiale en fut sans doute le début. Tant pour les hommes et
les femmes du Québec qui servirent dans les forces armées, au pays et à l'étranger, que pour ceux et celles qui restèrent dans la vie civile, la guerre apporta des
changements d'horizons, de milieux et de conditions de vie. L'un de ces changements, et non des moindres, fut la possibilité pour les femmes de travailler hors
du foyer, en usine pour la plupart. Sans compter qu'elles avaient acquis, en 1940,
le droit de vote aux élections provinciales, malgré une forte opposition du clergé
catholique et de nombreux intellectuels et autres leaders.

    Ce fut surtout dans deux milieux particuliers que la Révolution tranquille
se prépara d'une manière plus marquée : le milieu syndical et le milieu des intellectuels. Ces deux milieux n'évoluaient d'ailleurs pas sans contact l'un avec l'autre.

Parce qu'ils étaient l'un et l'autre méprisés et bafoués par le pouvoir politique et la pensée duplessiste, ils se soutenaient mutuellement dans une certaine symbiose. Ainsi, la Faculté des sciences sociales de l'Université Laval formait, au sortir de la guerre, la jeune génération des nouveaux leaders syndicaux en même temps que celle des chercheurs en sciences sociales et un certain nombre d'intellectuels, qui tous jouèrent des rôles majeurs dans différents secteurs de la vie québécoise et canadienne tout au long de la deuxième moitié du XXe siècle. Certains médias — notamment le journal *Le Devoir* et Radio-Canada — accueillaient ces contestataires, leur donnaient la parole et leur servaient de tribune. Ce qui était très appréciable, car cette avant-Révolution tranquille se vivait sous le gouvernement Duplessis, qui se maintenait au pouvoir en s'appuyant sur une idéologie et un programme politique essentiellement conservateurs et passéistes. Le Parti libéral du Québec, alors dans l'opposition, fut également un lieu où se regroupèrent un certain nombre des promoteurs d'une pensée politique plus moderne.

L'année qui suivit le décès de Maurice Duplessis fut témoin d'un phénomène inoubliable pour ceux et celles qui l'ont vécue. Le successeur de Duplessis à titre de premier ministre du Québec et de chef du parti de l'Union nationale, Paul Sauvé, ne s'était jusqu'alors fait connaître que comme un honnête lieutenant de Duplessis. À la surprise générale, on le vit prendre rapidement ses distances de son ancien chef et faire preuve d'une ouverture étonnante à tous les nouveaux courants de pensée auxquels son parti avait été systématiquement fermé. Ses « désormais » répétés, marquant chacun un nouveau virage, sont demeurés célèbres. À tel point que le Parti libéral était en déroute, voyant son programme passer morceau par morceau dans les décisions et l'action du gouvernement. Ce fut la mort prématurée de Sauvé, alors qu'il était depuis trois mois seulement à la tête du gouvernement, qui assura au Parti libéral de Jean Lesage sa victoire de l'été 1960. Si Sauvé avait vécu plus longtemps, on situerait unanimement à l'automne 1959 le début de la Révolution tranquille.

Les six années du gouvernement Lesage, de 1960 à 1966, furent marquées à la fois par d'importants changements et par une suite d'événements heureux. Sur le plan économique, la nationalisation de l'électricité, la création d'Hydro-Québec et de la Caisse de dépôt et placement comptent parmi les réalisations majeures, ainsi que le début de la réforme du système d'enseignement, de la maternelle à l'université. Ces actions répondaient à la devise « Maîtres chez nous » que le Parti libéral

René Lévesque, alors ministre des Ressources naturelles dans le gouvernement de Jean Lesage, présente son projet de nationalisation de l'électricité. (Archives du journal *La Presse*.)

avait faite sienne. Le choix de Montréal comme site de l'Exposition universelle de 1967 et la mise en chantier du métro de Montréal furent des événements heureux, hautement médiatisés. Pendant ces années, il régnait au Québec un climat d'optimisme et une confiance en soi collective, jusqu'alors inconnue. On pouvait croire que tout était possible et que l'avenir ne pouvait être que prometteur.

L'année 1967 se situe dans cette lignée, ce qui fait qu'elle appartient aussi à la Révolution tranquille. Au Québec, on fut beaucoup moins sensible au centenaire de la Confédération que dans le reste du Canada. L'attention était presque entièrement retenue par le succès de l'Expo 67, qui mettait Montréal et le Québec sur la carte du monde, et par l'ouverture concomitante du métro, objet de fierté des Montréalais. L'arrivée à Québec de Charles de Gaulle, son parcours triomphal de Québec à Montréal, puis l'étonnante déclaration — « Vive le Québec libre ! » — qu'il fit sur le balcon de l'hôtel de ville de Montréal s'insèrent également dans ce climat d'euphorie. Les Québécois ne furent pas unanimes à approuver ce dernier geste, mais la fierté québécoise fut sans doute réchauffée et confirmée par cette visite et peut-être même par la rebuffade que le gouvernement fédéral infligea à un homme de la stature de de Gaulle.

Mais il ne faut pas non plus donner de ces années une image d'Épinal, faussement idyllique. Au moment même où l'équipe libérale de Jean Lesage prenait le pouvoir et où débutait la Révolution tranquille, une poignée de jeunes militants fondaient, durant l'été 1960, un mouvement indépendantiste qui allait avoir un avenir inattendu, le Rassemblement pour l'indépendance nationale (RIN). Cet événement, qui passa alors presque inaperçu, ne laissait encore rien présager du bouleversement qu'il annonçait de la scène politique québécoise. D'autres jeunes créaient une revue à la fois indépendantiste et socialiste, *Parti pris*, qui voulait être le contrepoids de *Cité libre*, à leurs yeux déjà vieillissante. D'autres jeunes encore, en bien petit nombre cependant, s'embrigadaient dans un mouvement clandestin radical, le Front de libération du Québec (FLQ) et, en 1963, entreprenaient de faire exploser des bombes — premières actions violentes qui allaient culminer avec les enlèvements de James Cross et de Pierre Laporte, déclenchant en 1970 ce que l'on allait appeler la crise d'Octobre.

La Révolution tranquille ne fut donc pas vécue dans une parfaite unanimité. Il y avait ceux qui s'engageaient activement et avec enthousiasme dans les changements en cours, mais il y avait aussi ceux — des jeunes surtout — qui jugeaient que les changements n'allaient pas assez vite ni assez loin, ou pas dans la bonne direction. Et il y avait évidemment tous ceux que ces changements inquiétaient ou dérangeaient et qui leur opposaient une résistance souvent efficace. Cette résistance allait d'ailleurs entraîner la chute du gouvernement Lesage en 1966, peut-être en partie en réaction contre la réforme du système d'enseignement, mais surtout en réaction contre la réforme appréhendée bien plus que contre celle qui s'effectuait réellement. Et puis, la génération des « baby-boomers » entrait avec fracas sur la scène étudiante et contestait tout ce qui à ses yeux relevait du « système » — terme qui s'appliquait à pratiquement tout ce qui était institué. C'est principalement parmi ces jeunes que l'on retrouvait les adhérents au projet d'un Québec indépendant.

Enfin, il faut dire également que la Révolution tranquille fut faite et menée par des Québécois francophones; les anglophones n'y prirent pas une part active. Ils pouvaient y être favorables, mais ils y trouvaient aussi des sujets d'inquiétude. Ainsi, le fameux « Maîtres chez nous » pouvait, non sans raison, leur paraître menaçant dans la mesure où il était dirigé contre l'hégémonie économique des anglophones. Et dans le cadre de la réforme du système d'enseignement, la création d'un ministère de l'Éducation allait réduire l'autonomie dont jouissait depuis toujours le réseau des écoles de langue anglaise, catholiques autant que protestantes; la réaction du milieu anglophone à cette importante réforme fut plus ambivalente qu'enthousiaste.

On peut situer la fin de la Révolution tranquille au moment de la crise d'octobre 1970 parce que les événements qui eurent lieu alors, même s'ils ne furent provoqués en réalité que par un petit noyau de personnes, équivalent, dans l'histoire du Québec, à un tremblement de terre. Cette crise ébranla les pouvoirs politiques et la société québécoise tout entière, envoyant du même coup des ondes sismiques dans toute la société canadienne. La crise fut amplifiée par la panique qui s'empara des dirigeants politiques, par la peur qui se répandit dans la population québécoise, surtout montréalaise, et par le climat de quasi-guerre civile que l'on créa en faisant arrêter et incarcérer près de 500 leaders de différents milieux de la société québécoise.

Les indépendantistes furent en général plutôt embarrassés par les actions des felquistes et gardèrent leur distance. À leurs yeux, elles donnaient à leur cause un caractère radical et violent qui risquait davantage de lui nuire que de l'aider, à l'échelle internationale et au Québec même. D'ailleurs, il semble évident que le gouvernement Trudeau utilisa les enlèvements et le climat de panique qui s'ensuivit pour discréditer le mouvement indépendantiste, en l'identifiant à la violence, et tenter ainsi de l'écraser définitivement.

Les espoirs du gouvernement Trudeau furent cependant déçus : le mouvement indépendantiste continua à gagner du terrain, jusqu'à l'élection du Parti québécois en 1976. C'est ce qui explique que le premier ministre Bourassa garda, du début à la fin de sa carrière politique, l'œil rivé sur les interventions des nationalistes et des indépendantistes. Lui-même nourrissait-il un certain nationalisme ? La chose est probable. Mais Bourassa était avant tout animé par le désir de favoriser et de promouvoir la prospérité économique du Québec et des Québécois. Cependant, il lui fallut, à l'occasion, tenir compte des pressions qu'exerçait le mouvement nationaliste et, le cas échéant, donner satisfaction à ce dernier. Son attitude apparemment hésitante à l'égard de la Charte de Victoria s'explique par ces pressions, tout comme l'adoption de la loi 22 en 1974. Mais il faut aussi ajouter que l'équipe ministérielle que Bourassa avait recrutée en 1970 comptait quelques personnalités nationalistes dont l'influence a sans doute pesé dans la balance.

Ce fut particulièrement dans la période qui suivit la Révolution tranquille que la question de la langue en vint à occuper une place dominante dans la vie politique québécoise. Elle s'était imposée violemment sous le gouvernement de l'Union nationale, avec la crise de Saint-Léonard en 1968-1969 et la loi qui avait été alors adoptée. Elle fut la bête noire du gouvernement Bourassa, de sa victoire de 1970 à sa défaite de 1976, à laquelle elle contribua sans doute. Elle allait marquer le moment fort du premier mandat du gouvernement péquiste avec l'adoption de la Charte de la langue française, dite « loi 101 », à l'été 1977. La question de la langue provoqua même une crise dans un milieu inattendu : chez les pilotes de l'aviation civile, que l'on croyait « anglicisés » et indifférents à l'usage généralisé de l'anglais dans leur métier.

Cette question de la langue est apparue à l'extérieur du Québec — et aussi dans certains milieux québécois — comme une « obsession » exagérée. Il faut cependant comprendre que l'identité canadienne-française s'est construite au XIXe siècle sur trois piliers : le droit français, la religion catholique, la langue française. Le premier s'est éclipsé au début du XXe siècle, le deuxième a été considérablement affaibli par le déclin de l'Église catholique. Il n'est resté que le troisième, la langue. Or, au cours des années 1960, celle-ci paraissait soudainement menacée, non plus par la majorité anglophone, mais par les minorités ethniques qui optaient d'une manière à peu près générale pour l'école anglaise, pour la langue anglaise et, par conséquent, pour l'intégration à la minorité québécoise de langue anglaise.

L'avenir du français est devenu une question de rapports de pouvoir : dans la seule province où elle était majoritaire, la communauté canadienne-française risquait à court ou à moyen terme de voir lui échapper le pouvoir politique. C'est cette constatation de *realpolitik* qui explique en définitive l'effervescence qui a entouré l'adoption des lois linguistiques québécoises, depuis 1969 jusqu'à tout récemment encore. Elle explique aussi la crainte, constamment exprimée par les milieux nationalistes, de voir la Charte de la langue française érodée et affaiblie par les interventions des anglophones devant les tribunaux et auprès du législateur pour en éliminer ce qu'eux considèrent comme des « irritants ».

La Charte de la langue française est devenue pour les uns symbole du Québec nouveau et pour les autres — anglophones et allophones surtout — symbole d'un certain ostracisme social et politique. Mais il faut reconnaître que, sans cette loi, les relations entre la communauté francophone et les communautés ethniques du Québec se seraient engagées sur la voie d'affrontements qui auraient pu devenir dramatiques. À cet égard, la Charte de la langue française, au-delà des dissensions qu'elle a pu créer, a contribué à une relative paix sociale.

Au-delà   de   la
Révolution
tranquille

PLUSIEURS DES ARTICLES RÉUNIS DANS CE QUATRIÈME CHAPITRE NOUS PARLENT DE LA Révolution tranquille et de ses conséquences; on y présente les principaux événements autour desquels l'opinion publique, au Québec et dans le reste du Canada, s'est articulée au cours de cette période. C'est en grande partie grâce à la phrase suivante, contenue dans la première page du *Rapport préliminaire* de la Commission royale d'enquête sur le bilinguisme et le biculturalisme, que le Canada anglais prit conscience des changements qui se produisaient au Québec au cours de la première moitié des années 1960 : « [...] le Canada traverse actuellement, sans toujours en être conscient, la crise majeure de son histoire[1]. » Entendu aujourd'hui, ce cri du cœur ne susciterait qu'indifférence puisque tout le monde, depuis lors, l'a entendu plusieurs fois. Au milieu des années 1960, toutefois, l'avertissement fut percutant et dérangea profondément la plupart des Canadiens.

Au Canada anglais, la nature et l'intensité de la réaction à ces événements varia considérablement. Qui plus est, une lecture attentive des articles réunis ici nous montre la diversité et la complexité des opinions qui eurent cours sur à peu près tous ces sujets. En ce sens, l'utilisation de l'expression « le reste du Canada » comporte de graves risques, malgré la commodité qu'elle offre. Car la collectivité qu'elle désigne est loin d'être homogène ou unanime : un regard attentif nous fait voir que, par-delà les divergences qui opposent souvent le Québec et les autres composantes du pays, il n'existe pas de position unique susceptible de rallier les vues et les intérêts de tous Canadiens vivant à l'extérieur du Québec. On peut certes énoncer quelques généralités sans se tromper trop lourdement. Mais il demeure que les différents gouvernements, régions, entreprises, groupes et individus adoptent des positions complexes, parfois même contradictoires, en matière d'unité nationale. Une fois admis ce foisonnement d'intérêts et d'opinions, on peut cependant dégager certaines attitudes communes qui permettent de discerner des points autour desquels s'articule l'opinion qu'on se fait du Québec dans le reste du Canada.

On peut, par souci de simplification, répartir ces positions en trois catégories : les « amis du Québec », les « ennemis du Québec » et les « neutres »[2]. Chaque catégorie réagit différemment aux incidents et aux événements qui ponctuent les relations entre les deux communautés linguistiques. En fait, un individu peut changer de catégorie selon le type d'incident en cause. Ainsi, l'indignation face à la déclaration du général de Gaulle en 1967 fut aussi négative et aussi unanime que celle qui allait accueillir le référendum de 1980. Même les « amis du Québec » furent outrés de ce qui leur semblait être, de la part d'un chef d'État, une intrusion totalement inconvenante dans les affaires internes d'un pays ami. L'insinuation que le Québec n'était pas libre avait quelque chose d'offensant pour quiconque tenait en estime les institutions et traditions démocratiques du Canada.

La stabilité ou l'instabilité de l'opinion sur une question donnée dépend en partie de la nature de l'enjeu. En matière de Constitution, par exemple, le reste du Canada est plutôt stable; il demeure aussi généralement fidèle dans son appréciation du mouvement nationaliste. Il en va autrement des politiques internes du gouvernement du Québec : après une première réaction d'hostilité, elles finissent habituellement par être acceptées, pour peu qu'elles s'appuient sur des arguments recevables. Même l'élection d'un gouvernement indépendantiste, accueillie avec effroi en 1976, finit par être acceptée comme une réalité avec laquelle il fallait composer.

L'épisode des « gens de l'air » est exemplaire à cet égard. Il nous montre comment l'opinion publique, d'abord emportée par la colère, peut s'apaiser et trouver les voies de la raison; les attitudes extrêmes et provocantes finissent souvent par s'atténuer et par faire place à la tolérance et à la compréhension. La colère qui s'est emparée du reste du Canada dans cette affaire s'explique en partie par l'habileté avec laquelle des groupes d'intérêt (les syndicats en l'occurrence) efficacement dirigés, fortement motivés et entretenant des relations dans divers milieux, ont su présenter leur cause de manière à y rallier une large fraction de l'opinion publique. Ils furent certes aidés par d'influents membres du gouvernement; mais il fallut une couverture médiatique incendiaire pour leur mettre véritablement le vent dans les voiles. Toutefois, en matière de relations entre francophones et anglophones (ou de relations entre le Québec et le reste du Canada), il n'est aucun aspect qui n'offre d'emblée, aux individus ou aux groupes défendant des intérêts donnés aussi bien qu'aux médias à l'affût du sensationnel, l'occasion d'exploiter la situation à leur avantage. Par bonheur, la culture politique de notre pays empêche que ne s'éternisent les crises ainsi attisées plus ou moins artificiellement. Dans la plupart des cas, et à moins qu'on ne laisse indûment pourrir une situation profondément irritante, le temps vient alléger les divergences qui nous divisent.

L'article portant sur les efforts du Québec aux prises avec la question linguistique renforce cette analyse. Dans le reste du Canada comme parmi les Québécois anglophones ou allophones, bien des voix ont vertement dénoncé la Charte de la langue française (loi 101) et les lois qui l'ont suivie : on les jugeait injustes, contraignantes, xénophobes, contre-productives sur le plan économique, et ainsi de suite. Même parmi les « amis du Québec », plusieurs étaient consternés de voir celui-ci se déclarer unilingue français, alors même que le reste du Canada avait entrepris de se faire bilingue. Après cette première vague de réactions négatives, un très grand nombre d'observateurs ont fini par comprendre que le Québec avait besoin de mesures de ce genre pour maintenir et renforcer son identité. Si bien que, malgré le caractère épineux de cette question et malgré la persistance de certaines réticences, les tensions linguistiques se sont résorbées dans une atmosphère de compréhension et de compromis ou, à tout le moins, dans l'acceptation de l'inévitable.

La crise d'Octobre fut perçue d'une tout autre façon dans le reste du Canada. La condamnation du Front de libération du Québec (FLQ) y fut universelle, pour la simple et bonne raison que le recours au terrorisme était totalement indéfendable en regard des conditions qui prévalaient alors au Canada : on y disposait de bien d'autres moyens pour manifester sa dissidence. L'imposition de la Loi sur les mesures de guerre fut bien accueillie au début par la vaste majorité de la population, malgré une forte opposition de la gauche. Puis, comme cela se produit souvent lorsque les autorités réagissent avec force à une situation de crise, une vision plus nuancée des choses se fit lentement jour, et l'on commença à se poser de sérieuses questions sur les implications de l'intervention gouvernementale pour les libertés civiles. Détail significatif : c'est Denis Smith, politologue canadien-anglais bien connu, qui publia l'une des premières études sur cette question, attaquant l'intervention de Trudeau[3].

Pour ce qui est des mesures politiques à long terme, l'adoption d'une Constitution « made in Canada » fut, et de loin, l'événement le plus significatif de la quinzaine d'années qui nous occupent ici. Elle révélait de manière frappante l'écart qui s'était creusé entre le Québec et le reste du pays. Le rapatriement fut généralement salué avec satisfaction au Canada anglais parce qu'il mettait fin à plusieurs années de disputes constitutionnelles et parce qu'il avait permis d'adopter une nouvelle loi fondamentale comportant des éléments innovateurs tels que la Charte des droits et libertés. De leur côté, les Québécois étaient consternés devant la manière dont on avait arraché ce compromis et devant certaines dispositions du nouvel ordre constitutionnel — en particulier celles qui touchaient les droits linguistiques et celles qui, modifiant la formule d'amendement, dépossédaient le Québec de son droit de veto traditionnel.

Bien que l'opinion publique canadienne-anglaise sembla accepter le résultat des négociations et fut sans doute impressionnée lorsque, sur la colline parlementaire, la reine signa solennellement la nouvelle Constitution, tous les Canadiens anglais n'étaient pas entièrement satisfaits. Dans la catégorie des « amis du Québec », nombreux étaient ceux qui connaissaient bien la situation de cette province et les attitudes de ses citoyens; ils comprenaient que le rejet des demandes québécoises menait à l'impasse et finirait par engendrer conflits et instabilité. C'est ainsi qu'un organisme ontarien chevronné (l'Institut des relations intergouvernementales de Queen's University) qui, depuis la Révolution tranquille, observait la trajectoire du fédéralisme canadien et des négociations constitutionnelles, publia un recueil d'études critiques sous le titre de *And No One Cheered*[4].

Les appréhensions que suscitèrent les événements de 1981-1982 contrastaient avec l'optimisme qui régnait au Canada au début de la période étudiée ici. En 1967, dans la foulée de la Révolution tranquille et en pleine célébration du centenaire de la Confédération, on s'accordait généralement sur la nécessité de redéfinir le Canada. C'était la grande époque de la conception dualiste du pays. La tenue de l'Exposition universelle de Montréal stimulait tous les esprits. Beaucoup voyaient là un exemple concret de ce que pouvait donner la collaboration entre anglophones et francophones : une merveilleuse symbiose, capable d'assurer l'avenir commun des deux collectivités dans un élan d'imagination créatrice. Si la

Vue de l'Expo '67, un événement incarnant le climat d'optimisme qui caractérise les années 1960, au Québec et dans l'ensemble du Canada. (ANC, PA168602.)

déclaration du général de Gaulle provoqua alors tant de grincements de dents, c'est en partie parce qu'elle heurtait de front l'euphorie régnante.

Au milieu et à la fin des années 1960, d'autres événements vinrent conforter cet optimisme. Après le retour au pouvoir de Daniel Johnson père, en 1966, Québec demanda de nouveau de substantiels changements constitutionnels. Dans le reste du Canada, un fort désir de trouver un terrain d'entente avec le Québec se fit sentir, et des efforts importants furent investis dans les négociations constitutionnelles. Consterné devant le peu d'empressement du gouvernement fédéral, le premier ministre ontarien John Robarts, qui était profondément préoccupé par la question de l'unité nationale, organisa, malgré les réticences d'Ottawa, la « Conférence sur la Confédération de demain ». Celle-ci réunit à Toronto, en 1967, la plupart des principaux intervenants; mais Ottawa n'y envoya que des observateurs. La rencontre, sans déboucher sur une solution précise, convainquit Ottawa de s'employer à chercher un nouvel aménagement constitutionnel. On tint par la suite une série de conférences constitutionnelles, qui aboutirent à la formulation de la Charte de Victoria en 1971.

On mit de l'avant plusieurs propositions, en vue d'assouplir le système fédéral et d'élargir la marge de manœuvre des provinces, grâce à des mécanismes tels que le droit de retrait avec compensation financière. Ces propositions, même susceptibles de profiter à toutes les provinces, découlaient avant tout du désir de satisfaire le Québec.

L'apparent succès des pourparlers de Victoria soulagea ceux qui, dans les autres provinces, avaient le souci de répondre aux besoins du Québec. La déception fut donc amère quand Robert Bourassa annonça le rejet de la Charte issue de ces pourparlers.

L'optimisme s'était largement dissipé dans l'intervalle, mais l'espoir restait encore permis. En 1977, le gouvernement Trudeau créa le groupe de travail Pepin-Robarts, avec mandat d'étudier la question de l'unité canadienne, de tenir des audiences à travers le pays et de formuler des recommandations sur les changements constitutionnels à mettre en œuvre. Particulièrement perspicaces et clairvoyants, les auteurs du rapport recommandèrent, entre autres mesures, une importante décentralisation de la fédération[5]. Le rapport, jugé totalement inacceptable par le gouvernement Trudeau, n'influença guère le cours des événements. Il montra néanmoins l'existence, chez les « amis du Québec », d'une réelle volonté de consentir à cette province d'importantes concessions. L'échec de ces entreprises (qui s'explique en partie, du point de vue des anglophones, par le refus du Québec d'accepter les rameaux d'olivier qui lui sont tendues), ne change rien au fait que des tentatives ont été faites, aussi irréalistes et mal informées ont-elles pu être à l'occasion.

Ces exemples sont de nature à corriger l'impression laissée par les épisodes relatés dans le présent chapitre que, dans chaque litige opposant le Québec au reste du Canada, c'est ce dernier qui a fait montre d'intransigeance et d'obstination. Par-delà les nombreux cas d'incompréhension, de mésentente, d'égoïsme ou d'indifférence présentés ici d'affilée, il s'est déployé dans ce pays plus de bonne volonté qu'il n'y paraît à cette lecture. Cela est particulièrement vrai dans le domaine constitutionnel, où les principaux acteurs sont gens de politique et de gouvernement, rompus à l'art des accommodements et des compromis.

Mais, le Canada étant ce qu'il est, les intérêts régionaux et autres ont influencé l'attitude des groupes et des individus face aux changements qui se produisaient au Québec. Sous réserve d'exceptions, on peut dire que, par rapport aux poussées nationalistes du Québec, les provinces de l'Ouest ont généralement affiché plus de scepticisme que l'Ontario et que, à l'inverse, les citoyens les plus aisés et les plus instruits se sont montrés les plus compréhensifs.

Pour résumer, la période couverte dans ce quatrième chapitre a été le théâtre d'une série de graves affrontements entre le Québec et le reste du Canada. Les positions respectives étaient fondamentalement simples : d'une part un Québec inquiet, soucieux de redéfinir sa place au sein du Canada et dans le monde; d'autre part le reste du Canada, raisonnablement satisfait du statu quo, mais disposé à effectuer, dans certaines limites, les ajustements nécessaires pour répondre aux exigences de la situation. Mais ces limites se sont avérées trop étroites pour satisfaire les gouvernements qui se sont succédé au Québec. Le reste du Canada n'a pas réussi à s'adapter, en dépit de ses dispositions en ce sens, laissant un héritage auquel il faudra faire face dans l'avenir.

« Vive le Québec libre ! » (1967)

Durant l'été 1967, le Canada célébrait le centenaire de la Confédération et les festivités de l'Expo '67 battaient leur plein à Montréal. Parmi les nombreux chefs d'État attendus pour l'occasion figurait le président de la République française, Charles de Gaulle. Cette visite inquiétait le gouvernement fédéral, de plus en plus ennuyé par les relations privilégiées qui s'établissaient à l'époque entre la France et le Québec[1]. La sympathie manifeste du général de Gaulle envers les aspirations nationales du Québec n'aidait en rien à apaiser la contrariété du gouvernement fédéral. En outre, le gouvernement du Québec avait envoyé une invitation personnelle au président français, sans consulter au préalable les autorités fédérales, et c'est en tant qu'invité du Québec que celui-ci avait accepté de se rendre au Canada. Faisant fi des usages diplomatiques, il avait même insisté pour commencer son voyage par Québec plutôt que par Ottawa.

Le voyage de de Gaulle avait pour objectif de célébrer solennellement les retrouvailles de la France et du Québec et d'exprimer de façon protoclaire l'amitié entre la France et le Canada[2]. Mais il en fut tout autrement. Le 23 juillet 1967, de Gaulle débarqua du croiseur « Colbert » à l'Anse-au-Foulon, près de Québec. L'accueil de la population fut euphorique. Le lendemain, ce fut l'escalade. De Gaulle quitta Québec accompagné d'un long cortège, remontant le chemin du Roi en direction de Montréal. À chaque petite ville jalonnant le trajet, les clameurs de la foule s'amplifiaient. Au fur et à mesure que le général se rapprochait de la métropole, ses discours se faisaient de plus en plus chaleureux, et l'enthousiasme des gens ne cessait de croître[3]. À Montréal, ce fut l'apothéose. Du haut du balcon de l'hôtel de ville, de Gaulle s'adressa à la foule rassemblée pour l'accueillir. Après avoir comparé l'atmosphère de la journée à celle de la Libération en France, il

Le général de Gaulle au balcon de l'hôtel de ville de Montréal, lors de sa visite controversée de 1967. (Malak, ANC, C6013.)

si je me souviens bien

Pour nombre de Québécois, la visite du président français fut consi-dérée comme la première visite officielle d'un « membre de la famille ». Elle pouvait être comparée en importance à la venue d'un membre de la famille royale pour le Canada anglais. Même s'ils ne partageaient pas tous l'enthousiasme du général, les Québécois réagirent plutôt favorablement à son célèbre vivat. « [Ils] n'ont [...] pas désavoué le geste du général, ils sont plutôt contents du beau pavé lancé dans la mare d'Ottawa[4] », écrit l'historien Jean-Claude Robert. Le premier ministre Daniel Johnson se porta à la défense de son invité :

> Courageux et lucide, le président de Gaulle a été avec
> nous au fond des choses. Le Québec n'en a pas été
> choqué. [...] Nous n'oublierons jamais qu'en des mots

Si je me souviens bien

qui touchent le cœur de tous les Québécois, le président de la République française a évoqué le problème de l'identité distincte du Québec et son immense
effort d'affirmation. Le Québec n'a jamais été une
province comme les autres. Ce fait élémentaire que
d'aucuns au Canada trouvent encore difficile à accepter, le monde entier maintenant le connaît[5].

Le chef du Parti libéral du Québec (PLQ), Jean Lesage, dénonça quant à lui l'intervention du général de Gaulle et en rendit responsable le premier ministre Johnson. Cette prise de position provoqua
le départ de l'un de ses députés, François Aquin. Pendant ce temps, le
chef du Rassemblement pour l'indépendance nationale (RIN), Pierre
Bourgault, jubilait devant ce qu'il estimait être l'endossement, par le
général de Gaulle, de la cause de l'indépendance du Québec. Un sondage CROP révéla, moins de deux mois après l'événement, qu'une
majorité de Québécois étaient satisfaits de la visite du général et du
« Vive le Québec libre ! ». Ils n'y voyaient pas tant une invitation à
réaliser l'indépendance qu'un encouragement à « promouvoir la
liberté dont le Québec dispose déjà au sein du Canada[6] ». C'est aussi
en ces termes, rappelant la réalité canadienne dans laquelle le
Québec évolue, que le maire de Montréal, Jean Drapeau, jugea bon
de répondre à l'intervention du général : « Quant à nous, nous sommes profondément attachés à notre immense pays et nous considé-
rons que c'est là, pour nous, la meilleure façon de servir la vie et la
culture françaises [7]. » ◆

La visite du président français commença à défrayer la chronique
dès le printemps 1967. On s'inquiétait publiquement des véritables
intentions du général lors de sa visite au Canada[8]. Plongé dans
l'atmosphère de fierté nationale des célébrations du centenaire de

la Confédération, le Canada anglais encaissa donc la déclaration de de Gaulle comme un véritable affront au Canada. Dès le lendemain, les autorités fédérales informèrent le général, par voie de communiqué, que ses propos étaient « inacceptables pour le peuple canadien et pour son gouvernement ». « Le peuple canadien est libre, chaque province du Canada est libre. Les Canadiens n'ont pas besoin d'être libérés », ajoutait le document[9].

Dans ses mémoires, le premier ministre de l'époque, Lester B. Pearson, décrit ainsi sa réaction :

> Lorsque j'ai entendu les mots « Vive le Québec libre », c'est à peine si je pouvais en croire mes oreilles.
> C'était le slogan des séparatistes voués au démembrement de ce même Canada dont de Gaulle avait souhaité voir l'indépendance assurée [...] lorsqu'il avait levé son verre à ma santé à Paris[10].

La colère que cette déclaration avait suscitée chez les Canadiens anglais se manifesta rapidement. En quelques heures, le gouvernement fédéral fut inondé de télégrammes et d'appels téléphoniques dénonçant le comportement de de Gaulle et réclamant son expulsion du pays. « Monstrueux ! C'est monstrueux de venir ainsi, invité privilégié de l'État canadien, inciter qui que ce soit "au démantèlement du Canada" », tonna le *Globe and Mail*[11]. L'élite politique canadienne anglaise et la presse anglophone furent unanimes à réprouver les propos du président français. Les éditorialistes qualifièrent d'intempestive son intervention, vue comme une ingérence externe dans les affaires canadiennes[12]. ◆

En s'écriant « Vive le Québec libre ! », le général de Gaulle propulsa le Québec sur la scène internationale. Subitement, le nom du Québec fut connu partout dans le monde. Le mouvement indépendantiste québécois en sortit consolidé, fort d'une visibilité qui dépassait toute espérance. Quelques mois à peine après la scène du balcon, René Lévesque quitta le PLQ pour fonder le Mouvement souveraineté-association (MSA), qui allait devenir plus tard le Parti québécois. Depuis la déclaration de de Gaulle, l'espoir de voir la France reconnaître rapidement la personnalité internationale d'un Québec souverain est soigneusement entretenu par les souverainistes.

Trente ans plus tard, la visite du général de Gaulle suscite encore des réactions très vives au Canada anglais. Ainsi, en 1997, de nombreux Canadiens ont dénoncé avec indignation deux rappels de la déclaration controversée : d'une part le projet de la France d'émettre un timbre; d'autre part l'érection d'une statue commémorative par le gouvernement du Québec[13]. Au Québec, par contre, le général de Gaulle ne suscite plus la même ferveur qu'en 1967. En 1997, 51,5 p. 100 des Québécois estimaient que l'intervention du général avait « peu ou pas du tout » modifié le destin politique du Québec alors que 39,2 p. 100 étaient plutôt d'avis que son coup d'éclat avait « beaucoup ou assez » contribué à l'évolution du Québec[14].

La crise d'Octobre (1970)

C'EST LE FRONT DE LIBÉRATION DU QUÉBEC (FLQ) QUI, PAR L'ENLÈVEMENT DE JAMES Cross et de Pierre Laporte en 1970, a pour la première fois dans l'histoire du Canada porté à l'avant-scène le terrorisme politique. S'inspirant des luttes de décolonisation du tiers monde, le FLQ nourrissait un projet de libération nationale révolutionnaire d'extrême gauche.

Le groupe multipliait depuis mars 1963, surtout à Montréal, les attentats à la bombe contre des cibles très diverses : des immeubles du gouvernement, de l'armée ou de grandes entreprises, aussi bien que des boîtes à lettres de Westmount. Malgré l'intensification de cette campagne en 1969-1970, le FLQ demeurait un élément marginal de la société québécoise, marquée à cette époque par des tensions dans les milieux ouvriers et étudiants et par la montée du mouvement souverainiste.

La crise débuta le 5 octobre 1970 avec l'enlèvement, par le FLQ, du diplomate britannique James Richard Cross. Ses ravisseurs exigèrent non seulement la diffusion du manifeste politique du FLQ et la libération de 23 felquistes alors en prison, mais aussi une rançon de 500 000 $ et un sauf-conduit pour Cuba ou pour l'Algérie. Le manifeste, véritable diatribe contre l'exploitation des Québécois par les capitalistes[1], fut lu à la radio et à la télévision. Les ravisseurs se virent offrir un sauf-conduit pour quitter le pays, mais les autorités fédérales et provinciales rejetèrent les autres exigences.

Le 10 octobre, une autre cellule du FLQ enleva Pierre Laporte, alors ministre québécois du Travail, ce qui alourdit encore le climat de crise. Le 15 octobre, le gouvernement de Bourassa demanda au gouvernement fédéral d'envoyer l'ar-

front de libération du québec

communiqué numéro 9 CELLULE CHENIER — CELLULE LIBÉRATION

14 octobre 1970 ; 5 heures a.m.

Après rencontre et entente entre la cellule CHENIER et la cellule LIBÉRATION, Le Front de Libération du Québec (cellule LIBÉRATION) tient à faire certaines mises au point, suite à la conférence de presse de Me. Lemieux sur les résultats des pourparlers avec les autorités en place.

1. Quant aux garanties que les autorités en place nous demandent, le Front de libération du Québec ne peut que renouveler son engagement solennel devant le peuple du Québec.

Il n'est pas question, comme le suggèrent les autorités en place, de leur livrer un membre de chaque cellule, comme garanties.

Nous acceptons toutefois comme solution ultime, la proposition de Me. Lemieux, à savoir que le pays qui accueillera les prisonniers politiques retiennent ces derniers (ainsi que les 500,000 dollars) jusqu'à ce que nous ayons libéré sain et sauf J. Cross et P. Laporte.

2. Nous doutons sérieusement de la bonne foi des autorités concernées. Quelles " garanties " celles-ci peuvent-elles nous donner, quant à la cessation des fouilles, perquisitions, et arrestations de la part de leur police politique fasciste? Depuis plus de huit jours les forces policières répressives, sous les ordres du chien à Choquette, multiplient leurs perquisitions et arrestations illégales, malgré le

opération libération

Communiqué numéro 9 du FLQ, daté du 14 octobre 1970. Le dessin qu'on aperçoit représente un patriote de 1837, d'après l'œuvre du peintre Henri Julien. (ANC, PA129833, Fonds *Montreal Star*.)

mée en renfort. Il approuva par la suite le recours à la Loi sur les mesures de guerre, décidé par Ottawa durant la nuit du 15 au 16 octobre[2]; ces mesures d'urgence ne furent levées que le 30 avril 1971.

Pour justifier cette décision, on invoquait d'une part l'état d'« insurrection appréhendée » dans lequel se trouvait la province de Québec et, d'autre part, des lettres écrites par Bourassa et les autorités de la Ville de Montréal réclamant des mesures d'urgence. Devant la Chambre des communes, le premier ministre Trudeau et son ministre de la Justice, John Turner, pour défendre leur décision, firent valoir « l'état de confusion qui existait dans la province de Québec » et « l'érosion de la volonté publique »[3].

En vertu des clauses de la Loi sur les mesures de guerre, le FLQ était frappé d'interdit, et tout individu appartenant à ce mouvement était passible d'un emprisonnement pouvant aller jusqu'à cinq ans. On s'en autorisa pour arrêter quelque 500 personnes; après trois semaines de détention, la plupart furent libérées sans qu'on portât contre elles la moindre accusation.

Pierre Laporte fut retrouvé, mort, le 17 octobre. Ses ravisseurs, arrêtés à la fin de décembre, furent jugés pour meurtre et enlèvement et condamnés à des peines d'emprisonnement, dont certaines à vie[4]. Cross ne fut libéré qu'après qu'on eut découvert le lieu où l'avaient caché ses ravisseurs; ceux-ci obtinrent un sauf-conduit pour Cuba.

Si je me souviens bien

Tout comme au Canada anglais, l'opinion publique au Québec préconisait des mesures rigoureuses contre le FLQ : selon un sondage, 85 p. 100 des répondants étaient en faveur de la Loi sur les mesures de guerre[5]. Raymond Garneau, alors ministre québécois des Finances, dirait par la suite :

> Toute la population se montrait nerveuse. Partout on réclamait une action immédiate, on voulait que quelque chose se fasse. On était vraiment secoué. Sans compter que le premier ministre [Robert Bourassa]

était très jeune et qu'il le paraissait : cela ajoutait à la nervosité des gens[6].

Au début de la crise, certains groupes nationalistes exprimèrent quelque sympathie envers les objectifs du FLQ, sinon envers sa manière de faire. René Lévesque, qui dirigeait le Parti québécois (PQ), s'efforça de prendre ses distances par rapport à l'usage que le FLQ faisait de la violence, tout en soulignant que la crise montrait de toute évidence l'urgence d'aplanir les injustices sociales et économiques qui sévissaient au Québec[7]. Des rassemblements étudiants furent organisés en appui au FLQ. Le Front d'action politique (FRAP) – coalition municipale qui se présenta aux élections municipales de novembre 1970 à Montréal – y alla de déclarations favorables au FLQ, tout comme le comité exécutif de la Confédération des syndicats nationaux (CSN), que présidait Michel Chartrand. Un groupe d'intellectuels bien connus – dont faisaient partie René Lévesque et Claude Ryan, rédacteur en chef du quotidien *Le Devoir* à Montréal – publia une déclaration très controversée, recommandant au gouvernement d'acquiescer à la demande du FLQ de libérer les prisonniers politiques[8].

La plupart des journaux du Québec – y compris *Le Soleil* et *La Presse* – soutinrent le gouvernement dans la poursuite de la ligne dure. Seul *Le Devoir* afficha une certaine ambiguïté, reflétant les sentiments ambivalents qu'éprouvaient les intellectuels québécois. Il approuvait l'appel du gouvernement Bourassa à l'armée pour épauler les autorités civiles, mais s'opposait à l'application de la Loi : « Le cadre de la Loi sur les mesures de guerre [...] dépasse infiniment, dans sa portée possible, l'ampleur du problème auquel faisaient face les autorités[9]. » Le rédacteur en chef, Claude Ryan, condamnait cette « inféodation » au gouvernement d'Ottawa, contraire à l'évolution politique que la province connaissait depuis une décennie[10].

Ces critiques, cependant, ne trouvèrent guère d'écho parmi le public québécois durant la crise, et particulièrement après le meurtre de Laporte. Lors des élections municipales de novembre 1970 à

Des enfants regardent avec curiosité des soldats de l'armée canadienne appelée en renfort par le maire de Montréal et par le premier ministre du Québec. (ANC, PA129838.)

Montréal, l'administration Drapeau, bien connue pour son adhésion à
la ligne dure, renforça son pouvoir : elle recueillit 92 p. 100 des
votes et rafla tous les sièges du conseil. En mars 1971, toutefois, une
étude menée par l'Université Laval révéla un partage plus nuancé de
l'opinion publique : 35 p. 100 des Québécois interrogés approuvaient entièrement les actions du gouvernement fédéral au cours de
la crise; 31 p. 100 les désapprouvaient en partie; et 23 p. 100 se
disaient en total désaccord[11]. ◆

Le Canada fut pris de court par la crise. Les Canadiens anglais
voyaient leur pays comme un « royaume paisible ». Ils étaient certes
conscients des pressions exercées en faveur d'une transformation
sociale et politique du Québec, mais l'élection du libéral Robert
Bourassa à la tête du gouvernement provincial, en avril 1970, leur avait
semblé réaffirmer l'attachement des Québécois envers le fédéralisme[12].

Secoué par l'irruption du terrorisme, le Canada anglais soutint généralement la ligne dure. C'est ainsi que, le 14 octobre, le premier ministre ontarien Robarts refusa publiquement toute négociation avec le FLQ :

> Nom de Dieu, le Canada doit rester un pays où règne
> l'ordre, un pays où l'on peut sans crainte élever ses
> enfants [...]. Les demandes [du FLQ] n'ont aucun fonde-
> ment − ni moral ni social [...]. Nous devons nous tenir
> debout et lutter. C'est la guerre − la guerre totale[13].

Le 18 octobre (soit deux jours après la mise en application de la Loi sur les mesures de guerre), l'Institut canadien des affaires publiques effectua, à travers le pays, un sondage dont les résultats furent les suivants : 51 p. 100 des Canadiens estimaient « à peu près juste » l'attitude du gouvernement, tandis que 37 p. 100 ne la trouvaient « pas assez dure »[14]. La plupart des journaux anglophones approuvaient l'imposition de la Loi, tout en reconnaissant la gravité des problèmes qu'elle soulevait quant aux libertés civiles.

Au nom de ces libertés, certains représentants de la gauche canadienne s'opposèrent à l'application de la Loi. L'intervention la plus marquante fut celle de Tommy Douglas, chef du Nouveau parti démocratique (NPD), qui accusa le gouvernement « d'utiliser une massue pour casser une arachide[15] ». Lorne Nystrom, l'un des 16 députés du NPD qui votèrent contre l'application de la Loi, rappellerait plus tard :

> Nous subissions une pression incroyable. Si vous
> vous opposiez à cette loi, on vous tenait pour anti-
> canadien. Pendant les mois qui ont suivi mon opposi-
> tion, je suis devenu très impopulaire dans ma
> circonscription. S'il y avait eu des élections à cette
> époque, j'aurais été balayé. Les sondages ont mon-
> tré, je crois, que notre cote auprès de l'électorat
> avait chuté à 9 p. 100 à la suite de ce vote[16]. ◆

Très tôt, la thèse d'une « insurrection appréhendée » fut contestée. Claude Ryan fit remarquer que les milliers de perquisitions effectuées durant la crise d'Octobre n'avaient mis au jour qu'un maigre arsenal : 33 armes à feu et 21 autres armes offensives de diverses sortes[17]. D'ailleurs, l'adoption de mesures exceptionnelles n'a pas accéléré la libération des otages : la loi sur les mesures de guerre aurait peut-être même entraîné l'exécution de Laporte[18] et retardé la recherche de Cross, en obligeant les forces policières à consacrer beaucoup de temps à la poursuite de personnes sans lien direct avec les enlèvements[19].

Par la suite, le gouvernement fédéral reprocha au Service de sécurité de la Gendarmerie royale canadienne l'insuffisance des renseignements fournis au sujet du séparatisme québécois. Comme l'a montré le politicologue Reg Whitaker, cette attitude entraîna, durant les années 1970, la mise en place d'une forme de surveillance « plus agressive et plus indiscrète » à l'endroit du mouvement souverainiste; investie de ce nouveau rôle, la GRC alla jusqu'à commettre divers actes illégaux[20]. Les scandales publics qui s'ensuivirent obligèrent les gouvernements fédéral et provincial à mettre sur pied des commissions chargées d'enquêter sur les bavures de la GRC. C'est à l'issue de ces enquêtes que fut créé, en 1984, le Service canadien du renseignement de sécurité (SCRS).

Par ailleurs, alors que le gouvernement Trudeau avait espéré freiner, par sa ferme attitude au cours de la crise d'Octobre, la montée du séparatisme au Québec[21], la progression du PQ ne fut aucunement ralentie : aux élections partielles tenues en 1971 pour pourvoir le siège laissé vacant par le décès de Pierre Laporte, le PQ obtint le même pourcentage des voix qu'en avril 1970; puis, aux élections provinciales de 1973, sa part du vote populaire grimpa de 7 p. 100 (bien que René Lévesque ne pût se faire élire à l'Assemblée nationale)[22]. Trois ans plus tard, il formait un gouvernement majoritaire à l'Assemblée nationale.

La Charte de Victoria (1971)

CELA FAISAIT PLUS DE 40 ANS QUE L'ON ENVISAGEAIT, AU CANADA, DE « RAPATRIER » la Constitution canadienne. En 1964, on était même arrivé à une entente fédérale-provinciale sur un processus de modification (la « formule Fulton-Favreau »), mais cette entente s'était écroulée lorsque le premier ministre québécois Jean Lesage lui avait retiré son appui, devant la forte opposition manifestée dans sa province.

En 1968, dans la foulée de la Commission royale d'enquête sur le bilinguisme et le biculturalisme, de nouvelles négociations furent entreprises et, en juin 1971, les premiers ministres fédéral et provinciaux parvinrent à une entente de principe, la « Charte de Victoria », concernant les modifications à apporter à la Constitution du Canada.

Les négociations, qui avaient exigé sept rencontres réparties sur trois ans, avaient été ralenties par les exigences provinciales et, surtout, par l'affrontement de deux conceptions du pays : celle du gouvernement fédéral (dirigé par le libéral Pierre Elliott Trudeau) et celle du gouvernement québécois (formé par l'Union nationale)[1]. Dans cette ronde de négociations, Ottawa s'était fixé comme priorités la protection constitutionnelle des droits fondamentaux du citoyen ainsi que celle des droits des minorités linguistiques. Les questions portant sur le partage des pouvoirs ne faisaient pas partie de ses priorités, contrairement au gouvernement unioniste, élu en 1966 avec le slogan « Égalité ou indépendance ». L'élection des libéraux de Robert Bourassa en 1970 allait permettre un déblocage.

La Charte de Victoria comptait 61 articles, qui portaient notamment sur les sujets suivants : les droits politiques fondamentaux et les droits linguistiques; la participation des provinces à la nomination des juges de la Cour suprême; l'engagement des deux ordres de gouvernement à réduire les inégalités entre les régions; une nouvelle répartition des pouvoirs entre le fédéral et les provinces en matière de politique sociale (avec partage des compétences et suprématie des provinces quant aux politiques touchant la famille, la jeunesse et les allocations pour la formation professionnelle). Chose plus importante encore, la Charte de Victoria définissait un protocole précis à suivre dans le cas où l'on voudrait apporter des changements à la Constitution : la « formule de Victoria » accordait aux diverses régions (dont le Québec) un droit de veto sur toute modification de la Constitution. Cette formule était plus souple que la formule Fulton-Favreau qui avait été proposée en 1964 et qui exigeait le consentement unanime des provinces pour l'adoption de tout changement touchant les compétences provinciales[2].

Une disposition de l'entente engageait chaque gouvernement à signifier à Ottawa son acceptation de la Charte dans les 12 jours suivant la signature de l'entente de principe. Toutes les provinces le firent, à l'exception de la Saskatchewan (où un nouveau gouvernement avait entre-temps été élu) et du Québec. Le premier ministre québécois, Robert Bourassa, pressé par la plupart des milieux influents de sa province (y compris plusieurs membres de son propre gouvernement), annonça qu'il refusait d'approuver l'entente : il estimait trop vague le langage de la Charte quant aux compétences reconnues aux provinces en matière de politique sociale. La décision du Québec mit effectivement fin à cette ronde constitutionnelle.

si je me souviens bien

Le refus du Québec d'entériner la Charte de Victoria découlait de la revendication, maintes fois formulée par cette province, d'obtenir une nouvelle répartition des pouvoirs. Le premier ministre québécois Jean-Jacques Bertrand (du parti de l'Union nationale) le rappela à ses homologues anglo-canadiens dès l'ouverture de la Conférence de février 1969 :

> Ce qui importe aux Canadiens français du Québec, ce n'est pas de pouvoir parler leur langue partout au Canada, mais de pouvoir collectivement vivre en

français – de pouvoir bâtir une société à leur image.
Or, cela n'est possible que si le gouvernement du
Québec possède des pouvoirs à la hauteur des réali-
sations que la population attend de lui[3].

Dès le début, le Québec s'était donné pour priorité de clarifier la répartition des pouvoirs en matière de politique sociale. Cela
répondait non seulement au besoin de rationaliser les services
offerts en ce domaine[4], mais aussi « au sentiment que le Québec
avait un programme un peu plus éclairé que celui du reste du
Canada », pour employer les mots de Claude Forget, ministre dans
le gouvernement Bourassa[5]. À titre de coauteur du rapport
Castonguay-Nepveu sur la santé et le bien-être social (1970), Claude
Castonguay, devenu ministre des Affaires sociales, fut un des principaux partisans de la reprise en main de la politique sociale dans le
gouvernement Bourassa[6].

Certes, la Charte de Victoria renforçait la compétence du
Québec dans le champ de la politique sociale, mais elle le faisait
d'une façon timide et ambiguë, tout en confirmant le droit du gouvernement fédéral de légiférer en ce domaine. À ce titre, elle ne répondait pas aux attentes du Québec qui, tout au long des négociations,
avait réclamé une répartition de pouvoirs claire et nette. Depuis toujours, en effet, les premiers ministres du Québec refusaient d'acquiescer au « rapatriement » de la Constitution en l'absence de
concessions d'Ottawa sur le partage des pouvoirs[7]. Les politologues
Gérard Boismenu et François Rocher ont décrit la Charte de Victoria
comme « une fin de non-recevoir, tant sur la question de la reconnaissance nationale (chère à Johnson et à Bertrand) que sur la question d'un réaménagement partiel et ponctuel de compétences (qui, en
dernière analyse, souriait à Bourassa)[8] ».

Dans les jours qui suivirent la Conférence de Victoria, des
sections de la Société Saint-Jean-Baptiste et divers groupes syndicaux créèrent un front commun qui, sous un titre provocant –
« Proclamation au peuple du Québec – Les jours de la conscription

sont revenus ! » –, annonça une campagne contre la Charte[9]. Dans
toute la province, les partis d'opposition et les éditorialistes furent
unanimes dans leur condamnation publique de l'entente. Même le
quotidien anglophone *The Gazette* fit chorus :

> Une réponse affirmative [...] signifierait l'acceptation, en
> principe, d'une Constitution qui, même révisée, ne tient
> toujours pas compte de ce que le Canada est après tout
> un pays composé de deux sociétés distinctes[10]. ◆

as i recall

Dans le reste du Canada, la recherche d'une formule d'amendement
afin de rapatrier la Constitution suscitait un large consensus, mais
l'idée d'accorder un statut particulier au Québec était, elle, largement rejetée[11]. Au cours des négociations qui menèrent à l'Entente
de Victoria, les provinces anglophones soulevèrent surtout des problèmes de nature économique, comme les disparités entre les
régions ou le partage des ressources fiscales. Il y eut bien l'Alberta
qui adopta une position autonomiste voisine de celle du Québec,
revendiquant pour les provinces la complète maîtrise des politiques
sociales et prônant l'abandon des programmes à frais partagés;
mais dans l'ensemble les autres provinces demeurèrent « des spec-
tatrices [...] peu pressées d'en arriver à une entente et incapables
d'intervenir dans ce qui était essentiellement un conflit entre
Québécois, à Québec et Ottawa, au sujet de leur avenir[12]. »
    Contrairement à celle du Québec, l'opinion publique du
Canada anglais demeurait généralement indifférente face à la réforme constitutionnelle[13]. L'idée de donner une protection constitutionnelle aux droits des minorités linguistiques – qui avait été
recommandée par la Commission royale d'enquête sur le bilinguisme
et le biculturalisme – se heurta toutefois à la ferme opposition des
provinces de l'Ouest, Alberta et Colombie-Britannique en tête[14]. Chez

les gens de l'Ouest, le sentiment que « la question du Québec » déterminait les priorités du gouvernement fédéral était source de frustration. Le premier ministre de l'Alberta, Strom, l'avait clairement fait sentir au cours de la Conférence de Victoria :

> [...] l'Ouest, avait-il averti, est particulièrement sensible au fait que le gouvernement fédéral semble toujours accorder aux préoccupations de certaines provinces une priorité absolue sur les préoccupations des autres[15].

Au Canada anglais, la presse vit généralement dans la Charte de Victoria un point tournant de l'histoire constitutionnelle du pays, ce dont elle se réjouit[16], et huit gouvernements provinciaux eurent tôt fait d'entériner le document. Le premier ministre de l'Ontario, Bill Davis, déclara par exemple devant l'Assemblée législative de sa province que cette entente reflétait « le génie canadien du compromis » et le talent que possèdent les Canadiens d'atteindre l'unanimité à partir d'opinions diverses[17]. L'échec de la ronde de négociations de Victoria fut donc reçu avec amertume dans le reste du Canada. Le *Globe and Mail* observait :

> Nous avons été idiots au Canada, et faibles. Avec les meilleures intentions, et croyant que le Québec avait été roulé par le passé, nous nous sommes soumis à des rondes et des rondes d'escroqueries, espérant sauver le pays. Mais on ne peut sortir plus fort en se soumettant indéfiniment[18]. ◆

Les conséquences de cet échec furent durables. La vaste mobilisation des Québécois contre la signature de la Charte et le ressac qui s'ensuivit dans le reste du pays mirent en relief deux conceptions opposées du fédéralisme : « Jamais les différences sociologiques et politiques du Québec et du Canada anglais ne s'étaient manifestées avec une telle évidence depuis la Seconde Guerre mondiale[19] », note Jean-Louis Roy à propos de cet épisode.

L'apparente volte-face de Bourassa eut pour effet d'accroître le scepticisme du Canada anglais quant à la possibilité de négocier avec le Québec; la même réaction s'était déjà manifestée en 1964-1965, après le rejet de l'entente Fulton-Favreau par le premier ministre Jean Lesage[20].

Devant l'échec des rondes de négociations qui suivirent, bien des fédéralistes québécois regrettèrent la décision de Bourassa[21]. En effet, le droit de veto que le Québec aurait acquis grâce à la Charte de Victoria fut perdu durant les négociations de 1981-1982. Le gouvernement libéral de Jean Chrétien en a certes fait approuver le principe en 1995, mais celui-ci reste encore à constitutionnaliser.

Les lois
linguistiques
québécoises
(1969-1994)

ES LOIS LINGUISTIQUES QUI PROTÈGENT AU QUÉBEC LE STATUT DE LA LANGUE FRANÇAISE
ont été au centre des débats suscités par le nationalisme québécois au cours des
dernières décennies. Durant les années 1960, devant le déclin de leur taux de natali-
té et la hausse constante du nombre d'immigrants s'intégrant à la communauté anglophone, les Québécois francophones commencèrent à se préoccuper de la situation
linguistique. Aussi, dans le sillage de la Révolution tranquille, remirent-ils de plus en
plus en question la domination des anglophones sur l'économie québécoise. Des
groupes nationalistes — comme la Société Saint-Jean-Baptiste et le Rassemblement
pour l'indépendance nationale (RIN) — se mirent à réclamer du gouvernement provincial des mesures politiques en faveur du français[1]. Déjà en 1961, le Parti libéral du
Québec créait l'Office de la langue française[2], et son programme électoral de 1966 promettait des mesures

> [...] qui assureront au Québec un visage français et à la langue françai-
> se la place prioritaire qui lui revient [...]. La langue française deviendra
> au Québec la principale langue de travail et de communication[3].

La première intervention législative en matière linguistique survint à la
suite d'une controverse qui éclata en 1968-1969 à Saint-Léonard, en banlieue
de Montréal, à propos de l'accès à l'école anglaise. Forcé d'agir, le gouvernement de l'Union nationale de Jean-Jacques Bertrand soumit un projet de loi
qui garantissait le libre choix entre l'école française et l'école anglaise. Le gouvernement mit également sur pied la Commission d'enquête sur la situation
de la langue française et sur les droits linguistiques au Québec, commission
que présida le Pr Jean-Denis Gendron. En 1969, l'Assemblée nationale adoptait la loi 63; celle-ci permettait, à tous les parents qui le désiraient, d'envoyer

leurs enfants dans une école anglaise, mais elle exigeait des diplômés une connaissance pratique du français. Bien des francophones furent outrés de cette mesure; à Montréal et à Québec, son adoption suscita de vastes rassemblements de protestation et, dans les milieux étudiants, de nombreuses « journées d'étude »[4].

Manifestation en faveur de la langue française, en 1971. (ANQ, Fonds Québec-Presse, P404, dossier McGill-Front commun.)

La commission Gendron déposa son rapport à la fin de 1972. Elle recommandait que « le gouvernement du Québec se donne comme objectif général de faire du français la langue commune des Québécois » et que le français soit reconnu comme langue officielle du Québec — et l'anglais comme « langue nationale » au même titre que le français[5]. En juillet 1974, conformément au vœu de la Commission, le gouvernement libéral de Robert Bourassa adoptait la Loi sur la langue officielle (loi 22), qui faisait du français la langue officielle du Québec. Toutefois, l'idée de conférer à l'anglais le statut de « langue nationale » ne fut pas retenue. En cela, la nouvelle loi modifiait « le statut d'égalité dont le français et l'anglais, à Montréal et à Québec, jouissaient implicitement depuis la Confédération[6] ». Elle créait par ailleurs la Régie de la langue française, à laquelle elle confiait le mandat d'encourager l'usage du français dans le secteur privé. À cette fin, la Régie pouvait exiger des entreprises qu'elles obtiennent un « certificat de francisation » pour se voir accorder permis, licences ou contrats par le gouvernement provincial. En matière d'enseignement, la Loi ouvrait à tout élève l'accès à l'école publique anglaise, mais imposait un examen d'admission visant à déterminer s'il avait une connaissance suffisante de cette langue[7].

Sur le plan politique, la Loi sur la langue officielle coûta cher aux libéraux de Robert Bourassa lors des élections de 1976. D'une part, beaucoup d'anglophones se rallièrent à l'Union nationale en signe de protestation contre cette loi et contre les tests linguistiques qu'elle instaurait dans l'enseignement public; d'autre part, les nationalistes francophones ne la trouvaient pas assez contraignante.

Porté au pouvoir en novembre 1976, le Parti québécois choisit de renforcer la Loi sur la langue officielle. À l'instigation de Camille Laurin, ministre d'État au Développement culturel, l'Assemblée nationale adopta en août 1977 la Charte de la langue française, ou loi 101.

Comparativement à la loi 22, la Charte de la langue française était plus vaste quant à ses champs d'application et plus ferme, aussi, par sa volonté de faire du français « la langue de la législation et de la justice » et, dans d'autres domaines, « la langue normale et habituelle ». Le préambule établissait que, « [l]angue distinctive d'un peuple majoritairement francophone, la langue française permet au peuple québécois d'exprimer son identité[8] ». La Charte élargissait le statut du français comme langue officielle du Québec en en faisant la seule langue utilisée pour rédiger, présenter et adopter les lois à l'Assemblée nationale; la seule langue utilisée devant la plupart des tribunaux; et la langue normalement utilisée dans les institutions locales du secteur public, sauf dans les cas où le personnel y serait majoritairement non francophone.

En ce qui a trait aux milieux de travail, la Charte de la langue française exigeait que les entreprises employant 50 personnes ou plus obtiennent un certificat de francisation. Elle renforçait le droit de travailler en français et protégeait les travailleurs contre toute discrimination linguistique.

Dans le réseau de l'enseignement, l'accès aux écoles de langue anglaise était principalement réservé, d'une part, aux enfants dont au moins un parent avait fréquenté une école primaire de langue anglaise au Québec (ce que l'on a appelé la « clause Québec ») et, d'autre part, aux enfants dont les frères ou sœurs aînés fréquentaient déjà une telle école. Par conséquent, les nouveaux immigrants arrivant au Québec n'avaient désormais plus accès à l'école anglaise. Contrairement aux dispositions de la Loi sur la langue officielle, celles de la Charte de la langue française s'appliquaient non seulement aux écoles publiques, mais aussi à toutes les écoles privées bénéficiant de subventions provinciales[9].

Enfin, la Charte imposait le français comme seule langue d'affichage. Pour renforcer la mise en œuvre de ces dispositions, elle créait un organisme doté d'une équipe d'inspecteurs : la Commission de surveillance de la langue française, plus tard rebaptisée Commission de protection de la langue française.

En 1983, le gouvernement péquiste modifia certaines dispositions de la Charte de la langue française. Avec la loi 57, les institutions publiques anglophones établies dans la province étaient désormais protégées, et l'article de la Charte qui interdisait les communications internes en anglais était aboli. Le gouvernement libéral qui suivit renforça (avec la loi 142, adoptée en 1986) le droit des anglophones à recevoir dans leur langue les services de santé et les services sociaux.

La plupart des autres modifications apportées au régime linguistique firent suite à des jugements de cour, généralement rendus à l'issue de procès qu'avaient intentés des Anglo-Québécois[10]. En 1979, la Cour suprême du Canada déclara inconstitutionnelles les dispositions de la Charte de la langue française concernant l'usage du français devant les tribunaux et à l'Assemblée législative. Elle les jugeait contraires à l'article 133 de la Constitution canadienne, qui protège le bilinguisme devant les tribunaux et dans les parlements, tant au Québec qu'à l'échelle fédérale. En 1984, après l'entrée en vigueur de la Charte canadienne des droits et libertés, la même Cour suprême statua que la « clause Québec » sur la langue d'enseignement était incompatible avec l'article 23 de ladite charte — article appelé « clause Canada » et qui protège dans tout le pays les droits linguistiques des minorités de langue officielle. Les enfants dont au moins un parent avait fréquenté une école primaire de langue anglaise n'importe où au Canada — et pas seulement au Québec — avait le droit de fréquenter un établissement scolaire de langue anglaise.

De tous les jugements portant sur la Charte de la langue française, les plus controversés furent ceux que la Cour suprême prononça dans l'affaire Ford et l'affaire Devine, en 1988. Selon la Cour, l'imposition de l'unilinguisme français dans l'affichage commercial contrevenait aux dispositions protégeant la liberté d'expression, inscrites non seulement dans la Charte canadienne des droits et libertés, mais aussi dans la Charte québécoise des droits et libertés de la personne[11].

À la suite de ce jugement, en décembre 1988, le gouvernement Bourassa fit adopter la Loi modifiant la Charte de la langue française, ou loi 178. Cette dernière, tout en maintenant l'unilinguisme français pour l'affichage à l'extérieur des établissements commerciaux, permettait l'affichage bilingue à l'intérieur de ceux-ci — à condition que le français y soit prédominant. Pour mettre ces dispositions à l'abri des chartes canadienne et québécoise, le gouvernement du Québec eut recours à la clause dérogatoire — dérogation valide pour une période de cinq ans dans le cas de la Charte canadienne. Au terme de cette période, le gouvernement Bourassa fit modifier la Charte de la langue française par la loi 86. Celle-ci reprenait le compromis que la Cour suprême avait recommandé à l'issue de l'affaire Ford et qui consistait, pour le Québec, à exiger la prédominance du français dans l'affichage tout en y permettant l'usage d'autres langues. La loi 86 rendait la Charte de la langue française conforme aux jugements rendus par la Cour suprême en 1979 et en 1984 et elle abolissait la Commission de protection de la langue française.

Si je me souviens bien

Pour la majorité francophone du Québec, l'enjeu du débat linguistique est énorme et renvoie à la longue lutte menée depuis 1759 pour éviter l'assimilation. Selon Christian Dufour, toute expansion de l'usage de l'anglais dans la province provoque chez les francophones une angoisse existentielle, qui se traduit par des réflexions du genre : « Voilà ! Ce qu'on a toujours craint – « l'impensable » – est finalement en train d'arriver[12]. »

De ce point de vue, l'adoption de la loi 101 revêtait une énorme portée symbolique. Michel Plourde, ancien président du Conseil de la langue française, rappelle que les nationalistes et même la plupart des francophones la saluèrent comme « le plus grand moment de notre histoire depuis la fondation du Québec[13]. »

Le sociologue Guy Rocher, qui a collaboré de près à la rédaction de la Charte de la langue française, estime que l'objectif premier de cette intervention législative était la « francophonisation » (accroître le nombre de personnes parlant le français) et la « francisation » (favoriser l'usage du français) des milieux québécois des affaires et du travail[14]. Dans cet esprit, les lois linguistiques du Québec ne visaient pas à « étouffer l'expression d'une culture anglaise au Québec », comme le précisait Camille Laurin à propos de la Charte[15], mais plutôt à faire du français « la langue commune qui rassemble tous les Québécois[16] ». En 1996, le rapport de la Commission Bélanger-Campeau avançait que les lois linguistiques n'exprimaient que le désir de la majorité de faire du français le principal véhicule de communication au Québec[17]. Pour plusieurs, elles représentaient un message adressé plus spécifiquement aux nouveaux arrivants. En 1982, René Lévesque écrivait à ce propos :

> Il est important que le visage du Québec soit d'abord
> français, ne serait-ce que pour ne pas ressusciter aux
> yeux des nouveaux venus l'ambiguïté qui prévalait
> autrefois quant au caractère de notre société [...]. À
> sa manière, en effet, chaque affiche bilingue dit à
> l'immigrant : « Il y a deux langues ici, l'anglais et le
> français; on choisit celle qu'on veut[18]. »

Malgré les changements de gouvernement, les jugements de cour défavorables et la réprobation d'organismes internationaux, un solide consensus s'est donc établi parmi les Québécois francophones sur le rôle de l'État dans la protection de la langue française – consensus qui perdure depuis plus de 20 ans.

Des divergences sont certes apparues, même parmi les nationalistes, sur la question de savoir jusqu'à quel point il fallait aller dans la protection du français; à cet égard, René Lévesque et Camille Laurin eux-mêmes n'étaient pas tout à fait d'accord[19]. On observe également, selon les circonstances, quelques variations dans le soutien public accordé aux lois linguistiques. Une fois adoptée la Charte de la langue française, par exemple, on constata au cours des années 1980 un certain fléchissement de cet appui; un nombre non négligeable de francophones avaient le sentiment que le PQ était allé trop loin[20]. Si l'on en croit les sondages, 66 p. 100 de francophones étaient en faveur de l'unilinguisme français dans l'affichage commercial en 1979, mais ce chiffre était tombé à 46 p. 100 en 1985[21].

Néanmoins, l'essentiel du régime linguistique a généralement bénéficié d'un large soutien dans l'opinion publique francophone, ralliant même fédéralistes et souverainistes des deux grands partis politiques provinciaux. Cet appui s'est souvent trouvé conforté par des événements jugés hostiles : décisions de la Cour suprême renversant des clauses de la Charte de la langue française ou campagnes menées à l'intérieur du Québec par les défenseurs des droits des anglophones. Ainsi, selon un sondage effectué en mars 1996 par Léger & Léger, seulement 10 p. 100 des francophones jugeaient « trop sévères » les lois linguistiques actuelles, alors que 60 p. 100 les trouvaient « assez sévères », et 25 p. 100 « pas assez sévères[22]. »

Pour les Anglo-Québécois, toutefois, l'adoption des lois linguistiques a considérablement modifié le climat politique. Avec l'adoption de la Loi sur la langue officielle en 1974, leur traditionnelle mentalité de « majoritaires » – fondée sur leur appartenance à la majorité linguistique de l'ensemble canadien – fut ébranlée et, sentiment inédit chez eux, ils commencèrent à se percevoir comme une minorité menacée[23]. L'envergure de la loi 22 était, selon eux, disproportionnée à l'objectif visé :

Pour promouvoir le français comme il le devait, le gouvernement Bourassa, en interdisant l'anglais au Québec, a été plus loin que ce que n'importe quelle étude impartiale sur le poids relatif des deux langues pourrait justifier. Il a attenté aux droits linguistiques coutumiers des non-francophones de la province [24].

À l'époque où le Québec adoptait ses lois linguistiques, on vit augmenter le nombre d'anglophones qui quittaient la province. Ainsi, entre 1971 et 1986, la population anglo-québécoise diminua de 13 p. 100, soit d'environ 1 p. 100 par année[25].

Par contre, pour ceux qui restèrent, ce fut le début d'une période de mobilisation qui donna lieu à la création de groupes de pression et de partis politiques ainsi qu'aux premières luttes juridiques. Ainsi, l'adoption de la loi 22 – qui coûta à George Springate et John Ciaccia, députés anglophones qui votèrent contre la loi, leur place au sein du caucus libéral – suscita une vigoureuse opposition de leur part. Une pétition demandant au gouvernement fédéral de ne pas reconnaître la Loi sur la langue officielle recueillit 600 000 signatures, et l'on contesta devant les tribunaux la constitutionnalité de cette loi.[26] Certains disent de cette population anglophone, fort diverse, qu'« elle [ne sera dorénavant] unie que par un souci de revendication face aux questions linguistiques[27] ».

Avec le temps, toutefois, les sondages ont montré une certaine évolution de l'attitude des Anglo-Québécois à l'égard des lois linguistiques. Selon un sondage SORECOM effectué en 1971 pour la commission Gendron, environ un tiers d'entre eux estimaient que le gouvernement du Québec devait intervenir pour promouvoir l'usage du français[28]. Or, une autre enquête SORECOM, menée en 1983, révélait que 82 p. 100 des anglophones jugeaient « légitime » la protection de la langue française par ce gouvernement[29].

Cependant, en 1988, lorsque le premier ministre Bourassa invoqua la clause dérogatoire à l'appui des dispositions de la loi 101

Si je me souviens bien

relatives à l'affichage, trois de ses quatre ministres anglophones démissionnèrent en signe de protestation. Puis, lors des élections provinciales de 1989, les anglophones votèrent majoritairement pour une nouvelle formation politique, le Parti Égalité, qui fit élire quatre députés à l'Assemblée[30]. Selon l'historien Ronald Rudin, la population anglophone vivait alors « dans la morosité, devant le peu de crédit que lui avait apporté en fin de compte son adaptation au fait français[31] ». ◆

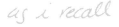
as i recall

En dehors du Québec, les Canadiens de langue anglaise ont eu tendance à voir dans les lois linguistiques québécoises la négation des efforts que le reste du pays déployait en faveur du bilinguisme. En 1974, après que le gouvernement libéral de Robert Bourassa eut adopté la loi 22, le *Globe and Mail* mit en cause la procédure expéditive avec laquelle l'Assemblée nationale l'avait adoptée et s'inquiéta des retombées de cette loi pour l'unité canadienne : « [...] M. Bourassa est en train d'altérer la Confédération de la façon la plus insouciante qui soit[32] » concluait-il.

Généralement convaincu que l'imposition du bilinguisme pancanadien représentait une concession faite au Québec, le reste du Canada imputait à la « mauvaise foi » l'attitude de cette province. Pour reprendre les mots de Kenneth McRoberts, « le Québec insist[ait] sur l'égalité linguistique dans le reste du Canada, tout en la refusant sur son propre territoire[33] ».

En 1977, avec l'adoption de la Charte de la langue française, de nombreux politiciens canadiens exprimèrent leurs regrets et leur désappointement. Pendant que les progressistes-conservateurs invitaient le gouvernement à tester la constitutionnalité de la loi devant les tribunaux, le sénateur libéral David Steuart la présentait comme une « honte[34] ».

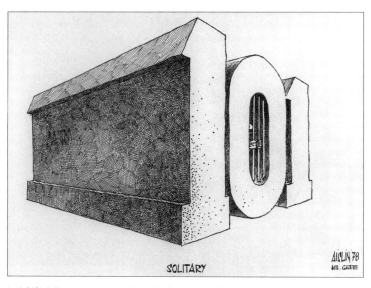

La loi 101, telle que perçue par Terry Mosher, caricaturiste du journal *The Gazette* (Musée McCord d'histoire canadienne, M983.227.16.)

Pour l'historien Donald Creighton, cette loi marquait la fin d'une époque :

> Il n'y a maintenant plus aucune raison d'attendre les résultats du référendum promis par René Lévesque.
> Si la loi québécoise sur la langue est promulguée sous sa forme actuelle, le Québec aura, légalement et moralement, déclaré son indépendance.[35]

Ces différences d'opinion reflétaient des visions contradictoires du pays. À compter des années 1980, la prémisse voulant que le gouvernement du Québec avait pour mission de promouvoir la sauvegarde de la langue française et qu'il pouvait, de ce fait, limiter les droits individuels pour poursuivre des fins collectives entra en contradiction avec la « culture de la Charte », qui reconnaissait les mêmes droits à tous les Canadiens, et avec le principe de l'égalité des provinces, auquel le Canada anglais souscrivait[36].

Cette divergence de perspectives s'est cristallisée en 1988, avec l'adoption de la loi 178 par le gouvernement libéral de Robert Bourassa. Stanley Hartt voyait dans cette loi « le virus qui a détruit l'Accord du lac Meech[37] ». Le Québec, en recourant à la clause dérogatoire pour mettre à l'abri de la Charte canadienne sa loi sur l'affichage, aurait contribué à dresser l'opinion canadienne-anglaise contre le statut de « société distincte » que l'Accord de Meech (1987) reconnaissait à cette province[38]. ◆

Le gouvernement péquiste élu en 1994 a maintenu le compromis formulé par la loi 86 en matière d'affichage. Le premier ministre Bouchard a su juguler la gronde de certains membres du PQ (principalement des gens de la région montréalaise), outrés de ce que leur gouvernement refuse d'adopter des dispositions plus sévères. À ce jour, le gouvernement s'est contenté de deux séries de mesures : il a resserré l'usage du français dans ses propres ministères et organismes[39] et fait adopter la loi 40, dont les dispositions relativement bénignes sont centrées sur une application plus rigoureuse du régime existant. Elle redonnait vie à la Commission de protection; pour mettre à jour les dispositions qui, dans la Charte de la langue française, protègent le consommateur, elle englobait les produits de l'informatique tels que les logiciels et les jeux électroniques.

Après la mince victoire du camp fédéraliste lors du référendum de 1995, l'activiste Howard Galganov, partisan de la ligne dure dans la défense des droits des Anglo-Québécois, lança une campagne en faveur de l'affichage bilingue. Cette campagne recueillit des appuis considérables. Dans des secteurs à majorité anglophone — comme l'Ouest de l'île de Montréal —, elle convainquit plusieurs commerçants de multiplier les affiches bilingues, au risque de se voir boycotter. Un sondage SOM effectué en février 1996 révélait que 80 p. 100 des anglophones — de même que 62 p. 100 des « allophones » dont la langue maternelle n'était ni le français ni l'anglais — étaient en faveur d'un allégement des dispositions de la Charte de la langue française[40].

En 1996, les auteurs d'une importante étude menée, à la demande du gouvernement, sur la situation de la langue française au Québec en sont arrivés à la

En septembre 1998, à Montréal, des manifestants anglophones, exigeant que les commerçants appliquent la loi 186 et affichent dans les deux langues, sont chahutés par des contre-manifestants francophones. (Ryan Remiorz, Canapress.)

conclusion que, depuis 1977, l'application des lois linguistiques avait suscité un « net progrès » vers l'usage général du français dans la province[41]. Cette évolution est manifeste, par exemple, dans la fréquentation de l'école française : au début des années 1970, 80 p. 100 des jeunes allophones fréquentaient des écoles de langue anglaise; la proportion est aujourd'hui inversée, près de 80 p. 100 étant inscrits dans des écoles de langue française[42]. Chez les Anglo-Québécois, le bilinguisme est passé de 37 p. 100 à 59 p. 100 en 20 ans. Par ailleurs, l'écart salarial qui séparait anglophones et francophones en 1970 a presque disparu[43]. L'étude conclut néanmoins que l'objectif consistant à faire du français la « langue d'usage public commune » n'était pas encore atteint, en particulier à Montréal. La conurbation montréalaise demeure par conséquent l'enjeu central dans les conflits linguistiques qui agitent le Québec.

La crise des « gens de l'air » (1976)

J USQU'EN 1974, L'ANGLAIS ÉTAIT LA SEULE LANGUE UTILISÉE DANS LE CONTRÔLE aérien au Canada. L'augmentation du nombre de francophones parmi les pilotes, les opérateurs radio et les contrôleurs au cours des années 1960 provoqua toutefois une remise en question de plus en plus ouverte de cette politique d'unilinguisme anglais[1]. En 1974, le gouvernement fédéral autorisa les communications bilingues entre pilotes et contrôleurs aériens pour les vols à vue dans cinq petits aéroports du Québec[2]. Entre-temps, en 1973, le ministère fédéral des Transports avait mis sur pied un groupe de travail chargé de « déterminer la portée et la nature des besoins en ce qui a trait à l'usage des deux langues officielles pour la prestation des services de la circulation aérienne et autres services offerts aux pilotes grâce aux communications air-sol pendant les vols ».

L'introduction du bilinguisme se heurta toutefois à l'opposition des pilotes et des contrôleurs aériens anglophones. Selon ces derniers, l'anglais était la langue de l'aviation internationale et la sécurité commandait qu'elle soit également employée au Québec[3]. À l'heure où l'on faisait du français la langue officielle du Québec (1974), les pilotes de ligne et les aiguilleurs de l'air francophones acceptaient, pour leur part, de plus en plus difficilement qu'on leur interdise de parler français dans l'exercice de leurs fonctions au Québec. En 1975, ils formèrent l'Association des gens de l'air du Québec (AGAQ) pour faire valoir leur point de vue[4].

Placé au cœur des négociations entre l'Association canadienne du contrôle du trafic aérien (ACCTA), l'Association canadienne des pilotes de lignes aériennes (ACPLA) et le ministre fédéral des Transports, Otto Lang, le différend se transforma en crise lorsque, en juin 1976, les pilotes déclenchèrent une grève pour appuyer les aiguilleurs de l'air anglophones qui s'opposaient au bilinguisme. Le conflit perturba les services aériens partout au Canada pendant neuf jours. Le 23 juin, le premier ministre s'adressa aux Canadiens par le biais de la télévision. Il affirma que la sécurité des passagers, des équipages et du public était la préoccupation première du gouvernement en matière de contrôle aérien et promit qu'aucune initiative concernant l'utilisation du français dans les aéroports internationaux de Montréal ne serait autorisée sans que les garanties les plus strictes en ce domaine n'aient été offertes : « Aucun autre objectif n'a jamais eu et n'aura jamais préséance sur celui de préserver et d'améliorer la sécurité publique dans les airs[5] », déclara-t-il.

La grève prit fin le 28 juin 1976, après que le gouvernement eut accepté qu'un troisième commissaire, agréé par la ACPLA et la ACCTA, siège à la commission chargée d'étudier la question de la sécurité aérienne et que les recommandations de cette commission soient adoptées à l'unanimité par les commissaires, puis soumises à un vote libre à la Chambre des communes avant d'être mises en application par le gouvernement[6]. Cette entente Lang-ACPLA-ACCTA déclencha un tollé au Québec.

si je me souviens bien

Au Québec, la crise des « gens de l'air » était au cœur de la question linguistique et fut rapidement perçue comme un événement de haute importance. À ce propos, Kenneth McRoberts avance l'explication suivante :

> Contrairement à la plupart des politiques linguistiques fédérales (qui portaient sur la place du français dans la fonction publique ou sur l'offre de services en langue française hors du Québec), [celle-ci] avait pour objet les pratiques linguistiques à l'intérieur même du Québec. Par cette politique, Ottawa restreignait l'usage du français plutôt qu'il ne l'étendait. Et, chose importante, il semblait avoir cédé aux pressions des Anglo-Canadiens. Par conséquent − et même si le nombre des personnes directement touchées par cette

Si je me souviens bien

décision était infime –, l'affaire revêtait pour bien
des Québécois une grande portée symbolique[7].

La presse francophone, dans son ensemble, interpréta la grève
illégale comme un geste irrationnel et méprisant envers les francophones[8]. Ces derniers étaient amèrement déçus par l'entente Lang-ACPLA-
ACCTA qui, selon eux, allait empêcher l'usage du français dans les
communications aériennes. Elle fut perçue comme une humiliante défaite qui remettait en cause le droit de travailler en français au Québec :

> Pour les nationalistes québécois, cela montrait que le
> gouvernement fédéral céderait toujours devant une
> majorité anglophone déterminée, même lorsque
> celle-ci contrevenait à la loi et quelle que soit la
> nature du dossier. Pour la protection de leurs droits
> et de leurs intérêts, les francophones ne pouvaient
> s'en remettre qu'à un Québec indépendant[9].

Le premier ministre du Québec, Robert Bourassa, déclara que,
si le gouvernement fédéral s'avérait incapable de respecter une chose
aussi « essentielle, fondamentale et normale » que l'usage du français
au Québec, la Constitution canadienne devrait être modifiée[10]. Au sein
même du gouvernement Trudeau, le mécontentement grondait. La
ministre des Communications, Jeanne Sauvé, dénonça l'entente qui,
selon elle, résultait de la capitulation du gouvernement fédéral devant
une bande de fanatiques. Le ministre de l'Environnement, Jean
Marchand, choisit pour sa part de démissionner[11]. ◆

Au début de la crise, les Canadiens anglais appuyèrent massivement le
mouvement de protestation des pilotes et des contrôleurs anglophones. « [L]es Canadiens anglais estimaient que les Québécois se montraient de nouveau hypersensibles et déraisonnables en défendant une
langue au mépris de la sécurité aérienne[12] », écrit John F. Conway.

Au cours des semaines qui suivirent, toutefois, les opinions au Canada anglais changèrent. Grâce à une couverture médiatique plus étendue, les perceptions se firent plus nuancées, et les gens se montrèrent plus disposés à trouver un compromis. Après avoir accepté la version ACPLA-ACCTA et après avoir reproché au gouvernement d'avoir déclenché la grève – par exemple, le *Toronto Sun* disait du gouvernement fédéral qu'il était « stupide, intraita-

Caricature d'Andrew Donato parue dans le *Toronto Sun* en 1976. (ANC, C146109.)

ble, déterminé à imposer par la force l'usage du français[13] » −, la presse canadienne-anglaise commença à publier un plus large éventail d'opinions, dénonçant cette fois le fanatisme et la francophobie de certains opposants et rappelant que le bilinguisme était pratiqué en France et en Suisse en toute sécurité[14].

Au lendemain du discours de Trudeau à la télévision, le *Globe and Mail* et le *Toronto Star* se montrèrent satisfaits des garanties offertes par le gouvernement concernant la priorité accordée à la sécurité et invitèrent les grévistes à reprendre le travail[15]. Pour sa part, le commissaire aux langues officielles, Keith Spicer, se déclara très contrarié par l'entente Lang-ACPLA-ACCTA, dans laquelle il voyait une grave atteinte à la dignité des francophones. Il envisagea même de démissionner, voyant mal comment il pourrait désormais défendre la Loi sur les langues officielles devant les Québécois[16].

Ainsi que le fait remarquer Sandford F. Borins, la victoire du Parti québécois, en novembre 1976, contribua aussi au revirement de l'opinion publique canadienne-anglaise :

Le changement de climat [...] devint encore plus évident après l'élection du Parti québécois le 15 novembre [1976]. La popularité du premier ministre Trudeau augmenta de façon radicale, et « l'unité nationale » redevint l'une des grandes questions politiques de l'heure. Les Canadiens anglais semblèrent éprouver le besoin de se racheter de leurs péchés qui avaient conduit les Québécois à voter pour un gouvernement séparatiste. Le soutien accordé par la population à la ACCTA et à la ACPLA s'évanouit donc encore davantage[17]. ◆

La controverse atteignit un point tournant quelques mois après la signature de l'entente, lorsque le gouvernement fédéral mit sur pied une commission chargée d'étudier les conséquences que pouvait avoir le bilinguisme sur la sécurité aérienne au Québec. Après trois ans de travail, la commission conclut que le contrôle bilingue du trafic aérien pouvait être implanté de façon sécuritaire dans tous les aéroports de la province. Le gouvernement conservateur de Joe Clark accepta les conclusions de la commission en août 1979 et mit en application ses recommandations en 1980. Les services aériens seraient désormais offerts autant en français qu'en anglais au Québec.

Toutefois, selon John Conway, les retombées politiques positives du bilinguisme institutionnel furent « annulées, au moins temporairement[18] », par cette crise. En outre, l'événement semble avoir eu des répercussions directes sur le parcours politique de certains acteurs. D'après Robert Bourassa, par exemple, la crise des « gens de l'air » fut en partie responsable de sa défaite aux élections du 15 novembre 1976[19].

L'élection du
Parti québécois et
le référendum sur
la souveraineté-
association
(1976-1980)

L E 15 NOVEMBRE 1976, LE PARTI QUÉBÉCOIS REMPORTAIT LES ÉLECTIONS GÉNÉRALES québécoises avec 41 p. 100 des voix contre 34 p. 100 pour le gouvernement sortant de Robert Bourassa. Il avait fait campagne sur le thème du bon gouvernement, en prenant soin de dissocier l'élection d'un gouvernement péquiste de l'accession à l'indépendance[1]. Inattendu, ce succès était principalement dû aux difficultés que connaissait le gouvernement libéral[2] et au mécontentement suscité par l'adoption de la Loi sur la langue officielle (loi 22) en 1974[3]. Pour la première fois dans l'histoire du Québec, un parti prônant la souveraineté du Québec formait un gouvernement majoritaire à l'Assemblée nationale[4].

Sur la scène fédérale, l'élection du PQ, qui avait été vue comme une rebuffade envers la stratégie de l'unité canadienne préconisée par les libéraux, fut suivie d'initiatives visant à trouver une solution au défi souverainiste[5]. Plusieurs rencontres fédérales-provinciales eurent lieu entre 1976 et 1979, et la commission Pepin-Robarts fut mise sur pied en juillet 1977. Pendant les travaux de cette commission, le gouvernement fédéral publia, en juin 1978, son livre blanc intitulé *Un temps pour agir*, dans lequel il proposait d'aborder la réforme constitutionnelle en deux étapes. La première comprenait une Déclaration des objectifs fondamentaux poursuivis par le Canada, une réforme des institutions fédérales et une charte des droits qui ne s'appliquerait au départ qu'à l'échelle fédérale. La seconde étape devait permettre de discuter du partage des compétences et de la formule d'amendement. Le projet de loi C-60, par lequel le gouvernement signifiait son intention de procéder unilatéralement à la réalisation de la première phase, fut déposé une semaine plus tard[6].

Occupé à mettre au point son propre projet constitutionnel, le gouvernement du Québec se montra peu disposé à conclure une entente avant la tenue d'un référendum sur la souveraineté-association[7]. Il ne fut pas le seul toutefois à faire obstacle à ces initiatives. Après la ronde de négociations de 1971 (Charte de Victoria), et surtout après la crise du pétrole de 1973, les provinces de l'Ouest étaient devenues plus exigeantes, principalement au chapitre du partage des compétences[8]. De plus, en décembre 1979, la Cour suprême statua qu'Ottawa ne pouvait modifier unilatéralement les caractéristiques fondamentales du Sénat, notamment la représentation des intérêts provinciaux et régionaux dans le processus législatif fédéral[9].

S'étant engagé à tenir un référendum au cours de son premier mandat, mais incité à la prudence par le résultat des sondages d'opinion[10], le gouvernement de René Lévesque entreprit d'abord de mettre en œuvre son programme économique et social[11]. Sur le front constitutionnel, il s'employa à montrer le coût du fédéralisme et la faisabilité de la souveraineté. Le point culminant de cette démarche fut la publication du livre blanc sur la souveraineté-association intitulé *La Nouvelle Entente Québec-Canada*, en novembre 1979. Un mois plus tard, la date à laquelle la consultation référendaire aurait lieu fut annoncée et le libellé de la question rendu public[12].

Lancée officiellement le 15 avril 1980, la campagne référendaire dura plus de six semaines. Ainsi que l'exigeaient les clauses de la Loi sur les consultations populaires adoptée en 1978, la campagne fut chapeautée par deux organisations référendaires, dirigées par Claude Ryan pour le camp du Non et par René Lévesque pour le camp du Oui. Appuyé par le gouvernement fédéral et par le premier ministre Trudeau, le camp du Non mit

La longueur et la complexité de la question référendaire furent l'objet de bien des critiques. Cette caricature de Terry Mosher (Aislin) nous rappelle que cela n'était peut-être, pour le PQ, qu'un moyen de brouiller les pistes et de « jouer gagnant ». (Musée McCord d'histoire canadienne, M988.176.211.)

l'accent sur les risques économiques liés à la souveraineté tout en promettant un renouvellement de la fédération. Le 14 mai, au centre Paul-Sauvé, dans son discours le plus mémorable, Pierre Elliott Trudeau déclara :

> Je sais que je peux prendre l'engagement le plus solennel qu'à la suite d'un non, nous allons mettre en marche immédiatement le mécanisme de renouvellement de la Constitution et nous n'arrêterons pas avant que ce soit fait. Nous mettons notre tête en jeu, nous, députés québécois [...]. Nous voulons du changement, nous mettons nos sièges en jeu pour avoir du changement[13].

si je me souviens bien

Aux yeux des souverainistes, l'élection du PQ marquait le début d'une ère nouvelle. Elle constituait la première étape d'un projet qui visait à modifier l'équilibre inégal des forces entre les deux nations fondatrices du Canada[14]. Pierre Vadeboncœur, essayiste souverainiste renommé, écrivait à ce propos :

> Pour la première fois depuis que je suis né, il y a un gouvernement neuf. Ce gouvernement entend faire quelque chose pour essayer de sortir les Québécois de leurs ornières historiques. [...] Nous allions être, figurez-vous[15] !

Pour lui comme pour beaucoup d'autres, la souveraineté était une question de libération nationale, un détour obligé : « [...] en réalité, nous n'avons pas le choix : l'échec du projet d'indépendance ne serait que le commencement d'une fin à n'en plus finir. [...] Il faut gagner une fois, ou bien perdre pour toujours[16]. »

Pour une majorité de Québécois, toutefois, l'accession du PQ au pouvoir signifiait plus simplement l'arrivée d'un nouveau et d'un « bon » gouvernement. Depuis plusieurs années déjà, le PQ invitait les citoyens à faire la distinction entre son option constitutionnelle et son élection, et il apparaît que la population avait saisi la nuance. La promesse de tenir un référendum garantissait la possibilité de se prononcer sur cette question.

Sujet à controverses, le référendum eut le mérite de susciter un large débat public à propos de la place du Québec au sein du Canada. Plusieurs documents de réflexion furent publiés, dont le « livre beige » du Parti libéral du Québec, *Une nouvelle fédération canadienne*, qui proposait une fédération très décentralisée et qui servit durant la campagne référendaire à faire contrepoids aux propositions péquistes. Indépendamment des allégeances politiques, le référendum fut considéré comme un exercice légitime et démocratique qui ne concernait que les Québécois. Il incarnait en quelque sorte leur droit à l'autodétermination. En ce sens, le refus du gouvernement fédéral de se soumettre à la Loi sur les consultations populaires et l'impossibilité pour le législateur de faire respecter celle-ci furent interprétés comme un détournement :

> [...] en utilisant sans vergogne l'argent des contribuables à des fins partisanes, il [le gouvernement fédéral] commettait ce que l'on pourrait appeler un hold-up des consciences québécoises et il niait en pratique ce qu'il acceptait en théorie, à savoir le droit du Québec de déterminer lui-même son statut politique[17].

Pour les Anglo-Québécois, toutefois, l'élection du PQ marquait la fin des illusions. Comme bien des Canadiens anglais, ils croyaient encore que les aspirations des francophones du Québec se limitaient à la culture et à la langue. Vécue comme un traumatisme, l'arrivée du PQ accéléra la vague d'émigration amorcée à l'époque de la Révolution tranquille[18]. Pour plusieurs parmi ceux qui restèrent, ce fut le début d'une période de mobilisation qui donna lieu à la création de groupes de pression anglophones[19]. Le référendum fut pour eux l'occasion d'exprimer, presque à l'unanimité, leur opposition à l'option du PQ. ◆

as i recall

Au lendemain des élections québécoises, les Canadiens furent exhortés à rester calmes. Le *Globe and Mail*, à l'instar de la plupart des leaders politiques, relativisait la portée de l'événement : « L'élection de René Lévesque et du PQ ne signifie pas que le peuple du Québec a décidé de se séparer du Canada[20]. » Néanmoins, l'accession au pouvoir d'un gouvernement souverainiste rendait beaucoup plus tangible la menace de sécession, et l'on commençait à prendre cette possibilité très au sérieux :

> Face à la nouvelle réalité que représente la victoire
> du PQ [...], le plus grave danger (mis à part, dans une
> première et brève période, le risque d'une panique
> aussi vaine que dévastatrice) serait [...] la tentation
> de se convaincre que tout va bien[21].

Ébranlés, les Canadiens entreprirent de faire le point sur la situation de leur pays. On organisa des conférences sur cette question et l'on publia des ouvrages aux titres évocateurs[22]. Pour certains, les gens de gauche surtout, cette période de réflexion fut l'occasion de reconnaître le droit du Québec à l'autodétermination[23]. Les tenants de cette thèse doutaient toutefois que cette reconnaissance se fasse à temps pour « sauver » le Canada[24]. En effet, dans les milieux politiques et intellectuels du Canada anglais, la tendance générale voulait plutôt que la défaite de l'option péquiste suffirait à résoudre la question québécoise[25].

Parallèlement, on trouvait aussi des partisans de la ligne dure dont le discours se fondait sur l'idée que le Québec était un enfant gâté, jamais satisfait des concessions qui lui étaient faites. Pour l'historien Donald Creighton, par exemple, l'élection du PQ n'était qu'une manifestation plus virulente de la politique de chantage pratiquée par le Québec depuis Duplessis, et il fallait refuser de s'y soumettre une fois de plus. Comme d'autres Canadiens, Creighton préconisait l'adoption d'une position aussi inflexible que possible envers les souverainistes[26]. Les gouvernements fédéral et provinciaux adoptèrent cette ligne de conduite : pas question de négocier la souveraineté-association, répétèrent-ils tout au long de la campagne référendaire[27].

Les sondages de l'époque montrent que l'opinion publique canadienne était divisée sur la question. Ainsi, de 39 p. 100 (dans les Maritimes) à 50 p. 100 (en Colombie-Britannique) des Canadiens résidant dans les autres provinces s'opposaient à toute concession de la part du gouvernement du Canada pour empêcher la séparation du Québec. Toutefois, 38 p. 100 des répondants étaient d'avis qu'Ottawa pouvait faire des concessions mineures et, surtout, une majorité d'entre eux étaient d'accord pour négocier une entente économique avec le Québec si celui-ci devenait indépendant[28]. ◆

Le 20 mai 1980, avec un taux de participation dépassant 85 p. 100, les Québécois refusèrent, dans une proportion de 59,56 p. 100, de donner au gouvernement du Québec « le mandat de négocier l'entente proposée entre le Québec et le Canada ». Ce résultat fut accueilli avec soulagement au Canada anglais et, aux yeux de plusieurs, il mettait un terme à la menace souverainiste. Le premier ministre de la Nouvelle-Écosse, Richard Hatfield, entendant exposer les exigences québécoises au cours des négociations constitutionnelles qui suivirent le référendum, observa : « Nous n'avons plus à entendre ce genre de propos, il y a eu un référendum qui a tout réglé ça[29]. » Pour beaucoup de gens au Canada anglais, le référendum avait permis de classer la question du Québec, et certains analystes annoncèrent la fin du nationalisme québécois[30].

Cette interprétation avait certains fondements. Après avoir reconnu sa défaite le soir du 20 mai 1980, René Lévesque conclut son discours en disant : « [...] à la prochaine fois ! » Dans les mois et les années qui suivirent, toutefois, cette promesse prit l'allure d'une illusion. Après le référendum, l'appui à la souveraineté ne cessa de décliner et, en 1984, seulement un tiers des Québécois se disaient favorables à cette option[31]. Dans les milieux indépendantistes, pour les militants surtout, cette période en fut une de démobilisation et de désenchantement[32]. La victoire du Non eut donc pour effet de transformer le

Le chef du camp du Oui, le premier ministre René Lévesque, le soir de la défaite référendaire : « À la prochaine fois ! ». (Canapress.)

PQ en un parti politique traditionnel, chargé de défendre les revendications traditionnelles du Québec. C'est donc affaibli et sans réel pouvoir de négociation, et ce malgré sa réélection en avril 1981, que René Lévesque s'engagea dans la ronde constitutionnelle qui devait mener au rapatriement de la Constitution canadienne en 1982.

Le rapatriement de
la Constitution
(1982)

P EU APRÈS LA CAMPAGNE RÉFÉRENDAIRE DE 1980, LE GOUVERNEMENT FÉDÉRAL
relança les discussions constitutionnelles afin de rapatrier la Constitution
et de convenir d'une formule d'amendement. À l'automne, devant l'impossibilité de s'entendre avec les provinces, le gouvernement Trudeau annonça qu'il
allait agir unilatéralement et il présenta au Parlement de Londres une résolution lui demandant de procéder malgré les objections des provinces. La résolution fédérale prévoyait le rapatriement de la Constitution, l'enchâssement
dans cette dernière d'une charte des droits et libertés et une formule d'amendement modelée sur celle prévue dans la Charte de Victoria (1971). La résolution contenait aussi une clause qui permettait au gouvernement fédéral
d'obtenir le consentement des provinces par voie référendaire, et donc de
contourner les gouvernements provinciaux en en appelant directement à la
population. Seules les provinces de l'Ontario et du Nouveau-Brunswick soutinrent Ottawa dans cette démarche.

Les huit autres provinces, qu'on appela « le groupe des huit », formèrent
un front commun pour s'opposer à l'action unilatérale d'Ottawa. Trois d'entre
elles, Terre-Neuve, Québec et le Manitoba, en référèrent même à leur cour d'appel respective pour évaluer la constitutionnalité de la démarche unilatérale
empruntée par Ottawa; un effort important fut aussi consenti pour faire connaître au gouvernement de Londres les objections des provinces.

Au cours de l'hiver 1981, elles préparèrent conjointement une contre-proposition, qui fut rendue publique en avril. Ce projet prévoyait notamment un droit de
retrait des programmes fédéraux avec compensation financière et proposait une formule d'amendement exigeant l'approbation de sept provinces totalisant 50 p. 100 de

la population canadienne (formule 7/50). En acceptant cette formule, le Québec abandonnait volontairement son droit de veto historique.[1]

À la suite des décisions rendues par les cours d'appel provinciales, la légalité de la résolution fédérale fut remise en question et Ottawa, avant de poursuivre sa démarche, demanda à la Cour suprême de trancher la question. La Cour rendit sa décision en septembre 1981. Elle statuait, dans un jugement majoritaire, que le projet de résolution du gouvernement fédéral était légal mais inconstitutionnel dans le sens traditionnel du terme : un appui « substantiel » des provinces devenait nécessaire pour procéder au rapatriement de la Constitution[2]. À la suite de cette décision, le premier ministre Trudeau convoqua une nouvelle conférence constitutionnelle pour novembre 1981. Cette rencontre permit de conclure une entente avec toutes les provinces, sauf le Québec.

L'entente prévoyait l'enchâssement d'une formule d'amendement conforme à la proposition des provinces[3] et d'une Charte des droits et libertés; les provinces signataires obtenaient toutefois qu'une clause dérogatoire, applicable aux libertés fondamentales (article 2 de la Charte) et aux garanties juridiques (articles 7 à 15), soit ajoutée à la Charte. Cette clause permettait d'appliquer des lois même si elles étaient contraires à la Charte, pour une période de cinq ans, renouvelable. L'entente consacrait aussi le principe de la péréquation et élargissait la compétence des provinces en matière de richesses naturelles. Enfin, le principe du droit de retrait exigé par le Québec fut repris, mais sans compensation financière[4]. Le partage des pouvoirs et la réforme des institutions fédérales ne figuraient pas dans l'entente.

si je me souviens bien

À propos de l'entente conclue par les neuf provinces et le gouvernement fédéral, René Lévesque déclara :

> [...] je dois dire que je regrette profondément que le Québec se retrouve aujourd'hui dans une position qui est devenue, en quelque sorte, une des traditions fondamentales du régime fédéral canadien, tel qu'il fonctionne; le Québec se retrouve seul[5].

Même si l'opinion publique québécoise était divisée sur le
bien-fondé de la position adoptée par le gouvernement du Québec[6],
la grande majorité des leaders québécois considérait que l'entente
de novembre était inacceptable. D'une part, en regard des exigences
historiques du Québec, cette entente restait largement en deçà des
attentes. Ainsi, Claude Ryan, qui était à l'époque chef du Parti libéral du Québec, écrivait :

> Le Québec a toujours souligné que, s'il demandait
> une refonte constitutionnelle, c'était d'abord et
> surtout en vue d'un nouveau partage des pouvoirs
> législatifs et fiscaux, qui ferait davantage justice à
> ses besoins nouveaux. [...] Il y a maintenant plus de
> 20 ans que le Québec réclame des changements
> importants. Jusqu'à ce jour, il n'a pratiquement
> rien obtenu[7].

D'autre part, plusieurs considéraient que l'entente de 1981 ne
respectait pas les promesses référendaires de 1980[8]. À la suite de la
publication du rapport Pepin-Robarts (1979) et du « livre beige » du
Parti libéral du Québec (1980), qui préconisaient tous deux une
décentralisation des pouvoirs, et après avoir entendu le premier
ministre Trudeau s'engager solennellement à renouveler la fédération canadienne[9], de nombreux Québécois furent stupéfiés de voir
que le rapatriement conduisait non pas à une plus grande autonomie, mais plutôt à une diminution des pouvoirs de l'Assemblée
nationale en matière d'administration judiciaire, de langue et d'éducation[10]. En 1989, Marcel Adam, éditorialiste du journal *La Presse*,
dénonça le rapatriement en des termes virulents :

> Le mot « fraude » n'est pas trop fort pour qualifier
> un coup de force politique sans précédent chez nous
> [...], destiné à imposer au Québec une réforme qui a
> donné un résultat contraire à celui que l'on attendait
> des engagements pris à son endroit pour le garder
> dans la fédération[11].

Selon les négociateurs québécois, l'entente avait été conclue en l'absence et aux dépens du Québec. Selon Claude Morin :

> Deux exigences clés [la compensation financière et le respect des compétences provinciales en matière linguistique] [...] étaient ainsi bafouées, de façon incroyablement méprisante, au terme d'un processus qui était censé, avait-on promis, conduire au fédéralisme renouvelé[12].

D'après Morin, « chaque groupe d'élus représente les Québécois pour les sphères de compétence qui relèvent de chaque ordre de gouvernement » et, par conséquent, l'appui du gouvernement québécois était nécessaire pour procéder à des amendements constitutionnels touchant ses compétences[13].

Pour plusieurs Québécois, c'était tout autant la manière dont l'entente avait été conclue que son contenu qui la rendaient irrecevable. Le droit de veto que Québec croyait posséder sur les amendements constitutionnels touchant ses compétences lui avait été dénié et, pour ce faire, il avait suffi « de dix signatures sous un texte de moins de cinquante lignes », comme le nota Jean-Louis Roy, du journal *Le Devoir*[14]. Le chef de l'opposition, Claude Ryan, malgré de sévères critiques à l'égard du gouvernement québécois, adopta la même position :

> Prendre prétexte de l'orientation séparatiste du gouvernement Lévesque pour tenter de justifier la manière dont on l'a ignoré au cours des derniers mois, c'est [...] faire bon marché de la légitimité des institutions politiques[15].

De ce point de vue, l'abandon par Québec de son droit de veto, durant les négociations avec les sept autres provinces dissidentes, avait été consenti en échange de la garantie qu'il pourrait se retirer, moyennant compensation financière, des programmes fédéraux auxquels il ne désirerait pas participer. Compte tenu de la dilution des compensations financières prévues dans l'entente de novembre 1981 et des autres changements auxquels les provinces avaient consenti (Charte), Québec était en droit d'exiger que l'on revienne à la situation antérieure et que l'on respecte son droit de veto historique.

Certains étaient même d'avis que, dans les circonstances, un lien de confiance avait été rompu et que la vision du Canada qui avait nourri la pensée constitutionnelle et fédéraliste du Québec contemporain avait été rejetée. L'enchâssement de la Charte constitutionnalisait une certaine vision du Canada − celle d'une nation composée d'individus jouissant de droits constitutionnels égaux − qui contrariait la thèse des deux nations fondatrices, chère aux fédéralistes québécois. « Il faudra conclure », écrivait Jean-Louis Roy, éditorialiste au journal *Le Devoir*, « que ce Canada à deux qu'évoquait jadis Daniel Johnson, ce Canada de la dualité constitutive évoqué par les commissions Laurendeau-Dunton et Pepin-Robarts, est une fiction, une vision poétique et minoritaire, une bougie en plein soleil[16] ».

Dans la mesure où le rapatriement s'est soldé par des changements auxquels Québec n'a pas consenti et qui diminuent ses pouvoirs, certains experts avancent même que la Loi constitutionnelle de 1982 constitue un acte de discontinuité et d'assimilation[17]. Faute du consentement explicite de la population québécoise et devant l'opposition du gouvernement du Québec, la réforme constitutionnelle de 1982 était, et est restée, profondément illégitime aux yeux de bien des Québécois :

> La Nouvelle-France a été conquise par l'Angleterre, en 1760, par la voie des armes. Le Canada a fait subir le même sort au Québec en 1982, par l'entremise d'une vision étroite du droit et de la justice. Les formes de la légalité furent peut-être respectées, mais au mépris des exigences de la légitimité,

écrit le politologue Guy Laforest[18]. Dans l'imagerie politique du Québec, la nuit du 4 au 5 novembre 1981 demeure d'ailleurs connue comme « la nuit des longs couteaux », pour rappeler que l'entente a été conclue en son absence. ◆

as i recall

L'annonce que les premiers ministres en étaient arrivés à une entente pour rapatrier la Constitution fut accueillie avec satisfaction au Canada anglais. « Le Canada peut maintenant aller de l'avant en tant que nation pleinement souveraine », déclarait le *Globe and Mail* dès le lendemain[19]. En juin 1982, un sondage Gallup montrait que 57 p. 100 des répondants, dans l'ensemble du Canada, étaient d'avis que la nouvelle Constitution serait une bonne chose pour le Canada[20].

Outre le fait que la Constitution se trouvait enfin en terre canadienne, ce qui mettait un terme au dernier vestige colonial, un des principaux sujets de contentement était que le premier ministre Trudeau avait renoncé à sa menace de procéder unilatéralement : « Le Canada demeure une fédération. C'est là le principal acquis [...] », se réjouissait le *Globe and Mail*[21]. De plus, pour la plupart des Canadiens, l'enchâssement d'une Charte des droits et libertés était une réalisation tout aussi méritoire et bénéficiait d'un large appui populaire[22]. La Charte énonçait clairement et fermement l'égalité de tous les citoyens, ce qui constituait un gain pour la démocratie canadienne et affaiblissait l'emprise des gouvernements sur la vie politique au profit des simples citoyens[23].

En regard de ces succès, les objections du gouvernement du Québec furent reçues avec froideur. Étant souverainiste, disait-on, le Parti québécois n'avait ni le désir ni la volonté de signer un quelconque accord : « Le premier ministre René Lévesque devait éviter de participer à quelque entente que ce fût [...]. Impossible pour lui de se présenter comme l'un des nouveaux pères de la Confédération [...] », notait le *Globe and Mail*. De toute manière, concluait le quotidien torontois, l'opposition du Québec perdait de sa force du fait que le premier ministre Trudeau, francophone lui-même, pouvait compter sur 74 des 75 députés québécois à la Chambre des communes[24]. Dans ses mémoires, Pierre Elliott Trudeau reprend cet argument et conclut :

Si vous ajoutez le nombre des législateurs qui ont refusé
de désapprouver l'entente au nombre des élus québécois
qui l'ont approuvée aux Communes, vous constatez
qu'une moyenne pondérée de 65 p. 100 des députés élus
au Québec ont approuvé l'entente sur le rapatriement[25].

L'ancien premier ministre se défendit toujours vigoureusement
d'avoir jamais comploté pour isoler le Québec[26] ou d'avoir manqué à
ses engagements référendaires : « Au total, écrit-il, l'entente enchâs-
sait presque toutes les valeurs que je n'avais cessé de défendre depuis
mon premier article à *Cité libre* en juillet 1950[27]. » Quant aux accusa-
tions du Québec, selon qui les autres provinces l'auraient abandonné,
elles furent rejetées : Québec avait été la première province à quitter
le front commun lorsque René Lévesque avait accepté la proposition
de Pierre Elliott Trudeau de régler la question constitutionnelle par le
biais d'une consultation référendaire[28].

Malgré tout, le sort réservé au Québec contribua à alimenter
le malaise que ressentaient plusieurs experts canadiens face au
caractère inachevé de la réforme[29]. Contrairement à Pierre Elliott
Trudeau et à ses partisans[30], on doutait que la Loi constitutionnelle
de 1982 offrît le genre de point de ralliement capable de réunir tous
les Canadiens.[31] Par ailleurs, la domination des seuls gouvernements
sur le processus d'amendement constitutionnel, l'abandon du méca-
nisme référendaire et l'inclusion d'une clause dérogatoire dans la
Charte contredisaient la dimension plus démocratique de l'entente[32].
Enfin, on déplorait le fait que le rapatriement ait laissé plusieurs
questions en suspens. Dans l'Ouest notamment, on regrettait que la
réforme des institutions fédérales n'ait pas été abordée[33]. À bien des
égards, l'ordre du jour constitutionnel post-rapatriement ne différait
pas beaucoup de ceux de 1978 ou de 1980. En fait, bien des observateurs de la scène politique canadienne voyaient dans la Loi constitutionnelle de 1982 un compromis plus ou moins réussi qui laissait
en héritage plusieurs questions non résolues, dont celle des
Premières Nations et celle du Québec[34]. ◆

Le 25 novembre 1981, le gouvernement québécois émit un décret par lequel il exerçait symboliquement son droit de veto à l'encontre de la résolution sur le rapatriement de la Constitution[35] et, le 1er décembre 1981, l'Assemblée nationale adopta une motion énonçant les conditions sans lesquelles le Québec ne pourrait accepter le projet de rapatriement[36]. René Lévesque annonça aussi que le Québec ne participerait plus à aucune conférence constitutionnelle. Il entreprit des démarches juridiques pour faire reconnaître son droit de veto, mais en vain[37]. Jusqu'à l'élection des libéraux de Robert Bourassa en 1985, toutes les lois québécoises furent soustraites à l'application de la Charte canadienne des droits et libertés par l'invocation de la clause dérogatoire.

Le 17 avril 1982, la Loi constitutionnelle de 1982 fut proclamée en présence de la reine, devant une foule d'environ 30 000 personnes : « Maîtres dans notre propre maison », titrait le *Toronto Sun*[38]. Au même moment, les drapeaux du Québec étaient mis en berne sur tous les édifices gouvernementaux, et une marche de protestation avait lieu dans les rues de Montréal. Quelque 25 000 personnes y participaient. Pour plusieurs Québécois, le rapa-

Le 17 avril 1982, la reine signe la nouvelle Constitution du Canada, en compagnie du premier ministre Pierre Elliott Trudeau. (Robert Cooper, ANC, PA141503.)

triement de 1982 était une mesure injuste qui demanderait réparation. Cette quête de la réconciliation sera entreprise en 1984 avec l'élection, sur la scène fédérale, du Parti progressiste-conservateur.

chapitre 5

Les débats
économiques

Introductions par
Guy Rocher
John Meisel

Essais préparés par
Patricia Bittar et
Alain Desruisseaux

Les débats
économiques

L ES LUTTES POLITIQUES ONT SOUVENT COMME ARRIÈRE-FOND DES INTÉRÊTS ÉCONO-
miques. L'argent apparaît en filigrane derrière le discours politique. Les rapports de pouvoir sont aussi très fréquemment des rapports d'argent.

Cette interrelation n'apparaît pas toujours dans la manière dont les événements politiques sont rapportés par les médias. Il faut que surgisse une crise particulière pour que ce lien latent soit mis au jour — et encore, généralement, pour
un temps relativement court. La vie politique est souvent vécue et interprétée
dans l'opinion publique comme si l'économie ne faisait pas partie de la scène.
Pourtant, quand on y regarde de plus près, l'intérêt économique est un acteur qui
est presque constamment en scène, mais qui préfère ne pas se faire remarquer et
s'arrange pour qu'il en soit ainsi. À la différence de la scène politique, le monde
de l'industrie et des affaires n'a pas l'obligation de la transparence. Les entrepreneurs évitent les projecteurs et préfèrent les terrains de golf, les suites d'hôtel ou
les clubs privés quand vient le temps des négociations et des tractations.

Quand un débat économique surgit, le rapport qu'il a avec la scène politique est généralement ambigu et sujet à confusion. Est-il engendré par des intérêts politiques, est-il grossi et attisé par des intérêts politiques, ou sert-il de lieu
détourné aux affrontements politiques ? Autant de questions que l'on peut alors
se poser, sans toujours pouvoir leur apporter de réponses satisfaisantes.

Un pays, et plus encore un pays aussi vaste que le Canada, constitué de
nombreuses régions présentant une grande diversité, est fait d'intérêts économiques qui peuvent être divergents ou même carrément contradictoires. Chaque
région peut à un moment donné se croire, à juste titre ou non, lésée par quelque
décision prise sans son accord, même si elle a participé à la discussion. Lorsque,

en plus, le pays compte deux langues officielles, des Autochtones sur tout son territoire et des minorités de diverses natures, les occasions de vifs débats économiques
à saveur politique sont nombreuses et peuvent surgir quand on s'y attend le moins.

Comme dans la plupart des pays, la réciprocité des soupçons est un élément constant, latent et toujours prêt à ressurgir dans la vie politique canadienne. Certains débats économiques réveillent plus que d'autres les vieilles rivalités,
toujours prêtes à remonter à la surface. Ce sont surtout les débats économiques
dans lesquels une ou plusieurs instances politiques sont appelées à participer à la
prise de décision qui sont susceptibles de revêtir une saveur politique. On entre
alors dans l'univers du soupçon. Des raisons non économiques viennent contre-
carrer la neutralité, l'objectivité, la pure rationalité qui devraient, croit-on, prési-
der à la prise de décision. Les instances politiques participant à la prise de
décision sont soupçonnées de partialité; on les accuse de favoriser systématiquement l'un aux dépens de l'autre, d'être mues par l'opportunisme politique (une
élection prochaine, par exemple), d'être soumises à un chantage économique ou,
pire encore, d'être corrompues. C'est ce scénario que l'on voit à l'œuvre dans les
articles qui forment le présent chapitre. Mais, il n'a rien d'original.

Au Québec, on nourrit depuis longtemps des soupçons à l'endroit des
décisions du gouvernement fédéral en matière économique. On croit aisément
que ce dernier favorise et a toujours systématiquement favorisé l'Ontario aux
dépens du Québec, et l'Ouest aux dépens de l'Est. Les concepteurs du Canada
n'ont pas conféré à la capitale nationale le statut d'un État ou d'un « district » distinct, ainsi que cela a été fait notamment aux États-Unis. Ottawa fait partie de
l'Ontario; il y a donc là une bonne raison de soupçonner le gouvernement de partialité. De surcroît, une importante partie de la bureaucratie fédérale a longtemps
été recrutée en Ontario, et l'on est persuadé que c'est toujours le cas. Vue du
Québec, la tendance naturelle de la bureaucratie fédérale serait donc d'entretenir
des rapports de complicité avec Toronto aux dépens de Montréal et du Québec,
d'être bien plus sensible et réceptive aux pressions venant de Toronto qu'à celles
venant de Montréal, d'autant plus qu'elles sont faites dans la langue de la majorité des hauts fonctionnaires fédéraux.

Un Québécois est toujours en mesure de donner des exemples de la partialité fédérale en faveur de l'Ontario, qu'il s'agisse de la canalisation du Saint-
Laurent, qui a privé la région montréalaise du rôle de plaque tournante

économique qu'elle jouait auparavant et entraîné son déclin, ou de l'implantation de la grande majorité des centres de recherche fédéraux en Ontario.

Pour ce qui est de la partialité en faveur de l'Ouest, c'est plutôt sur les politiciens que les Québécois portent leurs soupçons. Les partis politiques fédéraux ont souvent manqué de soutien électoral dans l'Ouest, leur place forte étant traditionnellement le Québec et l'Ontario. Des politiciens soucieux de refaire ou d'entretenir leur image dans l'Ouest peuvent être facilement soupçonnés de vouloir séduire un électorat rebelle en lui offrant des compensations. Ce n'est pas tellement l'influence des politiciens de l'Ouest dans le gouvernement fédéral que leur absence qui est considérée au Québec comme déterminante; on croit que le parti au pouvoir à Ottawa consent, pour compenser, des avantages économiques à cette région. Et puis, vu du Québec, l'Ouest canadien peut paraître bien loin, être plus ou moins bien connu — plutôt mal que bien — et peuplé de gens qui, par leur origine ethnique, leur comportement et même leur habillement, appartiennent en quelque sorte à un autre Canada. On ne peut pas croire que les habitants de cette région puissent comprendre le Québec et être le moindrement sensibles à ses intérêts. En revanche, beaucoup de Québécois ont du mal à comprendre que les Canadiens de l'Ouest, qui sont depuis longtemps favorisés par les autorités fédérales, puissent suspecter celles-ci de privilégier un Québec si mal servi.

Pour mieux comprendre ce raisonnement, on doit aussi se souvenir que la Révolution tranquille fut menée sous le slogan « Maîtres chez nous ». Tout Québécois francophone comprenait alors que l'on faisait avant tout référence à la maîtrise de la vie économique qui lui avait jusqu'alors échappé. Il avait été trop longtemps le « porteur d'eau », selon l'expression de l'époque. Durant les deux ou trois décennies qui suivirent la Révolution tranquille, on vit apparaître et se fortifier un entrepreneuriat québécois francophone et s'opérer d'importantes percées dans des industries de pointe, notamment l'aéronautique, la biotechnologie et l'informatique. La structure économique traditionnelle se désintégra, entraînant la crise de l'emploi que subit durement le Québec, mais les Québécois virent, en même temps, émerger une structure économique axée sur l'avenir.

Aujourd'hui encore, ces deux portraits contradictoires de Montréal ont cours simultanément dans les médias québécois de langue française et dans l'opinion publique : celui d'un Montréal sur le déclin, frappé par le départ successif d'entreprises et de sièges sociaux émigrant vers l'Ontario ou vers l'Ouest; celui d'un Montréal où la structure économique et le marché du travail se renouvellent et se rajeunissent grâce à un jeune entrepreneuriat orienté vers les industries de pointe, prometteuses d'avenir.

Au-delà de certaines réticences qu'ils peuvent avoir à l'endroit de ces entrepreneurs, les Québécois tirent une fierté certaine des réussites de ces derniers. C'est ce qui explique l'aura qui a pu entourer, par exemple, un homme comme Pierre Péladeau qui a réussi en affaires et qui est devenu millionnaire en peu d'années. Mais, en même temps, ils peuvent avoir le sentiment que ce nouvel entrepreneuriat est fragile, précisément parce qu'il est encore nouveau, n'a guère de racines ni de traditions, doit faire sa marque et son chemin dans un monde anglo-saxon qui, peuvent-ils croire, ne les accueille pas à bras ouverts. Ils réagissent donc vivement à des décisions ou à des interventions qui paraissent menacer l'entrepreneuriat franco-québécois. Ce fut en particulier le cas avec le projet de loi S-31, qui apparaissait comme une barrière inacceptable imposée aux dirigeants francophones d'une institution financière plus québécoise que toute autre, la Caisse de dépôt et placement. Le projet d'Accord de libre-échange entre le Canada et les États-Unis ne ralliait pas tout le monde, mais à une forte majorité il paraissait de nature à favoriser le marché des jeunes entreprises québécoises, sans qu'on voie très clairement en quoi il pouvait nuire aux intérêts de l'Ontario ou de l'Ouest canadien.

Dans ces dossiers comme dans celui de l'entretien des CF-18, celui des brevets pharmaceutiques et d'autres encore, les Québécois sont généralement étonnés qu'en Ontario ou au Manitoba on accuse les dirigeants fédéraux de favoriser le Québec alors qu'ils ont, eux, le vif sentiment d'avoir à peine leur juste part ou de ne l'avoir pas toujours. À cet égard, on peut probablement dire que le Québec n'est pas une société distincte à l'intérieur du Canada : il semble bien partager avec les autres provinces une commune méfiance à l'endroit des décisions que les instances politiques fédérales sont appelées à prendre quand il s'agit de distribuer ressources, avantages et investissements. Le soupçon de partialité est solidement implanté dans la culture politique canadienne.

Les débats
économiques

R ARES SONT LES QUESTIONS SUR LESQUELLES TOUTES LES RÉGIONS DU CANADA PENSENT
à l'unisson. Une de ces exceptions concerne l'évaluation du traitement réservé
à chaque province par le gouvernement fédéral, par les autres régions et par l'ensemble du système économique et politique du pays. Tous les Canadiens — à l'exception des Terre-Neuviens peut-être — ont la conviction d'être moins bien servis que les autres. Les articles que l'on lira dans ce cinquième chapitre présentent plusieurs épisodes au cours desquels ce sentiment s'est manifesté.

Selon les Québécois, c'est la sous-représentation de l'Ouest canadien dans la plupart des gouvernements libéraux fédéraux qui a amené Ottawa à consentir à cette région de généreuses politiques compensatoires, propres à leur gagner son appui électoral. Or, d'après tous les gens de l'Ouest, cette sous-représentation explique, au contraire, l'insensibilité et la négligence du gouvernement fédéral à leur égard.

Ce sentiment d'aliénation remonte fort loin, jusqu'à l'époque où l'Ouest, encore peuplé en grande majorité d'agriculteurs, se sentait exploité par l'Est — par les banquiers de Montréal et de Toronto en particulier. Ceux-ci faisaient figure de démons, de vampires capitalistes, insensibles aux besoins d'une population agricole éloignée. Le contrôle qu'ils exerçaient sur le pouvoir économique et politique du pays était synonyme de catastrophe pour l'Ouest.

Cette impression d'isolement et d'abandon était si répandue que, à plusieurs reprises, elle a suscité l'émergence de mouvements sociaux et de partis politiques. Dans aucune autre région a-t-on vu les tiers partis réussir à défier l' « establishment » économique et politique comme ils l'ont fait là. Ce furent jadis ou naguère le Parti progressiste, le Parti de la reconstruction, les Fermiers unis de l'Alberta, les

Fermiers unis du Manitoba, la Co-operative Commonwealth Federation (CCF), le Crédit social et le Nouveau Parti démocratique (NPD). La montée du Parti réformiste, intimement liée à l'animosité envers les provinces de l'Est, n'est que la plus récente manifestation du profond sentiment d'aliénation qu'éprouve l'Ouest.

Les années 1970 ont été le théâtre des plus virulentes manifestations de ce sentiment. C'était l'époque de la politique économique nationaliste du gouvernement Trudeau, du Programme énergétique national notamment, lequel obligea l'industrie pétrolière de l'Ouest à vendre son « or noir » aux provinces orientales à un prix nettement inférieur à celui du marché mondial. L'Ouest a ainsi subi un colossal manque à gagner.

L'aventure a ancré chez les habitants de l'Ouest une profonde frustration, plus tard exacerbée par d'autres politiques qu'on a aussi imputées au désir de satisfaire les seuls besoins de l'Est. Tout comme beaucoup de Québécois accusent le gouvernement fédéral d'acheter l'appui des électeurs de l'Ouest par des décisions favorables à ceux-ci, de même les gens de l'Ouest soupçonnent le fédéral de n'en avoir que pour le Québec. Un tel soupçon ne pouvait qu'alimenter la consternation suscitée, dans l'Ouest, par des décisions comme l'adjudication du contrat d'entretien des avions CF-18. Là comme ailleurs au pays, on a imputé ces décisions à deux facteurs principaux. D'abord, la place disproportionnée que les Québécois et les francophones occupent sur la scène fédérale. Ensuite, le désir d'instaurer ce que le premier ministre québécois Robert Bourassa appelait le fédéralisme « rentable », c'est-à-dire viable et profitable pour le Québec. Ces facteurs auraient prédisposé Ottawa à prendre des décisions favorables à l'économie québécoise — comme ce fut le cas pour l'industrie aéronautique et aérospatiale —, au risque d'en faire porter le prix par les autres provinces et les autres régions.

Comme on le verra à la lecture des articles réunis dans le présent chapitre, les facteurs économiques peuvent exercer, sur les rapports qu'entretiennent les deux grandes communautés linguistiques du pays, aussi bien une influence négative qu'une influence positive. Attachons-nous d'abord aux aspects négatifs. Les entreprises commerciales ou industrielles ont tendance à ne rechercher que leur profit, sans se préoccuper des conséquences que cela peut entraîner pour les autres acteurs ou pour les autres sphères d'activité : la priorité est au bénéfice net. Nous avons vu par exemple, dans le chapitre 3, la station de radio privée CKAC s'opposer à la création d'une radio d'État, sous prétexte que celle-ci mettrait en péril la diffusion en français au Canada. De toute évidence, CKAC défendait alors ses propres intérêts, et la suite des événements a montré la fausseté de ses prédictions : Radio-Canada est devenue l'un des piliers de la radiodiffusion et de la télédiffusion en français. De même, face au projet de loi S-31, le Canadien Pacifique a opposé les intérêts d'une puissante entreprise privée à ce qui aurait pu être un changement positif pour la fédération canadienne. De même encore, des intérêts économiques privés ont alimenté les tensions entre groupes et entre régions lors de l'adjudication du contrat d'entretien des CF-18 et de l'adoption du projet de loi sur les brevets pharmaceutiques.

À l'inverse, l'intérêt économique peut parfois faciliter l'accommodement entre Québec, Ottawa et les autres provinces. La position défensive que le Québec adopte face au fédéralisme ne le place pas toujours en contradiction avec les visées du gouvernement fédéral ou du reste du Canada. Et c'est tant mieux, puisque les études portant sur la résolution des conflits nous apprennent que l'accommodation est habituellement plus aisée dans les cas impliquant au moins trois parties que dans ceux opposant les deux mêmes protagonistes. Plus souvent qu'autrement, dans sa quête d'autonomie, le Québec s'est allié à d'autres gouvernements, désireux comme lui d'élargir leur marge de manœuvre. Bien souvent ces efforts, même s'ils s'appuient aussi sur des motifs politiques, répondent à des impératifs matériels et économiques : fiscalité, politique sociale, immigration, régulation des activités économiques, etc. Le contrat des chutes Churchill nous rappelle opportunément que les divergences entre Ottawa et Québec ne sont pas toujours à la source des difficultés et qu'Ottawa peut, à l'occasion, prendre le parti du Québec. En d'autres occasions, la présence de certaines provinces aux côtés du Québec signifie que des alliances ou des ententes peuvent être prises avec d'autres acteurs de l'échiquier canadien.

Les entreprises québécoises, du moins celles qui appartiennent à des Québécois, semblent prendre plus volontiers en considération l'intérêt du Québec que les entreprises canadiennes celui du Canada. Peut-être parce que le nationalisme québécois est plus vigoureux et plus nettement ciblé que ne l'est le nationalisme canadien — certes réel, mais généralement moins intense et moins bien défini. Au Canada hors Québec, le grand nombre d'entreprises multinationales et de filiales d'entreprises étrangères réduit le poids des intérêts proprement canadiens dans la prise des décisions économiques.

C'est d'ailleurs pourquoi l'Accord de libre-échange a suscité plus d'inquiétude dans le reste du Canada (notamment en Ontario) qu'au Québec. Dans le reste du Canada, l'établissement de liens aussi étroits avec les États-Unis et l'accroissement de la mobilité des entreprises nord-américaines faisaient craindre l'américanisation de l'économie : réduction considérable de l'autonomie économique du Canada, exode d'entreprises, perte de nombreux emplois, etc. Au Québec, ces questions suscitaient beaucoup moins d'appréhension — même si les syndicats partageaient largement les doutes de leurs homologues des autres provinces. L'émoi et l'opposition des nationalistes canadiens-anglais tranchaient singulièrement avec la sereine acceptation observée au Québec. La vive réaction de Philip Resnick, pourtant bien connu pour ses sympathies pro-québécoises, révèle l'émotion que cette question suscitait dans le reste du Canada.

Cette situation était l'envers de la situation habituelle. Le Québec veillait d'habitude jalousement à ses intérêts culturels; comparativement à d'autres régions, il attachait un grand prix à la culture et à la langue — et les mettait même, souvent, au-dessus de ses intérêts économiques. Les autres provinces suivaient une tendance inverse : les avantages économiques venaient en tête des préoccupations, et les dimensions socioculturelles demeuraient au second rang. Or, voilà qu'en cette fin des années 1980, dans le domaine culturel, le Québec semblait baisser les armes alors que beaucoup de Canadiens anglais redoutaient les effets de l'entente proposée.

Ces nationalistes canadiens-anglais craignaient que l'Accord de libre-échange n'entraîne de graves conséquences pour la vie culturelle et sociale du pays. Ils craignaient en particulier de voir un nombre croissant de Canadiens, happés par le réseau socioéconomique américain, perdre leur identité culturelle. Sans doute redoutaient-ils, au fond, que la communauté de langue entre Américains et Canadiens anglais ne précipite l'assimilation de ces derniers. Les francophones, au contraire et sans doute avec raison, avaient tendance à présumer que leur langue et la vigueur de leur culture les protégeraient plus efficacement contre un tel phénomène.

Mis à part l'Accord de libre-échange, les épisodes présentés dans le chapitre 5 peuvent sembler d'une importance secondaire comparativement à l'adoption de l'assurance hospitalisation, de la loi sur les langues officielles, de la Charte de Victoria. Il ne faut pourtant pas en sous-estimer l'importance. Ce type de conflit

peut prendre une importance capitale, qui déborde de beaucoup leur objet propre; car les décisions d'ordre économique, de par leurs lourdes conséquences sur
la vie de bien des gens, ont de quoi soulever les passions. C'est ainsi que la décision de transférer au Québec l'entretien des CF-18 a probablement infléchi la
position manitobaine face à l'Accord du lac Meech. Et, jointe à d'autres sujets de
mécontentent, elle a sans doute préparé le terrain à la naissance et à la croissance du Parti réformiste.

Les intérêts économiques que poursuivent les individus et les collectivités
peuvent devenir sources d'irritation dans les relations avec les autres individus et
les autres collectivités. Les cas étudiés plus bas l'illustrent fort bien. Toutefois, ces
cas ne nous donnent pas une juste image du facteur économique, en ce qu'ils
nous montrent surtout ses effets exaspérants. Or, la vie économique comporte
aussi une autre facette, plus propice à l'harmonie des relations humaines.

L'un des traits les plus caractéristiques de la fédération canadienne, de la
Deuxième Guerre mondiale jusqu'à tout récemment, réside dans son rôle de
redistribution des revenus entre les nantis et les défavorisés. Les mécanismes de
cette redistribution, actuellement soumis à une rigoureuse révision, sont trop
complexes pour être analysés ici. Notons tout de même qu'ils comportent un
régime de subventions conditionnelles et un régime de paiements de péréquation qui, administrés par le gouvernement fédéral, permettent aux provinces
pauvres de recevoir l'aide des plus riches. Il va sans dire que le fonctionnement
de ces régimes a été l'objet d'intenses négociations, souvent acrimonieuses. Mais
— et ce « mais » est essentiel — il reste qu'un dispositif a été mis en place, grâce
auquel les plus démunis reçoivent une aide financière; qu'une préoccupation de
justice sociale a pris forme, fondée sur les transferts entre régions; que, sur le
plan économique, les Canadiens se sont reconnu une responsabilité collective
les uns envers les autres. Cela donne à penser que l'économie, loin d'être seulement « la guerre de tous contre tous » qu'y voit Thomas Hobbes, peut aussi faciliter l'instauration de conditions de vie tolérables pour tous.

Le contrat des chutes Churchill (1969)

LORSQUE LE PROJET DES CHUTES CHURCHILL VIT LE JOUR, AU DÉBUT DES ANNÉES 1950, le gouvernement terre-neuvien de Joey Smallwood convoitait les marchés de la Nouvelle-Angleterre et de l'Ontario[1]. Pour acheminer l'électricité du Labrador jusqu'à destination, Terre-Neuve n'avait d'autre choix que de traverser le territoire québécois ou de le contourner. Bien que des études aient démontré la faisabilité technique de la deuxième option, celle-ci s'avéra beaucoup trop coûteuse[2]. Terre-Neuve engagea donc des pourparlers avec le gouvernement du Québec, qui accepta finalement que l'électricité du Labrador traverse son territoire, à la condition d'être vendue au Québec au-delà d'un certain « point A » — euphémisme utilisé pour désigner la frontière entre le Québec et le Labrador[3].

En mai 1969, soit trois ans après qu'une première entente de principe eut été signée, Hydro-Québec en vint à une entente avec la British Newfoundland Company Ltd. (Brinco), compagnie qui avait reçu du gouvernement de Terre-Neuve le monopole de l'exploitation des ressources naturelles du Labrador. En vertu du contrat signé à l'époque, le Québec se réservait le droit d'acheter toute l'électricité produite par le complexe des chutes Churchill pour une période de 65 ans et s'engageait à le faire. Le contrat prévoyait un prix fixe de 0,3 cent le kilowattheure pour les 40 premières années et un prix légèrement inférieur pour les 25 années restantes. Terre-Neuve conservait le droit d'utiliser jusqu'à 300 des quelque 5200 mégawatts du complexe. Pour pallier des difficultés de financement, Hydro-Québec souscrivit 15 millions $ d'actions ordinaires et 100 millions $ d'obligations. Elle assura l'achèvement des travaux et avança les fonds nécessaires. Elle garantit en outre les taux d'intérêt et de change.

Quatre ans plus tard, le choc pétrolier allait bouleverser la donne : le prix de l'énergie hydroélectrique se mit subitement à grimper. En 1976, le gouvernement terre-neuvien réclama qu'Hydro-Québec lui consente 800 mégawatts supplémentaires, mais sans succès. Il porta alors le litige devant la Cour supérieure de Terre-Neuve, mais perdit sa cause.

En 1980, le gouvernement de Brian Peckford vota la loi intitulée *The Upper Churchill Water Rights Reversion Act*. Cette mesure visait à rétrocéder à Terre-Neuve l'entière propriété et le contrôle des eaux du fleuve Churchill, en annulant le bail de 1961 par lequel Terre-Neuve louait à la Churchill Falls Labrador Company (CFLCo) — filiale de la Brinco — le droit d'exploiter l'énergie des eaux du fleuve Churchill[4]. La loi aurait eu pour conséquence de confisquer les installations hydroélectriques, sans compensation pour Hydro-Québec, et de mettre fin au contrat de 1969. Le gouvernement du Québec contesta en vain devant les tribunaux de Terre-Neuve les visées du gouvernement Peckford : en mars 1982, la Cour supérieure de Terre-Neuve reconnaissait la constitutionnalité de la *Reversion Act*.

En 1996, Brian Tobin menaça de « débrancher » Hydro-Québec du complexe des chutes Churchill. (Serge Chapleau, Musée McCord d'histoire canadienne, M997.52.248.)

Le gouvernement du Québec porta la cause devant le plus haut tribunal du pays[5]. À deux reprises, les gouvernements de Terre-Neuve et du Québec demandèrent à la Cour suprême de retarder sa décision afin de tenter un règlement hors cour, mais les négociations échouèrent[6]. Le 3 mai 1984, la Cour suprême déclara *ultra vires* (c'est-à-dire au-delà de l'autorité constitutionnelle de Terre-Neuve) la *Reversion Act*. En 1988, le gouvernement terre-neuvien, qui avait demandé à la Cour suprême de forcer la CFLCo à livrer 800 mégawatts d'énergie à la province, fut de nouveau débouté.

En septembre 1996, le premier ministre terre-neuvien, Brian Tobin, ranimait la controverse en réclamant, une fois de plus, la réouverture du contrat. Québec et Hydro-Québec opposèrent une fin de non-recevoir à la requête de Terre-Neuve, mais se montrèrent prêts à envisager la réalisation de nouveaux travaux hydroélectriques au Labrador[7].

si je me souviens bien

Lors de la signature du contrat, certains s'inquiétèrent du manque de consultation préalable et de la question de la frontière Québec-Labrador.

> Pourquoi M. Lessard [président d'Hydro-Québec] s'agite-t-il pour signer un contrat qui engage cinq milliards de deniers [sic] d'un territoire de 110 000 milles carrés dont nous avons été frauduleusement dépouillés en octobre-novembre 1926, avant que l'Assemblée nationale ait voix au chapitre ? [...] ce contrat pourrait, s'il est signé pour 65 ans, être singulièrement embarrassant le jour des grandes explications avec Terre-Neuve au sujet de la frontière du Labrador[8].

Mais, en général, l'entente suscita peu de controverse.

Au cours des années 1970, les plaintes de Terre-Neuve furent reçues avec froideur. Aux yeux des Québécois, les termes du contrat de construction et de développement hydroélectrique des chutes Churchill avaient été négociés et acceptés en toute bonne foi par les deux parties. Au moment de la signature du contrat, rien ne laissait prévoir la crise énergétique des années 1970, et les prix négociés convenaient à chacune des parties. Évidemment, la décision de la Cour suprême rendue en 1984 fut accueillie avec satisfaction à Québec. « C'est la première fois depuis un bon bout de temps que la tour penche du côté des intérêts – la cour, pardon – québécois[9] », laissa tomber le premier ministre René Lévesque.

En 1996, les médias francophones du Québec se montrèrent encore réfractaires au discours de Tobin. Ainsi, Alain Dubuc, éditorialiste de *La Presse*, écrivait :

> [Hydro-Québec a] signé un contrat avec Terre-Neuve qui reflète la structure des coûts de ses propres centrales, des coûts fixes, pour très longtemps. Ces prix bas et stables ne sont pas le fruit d'un traquenard contre les Terre-Neuviens. Si le Québec avait imaginé que l'on pourrait un jour remettre ces prix en cause, l'entente avec Terre-Neuve n'aurait jamais été signée[10].

À la suite des menaces du premier ministre Tobin, Eric Kierans, qui avait été ministre dans le gouvernement Lesage de 1963 à 1966, défendit la validité du contrat signé en 1969 :

> L'entente sur les chutes Churchill n'avait rien d'injuste à l'égard de Terre-Neuve. Le gouvernement de cette province n'y vit d'ailleurs rien de mal lorsque, cinq ans plus tard, il acheta pour 160 millions $ la part de Brinco. Sur le marché énergétique, certes, la crise du pétrole et la poussée inflationniste qui en a découlé à travers le monde ont profité aux acheteurs plus qu'aux vendeurs; mais ce n'est pas une raison pour résilier le contrat[11]. ◆

as i recall

Jusqu'au choc pétrolier de 1973, le contrat des chutes Churchill ne souleva aucun mouvement de protestation. « Quand il a été approuvé en 1966, le contrat rapportait 20 millions $ par année à Terre-Neuve, soit environ un dixième des revenus de la province[12]. » Ce n'est qu'avec la crise énergétique que l'idée selon laquelle le contrat avait été négocié injustement se propagea :

sous le poids de problèmes financiers, Terre-Neuve aurait été forcée d'accepter l'offre d'Hydro-Québec. Le prix accordé à Hydro-Québec – dérisoire *a posteriori* – et la longue durée du contrat furent vertement dénoncés.

Quoique le gouvernement fédéral intervint en faveur du Québec[13], la vision terre-neuvienne trouva preneurs dans d'autres provinces du Canada. Ainsi, les gouvernements de la Colombie-Britannique, de la Saskatchewan et du Manitoba appuyèrent tous Terre-Neuve devant la Cour suprême en 1982.

Profondément déçu du jugement rendu par cette dernière en 1984, le premier ministre de Terre-Neuve, Brian Peckford, s'inquiéta de voir attiser la flamme « séparatiste » dans sa province[14]. « Il existe une certaine justice naturelle, une certaine impartialité. Et quand celles-ci penchent si nettement contre une province et si nettement en faveur d'une autre, il y a sûrement moyen de résoudre le problème[15] », déclara-t-il.

En 1996, le successeur de Peckford, Brian Tobin, reprocha à Lucien Bouchard de ne reconnaître la légitimité des tribunaux canadiens que quand l'enjeu lui convenait. Se disant acculé au pied du mur, il entama une campagne médiatique à travers le Canada pour dénoncer le contrat « injuste » et menaça de « débrancher » Hydro-Québec du complexe des chutes Churchill :

> « Honnêtement, ai-je le choix ? Comment expliquer à mes concitoyens que nous perdons de l'argent et que nous allons emprunter pendant les 40 prochaines années, lever des taxes ou fermer des hôpitaux et des écoles dans la province, pour payer au Québec le privilège de pomper l'énergie afin qu'il puisse encaisser plus d'un milliard $ par année[16] ? »

À la même époque, le *Globe and Mail* écrivait :

> Ceux qui étaient concernés de près par l'entente savaient combien durement le Québec avait joué : un contrat de 65 ans pour de grandes quantités

d'énergie, à des prix ridiculement bas et sans clause d'ajustement des prix. [...] La preuve était faite qu'il [Joey Smallwood] avait été poussé dans ses derniers retranchements : il avait le choix d'accepter l'entente selon les conditions que posait Québec ou de renoncer au développement [de sa province][17].

Le journal était d'avis, toutefois, que Terre-Neuve devrait négocier une nouvelle entente avec le Québec plutôt que de « débrancher » Hydro-Québec. Sur la scène fédérale, le Parti réformiste appuya sans réserve le premier ministre Tobin[18]. Le premier ministre Jean Chrétien se borna à dire pour sa part que le contentieux constituait un problème entre deux provinces et que le gouvernement fédéral n'était nullement concerné[19]. ◆

Le contrat liant Hydro-Québec et la CFLCo est longtemps demeuré une pierre d'achoppement pour la réalisation d'autres travaux hydroélectriques au Labrador. « Il y a là un énorme potentiel. Mais ce potentiel est gelé à cause du débat [sur les chutes Churchill][20] », déclarait en 1996 Bernard Lamarre, président du Groupe SNC-Lavalin, une des plus importantes firmes d'ingénierie canadiennes. Le gouvernement du Québec et Hydro-Québec se montrèrent disposés à examiner la possibilité d'effectuer d'autres travaux hydroélectriques dans cette région, mais ils refusèrent catégoriquement de rouvrir le contrat de 1969 comme l'exigeait le gouvernement de Terre-Neuve.

Ce ne fut qu'en mars 1998 que les deux gouvernements en vinrent finalement à un accord en vue de mener à terme le développement hydroélectrique du fleuve Churchill[21]. Dès sa réélection, au scrutin du 9 février 1999, Brian Tobin annonça qu'il rencontrerait rapidement Lucien Bouchard pour discuter du développement des chutes du bas-Churchill[22]. Toutefois, le désir des Innus du Nitassinan (Québec et Labrador) d'avoir leur mot à dire dans la mise en valeur de leur territoire pourrait modifier le déroulement de ce projet[23].

Le projet de loi
S-31 et la Caisse de
dépôt et placement
du Québec (1982)

L^A CAISSE DE DÉPÔT ET PLACEMENT FUT CRÉÉE EN 1964 POUR GÉRER LES FONDS DE la Régie des rentes du Québec, régime de pensions constitué par le Québec parallèlement au Régime de pensions du Canada. De simple gestionnaire du Régime des rentes du Québec, la Caisse de dépôt et placement devint un acteur plus agressif sur la scène fiduciaire canadienne avec l'arrivée à sa tête, en 1979, de Jean Campeau. Elle acheta d'importantes parts dans de grandes entreprises canadiennes comme Alcan (5,3 p. 100), Dofasco (4,5 p. 100), Dominion Textile (19 p. 100), Nova Corporation (8 p. 100), Nabu Manufacturing (20 p. 100), Sceptre Ressources (23,4 p. 100) ou Canadien Pacifique (9,4 p. 100)[1]. Forte de ces acquis, elle entreprit des démarches auprès de plusieurs de ces compagnies pour obtenir une représentation au sein de leurs conseils d'administration. Ainsi, vers la fin de 1981, la Caisse réclama deux sièges au conseil d'administration du Canadien Pacifique. Cette dernière entreprise, s'inquiétant de l'intérêt trop marqué manifesté par la Caisse à son endroit, se tourna vers Ottawa. Son président, Fred Burbidge, déclara :

> Canadien Pacifique a été délibérément créée [sic] comme une société privée par le gouvernement fédéral, et voilà qu'une province qui veut se séparer du reste du Canada achète des actions d'une compagnie qui a été conçue pour souder le pays ensemble[2].

Le 2 novembre 1982, le gouvernement du Canada déposa le projet de loi S-31, intitulé « Loi visant la limitation de la propriété des actions de certaines sociétés ». Cette mesure législative entendait interdire aux gouvernements provinciaux et à leurs sociétés d'État — la Caisse de dépôt et placement, notamment, mais aussi le Alberta's Heritage Fund, créée en 1976 — de posséder plus de

10 p. 100 des actions votantes de toute compagnie travaillant dans le transport interprovincial ou international. Rappelons que, à l'époque, Ottawa avait entrepris de nombreuses démarches en vue de limiter la marge de manœuvre des gouvernements provinciaux en matière économique[3].

Les arguments avancés par le gouvernement fédéral pour justifier son projet de loi étaient : le maintien intégral de la compétence fédérale relative au transport interprovincial et international; la protection du marché commun canadien contre les interventions « balkanisantes » des provinces; et le retour de la Caisse de dépôt et placement à son rôle d'investisseur passif, qu'elle avait quitté pour s'engager — comme le lui reprocha le ministre fédéral de la Consommation et des Corporations, André Ouellet — dans la voie du « socialisme »[4].

Afin de contourner le débat en Chambre et d'accélérer la procédure d'adoption, les intérêts de la Caisse dans le Canadien Pacifique ayant atteint les 9,9 p. 100, le Cabinet emprunta une mesure exceptionnelle et présenta le projet de loi directement au Sénat. Le projet devenait ainsi exécutoire le jour même de son dépôt.

si je me souviens bien

Au Québec, aucun doute ne persistait quant à la véritable raison qui avait motivé l'élaboration du projet de loi S-31 : empêcher la Caisse de dépôt et placement du Québec de prendre le contrôle du Canadien Pacifique. On rejetait l'affirmation selon laquelle l'investissement provincial dans une firme entraînerait la politisation de son processus décisionnel[5]. Alain Dubuc, de *La Presse*, voyait dans le projet de loi la volonté du gouvernement de Pierre Elliott Trudeau, « hostile à toute manifestation du nationalisme régional, [...] de ramener tous les leviers économiques à Ottawa[6]. »

La contestation québécoise rassembla dans une rare unanimité les milieux syndicaux et financiers – notamment la Bourse de Montréal, dont plus de la moitié des transactions étaient, estimait-on, le fait de la Caisse de dépôt[7] –, le gouvernement ainsi que

l'opposition. Serge Saucier, président de la Chambre de commerce
de Montréal, résuma ainsi la situation :

> L'unité canadienne ne sera viable que si les Canadiens
> français sentent qu'ils jouent, dans les rouages élevés
> du secteur privé de l'économie canadienne, un rôle
> correspondant à leur importance numérique au
> Canada. [...] Une concentration de pouvoir gouverne-
> mental est un mal, nous le concédons. Mais l'absence
> des Canadiens français des grands centres de déci-
> sion est un plus grand mal. Entre deux maux, notre
> choix se porte sur le moindre, du côté de la Caisse[8].

Le projet de loi apparaissait comme une conspiration de
l'élite financière anglophone contre les intérêts financiers basés au
Québec, plus précisément contre la montée de l'entrepreneurship
francophone, et contre le Parti québécois lui-même[9]. Jacques
Parizeau, ministre des Finances du Québec, accusa Ottawa de
vouloir empêcher les francophones d'enlever le Canadien Pacifique
à l'establishment économique anglophone[10]. Il affirmait qu'un troc
avait eu lieu entre le gouvernement fédéral et Ian Sinclair, président
du conseil des Entreprises Canadien Pacifique : contre l'assurance
que la Caisse de dépôt et placement ne prendrait pas un jour le
contrôle du CP, Sinclair aurait donné son appui au programme fédéral de plafonnement des augmentations salariales[11].

Escorté d'une douzaine d'hommes d'affaires importants du
Québec — dont le président de la Bourse de Montréal, Pierre Lortie, et le
président de la Chambre de commerce de Montréal, Serge Saucier —,
Jacques Parizeau fit la déclaration suivante devant le Comité sénatorial
permanent des affaires juridiques et constitutionnelles, chargé d'enquêter sur le projet de loi : « Je ne comprends pas pourquoi ceux qui
aiment l'unité canadienne craignent autant de voir des francophones
prospères en affaires[12]. » Il affirma que, si ce projet devenait loi, le
Québec serait traité comme jamais l'Agence de révision des investissements étrangers n'avait traité les investisseurs étrangers[13].

De son côté, le Parti libéral du Québec, resté silencieux tout le mois qui suivit le dépôt du projet de loi au Sénat, surprit tout le monde en attaquant le gouvernement fédéral et son projet de loi S-31. Gérard-D. Lévesque, chef par intérim du parti, reprocha ainsi au projet de loi de s'en prendre à la Caisse de dépôt et placement et d'avoir des objectifs mal définis. Il déplora également que personne n'ait été préalablement consulté[14].

Avec le quotidien montréalais *The Gazette*, qui jugeait que le projet de loi était dans l'intérêt national[15], le Conseil du patronat fut l'un des rares organismes québécois à appuyer Ottawa, invitant la Caisse à s'en tenir à son rôle de fiduciaire[16]. Une autre voix discordante fut celle de Michel Vastel, du *Devoir*. Il écrivit :

> Une compilation [...] de données disponibles à la Bourse de Toronto et au ministère fédéral de la Consommation et des Corporations indique que le ministre des Finances, M. Jacques Parizeau, et le président de la Caisse de dépôt ont grossièrement exagéré l'impact financier de la loi fédérale ou qu'alors le gouvernement du Québec avait pris la décision politique de prendre le contrôle de Canadien Pacifique[17]. ◆

À la suite de ses démarches auprès de compagnies canadiennes en vue d'avoir des représentants dans leurs conseils d'administration, la Caisse de dépôt et placement fut vite perçue, dans les bastions traditionnels du pouvoir canadien, comme le fer de lance de l'offensive québécoise contre le capital canadien. Les gens d'affaires voyaient dans le projet de loi S-31 le moyen de contrer les scénarios de nationalisation que pourraient envisager des institutions comme la Caisse de dépôt et placement.

On assista ainsi à la mobilisation de l'establishment canadien derrière le président du Canadien Pacifique, Fred Burbidge, qui se disait opposé non pas à la présence de francophones au sein du conseil d'administration de sa compagnie, mais à l'intrusion gouvernementale au sein de l'entreprise privée. La Chambre de commerce du Canada, Power Corporation du Canada, Bell Canada, Stelco, Dominion Textile, la Banque de Montréal et bien d'autres se joignirent au CP pour faire pression sur Ottawa. Plus encore, le Business Council on National Issues, groupe de pression de la grande entreprise, affirma que le projet de loi n'allait pas assez loin. De son côté, le ministre Ouellet précisa qu'une centaine de gens d'affaires, francophones et anglophones, avaient, comme le Canadien Pacifique, exprimé leurs inquiétudes au sujet de la Caisse de dépôt. Il refusa de donner des noms, pour ne pas ouvrir la voie à une chasse aux sorcières[18].

D'emblée, les partis d'opposition à la Chambre des communes s'élevèrent contre le projet de loi. Le Nouveau Parti démocratique le considérait comme une limitation inutile et inacceptable de l'entrepreneuriat provincial. Le Parti progressiste-conservateur reprocha au gouvernement de poursuivre des politiques foncièrement centralisatrices et de négliger de consulter les provinces[19]. La nature des activités du capital canadien et l'importance de l'industrie du transport au Canada donnaient, par ailleurs, au projet de loi une dimension vaste et lourde de conséquences pour plusieurs sociétés d'État provinciales. Ainsi, le gouvernement de l'Alberta s'opposa immédiatement à cette mesure, et les gouvernements de l'Ontario, de la Colombie-Britannique, de la Saskatchewan et de Terre-Neuve ne tardèrent pas à exprimer le malaise dans lequel les plongeait le projet de loi[20].

Même si plusieurs personnes reconnurent que la cible première du projet de loi S-31 était la Caisse de dépôt et placement du Québec, tous ne virent pas dans les réactions qui suivirent son dépôt l'expression d'une opposition fondée simplement sur des préoccupations linguistiques ou partisanes. Selon certains, les réactions divergentes s'expliquaient aussi par les liens d'affaires qu'une entreprise entretenait ou non avec les gouvernements[21].

Comme l'explique Allan Tupper :

> La force motrice derrière le projet de loi S-31 est une alliance entre le gouvernement fédéral et certaines grandes entreprises et intérêts financiers canadiens, notamment le Canadien Pacifique. L'intérêt premier d'Ottawa était de réduire la capacité des gouvernements provinciaux d'influencer l'activité économique au-delà de leurs frontières respectives, alors que les sociétés en question ont essayé de préserver leurs prérogatives de décideurs en bloquant, par le biais de la législation fédérale, l'investissement des gouvernements provinciaux dans les entreprises[22]. ◆

Alors que le caucus libéral était de plus en plus déchiré sur la question, le Comité sénatorial remit son rapport le 17 décembre 1982. Il déclarait que le projet de loi S-31 outrepassait les limites raisonnables de l'autorité du gouvernement fédéral. Ce projet fut donc retiré à la fin de la session d'automne.

Le 3 novembre 1983, il réapparut sous une forme légèrement modifiée. Devant la levée de boucliers que cela provoqua au Québec, le caucus libéral demanda son retrait. Le 30 novembre 1983, le projet de loi S-31 était radié de nouveau, définitivement cette fois. Les politologues Yves Bélanger et Pierre Fournier écrivent à ce sujet : « Même si le projet n'a jamais été adopté, il a constitué un avertissement clair à la Caisse de dépôt de limiter ses ambitions à l'égard des entreprises pan-canadiennes[23]. » En fin de compte, la Caisse de dépôt n'a pas accru sa participation au Canadien Pacifique.

Le contrat
d'entretien
des CF-18 (1986)

L E 10 AVRIL 1980, À QUELQUES SEMAINES DU RÉFÉRENDUM SUR LA SOUVERAINETÉ-association, le gouvernement canadien annonçait sa décision d'octroyer le contrat de construction des nouveaux avions de chasse canadiens à la McDonnell Douglas de St-Louis, dans le Missouri, plutôt qu'à la General Dynamics de Montréal.

Cinq ans plus tard, en 1985, trois consortiums faisaient connaître leurs soumissions pour l'entretien de la nouvelle flotte des CF-18 à la suite d'un appel d'offres du gouvernement fédéral : le groupe Canadair de Montréal, le groupe Bristol de Winnipeg et le groupe IMP de Halifax[1].

Pour évaluer ces soumissions, le gouvernement fédéral mit sur pied un comité d'évaluation composé de 75 experts. La soumission de Halifax fut vite jugée inadéquate sur le plan technique. En juin 1986, le comité recommanda au Cabinet de retenir la soumission de Bristol. Cette dernière avait obtenu 926 points sur 1000 pour le mérite technique, contre 841 points pour Canadair. En outre, le prix de Bristol était inférieur de 3,5 millions $ à celui de Canadair[2]. Sans qu'Ottawa en fasse la demande, Bristol avait diminué son prix afin de rendre sa soumission plus avantageuse.

Le 31 octobre 1986, le gouvernement fédéral annonça sa décision d'octroyer le contrat à Canadair malgré tout. On justifia cette décision en insistant sur le fait que Canadair était une entreprise canadienne et qu'elle était assurerait un plus grand nombre de transferts technologiques. « Cette décision est fondée sur des critères financiers et économiques solides », expliqua Robert de Cotret, président du Conseil du Trésor, niant que des considérations d'ordre régional et politique aient pesé dans la balance[3].

si je me souviens bien

Plusieurs intervenants, au Québec, avaient fait pression sur Ottawa
en faveur de Canadair : le gouvernement du Québec, la Chambre de
commerce de Montréal, la ville de Montréal et la Communauté
urbaine de Montréal, pour n'en nommer que quelques-uns. Canadair
avait aussi obtenu l'appui « inconditionnel » des libéraux fédéraux
du Québec[4].

Au Québec, la décision concernant l'octroi du contrat
d'entretien des CF-18 s'inscrivait dans un axe d'opposition Québec-
Ontario[5]. Ce contrat devait permettre de renforcer l'industrie aérospatiale montréalaise et ne représentait, croyait-on, que la part des
bénéfices industriels auxquels le Québec était en droit de s'attendre : « L'Ontario a l'industrie automobile, et nous voulons que
l'industrie aérospatiale soit consolidée ici », disait Yvon Marcoux,
président de la Chambre de commerce de Montréal[6].

Le premier ministre Robert Bourassa loua la décision coura-
geuse de Brian Mulroney et la justifia, notamment, par le taux de
chômage plus élevé dans l'Est que dans le Centre du Canada, où les
emplois liés à la Bristol se seraient retrouvés[7]. René Lévesque rappela qu'Ottawa avait promis le contrat d'entretien des CF-18 au
Québec pour se faire pardonner d'avoir donné, en 1980, le contrat
de construction de la nouvelle flotte à la McDonnell Douglas plutôt
qu'à la General Dynamics[8]. En bref, la décision fédérale reçut un
très bon accueil. Les politologues Robert M. Campbell et Leslie A.
Pal le résument fort bien :

> Aux yeux des Montréalais, l'attribution du contrat
> d'entretien des CF-18 au groupe Bristol aurait été une
> « décision politique ». Cette attitude se fondait sur
> quatre arguments principaux : 50 p. 100 de l'indus-
> trie aérospatiale canadienne se trouvait à Montréal;
> en 1980, on avait fait des promesses à cette ville; le
> groupe montréalais Canadair avait pour concurrents
> des entreprises britanniques et américaines, qui
> auraient effectué les travaux en Ontario; enfin,

Si je me souviens bien

Montréal, par l'entremise de Canadair, avait respecté
les règles du jeu, tandis que Bristol, pour couper
l'herbe sous le pied de ses concurrents, avait soumis
une offre sans qu'on le lui ait demandé[9]. ◆

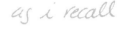

L'annonce de la décision fédérale sema un vif émoi dans la population manitobaine, et le dossier des CF-18 acquit, à son tour, valeur
de symbole de l'aliénation de l'Ouest. Campbell et Pal résument
ainsi l'évolution de ce dossier :

> En 1985, le contrat portait sur la création d'emplois; en
> 1986, c'est la nature même du Canada qui était en jeu.
> Dans l'Ouest du pays, la décision suscita un degré
> d'amertume jamais observé depuis les batailles qui
> avaient entouré le Programme énergétique national[10].

Répliquant à Brian Mulroney, qui affirmait que la décision
avait été prise dans l'intérêt national, Don Braid écrivait dans *The
Gazette* : « Ceci suppose que l'intérêt du Canada central est national, mais que celui de l'Ouest canadien ne l'est pas[11] ».

À l'unanimité, les partis politiques du Manitoba contestèrent
la décision. Furieux, le premier ministre du Manitoba, Howard
Pawley, dénonça vivement le favoritisme politique qui, selon lui,
avait motivé la décision du gouvernement fédéral : « Franchement,
jusqu'à très récemment, je considérais qu'un gouvernement central
fort protégeant les plus petites provinces était la meilleure chose.
J'ai dû, à contrecœur, réexaminer cette prémisse[12] ». Il alla jusqu'à
menacer de ne plus participer aux négociations constitutionnelles
qui allaient plus tard déboucher sur l'Accord du lac Meech. Il demanda à tous les premiers ministres de l'Ouest de lui prêter main-forte,
mais seul le premier ministre créditiste de la Colombie-Britannique,

William Van der Zalm, répondit à l'appel. Don Getty de l'Alberta et Grant Devine de la Saskatchewan, conservateurs, ne donnèrent pas suite à la requête de leur collègue néo-démocrate[13].

Les conservateurs de l'Ouest rejetèrent les explications avancées par le gouvernement fédéral pour justifier sa décision, arguant, eux aussi, qu'elle était motivée politiquement. Gary Filmon, chef de l'opposition, se dit « outré » et envisagea même de changer le nom du Parti conservateur du Manitoba pour le dissocier de son homologue canadien. Des membres du parti déchirèrent leur carte, alors que libéraux et néo-démocrates voyaient leur cote monter en flèche dans les sondages[14]. Felix Holtmann, un des neufs députés conservateurs du Manitoba au Parlement, y alla d'une diatribe imagée : « Nous étions sûrs que Bristol détenait une très bonne soumission. Il me faudra hurler et gémir encore plus fort. C'est la roue qui grince qui reçoit le plus d'huile[15] ».

Les milieux économiques de la province se prononcèrent également sur l'octroi du contrat d'entretien des CF-18 à Canadair. « Brian Mulroney a commis un suicide politique », lança John Doole, président de la Chambre de commerce de Winnipeg. Usant de termes forts, il se dit navré pour les députés fédéraux conservateurs du Manitoba, « laissés pendus à sécher au soleil afin que les vautours leur arrachent les yeux[16]. » ◆

En guise de consolation, le gouvernement fédéral annonça dès décembre 1986 que le contrat d'entretien de la flotte aérienne des CF-5 ne serait pas attribué à Canadair, comme cela avait été prévu à l'origine, mais plutôt à Bristol. En outre, Jake Epp, représentant du Manitoba au sein du cabinet fédéral, confia à sa province un important projet de recherche scientifique sur la santé[17]. Toujours pour se racheter, les conservateurs firent, en 1988, l'annonce d'investissements dans la province : deux laboratoires, un centre de recherche sur l'environnement et un parc national dans le Nord du Manitoba. Ils garantirent également que l'entretien des nouveaux avions Airbus d'Air Canada se ferait à Winnipeg[18].

Comme le soulignent les politologues Alain-G. Gagnon et Brian Tanguay, la décision du gouvernement conservateur de privilégier Montréal au détriment de Winnipeg joua un rôle catalyseur dans la création du Parti réformiste en 1987 :

> Cette décision heurta la plupart des Canadiens de l'Ouest et les convainquit que leurs intérêts n'étaient pas mieux servis par les conservateurs que par les libéraux, particulièrement quand l'enjeu était le vote des Québécois. Aux yeux de plusieurs, il fallait créer un parti entièrement nouveau pour canaliser la protestation de l'Ouest [...][19].

D'aucuns sont d'avis que l'événement contribua à l'élection, en 1988, de plusieurs libéraux dans l'Ouest[20]; il aurait même eu des conséquences sur les négociations constitutionnelles en cours, selon le *Winnipeg Free Press* :

> Le ressentiment que l'attribution du contrat provoqua chez les Manitobains ne fut pas étranger au refus de l'Assemblée législative de cette province d'entériner l'Accord du lac Meech [en 1990]. En obtenant le contrat des CF-18, M. Bourassa a perdu plus qu'il n'a gagné[21].

Le contrat d'entretien des CF-18 fut renouvelé en juillet 1996 pour une durée de trois ans, au profit de Canadair. Très présent dans l'Ouest canadien, le Parti réformiste reprocha au gouvernement de Jean Chrétien d'avoir négligé de faire un nouvel appel d'offres et préféré agir en catimini pour favoriser une fois de plus Canadair aux dépens des entreprises de l'Ouest[22].

La   loi   C - 2 2   s u r
l e s   b r e v e t s
p h a r m a c e u t i q u e s
(1 9 8 7)

À COMPTER DES ANNÉES 1950, IL Y EUT AU CANADA UN IMPORTANT DÉBAT CONCER-
nant le prix des médicaments. En mars 1969, le Parlement canadien adoptait la loi C-102, qui garantissait les licences obligatoires de fabrication et
d'importation en vertu desquelles le fabricant d'un produit breveté était contraint
de permettre la copie de celui-ci, dès la quatrième année après sa mise en marché, contre une redevance de 4 p. 100 de son prix de vente net. Plus favorable
aux consommateurs qu'aux fabricants de produits brevetés, la loi C-102 permit
que le prix des médicaments demeure bas et encouragea l'émergence d'une industrie canadienne de médicaments génériques. Jouissant d'un large soutien public
au cours de la décennie suivante, cette politique commença à être remise en cause
vers la fin des années 1970. Reflet de nouvelles conditions économiques, cette
contestation se traduisit par des tensions entre le Québec et le reste du Canada,
du fait que les compagnies de médicaments brevetés, la plupart de propriété
étrangère, étaient concentrées au Québec[1].

En juillet 1984, le Parti progressiste-conservateur avait promis de réviser la
Loi sur les brevets pharmaceutiques, afin de prolonger la protection des brevets et
d'inciter les entreprises innovatrices à investir davantage au Canada. Il s'agissait de
mettre en place une structure qui permettrait aux entreprises engagées dans les
activités de recherche et de développement de mieux profiter des sommes inves-
ties, tout en s'assurant que le consommateur canadien puisse se procurer des
médicaments à des prix concurrentiels[2].

Dans son rapport déposé en septembre 1984, la Commission royale
d'enquête sur l'industrie pharmaceutique (commission Eastman) s'opposa à une
prolongation de la protection déjà accordée aux brevets. Selon les commissaires,

une telle mesure nuirait à la saine concurrence et entraînerait une hausse du prix des médicaments[3]. Le gouvernement de Brian Mulroney passa outre à cet avis et, le 6 novembre 1986, il déposa le projet de loi C-22 à la Chambre des communes. Ce projet accordait aux compagnies innovatrices une protection de sept à dix ans contre les licences obligatoires, créait un comité de contrôle du prix des médicaments et avançait 100 millions $ aux provinces pour couvrir les coûts supplémentaires des médicaments. Parallèlement, les fabricants de médicaments brevetés s'engageaient à investir 1,4 milliards $ dans la recherche et la mise au point de nouveaux médicaments.

Contrairement à ce qu'il avait prévu, le gouvernement dut consacrer beaucoup de temps et d'efforts pour parvenir à faire adopter son projet de loi. Partout, les débats furent intenses. Le Parti libéral du Canada, et le Nouveau Parti démocratique menèrent une lutte sans merci au projet de loi et le Sénat, à majorité libérale, refusa à deux reprises de le sanctionner. Les enjeux soulevés étaient complexes : l'interventionnisme de l'État, contre la réduction de son rôle et de sa taille; les intérêts des personnes malades, démunies et âgées contre ceux des chercheurs et des producteurs; les grandes multinationales pharmaceutiques contre l'industrie des médicaments génériques, canadienne en grande partie; et, enfin, les intérêts économiques du Québec contre ceux des autres provinces. Il fallut attendre le 19 novembre 1987 pour que les sénateurs abandonnent la bataille et sanctionnent le projet de loi C-22. Après s'y être opposé pour se conformer à la ligne de parti, le caucus libéral du Québec, craignant pour l'unité du parti et qu'un grief régional ne découle du rejet du projet de loi, avait insisté pour que le Sénat lui donne sa sanction[4].

Si je me souviens bien

Les fabricants de médicaments brevetés étant concentrés au Québec, il était normal que le projet de loi C-22 trouve un important soutien dans cette province. Il reçut l'appui de l'Assemblée nationale, des syndicats, de la Chambre de commerce de Montréal, du Bureau de commerce de Montréal, de la ville de Montréal, de la

Communauté urbaine de Montréal et du monde universitaire. Michel Bergeron, directeur du Département de physiologie de l'Université de Montréal, exprima ainsi le point de vue des défenseurs du projet de loi : « La question est simple, madame Tremblay paiera peut-être ses valiums plus cher, mais son fils aura un emploi[5]. »

L'approche du gouvernement conservateur, axée sur les investissements, convenait parfaitement aux intérêts économiques du Québec. C'est pourquoi le gouvernement libéral de Robert Bourassa condamna vigoureusement l'obstruction du Sénat qui, estimait-il, risquait de mettre en péril plus de 660 millions $ d'investissements dans de nouvelles activités de recherche et développement au Québec; il fit adopter, à deux reprises, une résolution en faveur du projet de loi[6].

Les intérêts québécois réussirent à ébranler la ligne de parti du PLC, fermement opposé au projet de loi. En effet, le caucus libéral du Québec à Ottawa donna publiquement son appui à ce dernier. Au moment de voter, plusieurs députés et sénateurs libéraux du Québec dérogèrent aux consignes de leur parti et soutinrent le projet de loi. Le sénateur Pierre de Bané et le député Jean-Claude Malépart furent de ceux-là[7]. Bien sûr, il y eut aussi au Québec des opposants au projet de loi. Ils invoquèrent les mêmes arguments que ceux entendus ailleurs au Canada, mais ils demeurèrent marginaux en comparaison de leurs partenaires des autres provinces. ◆

Le projet de loi C-22 suscita, au Canada anglais, des opinions très diverses. Les fabricants de médicaments génériques, concentrés dans la région de Toronto, s'opposèrent fermement à cette mesure. De nombreux groupes de consommateurs firent de même, craignant que l'adoption d'une telle loi ne provoque une hausse du prix des médicaments. Un sondage Gallup effectué en août 1986 indiquait que 57 p. 100 des personnes interrogées pensaient que tout nouveau médicament devait être immédiatement offert à prix modique[8]. Professeur à l'Université de Waterloo et conseiller auprès de la « Consumers' Association of Canada », Robert Kerton émit des doutes quant à la capacité du comité de contrôle du prix de limiter le prix des nouveaux médicaments. « Le message que la loi envoie aux multinationales est le suivant : " quand vous établissez votre prix de vente pour le marché canadien, fixez la barre haute"[9]. »

Cette crainte de la hausse du prix des médicaments fut savamment entretenue par les fabricants de médicaments génériques, qui prédisaient que les médicaments brevetés, plus chers que leurs copies, coûteraient des milliards $ de plus aux contribuables canadiens[10].

Rapidement, prit forme une large coalition de groupes d'intérêts opposés au projet de loi : la « National Coalition on Patent Act changes ». D'intenses pressions furent exercées sur Ottawa[11]. Évidemment, tous ne s'opposaient pas au projet de loi C-22. Les fabricants de médicaments brevetés, concentrés dans la région de Montréal mais aussi présents en Ontario, l'appuyèrent fortement. À leurs côtés, on retrouvait l'establishment médical et tout le milieu de la recherche biomédicale.

Bientôt, toutefois, le débat sur la protection des brevets fut éclipsé par d'autres questions comme le libre-échange, le pouvoir des multinationales, le rôle du Sénat, la place de l'État dans l'économie et celle du Québec dans la fédération. Pour la plupart des provinces, la Loi sur les brevets pharmaceutiques devait privilégier une approche orientée vers les prix – donc favorable à l'industrie des médicaments génériques – plutôt que vers les investissements – et donc favorable à l'industrie des médicaments brevetés[12]. L'Île-du-Prince-Édouard et le Manitoba soumirent même une motion contre le projet de loi.

Beaucoup de gens pensaient que ce dernier était surtout favorable au Québec et, avec le temps, la dimension régionale du

dossier gagna en importance. Le gouvernement de Brian Mulroney
fit peu pour contrer cette impression. Au contraire, il s'en servit
pour mieux museler ses adversaires :

> La concentration fortuite de l'industrie [pharmaceuti-
> que] au Québec permit au gouvernement d'accuser
> les opposants au projet de loi C-22 d'être anti-québé-
> cois. Cela eut pour effet d'occulter certains aspects
> du problème, comme les catégories de médicaments
> et le niveau des prix. Que le projet de loi C-22 fasse
> augmenter ou baisser les prix devenait une question
> de moins en moins pertinente. Son adoption serait
> bénéfique pour le Québec – point[13]. ◆

La loi entra en vigueur le 7 décembre 1987, et les craintes exprimées par
les fabricants de médicaments génériques ne se concrétisèrent pas : la progression
du coût des médicaments brevetés est demeurée inférieure à celle de l'inflation,
et l'industrie pharmaceutique ontarienne se porte bien[14].

La Loi sur les brevets pharmaceutiques devant être revue tous les cinq ans,
le gouvernement du Canada la révisa en 1993. Avec l'entrée en vigueur du projet
de loi C-91 qui s'ensuivit, les licences obligatoires furent abolies et la durée des
brevets prolongée à 20 ans — malgré l'opposition persistante des fabricants de
médicaments génériques et des groupes de consommateurs[15]. Cette nouvelle protection a eu pour effet de multiplier les firmes de biotechnologie, au Québec et
en Ontario notamment[16].

Le gouvernement du Canada procéda en 1997 à une nouvelle révision de la
Loi C-91 sur les brevets pharmaceutiques. Les chambres de commerce des régions
de Montréal et de Toronto appuyant les modifications proposées, il n'y eut pas de
confrontation cette fois[17]. Les modifications entrèrent en vigueur en mars 1998.

L'Accord de libre-échange Canada-États-Unis (1988)

CRÉÉE EN 1982 SOUS LE GOUVERNEMENT TRUDEAU AU SORTIR D'UNE DURE RÉCESSION, la Commission royale d'enquête sur l'union économique et les perspectives de développement au Canada, présidée par Donald S. Macdonald, recommandait, dans son rapport déposé le 5 septembre 1985, la mise en œuvre d'un accord de libre-échange canado-américain. Sans tarder, le premier ministre Brian Mulroney fit de ce projet son cheval de bataille, malgré le fait qu'il s'y était opposé un an auparavant alors qu'il était candidat à la direction du Parti conservateur.

Le 3 octobre 1987, après plusieurs mois de négociations ardues, le Canada parvint à s'entendre avec les États-Unis. Le 11 décembre 1987, la proposition d'accord était déposée à la Chambre des communes et, le 2 janvier 1988, le premier ministre Brian Mulroney et le président américain Ronald Reagan signaient l'Accord de libre-échange. L'entente signée, il ne restait plus qu'à la faire approuver par le Parlement canadien et par le Congrès américain.

Ce n'était pas la première fois que cette question allait être débattue au Canada. Le premier accord de libre-échange entre le Canada et les États-Unis, le Traité de réciprocité, fut signé en 1854. Pour le Canada, il venait en quelque sorte compenser la fin d'une autre relation d'échange bilatéral, entretenue depuis 1846 avec l'Angleterre et portant sur les préférences impériales accordées au maïs produit par les colonies de la couronne. En dix ans de réciprocité avec les États-Unis, le Canada tripla ses exportations. En 1866, les États-Unis abrogèrent le Traité de réciprocité, face aux pressions des industries américaines de la pêche et du bois et face à l'antagonisme suscité par les actions canadiennes durant la guerre civile américaine. La Confédération de 1867 établit une nouvelle communauté politique et un nouveau marché commun, fondé non plus sur un axe nord-sud mais sur un axe est-ouest. En 1879, après le refus des États-Unis de rétablir la réciprocité, le premier ministre John A. Macdonald mit en oeuvre sa « politique nationale », qui établissait notamment des tarifs douaniers élevés[1].

Le libre-échange entre le Canada et les États-Unis fut à nouveau sérieuse-ment envisagé en 1911. Enfin, le Pacte de l'auto, négocié en 1965 et qui établis-sait un système d'échange hors taxes sur les automobiles et les pièces d'automobile, fut la dernière tentative sérieuse, avant celle de 1988, de mettre en place une relation de libre-échange — limitée, celle-là — entre les deux pays[2].

Le 24 mai 1988, le projet de loi C-130 pour l'application de l'Accord de libre-échange était présenté en première lecture à la Chambre des communes; libéraux et néo-démocrates manifestèrent leur opposition. En comité, ils pro-posèrent une cinquantaine d'amendements, dont deux furent acceptés. Le 4 août, le projet de loi était envoyé pour troisième lecture à la Chambre des com-munes. Sachant que rien ne pouvait être fait par son parti ou par le Nouveau Parti démocratique pour bloquer le projet de loi en Chambre, le chef du Parti libéral du Canada, John Turner, demanda au Sénat, à majorité libérale, de le blo-quer jusqu'à la tenue d'une élection générale[3]. Les sénateurs libéraux s'appliquè-rent ainsi à retarder systématiquement l'adoption de l'Accord, forçant le premier ministre Mulroney à déclencher pour le 21 novembre 1988 des élections sur le thème du libre-échange.

Si je me souviens bien

Le gouvernement libéral de Robert Bourassa, élu en décembre 1985, (et fort de l'appui accordé au libre-échange par le monde des affaires et par les fonctionnaires du ministère de l'Indus-trie, du Commerce et de la Technologie), donna son aval à l'Accord de libre-échange.

Le Parti québécois appuya lui aussi l'Accord de libre-échange. Depuis quelques années déjà, ce parti avait pris ses distances de l'approche étatiste, tel qu'en témoignent les documents *Bâtir le Québec* (1979) et *Le virage technologique* (1982). Ainsi, au début de

1985, soit avant le dépôt (en septembre de la même année) du rapport
de la Commission Macdonald recommandant le libre-échange, les
ministres péquistes Jacques Parizeau et Pierre-Marc Johnson
mettaient déjà au point une stratégie commerciale pour le Québec.
Orientée vers le libre-échange, cette dernière avait pour objectifs de
pallier le problème grandissant du protectionnisme américain, de
transformer l'économie du Québec pour la rendre plus compétitive et
d'obtenir une association économique avec les États-Unis[4].

Les résultats d'un sondage effectué, entre janvier et juin
1986, par la Fédération canadienne de l'entreprise indépendante
(FCEI) révélaient l'optimisme de l'entreprise privée face à la question du libre-échange avec les États-Unis : quatre PME (petites et
moyennes entreprises) québécoises sur cinq ne se voyaient pas
menacées par celui-ci[5].

Toutefois, comme dans le reste du Canada, le mouvement
syndical s'opposa au libre-échange. Dès 1986, les grandes centrales
syndicales s'unirent pour former la Coalition québécoise d'opposition au libre-échange. Les raisons invoquées par cette dernière pour
expliquer sa position face au libre-échange étaient d'ordre identitaire, social et économique :

> Une entente sur le libre-échange entre le Canada et
> les États-Unis représente probablement la plus gran-
> de menace à l'identité québécoise depuis la
> Conquête. [...] c'est la souveraineté même et l'intégri-
> té culturelle canadienne et québécoise qui risquent
> peu à peu de disparaître[6].

La coalition s'inquiétait de l'abolition des programmes sociaux
qui résulterait d'un « nivellement par le bas sur le modèle américain »
et craignait la réduction de l'autonomie industrielle du Québec[7].

Pour une majorité de Québécois, cependant, le libre-échange
était un bon moyen de s'ouvrir sur le monde et de se libérer du protectionnisme américain. En raison de leur spécificité linguistique, les francophones avaient le sentiment de profiter d'une protection culturelle

qui faisait défaut aux Canadiens anglais. Alors qu'il était ministre du Transport dans le gouvernement Mulroney, Benoît Bouchard exprima une opinion semblable : « La crainte du libre-échange a moins de prise au Québec parce que cela fait 300 ans que les Québécois sentent leur culture menacée[8]. »

L'historien Jacques Portes ajoute cette explication :

[...] depuis le XIXe siècle, les Canadiens français ont toujours considéré les Américains comme des amis. Ainsi, ils ont toujours été plus favorables aux investissements américains que les autres Canadiens, parce qu'ils pouvaient leur être utiles dans leur affirmation vis-à-vis des Anglais, n'ayant jamais eu à souffrir des premiers et beaucoup à reprocher aux seconds[9]. ◆

as i recall

Dans le reste du Canada, le libre-échange suscita un débat passionné, qui déborda largement les simples enjeux économiques. En 1991, Mel Hurtig écrivait :

Le Canada se désintègre [...], nous avons permis à d'ineptes politiciens et à d'avides dirigeants d'entreprises, manipulateurs et égoïstes, de détruire le travail et les réalisations de générations entières − le travail et les rêves de millions de Canadiens.

Et de conclure : « De toute ma vie, je n'ai jamais rencontré une situation qui menace autant l'existence de notre pays[10]. »

Comme Hurtig, bon nombre de Canadiens anglais croyaient que le libre-échange constituait un danger pour l'avenir du Canada, menaçant l'identité et la souveraineté canadiennes, mettant en péril le filet de sécurité sociale et risquant de provoquer la fuite de nombreux emplois vers les États-Unis. Selon un sondage Decima effectué en décembre 1985 auprès de 1 500 personnes, 45 p. 100 des

Canadiens croyaient que les « risques rattachés à l'indépendance
politique et économique du Canada pesaient plus dans la balance
que les avantages potentiels du libre-échange[11]. » Les opposants au
libre-échange se montraient moins touchés par les possibles avantages d'une économie agrégée que par le fait que, selon eux, le
Canada s'en trouverait diminué politiquement[12].

Manifestation contre le libre-échange, sur la colline du Parlement à Ottawa.
(Université d'Ottawa, Centre de recherche en civilisation canadienne-française,
Fonds *Le Droit*, C76, Ph92-7/2188MAN; photographe Gilles Benoît.)

Ces craintes étaient partagées par le PLC et le NPD. Lors de la
campagne électorale de 1988, John Turner, chef du PLC, affirma que
les programmes sociaux canadiens, plus particulièrement les programmes d'assurance maladie gérés par les provinces, seraient menacés par le libre-échange et que la concurrence des producteurs
américains mettrait en danger l'économie canadienne et sa capacité à
payer pour les programmes sociaux[13]. Outre les partis politiques, on
vit le mouvement syndical, les milieux culturels et les agriculteurs former des coalitions contre le libre-échange. En 1986, les délégués à
l'assemblée annuelle du Congrès canadien du travail approuvèrent un

document de politique générale dans lequel on pouvait lire que le libre-échange marquerait la fin de la « tradition canadienne qui consiste à utiliser le gouvernement pour favoriser l'émergence d'une société d'entraide, plus humaine[14]. »

La réaction la plus favorable à une large libéralisation des échanges entre le Canada et les États-Unis vint des hauts fonctionnaires fédéraux et provinciaux, qui l'appuyèrent à 80 p. 100, et des dirigeants d'entreprises, qui y étaient favorables dans une proportion de 70 p. 100[15]. Les premiers ministres provinciaux, à l'exception des premiers ministres libéraux de l'Ontario et de l'Île-du-Prince-Édouard, lui donnèrent également leur appui.

L'opinion publique était quant à elle partagée, mais le niveau d'appui à l'Accord demeura presque toujours inférieur dans le reste du Canada à celui observé au Québec. Les sondages révélaient toutefois des variations régionales considérables : alors qu'une majorité d'Albertains appuyait l'Accord, une majorité d'Ontariens s'y opposait[16]. D'ailleurs, Don Getty, premier ministre albertain, n'y alla pas de mots voilés pour mettre en garde les opposants au libre-échange, ontariens notamment :

> J'avertis ceux dont l'opposition au libre-échange
> pourrait nuire à l'avenir de l'Alberta : nous ne l'oublie-
> rons jamais. [...] Nous ne pouvons pas laisser ceux
> qui veulent dominer l'Alberta et l'Ouest continuer de
> se battre contre le libre-échange afin de perpétuer
> cette domination[17]. ◆

Après une campagne difficile, les conservateurs remportèrent 170 sièges sur un total de 295 avec 43 p. 100 des voix, et l'Accord de libre-échange fut approuvé à la Chambre des communes dès le 31 décembre 1988; il entra en vigueur le 1er janvier 1989. Plusieurs Canadiens anglais adversaires du libre-échange furent irrités par la décision du gouvernement conservateur d'aller de l'avant avec l'application de l'entente, alors qu'une majorité de Canadiens avait voté pour des partis qui y étaient opposés[18]. D'ailleurs, l'appui massif que le Québec accorda au Parti conservateur — 63 sièges sur 75, et 53% du vote — fut interprété comme une manifestation de la profonde insensibilité des Québécois vis-à-vis des aspirations nationales du Canada anglais[19].

En 1991, le gouvernement Mulroney entama des négociations trilatérales avec les États-Unis et le Mexique afin de conclure un accord nord-américain de libre-échange. L'Accord fut signé le 17 décembre 1992 et adopté en Chambre le 23 juin 1993. Après la cuisante défaite des conservateurs en octobre 1993, le nouveau gouvernement libéral de Jean Chrétien n'apporta aucun amendement à l'Accord de libre-échange nord-américain même si, durant la campagne électorale, on avait laissé entendre le contraire. Comme prévu, l'ALENA entra en vigueur le 1er janvier 1994[20].

chapitre 6

La réconciliation manquée

Introductions par
Guy Rocher
John Meisel

Essais préparés par
Alain Desruisseaux et
Sarah Fortin

La réconciliation manquée

C ETTE PÉRIODE S'OUVRE SUR UNE SORTE DE RÊVE, UN RÊVE ÉVEILLÉ : ALLAIT-ON ENFIN assister à une « entente cordiale » entre le Québec et le reste du Canada, pour reprendre l'expression que l'on employait au début du siècle lorsqu'il était question des relations entre la France et l'Angleterre ?

Les années 1980 et 1981 avaient été extrêmement traumatisantes pour les Québécois : la rude campagne référendaire de 1980, au cours de laquelle on avait vu bien des familles se diviser et bien des amitiés se détériorer et qui avait laissé des blessures chez les vainqueurs comme chez les perdants; la négociation ratée de 1981, dont le Québec était sorti plus isolé que jamais, s'excluant lui-même d'une entente jugée inacceptable et gardant le très mauvais souvenir de ce que l'on continue d'appeler « la nuit des longs couteaux », en dépit des dénégations de certains des acteurs de ce drame[1]. On parla beaucoup, durant cette période et les années qui suivirent, du climat de morosité qui régnait alors au Québec.

Il faut ici insister sur une autre réalité politique de grande importance : le Parti conservateur avait perdu le Québec francophone en lui imposant la conscription en 1917 et n'y avait jamais repris pied. Il avait même disparu de la scène provinciale, remplacé par l'Union nationale, d'orientation nationaliste. L'élection du 4 septembre 1984 rompit avec cette longue tradition et fut le début d'une lune de miel, tout à fait exceptionnelle mais de courte durée, entre le Parti progressiste-conservateur et les Québécois. Il faut dire que ce parti avait emprunté la stratégie longuement éprouvée du Parti libéral, qui consiste à se choisir un chef originaire du Québec, en l'occurrence Brian Mulroney.

Les Québécois ont toujours eu des relations que l'on peut qualifier d'ambivalentes avec les chefs des partis fédéraux venant de chez eux. Ils les élisent et leur demeurent loyaux sur le plan électoral, mais ils ne sont jamais tout à fait sûrs que cette loyauté est réciproque; à l'occasion, ils se disent déçus de ces leaders et en viennent même à développer à leur endroit, du moins dans certaines régions, une antipathie, presque une haine, qu'ils ne vouent à aucun chef anglophone. Ce fut le cas de Wilfrid Laurier, puis d'Ernest Lapointe comme lieutenant de King, puis de Louis Saint-Laurent et, plus récemment, de Pierre Elliott Trudeau —, sans parler du cas particulier de Réal Caouette à la tête du Crédit social canadien.

Brian Mulroney connut le même sort, mais sans aller peut-être jusqu'à être la cible des sentiments vivement négatifs que bien des milieux québécois entretiennent à l'endroit de Pierre Elliott Trudeau, et plus récemment de Jean Chrétien et de Stéphane Dion. Pour sa part, Brian Mulroney bénéficia d'un avantage dont les autres se sont eux-mêmes privés : il prit ouvertement la cause du Québec et se fit le promoteur de la grande réconciliation, en proposant de sortir le Québec de son isolement, de lui redonner son rang dans le Canada et d'effacer le souvenir de « la nuit des longs couteaux ». Lester Pearson avait été, avant lui, le seul autre premier ministre canadien à avoir tenu un langage qui plaisait autant aux Québécois.

Le tour de force que réussit Mulroney fut de séduire René Lévesque lui-même et de le convaincre d'accepter de chercher avec lui un compromis honorable pour le Québec au sein du fédéralisme canadien. René Lévesque alla jusqu'à s'engager avec Brian Mulroney, tout en sachant qu'il allait provoquer une profonde déchirure au sein de son parti et perdre de solides lieutenants et compagnons de route de la première heure comme Jacques Parizeau, Camille Laurin et bon nombre d'autres. Jamais l'ambivalence des sentiments des Québécois à l'endroit de leurs compatriotes travaillant au sein du gouvernement fédéral ne fut mieux illustrée que par ce geste de rapprochement de René Lévesque et par la réaction de réprobation qu'il suscita, ni ne fut vécue de manière plus dramatique.

Leur ambivalence à l'endroit de Mulroney, les Québécois la reportèrent aussi sur ce qui apparaissait comme son œuvre : le compromis de l'Accord du lac Meech. S'il fut rapidement ratifié par l'Assemblée nationale, ce dernier n'en demeurait pas moins l'objet de nombreuses critiques, même parmi ses partisans, et il suscitait une vive déception et une forte opposition dans le camp nationaliste. Les milieux nationalistes et souverainistes avaient peur que, malgré l'opposition exprimée par une forte proportion de l'opinion publique canadienne à l'endroit de l'Accord, les assemblées législatives des provinces ne finissent quand même par l'adopter, dans le but de mettre enfin un terme aux trop longues discussions constitutionnelles et d'éviter le pire. Ils craignaient par-dessus tout que la reconnaissance du Québec comme « société distincte » ne suffise à convaincre la majorité des Québécois, même certains souverainistes, de mettre de côté le projet indépendantiste et de le laisser s'éteindre.

La réaction du Québec à l'annonce que l'Accord venait de mourir à Winnipeg est d'une éloquente complexité. La nouvelle fut accueillie comme une gifle — la gifle que craignaient les uns, fédéralistes, et qu'espéraient les autres, souverainistes. Pour ceux qui avaient cru en l'Accord, la réaction négative qu'il avait provoquée dans le reste du Canada et l'échec qu'il connaissait leur paraissaient une humiliation, voire une trahison : on ne pouvait même pas faire accepter des conditions que le Québec jugeait minimales. Quant aux nationalistes et aux souverainistes, le refus de l'Accord confirmait leur conviction que le Québec n'était pas comme le reste du Canada, mais que le Canada ne voulait ni constater ce fait ni l'accepter et qu'il ne le reconnaîtrait jamais. La démonstration était enfin faite à leurs yeux qu'il fallait quitter ce pays inhospitalier.

La déception fut si grande chez les fédéralistes que l'option souverainiste gagna la faveur d'importants membres du Parti libéral du Québec. On put même croire un moment que, par un étonnant retournement de la situation, Robert Bourassa plutôt que René Lévesque entreprendrait de négocier l'indépendance du Québec et deviendrait le premier président de la nouvelle république. Dans l'opinion publique québécoise et même dans des milieux où l'option souverainiste n'avait jusqu'alors guère pénétré, jamais on ne fut plus près d'opter pour la solution de l'indépendance. Si Bourassa l'avait voulu, la chose se serait faite.

En comparaison des attentes qu'avait suscitées l'Accord du lac Meech, l'Entente de Charlottetown et le référendum de 1992 ne créèrent pas beaucoup d'émotion au Québec. Le raisonnement populaire était simple dans sa lucidité : si le Québec n'avait pu faire adopter les conditions minimales de l'Accord du lac Meech, ce que lui offrait l'Entente de Charlottetown ne pouvait qu'être moins encore. La campagne du Oui ne put rien pour ébranler cette logique, si bien que, en invoquant des raisons diamétralement opposées, le Québec et le reste du Canada votèrent dans le même sens : les uns parce que l'Entente offrait trop peu, les autres parce qu'elle promettait trop. Ce vote du 26 octobre 1992 symbolise et condense d'une manière frappante la rupture entre les deux cultures politiques du

Canada : l'une affirme la spécificité québécoise; l'autre, l'égalité dans la diversité de toutes les provinces. Plus encore peut-être : ce vote résume la parcellisation du Canada. Car, entre Meech et Charlottetown, un événement de taille s'était produit sur la scène politique canadienne : un début de reconnaissance des Amérindiens, qui avait permis à ceux-ci de participer aux pourparlers et d'obtenir une certaine place dans le contenu de l'Entente. Leur insatisfaction face au résultat et l'appui qu'ils avaient apporté au Non ajoutaient désormais à la complexité du casse-tête canadien, dont les morceaux paraissaient moins que jamais prêts à se réunir.

La nouvelle complexité politique créée par l'entrée en scène des Amérindiens était peut-être plus grande encore au Québec qu'ailleurs, ou du moins fut-elle ressentie ainsi. René Lévesque avait été très tôt sensibilisé à la question des Autochtones. Le poste de ministre des Ressources naturelles, qu'il avait occupé dans le gouvernement Lesage au début des années 1960, lui avait permis de connaître particulièrement bien les Inuits et les Amérindiens. Devenu premier ministre, il se réserva le dossier des Premières Nations. Ce fut sous son gouvernement que le Québec put prétendre aller plus loin que le reste du Canada dans la reconnaissance des droits légitimes des premiers occupants.

Malgré l'action de René Lévesque, les relations entre les Inuits, les Amérindiens et les Québécois francophones, notamment les souverainistes, sont demeurées distantes, sinon conflictuelles. L'attachement des Premières Nations au gouvernement fédéral, qui ne les a pourtant jamais gâtés, et leur refus maintes fois proclamé d'adhérer à un Québec souverain ont toujours paru incompréhensibles à bien des Québécois francophones. Pourquoi les premiers occupants, qui réclament leur autonomie, ne comprennent-ils pas que nous réclamions la nôtre ? se demandent beaucoup de Québécois. Certaines campagnes internationales menées par des chefs autochtones pour dénoncer le Québec n'ont rien fait non plus pour améliorer le climat. Les Québécois se sont sentis humiliés et trahis par la mauvaise réputation que des Amérindiens leur ont ainsi faite dans le reste du Canada et à l'étranger, particulièrement depuis la crise d'Oka — dont les blessures réciproques ne sont pas encore cicatrisées.

Le malentendu qui règne entre les Inuits, les Amérindiens et les Québécois francophones est d'autant plus profond qu'un grand nombre de Québécois n'en comprennent pas les raisons. Ils en viennent à se sentir — plus que tous les autres

Canadiens mais sans le mériter davantage que ces derniers — la cible des attaques des Amérindiens. Et l'attitude négative qu'ont généralement les Autochtones à l'endroit du projet souverainiste apparaît, dans le camp nationaliste, comme un autre obstacle, nouvellement surgi, à sa réalisation. De là à croire à une complicité, voire à une conspiration entre les Autochtones et le Canada anglais pour bloquer le projet souverainiste, il n'y a qu'un pas que certains n'hésitent pas à franchir.

L'échec des relations entre les Québécois francophones et les Autochtones est ressenti d'une manière d'autant plus douloureuse qu'il s'inscrit dans la vague de diffamation dont le Québec est victime. Les Québécois se considèrent comme des citoyens démocrates et tolérants. Ils se disent même parfois « trop tolérants ». Mais depuis la promulgation des lois linguistiques dans les années 1970, ils ont vu leur réputation se ternir dans le monde anglo-saxon, où leurs exigences à l'endroit des immigrants sont interprétées comme des manifestations de xénophobie, de racisme et, à l'occasion, d'antisémitisme. Eux qui se targuent de s'être dotés d'une Charte des droits et libertés avant le Canada, se voient accuser de bafouer les droits fondamentaux. Les critiques dont le Québec est la cible dans la presse anglophone canadienne leur paraissent particulièrement injustes, d'autant qu'elles trouvent des échos dans la presse américaine et même européenne. Et les Québécois, s'ils écoutent les tribunes téléphoniques des postes de radio anglophones, constatent que ce ne sont pas seulement les médias qui s'expriment ainsi, mais aussi un grand nombre de Canadiens des autres provinces.

À travers ces propos, ils perçoivent un durcissement de l'attitude des Canadiens à l'endroit de leurs revendications, même de celles qu'ils considèrent comme minimales — sans évidemment parler du projet souverainiste. Plus

En 1989, les manifestations anti-Québec et la décision de certaines municipalités ontariennes de se déclarer unilingues anglaises avaient contribué à détériorer le climat politique entourant l'Accord du lac Meech. On voit ici un groupe de protestataires de Brockville, en Ontario, piétinant le drapeau du Québec. (Deanna Lysko, Canapress.)

que jamais, ils peuvent se sentir comme un « irritant » au sein de la société canadienne. Ils n'y seront acceptés qu'à la condition de rentrer dans le rang, d'abandonner
leurs revendications, de rejeter la législation linguistique, d'accepter le bilinguisme
au Québec et le multiculturalisme canadien. Ce qu'ils se voient ainsi imposer, c'est
la conception « trudeauiste » du Canada et de la place du Québec dans le Canada.

Le « trudeauisme » a pris naissance sous le régime politique du gouvernement Duplessis, au cours des années 1940 et 1950. Le nationalisme québécois
pratiqué par Duplessis se mêlait à ses politiques conservatrices et rétrogrades; à
l'occasion, il servait même à les légitimer. Ceux qui eurent alors le courage de
dénoncer le duplessisme, notamment l'équipe de la revue *Cité libre* dont Pierre
Elliott Trudeau faisait partie, ne voulurent pas faire la distinction entre ce qui relevait du nationalisme et ce qui était pur conservatisme. Le nationalisme canadien-français leur apparaissait, dans sa nature même, comme conservateur et
rétrograde, comme un obstacle à la démocratisation et à la modernisation du
Québec qu'eux désiraient promouvoir. Il est vrai que le nationalisme canadien-
français était à l'époque généralement conservateur, du moins tel qu'il s'exprimait
dans un de ses organes quasi officiels, la revue *L'action nationale*, et dans l'Ordre
de Jacques Cartier, société secrète assez largement répandue : cela ne pouvait que
conforter dans son opinion l'équipe de *Cité libre*.

La conception trudeauiste du Canada, qui avait germé dans le milieu intellectuel de *Cité libre* et dans le contexte politique du Québec duplessiste, devint le
programme officiel du PLC et se gagna vite la faveur des autres provinces. Ce
« projet canadien » se disait antinationaliste, affirmant l'égalité de toutes les cultures puisque nulle ne pouvait se prétendre supérieure aux autres; il se fondait en
même temps sur la priorité accordée aux droits de la personne, rappelant ses
sources « personnalistes[2] ». Sur le plan constitutionnel, la doctrine de Trudeau
affirmait l'égalité de toutes les provinces, dans leur diversité, et la nécessité d'un
gouvernement fédéral fort, doté des moyens nécessaires pour mettre en œuvre les
politiques nationales dont il était l'instigateur et le garant. Ce faisant, tout en se
réclamant d'une philosophie qui se voulait universaliste, le trudeauisme encoura-
geait, nourrissait et flattait le nationalisme canadien, alors qu'il condamnait le
nationalisme québécois.

Le trudeauisme survécut au départ de Trudeau de la vie politique active. Le
refus de reconnaître la société distincte du Québec et d'accorder aux provinces une

marge de manœuvre à l'intérieur des politiques nationales ou en périphérie de celles-ci relève de la conception centralisatrice et égalisatrice qui forme depuis plus de 20 ans le noyau dur de la vision trudeauiste du Canada. Si l'on cherche une explication fondamentale aux événements ayant marqué l'histoire canadienne depuis le projet de Meech jusqu'au référendum québécois de 1995 et à ses suites, elle réside dans le fait que le trudeauisme est devenu la conception du Canada la plus courante en dehors du Québec.

Au Québec, contrairement à ce qui se passa dans le reste du Canada, la popularité de Trudeau et de sa vision canadienne chuta après le référendum de 1980, alors qu'il avait pourtant lui-même contribué à la victoire du Non. Le peu de cas qu'il fit des engagements solennels qu'il avait pris de renouveler la Constitution d'une manière satisfaisante pour le Québec lui aliéna même ses alliés de la campagne référendaire. En contribuant à faire échouer l'Accord du lac Meech et l'Entente de Charlottetown, Trudeau et le trudeauisme ont attisé le feu du nationalisme québécois et contribué à ce que le Oui vienne à deux doigts de l'emporter au référendum de 1995.

Deux premiers ministres canadiens originaires du Québec, Mulroney et Trudeau, ont intensément voulu intégrer le Québec dans le Canada et faire de ce pays une nation unie, forte et respectée. Ils se sont attelés à la tâche en empruntant des voies bien différentes, chacun selon sa conception du pays et selon sa propre procédure : l'un par de longues négociations sanctionnées par les assemblées législatives ou par le peuple, l'autre en occupant des positions de force pour imposer sa vision. Ils s'étaient donné l'un et l'autre la mission d'unifier le Canada : ils ont laissé derrière eux un pays divisé et balkanisé comme il ne l'a jamais été et un Québec plus blessé que jamais.

La réconciliation manquée

D URANT LA MAJEURE PARTIE DU XXe SIÈCLE, C'EST LE PARTI LIBÉRAL DU CANADA QUI a joué le premier rôle dans la médiation entre les intérêts du Canada anglais et ceux du Canada français. Tant sa base électorale que ses principaux dirigeants reflétaient le dualisme canadien, comme l'illustre la pratique consistant à faire alterner un Québécois et un non-Québécois à la tête du parti. Puisque les libéraux ont été le « parti du gouvernement », pour reprendre l'expression de Reginald Whitaker[1], cela a permis à des Québécois d'occuper régulièrement le bureau du premier ministre. Le principal rival des libéraux, le Parti conservateur, devenu progressiste-conservateur en 1942, a traditionnellement été le parti de l'establishment canadien-anglais — caractéristique qui n'a commencé à s'atténuer que dans le courant des années 1950 lorsque John Diefenbaker, politicien populiste de l'Ouest, en prit la tête avant de devenir premier ministre. Il est donc assez paradoxal que ce soit le Parti progressiste-conservateur qui ait entrepris de réparer les graves dommages infligés aux relations Québec-Canada par la Loi constitutionnelle de 1982.

Brian Mulroney, Québécois bilingue, fut le grand timonier de cette entreprise, celui qui dirigea les efforts visant à réintégrer le Québec dans la Constitution canadienne. Il importe cependant de rappeler que ses deux prédécesseurs anglophones à la tête du parti, Robert Stanfield de la Nouvelle-Écosse et Joe Clark de l'Alberta, s'étaient efforcés de doter le parti d'une base électorale au Québec et d'établir des ponts entre les deux communautés linguistiques. Au cours de leur mandat, ils avaient tous deux commencé à examiner sérieusement les problèmes qui minaient les relations Québec-Canada. Dans une certaine mesure, leur travail a permis de déblayer le terrain pour

Mulroney. Ce travail préparatoire a sans doute facilité au parti l'acceptation de l'initiative qui, lancée et orchestrée par Mulroney, a mené à l'Accord du lac Meech et à l'Entente de Charlottetown.

L'une des principales raisons qui expliquent l'échec de ces efforts soutenus, notamment celui de l'Accord du lac Meech, réside dans la difficulté de nombreux Canadiens anglais à accepter l'idée que la spécificité québécoise doive être reconnue dans la Constitution. L'idée qu'une province puisse ne pas être traitée comme les autres est contraire au principe de l'égalité des provinces et répugne aux nombreux adeptes de ce principe dans le reste du Canada. Que la norme soit au traitement préférentiel plutôt qu'à l'égalité depuis la Confédération importe peu, comme en fait foi la position constitutionnelle adoptée par Preston Manning.

Mais la réticence à accorder un statut distinct au Québec n'est pas aussi bénigne que la question de l'égalité des provinces peut le laisser croire. Puisque, de toute évidence, le Québec n'est pas une province comme les autres et constitue effectivement une société distincte, il est évident que le refus des Canadiens anglais de lui accorder des arrangements spéciaux est motivé par des inquiétudes plus profondes, souvent voilées, qui expliquent en grande partie la difficulté de trouver un terrain d'entente. Ce malaise est alimenté par les vestiges de sentiments antipapistes et francophobes enracinés dans l'histoire canadienne. Il y a aussi le ressentiment suscité par l'apparent favoritisme dont bénéficie le Québec de la part du gouvernement fédéral qui, on ne cesse de nous le rappeler, est plus souvent qu'autrement dirigé par un Québécois. De plus, pour bien des Canadiens, dans l'Ouest en particulier, toute la question des relations Québec-Canada est d'abord une dispute entre Québécois, dont certains occupent des postes clés au sein du gouvernement fédéral.

Parmi les membres des communautés culturelles, il y en a aussi plusieurs qui n'arrivent pas à comprendre toute la passion que la question linguistique soulève au Québec, ayant eux-mêmes volontairement abandonné leur langue maternelle — et ceci est d'autant plus vrai quand eux ou leurs ancêtres sont arrivés au Canada il y a déjà longtemps —, le plus souvent au profit de l'anglais. Plusieurs Canadiens d'origine « ethnique » expliquent qu'ils sont eux-mêmes bilingues, parlant l'anglais et leur langue maternelle — l'ukrainien ou l'islandais par exemple. Pourquoi les Québécois ne pourraient-ils pas en faire autant ?, se demandent-ils. Ils ne parviennent pas à faire la différence entre la conservation de la langue dans une situation de diaspora d'une part et, d'autre part, dans le cadre d'une société viable constituant une masse critique sur le plan culturel.

La crainte que la concession d'un statut distinct puisse ultimement mener à la séparation du Québec constitue un obstacle, largement inconscient mais très puissant, à l'acceptation d'une clause de société distincte. Certains interprètent l'histoire québécoise depuis la Révolution tranquille comme une série de demandes constantes et toujours plus importantes, qui semblent ne jamais pouvoir être satisfaites. Dans cette perspective, accorder au Québec un statut différent, unique, semble n'être qu'une étape vers l'éclatement du Canada.

Une autre entrave à la conclusion d'un *modus vivendi* entre francophones et anglophones, entre le Québec et le reste du Canada, résulte de l'évolution qu'a connue l'identité canadienne, identité pour laquelle de nouveaux groupes se sont mobilisés — groupes qui ne se définissent ni par l'ethnie ni par la langue. Certains d'entre eux, notamment les Autochtones ou les groupes de femmes, ont réussi à obtenir une certaine reconnaissance de la part des autorités durant les dernières phases des négociations constitutionnelles de 1980-1981. Ces groupes, désormais désignés comme les « groupes de la Charte » parce qu'une bonne partie de leur pouvoir découle de la Charte canadienne des droits et libertés, tendent à minimiser l'importance de l'arrangement interethnique ou interrégional et cherchant plutôt à faire admettre la nécessité de répondre aux besoins de leurs membres. Les ajustements constitutionnels proposés au cours de la « ronde Québec », qui aboutit à l'Accord du lac Meech, ont trouvé peu d'échos auprès de ces groupes. Pire encore, les termes de l'Accord du lac Meech ont généralement été perçus comme une menace aux concessions qu'ils avaient obtenues lors du rapatriement de la Constitution en 1982. Elijah Harper, qui fit échouer l'Accord par le simple mouvement d'une plume, bénéficia d'une large publicité; le travail de sape mené par le Comité national d'action sur le statut de la femme, sous la direction de Judy Rebick, fut moins publicisé mais joua néanmoins un rôle capital dans la diminution du soutien dont jouissait l'Accord dans les provinces canadiennes-anglaises.

L'importance croissante de ces « groupes de la Charte » (dont l'influence semble plus grande dans le reste du Canada qu'au Québec) complique la recherche d'un compromis apte à permettre la coexistence des anglophones et des francophones au Canada. Cela se reflète dans la manière dont est perçu dans les autres provinces le traitement réservé aux minorités ethniques québécoises. On a souvent l'impression que le Québec n'est pas aussi tolérant envers ses minorités que les autres régions du pays ne le sont envers les leurs. Dans certains milieux, la crise d'Oka fut interprétée comme une preuve du manque de compréhension et de sympathie manifesté par les Québécois envers les populations autochtones, mais aussi envers les étrangers d'une manière générale. Il est difficile de dire avec exactitude sur quoi ces perceptions se fondent, mais plusieurs facteurs semblent en cause.

La méfiance traditionnelle qui s'est installée entre les francophones et les Premières Nations, les Cris en particulier, est un de ces facteurs. Certains anglophones croient que le gouvernement fédéral a des obligations juridiques (et morales) envers les Autochtones du Québec et que cela entre en conflit avec les plans des indépendantistes. On croit que l'accent mis sur l'histoire commune, sur la langue et sur les liens communautaires entre francophones est discriminatoire pour les Innus, pour les Amérindiens, et pour tous ceux qui ne sont pas « Québécois de souche ». Beaucoup voient dans ce terme même, couramment utilisé au Québec, une preuve qu'il existe dans cette province un abîme entre le « nous » et le « eux ». La devise québécoise qui apparaît sur les plaques d'immatriculation des voitures — « Je me souviens » — est elle-même interprétée comme un geste d'exclusion. Cela explique en partie le traitement plutôt favorable qui fut réservé aux Mohawks dans la presse anglophone : celle-ci était encline à en faire des victimes, ce qui n'était pas le cas de la presse francophone.

Parce qu'elles ont restreint dans une certaine mesure la liberté de choix des non-francophones, les mesures prises en matière de langue et d'éducation sont un autre facteur expliquant les doutes que le Canada anglais nourrit par rapport aux dispositions des Québécois envers ses minorités. Déconcertant les personnes les plus sympathiques au Québec, ces dispositions ont été vues par d'autres, particulièrement ceux qui étaient éloignés de la réalité québécoise, comme des manifestations de xénophobie. On sait aussi que le mouvement nationaliste, au moins dans ses jeunes années, a manifesté des tendances antisémites, et certains croient que des vestiges de ces traits négatifs persistent encore de nos jours.

La crise d'Oka, les initiatives constitutionnelles et les autres événements conflictuels décrits dans les précédents chapitres montrent qu'il est plus facile de mobiliser les « ennemis » du Québec que ses « amis ». Malgré ce handicap, les années 1980 ont vu naître un nombre remarquable d'initiatives lancées par des « amis » du Québec dans le but d'étudier les relations Québec-Canada et de trouver des solutions aux problèmes les plus sérieux. Cette évolution est en un sens le fruit de la prise de conscience déclenchée par la Révolution tranquille et par la Commission d'enquête sur le bilinguisme et le biculturalisme, prise de conscience renforcée par l'élection du Parti québécois en 1976 et par le référendum de 1980. Une expression tangible de ce changement d'état d'esprit (j'ai été tenté d'utiliser le mot « mouvement », mais ce serait une exagération) est visible dans la multiplication, en dehors du Québec, des écoles d'immersion française.

Les nombreuses activités lancées pour faire avancer la question de l'unité canadienne étaient de deux types : c'étaient tantôt des entreprises universitaires et scientifiques, tantôt des projets populaires conçus pour favoriser des contacts et des relations plus intimes avec le Québec. Les premières étaient normalement constituées de conférences, de colloques et de séminaires, suivis de la publication des délibérations ou des études qui en découlaient et qui abordaient différents aspects de la question de l'unité canadienne. Les seconds incluaient des milliers d'initiatives visant

Lors du référendum de 1995 sur la souveraineté-partenariat, plusieurs initiatives populaires furent entreprises pour tenter d'empêcher l'irréparable. Ici des élèves de la polyvalente Owen Sound de Wiarton, en Ontario, exhibent les cartes postales qu'ils destinent à des familles québécoises. (James Masters, Canapress.)

à accroître les contacts entre les deux communautés et à manifester la bonne volonté, grâce à des visites, des échanges et des jumelages entre municipalités, ou encore grâce à des projets comme celui de ce camionneur qui fit imprimer des autocollants à apposer sur les pare-brise et les pare-chocs, et sur lesquels on pouvait lire : « Mon Canada inclut le Québec. » Ces efforts populaires étaient autant le fait d'organismes existants que de nouveaux regroupements créés à cette fin. Les associations de grandes entreprises, les associations de bénévoles, les groupes de professionnels, aussi bien que les simples citoyens prirent part à ces projets.

Ces initiatives sont nées de l'inquiétude que suscitait l'avenir du pays, de la conviction que ce pays reposait, entre autres, sur la coexistence des deux communautés ou, simplement, de l'affection que l'on portait au Québec. Il y avait et il y a toujours, parmi les « amis » du Québec, des gens qui croient que leur vie, et non seulement celle du pays, est enrichie par la présence de deux entités — le Québec et le reste du Canada.

Il y avait aussi une autre motivation, qui s'est renforcée à mesure que le référendum d'octobre 1995 approchait. Elle prenait sa source dans l'attitude adoptée par le gouvernement Chrétien à l'égard de la question de l'unité nationale. Après son élection en 1993, Jean Chrétien déclara que le Canada était fatigué des disputes constitutionnelles. Lui et ses collègues ont, à toute fin pratique, évacué le dossier de l'unité canadienne, laissant sans réponse la question de savoir ce que l'on pouvait faire pour réparer les dommages causés par le rapatriement. Nombre de citoyens se sont alarmés de ce qu'ils considéraient comme une dangereuse défection de la part du gouvernement. Ils ont donc entrepris de compenser l'inaction gouvernementale en encourageant différentes initiatives privées conçues pour amener au dialogue les Québécois et les autres habitants du pays et pour améliorer les infrastructures sociales et communautaires de la fédération. L'immense manifestation pro-Canada qui eut lieu à Montréal à la veille du référendum était en un sens le point culminant de cet effort, bien qu'elle ait bénéficié de l'engagement référendaire de dernière minute du gouvernement fédéral.

Pour comprendre le contexte politique dans lequel les relations Québec-Canada se sont déroulées durant la période qui a précédé ce référendum, il importe de relever un changement fondamental survenu dans la culture politique du pays. C'est le déclin de la déférence[2], une désillusion grandissante par rapport aux politiciens et à la politique en général (du moins à l'extérieur du Québec) et un anti-élitisme de plus en plus profond, particulièrement évident en ce qui concerne la gestion de la fédération. Cette méfiance à l'endroit d'un fédéralisme « par le haut » a aussi été encouragée par la Loi constitutionnelle de 1982, avec sa Charte des droits et libertés et avec sa formule d'amendement exigeant le consentement des assemblées législatives des provinces. Cette transformation, enfin, a été aidée par la décision de soumettre l'Entente de Charlottetown à un référendum national.

La tradition du modèle parlementaire de Westminster, où le Cabinet occupe une fonction centrale, a cédé la place à un processus politique plus « inclusif », au sein duquel les « groupes de la Charte », les tribunaux et la démocratie plébiscitaire ont remis en question l'ancienne suprématie des élites politiques. Le système d'accommodement des élites, que l'on trouve dans certaines sociétés pluriethniques ou plurireligieuses[3], et dans lequel les élites ont le soutien tacite ou explicite de la population pour satisfaire les principaux groupes en présence, ne s'applique plus au Canada. La présente introduction n'est pas le lieu pour discuter des nuances et des conséquences de cette situation, si ce n'est pour noter que la démocratisation des mécanismes de prise de décision et l'accroissement de la participation de la population allongent et compliquent considérablement la recherche de solutions aux problèmes des sociétés hétérogènes.

L'Accord du lac Meech (1987)

L E 4 SEPTEMBRE 1984, LE PARTI PROGRESSISTE-CONSERVATEUR DIRIGÉ PAR BRIAN Mulroney remportait les élections fédérales générales avec 49,9 p. 100 des voix et 211 sièges. Au cours de la campagne électorale, Mulroney avait promis de ramener le Québec dans le giron constitutionnel « dans l'honneur et l'enthousiasme[1] ». On se souviendra que, bien qu'il y fût juridiquement soumis, le Québec n'avait pas encore adhéré à la Constitution canadienne. L'engagement de Mulroney annonçait donc le début d'une nouvelle ronde constitutionnelle : la « ronde Québec ».

En mai 1985, profitant du nouveau climat d'ouverture qui régnait à Ottawa, le gouvernement Lévesque prit le pari du « beau risque » et publia son *Projet d'accord constitutionnel.* Élus aux élections de décembre 1985, les libéraux prirent la relève et, au mois de mai 1986, le ministre des Affaires intergouvernementales, Gil Rémillard, énonça les cinq conditions qui permettraient à son gouvernement de reconnaître et de signer la Loi constitutionnelle de 1982[2]. En août 1986, dans la Déclaration d'Edmonton, les 10 premiers ministres provinciaux s'engagèrent à donner préséance à la question québécoise et à négocier sur la base de ces cinq conditions. Les questions laissées en suspens seraient abordées dans une ronde de négociation ultérieure. Moins d'un an plus tard, le 3 juin 1987, l'Accord constitutionnel de 1987, mieux connu sous le nom d'Accord du lac Meech, était officiellement signé par tous les premiers ministres canadiens.

L'Accord devait être ratifié par tous les parlements concernés à l'intérieur d'une période de trois ans. Le Québec fut la première province à le faire (95 voix contre 18), le 23 juin 1987, fixant par le fait même la date à laquelle le Parlement fédéral et toutes les autres assemblées législatives devaient avoir entériné l'Accord, soit le 23 juin 1990[3].

L'Accord du lac Meech proposait 1) d'ajouter une règle interprétative (article 2) à la Loi constitutionnelle de 1867, reconnaissant que le Québec formait au sein du Canada une société distincte et donnant à l'Assemblée législative et au gouvernement du Québec le mandat de protéger et de promouvoir ce caractère distinct[4]; 2) de modifier la formule d'amendement de manière que l'unanimité soit requise plus souvent avant de modifier la Consititution[5]; 3) d'obliger le gouvernement du Canada à fournir une juste compensation au gouvernement d'une province qui choisirait de ne pas participer à un nouveau programme national à frais partagés dans un champ de compétence provinciale exclusive, si cette province appliquait un programme ou une mesure compatible avec les objectifs nationaux; 4) de constitutionnaliser l'existence de la Cour suprême, de permettre aux provinces de soumettre des candidatures pour les postes vacants au sein de cette cour et d'y réserver trois sièges à des juges issus de la magistrature ou du barreau du Québec — Ottawa conservait toutefois le pouvoir de choisir et de nommer les juges; 5) de constitutionnaliser les ententes administratives relatives à l'immigration. L'Accord prévoyait en outre la participation des provinces à la nomination des sénateurs ainsi que la tenue annuelle d'une conférence des premiers ministres sur l'économie et sur la Constitution.

Au cours de la période allouée pour la ratification de l'Accord, soit entre 1987 et 1990, plusieurs intervenants exigèrent que des amendements soient apportés à l'entente initiale pour tenir compte de leurs objections; les interventions de l'ex-premier ministre Pierre Elliott Trudeau, et plus tard celles des premiers ministres Franck McKenna, du Nouveau-Brunswick, et Clyde Wells, de Terre-Neuve, furent particulièrement décisives dans ce processus. Ainsi, le comité chargé d'entendre la population du Nouveau-Brunswick recommanda de reconnaître l'égalité des deux communautés linguistiques dans cette province[6]; d'autres exigèrent que le sens de la clause de la « société distincte » soit clairement spécifié ou que sa portée, par rapport à la Charte des droits et libertés, soit précisée[7].

Le 21 mars 1990, le premier ministre McKenna présenta une résolution à l'Assemblée législative du Nouveau-Brunswick, proposant que cette province ne ratifie l'Accord du lac Meech que si les autres provinces acceptaient une entente parallèle comptant sept amendements à l'Accord de 1987. Dès le lendemain, un comité spécial de la Chambre des communes (comité Charest) fut créé par le premier ministre Mulroney pour étudier ces propositions. Le 6 avril 1990, l'Assemblée législative de Terre-Neuve annula le vote du 8 juillet 1988, effectué sous l'administration précédente et qui avait approuvé l'Accord par 28 voix contre 10; le 30 mai, le premier ministre Wells déposa ses propres recommandations.

L'Accord constitutionnel de 1990 fut le résultat de ces efforts. Signé le 9 juin, il se présentait comme un complément à l'Accord de 1987. Il comprenait notamment un avis juridique rédigé par six constitutionnalistes, clarifiant les conséquences de la clause de « société distincte » sur la Charte des droits et libertés, ainsi qu'un engagement à procéder à la réforme du Sénat. Les trois provinces qui n'avaient pas encore approuvé l'Accord du lac Meech — le Nouveau-Brunswick, le Manitoba et Terre-Neuve — s'engageaient à le faire dans les plus brefs délais en mettant tout en œuvre pour que le processus soit mené à terme avant le 23 juin.

En mai 1990, le premier ministre Mulroney et les premiers ministres provinciaux se réunirent pour tenter de trouver une solution à l'impasse constitutionnelle. Ils réussirent à s'entendre et, le 9 juin, ils signaient l'Accord constitutionnel de 1990. (Fred Chartrand, Canapress.)

si je me souviens bien

Bien que l'Accord du lac Meech n'ait pas fait l'unanimité au Québec, il n'y entraîna jamais un mouvement d'opposition de l'ampleur de celui qui fut observé dans les autres provinces. Tout au long de la période prévue pour la ratification, moins de 20 p. 100 des répondants francophones croyaient que l'Accord était une mauvaise chose pour le Canada et, en mars 1990, il jouissait de l'appui de 41 p. 100 des Québécois; mais le pourcentage d'indécis demeura toujours très élevé et, au début de 1990, près de 40 p. 100 des Québécois ne pouvaient toujours pas dire si l'Accord était une bonne ou une mauvaise chose pour le Canada[8].

Dans les journaux, l'Accord reçut aussi un accueil chaleureux. Michel Roy, éditorialiste à *La Presse,* notait :

Avec raison, MM. Brian Mulroney et Robert Bourassa ont exprimé leur fierté et leur profonde satisfaction. […] Voilà un accord […] qui témoigne de la maturité du pays et qui reconnaît la réalité politique de la fédération canadienne. C'est là ce que demandait le Québec[9].

On pouvait également lire dans *Le Devoir* :

Que les onze premiers ministres du Canada aient reconnu ces données de base (dualité canadienne et spécificité québécoise) et le principe des obligations qu'elles engendrent, justifie notre appui et notre encouragement[10].

Même *The Gazette* écrivait : « L'entente à laquelle on est parvenu pour redéfinir la place du Québec dans la Confédération est une réussite formidable[11]. »

Les promoteurs de l'Accord le présentèrent comme un gain substantiel :

Le Québec remporte l'une des plus grandes victoires de son histoire, l'une des plus grandes victoires politiques depuis deux siècles. Pour la première fois, nous sommes gagnants dans un débat constitutionnel :

toutes les provinces acceptent nos conditions, déclara le premier ministre Robert Bourassa[12].

Des spécialistes qui se sont penchés sur la question, tel
Léon Dion, lui ont donné raison, même si leur enthousiasme était
modéré et leur appui critique[13]. On s'entendait habituellement pour
admettre que le Québec avait fait des gains décisifs qui compen-
saient les points plus faibles. La reconnaissance du caractère distinct dans une disposition spécifique, plutôt que dans le préambule
de la Constitution, représentait aux yeux de plusieurs un succès
inespéré. Ancien conseiller de René Lévesque, Daniel Latouche
observait : « Jamais un gouvernement du Québec n'a si bien préparé le terrain et n'a su utiliser si habilement toutes les poignées
que lui offrait le reste du pays[14]. »

L'opposition s'organisa tout de même autour des forces souverainistes. Déjà au printemps 1987, Pierre-Marc Johnson, nouveau chef
du Parti québécois, invitait ses membres à se mobiliser contre « le
monstre du lac Meech » afin de forcer le gouvernement québécois à
reculer[15]. Il bénéficia dans cette optique de l'appui des groupes nationalistes ainsi que des syndicats et des artistes. Dans un placard publié le
30 avril 1987, la Société Saint-Jean-Baptiste et le Mouvement national
des Québécois dénoncèrent l'Accord comme aliénant et inacceptable[16].

Ce furent avant tout la clause de la « société distincte » et le
pouvoir de dépenser du gouvernement fédéral qui firent l'objet des
critiques. Le libellé de la première laissait la plupart des observateurs inquiets. On s'interrogeait quant à sa signification et l'on doutait de sa portée réelle quant aux compétences supplémentaires. Le
fait que le concept de « société distincte » ne fût pas défini inquiétait même les plus modérés, comme Léon Dion et Fernand Dumont.
Aux yeux des plus radicaux, ce titre n'avait aucune valeur : « Nous
sommes un peuple!, protestait le parti indépendantiste. Il est triste
le jour où un peuple se voit réduire à une insignifiante réalité sociologique comme celle de la société distincte[17]. » Pierre Fournier résume bien les réticences de la plupart des gens en notant :

[...] la clause de société distincte demeurait vide de
sens parce qu'elle n'accordait au Québec aucun nouveau partage de pouvoirs, parce qu'elle ne référait
pas à la langue et à la culture françaises comme
composantes essentielles de cette spécificité, et
parce que les autres dispositions contenues dans
l'Accord la rendaient pour ainsi dire caduque[18].

Or, si l'ambiguïté de la clause de « société distincte » laissait
planer des doutes, la clause sur le pouvoir du fédéral de dépenser,
elle, ne laissait pas de place à l'incertitude. Les termes de cette
clause étaient si précis et contraignants qu'ils auraient permis à
Ottawa de faire indirectement ce qu'il ne pouvait faire directement,
« à savoir, acquérir l'autorité constitutionnelle d'investir et de
contrôler à toutes fins utiles tous les domaines de juridiction provinciale exclusive[19] ». Le droit de se retirer des nouveaux programmes
fédéraux avec une juste compensation ne rassura pas les observateurs, puisque pour y avoir droit la province devait mettre sur pied
un programme équivalent.

Toutefois, cette opposition fit long feu. Après les audiences
publiques tenues en juin 1987 et le vote de ratification effectué dès le
23 juin, le débat public proprement québécois fut pour ainsi dire clos.
Par la suite, les discussions furent largement modelées par les échos
du débat canadien. En fait, l'opposition de plus en plus forte dans le
reste du Canada à la clause de « société distincte » eut pour conséquence d'inciter les Québécois à resserrer les rangs derrière l'Accord.
Malgré ses lacunes, l'Accord du lac Meech était vu comme une réparation de l'injustice infligée en 1982[20], comme un minimum vital répondant aux conditions les plus raisonnables jamais demandées par un
gouvernement québécois. Il prit progressivement valeur de symbole
aux yeux des Québécois et sa ratification, devenue détour obligé, prit
l'allure d'un ultime test de la bonne foi du reste du Canada.

Après avoir résisté aux demandes des Mckenna, Wells et
autres opposants de rouvrir l'Accord[21] et dit non « au fédéralisme à

genoux », le premier ministre Bourassa accepta finalement, au terme
de la conférence des premiers ministres dite « de la dernière chance »,
de signer l'Accord constitutionnel de 1990, en disant qu'il souhaitait
ainsi démontrer la bonne foi du Québec envers ses partenaires[22]. ◆

Au début, l'Accord du lac Meech fut accueilli au Canada anglais avec
une sympathie qui révélait le contentement de voir le Québec réintégrer volontairement le cadre constitutionnel canadien. Ainsi, le
Globe and Mail écrivait le 4 juin 1987 :

> C'était un moment émouvant et historique, après
> ces années d'incertitude où l'existence même de
> l'union canadienne avait été remise en question. Le
> Canada remplissait enfin la promesse, faite durant
> la campagne référendaire québécoise de 1980, de
> renouveler le fédéralisme pour satisfaire le désir
> qu'éprouve le Québec moderne de trouver sa place
> au sein de la Confédération[23].

Les résultats des sondages d'opinion montrent aussi que la
population devenait fortement favorable à l'Accord du lac Meech
lorsque le sondeur rappelait que cette entente permettait au
Québec d'adhérer à la Constitution canadienne[24].

D'autres, toutefois, trouvaient que le prix à payer pour réparer les fautes de 1982 était trop élevé : « *The Star* a soutenu les
efforts déployés pour intégrer le Québec à l'Accord constitutionnel
de 1981. Mais pas à n'importe quel prix. Le prix convenu au lac Meech
est trop élevé[25]. » Un mouvement de contestation et de mécontentement n'allait pas tarder à prendre naissance et ne cesserait de croître, alimenté par les événements de l'actualité[26]. De partagée qu'elle
était en 1988 (avec 26 p. 100 en faveur de l'Accord, 27 p. 100 contre
et 47 p. 100 d'indécis), l'opinion publique anglophone se radicalisa

par la suite et, en mars 1990, seulement 19 p. 100 des personnes
interrogées étaient d'avis que l'Accord du lac Meech était une bonne
chose pour le Canada, contre 51 p. 100 qui croyaient le contraire, tandis que 30 p. 100 restaient indécises[27].

Un certain nombre d'experts et de personnalités appuyèrent
l'Accord de 1987 et tentèrent de faire valoir ses mérites et surtout de
relativiser les craintes de la population[28]; mais, en définitive, ce furent
les opposants qui donnèrent le ton au débat public. Pierre Elliott
Trudeau ouvrit le bal, bientôt rejoint par les groupes de femmes, les
minorités linguistiques, les associations de protection et de promotion
des droits de la personne, les Autochtones et les simples citoyens. Les
audiences publiques[29] ainsi que le Parti libéral[30] et trois gouvernements provinciaux, (ceux du Nouveau-Brunswick, du Manitoba et de
Terre-Neuve) servirent de tremplins aux protestataires.

De l'avis de plusieurs observateurs, la mobilisation qu'a
entraînée l'Accord du lac Meech traduisait l'émergence, au sein de la
communauté canadienne-anglaise, d'une nouvelle culture politique.
De plus en plus, les Canadiens anglais désiraient participer à la révision constitutionnelle, non seulement comme observateurs mais
aussi comme acteurs, au même titre que les autorités gouvernementales. Cela aide à comprendre pourquoi les opposants à l'Accord
furent unanimes à dénoncer son caractère élitiste et le secret qui
avait entouré les négociations[31].

Ce fut la clause de la « société distincte » qui suscita le plus
d'hostilité et ce fut à cause d'elle que l'opposition canadienne se
mobilisa progressivement[32]. Sur le même air, les opposants compo-
sèrent quatre refrains. Il y avait d'abord les partisans de la vision
trudeauiste, qui combattaient la clause parce qu'elle était contraire,
disaient-ils, au principe de l'égalité des individus et des provinces[33].
Les groupes de femmes se manifestèrent aussi, craignant que cette
clause n'affaiblisse le droit à l'égalité chèrement gagné en 1982 et
n'instaure une hiérarchie des droits qui leur soit défavorable[34].
Déçues et contrariées par l'échec des conférences sur les questions

autochtones, les Premières Nations dénoncèrent pour leur part ce qu'elles considéraient comme un traitement de faveur offert aux Québécois. En ne reconnaissant que le Québec, l'Accord du lac Meech semblait nier leur propre spécificité : « Que sommes-nous ? Des laissés-pour-compte ? », s'indigna John Amagoalik, porte-parole inuit[35]. Enfin, comparée aux obligations du gouvernement québécois envers la société distincte, la faiblesse du mandat octroyé au Parlement fédéral et aux assemblées législatives provinciales en ce qui concerne les minorités linguistiques fut vivement critiquée par ces dernières[36].

La plupart de ces intervenants reprochaient aussi au premier ministre Mulroney d'avoir abdiqué les pouvoirs du gouvernement fédéral au profit des provinces. Présenté comme la « ronde Québec », l'Accord du lac Meech fut bientôt rebaptisé « ronde des provinces », du fait qu'il mettait toutes les provinces sur le même pied que le Québec. On lui reprochait en quelque sorte d'avoir essayé d'acheter le nationalisme québécois au prix de l'unité canadienne[37]. Selon Clyde Wells, les contraintes imposées au pouvoir fédéral de dépenser limite-raient de manière indue la capacité du gouvernement fédéral d'instaurer des programme nationaux et mettraient ainsi en péril le principe de la redistribution de la richesse et celui de l'égalité des chances, principes qui assurent le bien-être de tous les Canadiens[38]. Résumant ces préoccupations, Pierre Elliott Trudeau dira :

> En plus de céder aux provinces d'importants élé-ments de juridiction (droit de dépenser, immigra-tion), en plus d'affaiblir la Charte des droits, l'État canadien subordonnait aux provinces son pouvoir législatif (Sénat) et son pouvoir judiciaire (Cour suprême); et il le faisait sans espoir de retour (droit de veto à chacune des provinces)[39]. ◆

À la veille de l'échéance du 23 juin, seules les provinces du Manitoba et de Terre-Neuve n'avaient pas encore approuvé l'Accord du lac Meech. Ce fut finalement sur l'obstruction procédurière d'Elijah Harper, député autochtone manitobain, que l'Accord s'échoua. Mais personne au Québec ne fut dupe de cette fin : « Jamais personne n'aurait pu bloquer l'Accord [...] sans un appui largement répandu, non seulement dans ces deux provinces, mais aussi dans l'ensemble du Canada anglais[40]. »

L'échec de l'Accord fut accueilli par une majorité de Québécois comme une véritable rebuffade à l'endroit de leurs aspirations et il eut pour effet de transformer le rapport de forces qui existait depuis 1985 en faveur du renouvellement de la fédération :

> L'échec de l'Accord du lac Meech a consacré le caractère illusoire de la vision binationale du Canada qu'entretenaient depuis des générations les élites québécoises fédéralistes [...] [et il a] confirm[é] les thèses indépendantistes[41].

Dans les mois qui suivirent, l'appui à la souveraineté atteignit un sommet inégalé, 58 p. 100 des répondants se prononçant en sa faveur[42]. Déçus, les partisans du « beau risque » créèrent un nouveau parti politique, le Bloc québécois, dont Lucien Bouchard — qui avait démissionné du gouvernement Mulroney

En empêchant la ratification de l'Accord du lac Meech, Elijah Harper, député à l'Assemblée législative du Manitoba, montra que l'on ne pouvait plus contourner la question des Autochtones comme on l'avait fait au cours des négociations de 1987. Il devint un symbole de l'affirmation des Premières Nations. (Canapress.)

en guise de protestation contre le rapport Charest — prit la direction. Souverainiste, ce parti devait permettre aux Québécois d'agir avec une plus grande cohérence et de constituer une véritable alternative aux partis fédéraux existants.

Même le Parti libéral du Québec ne put rester indifférent, et ses militants jonglèrent pour un temps avec l'idée de la souveraineté. Le 22 juin, après avoir rappelé les événements qui avaient mené à l'adoption de l'Accord du lac Meech, le premier ministre Bourassa conclut par des mots qui sont restés célèbres :

> Le Canada anglais doit comprendre d'une façon très claire que, quoi qu'on dise et quoi qu'on fasse, le Québec est, aujourd'hui et pour toujours, une société distincte, libre et capable d'assumer son destin et son développement[43].

Pour tenter de définir le sens de ce destin, le premier ministre créa la Commission sur l'avenir politique et constitutionnel du Québec. Cette initiative aboutira à une nouvelle ronde de négociations constitutionnelles, qui se terminera par la signature de l'Entente de Charlottetown et la tenue d'un référendum pancanadien.

La crise d'Oka (1990)

L E 10 MARS 1990, LES MOHAWKS DE KANESATAKE (SUR LA RIVE NORD DU LAC DES Deux Montagnes, près de Montréal) érigèrent une barricade pour protester contre un projet d'expansion du golf de la municipalité d'Oka sur des terres sacrées qu'ils revendiquaient. Le 11 juillet 1990, moins d'un mois après l'échec de l'Accord du lac Meech, la Sûreté du Québec décida d'intervenir en force afin de démanteler la barricade. Un policier fut tué dans l'opération, le caporal Marcel Lemay. Le même jour, le ministre québécois des Affaires autochtones, John Ciaccia, amorça des négociations. Devant l'impasse des pourparlers, le gouvernement du Québec demanda à l'armée canadienne de prendre la relève de la Sûreté du Québec le 8 août 1990.

Les peuples autochtones de toutes les régions du Canada exprimèrent leur appui aux Mohawks[1]. Au Québec, les Mohawks de Kahnawake (sur la rive Sud du Saint-Laurent, près de Châteauguay) manifestèrent leur solidarité en bloquant le pont Mercier, principale voie d'accès à l'île de Montréal pour les résidents des municipalités avoisinantes. Dès lors, contraintes d'utiliser des voies d'accès plus éloignées, des milliers de personnes durent passer plusieurs heures additionnelles chaque jour dans leur voiture ou l'autobus pour se rendre au travail.

Ce n'est que le 6 septembre que le pont Mercier fut réouvert à la circulation, et il fallut attendre jusqu'au 26 septembre pour que les derniers contestataires de Kanesatake acceptent de se rendre, après plusieurs semaines de négociations tendues. Une cinquantaine d'enfants, de femmes et d'hommes retranchés derrière la dernière barricade quittèrent Kanesatake à bord d'autobus militaires, en direction de la base militaire de Farnham. Le siège avait duré 78 jours[2].

si je me souviens bien

Au Québec, l'opinion publique était divisée sur la légitimité des revendications mohawks : 35 p. 100 des personnes interrogées les croyaient justifiées, et 37 p. 100 injustifiées. Plus de 80 p. 100 d'entre elles, toutefois, étaient d'avis que les moyens utilisés pour les faire valoir étaient inacceptables[3]. En novembre 1990, deux mois après la crise, 34 p. 100 des Québécois se disaient moins favorables à la cause autochtone[4].

Au cours de l'été, des rassemblements de résidents en colère donnèrent lieu à des manifestations de racisme et à des comportements violents qui firent le tour du pays par le biais de la télévision : « La fermeture du pont et les inconvénients qui en résultèrent, joints à l'impression que l'autorité civile était faible et débordée, suffirent à transformer en émeutiers des citoyens [jusque-là respectueux des lois][5]. » L'incompréhension mutuelle fut sans doute accentuée par les propos incendiaires de certains leaders autochtones niant l'existence d'une nation québécoise et par l'association entre la résistance des Mohawks et la société des guerriers (la « Warriors Society »), dont les activités illégales dans les bingos, les casinos et la contrebande de cigarettes étaient bien connues[6].

Des manifestations de soutien aux Mohawks furent organisées dans les rues de Montréal, mais elles ne bénéficièrent pas d'une couverture médiatique équivalente à celle qu'avaient reçue la foule brûlant des Mohawks en effigie près des barricades[7]. La façon dont les médias anglophones rapportèrent les événements souleva d'ailleurs le mécontentement de plusieurs. La Sûreté du Québec accusa publiquement la presse anglophone d'entretenir, à des fins politiques, une mauvaise image du Québec[8].

Cette accusation fut reprise par d'autres observateurs. Ainsi, Robin Philpot écrivait : « On [a] donné le micro ainsi qu'un coup de pouce aux Harper, Erasmus, Fontaine et Mercredi, non pas pour aider la cause des Amérindiens et des Inuits, mais pour s'en prendre au Québec et aux Québécois[9]. » D'après lui, la crise d'Oka arrivait à un moment opportun, alors que le sentiment nationaliste au Québec

Si je me souviens bien

battait des records, pour démontrer le caractère raciste de la société québécoise et son incapacité à gérer elle-même ses affaires.

   Le premier ministre Bourassa lui-même sentit le besoin de
prendre la défense des Québécois face aux attaques portées contre
eux et reprises par divers intervenants internationaux :

> Il y a eu beaucoup de protestations au niveau interna-
> tional. On a, de l'extérieur, une perception de la situa-
> tion qui est bien loin de la réalité, notamment dans le
> cas de certains représentants européens qui font par-
> tie d'organismes internationaux. Je m'applique à leur
> faire comprendre que, si des ponts de Paris étaient
> bloqués pendant des semaines et que les Parisiens
> devaient faire plusieurs heures de parcours pour se
> rendre à leur travail, leur réaction serait exactement la
> même que celle de la population à Châteauguay[10]. ◆

Les Canadiens anglais se montrèrent plutôt favorables aux
Mohawks. Ils considéraient ces derniers davantage comme des victimes; les Québécois, le gouvernement du Québec et le gouvernement fédéral étaient, pour nombre de Canadiens anglais, les
véritables agresseurs. Le 29 juillet, une délégation d'environ 1000
Canadiens vint manifester pour exprimer son appui aux
Autochtones[11]. Puis, le 6 septembre, une pétition signée par près de
150 personnalités canadiennes et adressée au premier ministre
Mulroney invitait les autorités à mettre un terme à toute action militaire et à retourner à la table de négociations :

> En tant que Canadiens, nous éprouvons étonne-
> ment et honte devant la façon dont vous avez
> géré la crise de Kanesatake et de Kahnawake.
> Alors que les regards du monde entier étaient

braqués sur notre pays, vous avez choisi le silence
plutôt que le leadership, la force brutale plutôt
que la négociation, les armes plutôt que le dialogue. [...] Nous nous rangeons aux côtés des
Autochtones – et aux côtés de leurs chefs qui pré-
conisent des réponses justes et pacifiques à leurs
revendications[12].

Depuis le milieu des années 1980, une attention croissante
avait été accordée aux revendications autochtones, et cela avait eu
des retombées positives. Selon un sondage réalisé par la maison
Angus Reid vers la fin de la crise d'Oka (du 19 au 27 septembre
1990), les Canadiens anglais qui étaient en faveur de la reconnaissance des peuples autochtones comme société distincte étaient
plus nombreux que ceux qui se disaient prêts à accorder la même
reconnaissance au Québec[13].

Selon plusieurs analystes, toutefois, le malaise post-Meech
du Canada anglais contribua fortement à cette perception. Le journaliste autochtone Paul Ogresko écrit à ce propos :

La crise d'Oka a sans doute fait sourire d'aise ceux
qui, parmi les Canadiens, ne sont en rien favorables
à la reconnaissance de droits particuliers pour le
Québec. Il reste indéniable que les répercussions
auraient été aussi affreuses, sinon plus, que ce que
l'on a vu à Châteauguay, si les Mohawks avaient blo-
qué la route 401 à Toronto, par exemple. Il serait
tout aussi naïf de nier qu'en 1990, après le rejet de
l'Accord du lac Meech et la montée du mouvement
indépendantiste québécois, la crise d'Oka ait fourni
à plusieurs l'occasion de s'en prendre durement aux
francophones[14]. ◆

Si les autorités sont finalement venues à bout de la crise sans que d'autre perte humaine ne soit à déplorer, il reste que l'événement a laissé d'importantes marques sur le paysage politique canadien. Comme Kenneth McRoberts le souligne bien, la crise transforma l'attitude des Canadiens anglais en regard de la question constitutionnelle :

> [Elle] convainquit plusieurs Anglo-Canadiens que toute révision constitutionnelle devait prendre en compte les revendications des peuples autochtones. Bon nombre d'Anglo-Canadiens estimaient même beaucoup plus urgent de répondre aux revendications des Autochtones qu'à celles du Québec[15].

Plus que jamais, on a senti la nécessité de répondre aussi bien aux revendications autochtones qu'aux revendications québécoises, comme en fait foi l'Entente de Charlottetown. Cette dernière, en effet, comportait de nombreuses dispositions touchant les Autochtones, la plus importante étant la reconnaissance de leur droit inhérent à l'autonomie gouvernementale. Un an après la crise d'Oka, le gouvernement fédéral avait aussi mis sur pied la Commission royale sur les peuples autochtones (commission Erasmus-Dussault) pour examiner les rapports entre les peuples autochtones et la société canadienne.

Toutefois, presque dix ans après, le litige qui fut à l'origine de la crise d'Oka n'est pas encore réglé, bien que les négociations se poursuivent et que le gouvernement fédéral ait acheté des terrains pour les remettre aux Mohawks.

L'Entente Gagnon-Tremblay-McDougall sur l'immigration (1991)

L'ENTENTE GAGNON-TREMBLAY-McDOUGALL SUR L'IMMIGRATION FUT SIGNÉE LE 5 février 1991. Appelée plus exactement « Accord Canada-Québec relatif à l'immigration et à l'admission temporaire des aubains », cette entente était la quatrième du genre après l'Entente Cloutier-Lang de 1971, l'Entente Bienvenue-Andras de 1975, et l'Entente Couture-Cullen de 1978[1].

Depuis la création du premier ministère québécois de l'Immigration en 1968, les gouvernements du Québec successifs se sont constamment efforcés d'accroître leurs pouvoirs décisionnels dans ce domaine, en matière de sélection et d'intégration notamment. Ils voyaient dans l'immigration un moyen de renforcer l'économie québécoise et de faire contrepoids à la dénatalité sans mettre en péril le visage français de la société québécoise[2].

À l'instar de ses prédécesseurs, le gouvernement de Robert Bourassa avait demandé des pouvoirs plus étendus en matière d'immigration, dans le cadre de la négociation de l'Accord du lac Meech. Cet accord lui-même ne contenait que des principes généraux destinés à guider la rédaction d'un accord parallèle sur l'immigration, que le gouvernement fédéral s'engageait à négocier avec le Québec et avec toute province qui le jugerait opportun. Cet accord parallèle fut effectivement négocié, et c'est lui qui fournit la matière de l'entente administrative Gagnon-Tremblay-McDougall, à cette différence près que cette dernière ne fut pas constitutionnalisée.

Le caractère distinct du Québec est inscrit au cœur de l'Entente. Ainsi, on peut y lire que l'on « [...] vise, entre autres, à préserver le poids démographique du Québec au sein du Canada et à assurer une intégration des immigrants dans la province respectueuse de son caractère distinct[3]. » L'Entente

porte principalement sur trois champs d'intervention : les niveaux d'immigration, la sélection des immigrants, ainsi que les services d'accueil et d'intégration. La nouvelle entente accorde au gouvernement du Québec l'exclusivité de
la sélection pour les immigrants indépendants à destination du Québec. Pour
sa part, le gouvernement du Canada doit admettre tout immigrant à destination
du Québec qui satisfait aux critères de sélection de la province[4]. En vertu de
l'Entente, le gouvernement du Québec s'engage à poursuivre une politique
d'immigration dont l'objectif est de recevoir chaque année un nombre d'immigrants égal au poids démographique du Québec dans le Canada, plus 5 p. 100
s'il le désire; cependant que le gouvernement du Canada s'engage à établir, pour
l'ensemble du pays, des niveaux d'immigration qui soient compatibles avec cet
objectif[5]. Enfin, l'Entente prévoit le transfert au Québec de tous les services touchant à l'accueil et à l'intégration linguistique, sociale et économique, destinés
spécifiquement aux nouveaux arrivants, avec compensation financière. À cette
fin, le gouvernement du Canada a accordé au Québec une compensation de
332 millions $ pour la période allant de 1991 à 1995. L'Entente prévoit le mode
de calcul de la compensation financière à verser au Québec pour les années
1995-1996 et suivantes[6].

Si je me souviens bien

Pendant longtemps, bon nombre de Québécois ont vu « l'immigration comme un moyen utilisé par le gouvernement fédéral pour
augmenter le pourcentage d'anglophones au Canada et donc diminuer le pourcentage et l'influence des francophones[7]. » Ce point de
vue serait, selon Kenneth McRoberts, à l'origine de la création du
ministère québécois de l'Immigration :

> Affirmant qu'Ottawa n'avait fait dans le passé aucun
> effort pour attirer des immigrants francophones et
> qu'il avait même travaillé dans le sens contraire, le
> gouvernement du Québec créa en 1968 son propre
> ministère de l'Immigration[8].

Si je me souviens bien

La problématique identitaire est au cœur des préoccupations québécoises lorsqu'il s'agit d'immigration. En effet, l'avenir de
la culture et de la langue françaises est inextricablement lié à cette
question. En 1990, la ministre québécoise des Communautés culturelles et de l'Immigration, Monique Gagnon-Tremblay, décrivait ainsi
les motifs qui ont poussé le gouvernement du Québec à négocier la
nouvelle entente sur l'immigration :

> Ce sont le caractère distinct de la société québécoise
> et la spécificité des enjeux que représente l'immigra-
> tion pour cette société qui ont dicté les modifications
> à apporter à l'Entente Couture-Cullen afin d'actuali-
> ser et de compléter celle-ci[9].

Au Québec, l'Entente fut bien accueillie. Pour un nombre
important de Québécois, elle constituait un pas dans la bonne direction. Avant même la signature de l'Entente, la directrice du quotidien
Le Devoir, Lise Bissonnette, s'était d'ailleurs portée à sa défense :

> Non seulement on n'a aucune raison de refuser au
> Québec ce que Meech lui accordait sans réserve,
> mais, si le fédéralisme est incapable de reconnaître
> au Québec un rôle moteur sur une question où son
> destin démographique et économique « distinct » est
> en jeu, aussi bien débarquer illico[10].

Pour les fédéralistes québécois, cette entente apportait un
baume sur l'échec de Meech et permettait de croire au renouveau
de la fédération canadienne. Selon le ministre des Affaires intergouvernementales, Gil Rémillard, elle était...

> un premier pas pour une nouvelle vision de notre
> fédéralisme. Il s'agit, ajoutait-il, d'un exemple extrê-
> mement intéressant qui nous permettra de recher-
> cher cette efficacité dans d'autres domaines tels la
> main-d'œuvre [...]. On démontre par cette entente
> que Québec a la capacité et les pouvoirs d'exprimer
> ce que nous sommes et de protéger le lien fédéral[11].

D'après les souverainistes, toutefois, cette entente n'accordait pas suffisamment de pouvoirs au Québec. Ainsi, René Marleau, conseiller pour les affaires internationales et l'immigration auprès du chef de l'opposition, Jacques Parizeau, écrivait à l'époque :

> Nous ne contrôlons pas notre immigration. Nous n'exerçons même pas un pouvoir vraiment partagé avec le gouvernement fédéral. Nous administrons, dans le cadre général de la politique canadienne, des responsabilités administratives spécifiques et limitées quant à leur portée[12].

D'autres déploraient que l'Entente n'ait pas été constitutionnalisée, comme l'avait laissé prévoir l'Accord du lac Meech, et s'inquiétaient de la précarité des futures ententes que le Québec souhaiterait conclure avec le Canada en matière d'immigration[13]. ◆

Comparativement aux Québécois francophones, les Canadiens anglais voient davantage l'immigration comme une compétence fédérale. Joseph H. Carens fait remarquer qu'aucune province n'a tenté de contrôler la politique sur l'immigration à un degré comparable à celui du Québec. Selon lui, la raison en est fort simple :

> [...] le Québec est différent. Dans les autres provinces, on ne se préoccupe pas de ce que les immigrants apprennent le français plutôt que l'anglais et contribuent ainsi à affaiblir le statut de l'anglais comme langue commune. On peut, sans se poser de questions, supposer que ces immigrants enverront leurs enfants dans les écoles anglaises[14].

Lorsque les gouvernements du Québec et du Canada signèrent finalement l'entente accordant au Québec les mêmes pouvoirs que ceux que lui promettait l'Accord du lac Meech, cela ne suscita pas beaucoup de réactions au Canada anglais. La lecture des journaux de l'époque porte à croire, en effet, que l'entente bilatérale qui venait d'être conclue ne scandalisait guère le Canada anglais. Par contre, son application lui vaudra plus tard de sérieuses critiques en ce qui a trait aux compensations financières accordées au Québec par Ottawa.

Le mécontentement était attisé par le fait que le gouvernement québécois accueillait un nombre d'immigrants bien inférieur au pourcentage qu'il réclamait à l'époque de Meech et sur la base duquel les compensations financières avaient été négociées[15]. Ces iniquités furent dénoncées par les gouvernements de la Colombie-Britannique, de l'Alberta et de l'Ontario, qui soutenaient que, en raison de l'Entente Gagnon-Tremblay-McDougall, le Québec recevait beaucoup plus que sa part de l'aide fédérale[16]. Le chroniqueur Jeffrey Simpson résume ainsi l'essentiel de ces critiques :

> Cette année [1995], le Québec n'accueillera qu'environ 12 p. 100 des immigrants qui entreront au Canada, mais il recevra 37 p. 100 des fonds fédéraux destinés à leur établissement. L'année prochaine, le Québec pourrait accueillir encore moins que 12 p. 100 des immigrants, tout en continuant d'empocher environ 37 p. 100 des subsides fédéraux. Résultat : les autres parties du Canada, tout en accueillant beaucoup plus d'immigrants dont un bon nombre ne parlent pas l'anglais, reçoivent beaucoup moins par immigrant. [...] En fait, la part du Québec dans l'accueil des immigrants est allée décroissant, alors que la part qu'il reçoit des subsides est allée croissant[17]. ◆

En 1997, le gouvernement du Canada a amorcé des discussions avec toutes les autres provinces afin d'étudier la possibilité de renoncer à certains contrôles sur l'immigration et de répondre aux griefs de l'Ontario, de la Colombie-Britannique et de l'Alberta en leur accordant une aide financière plus généreuse[18].

L'Entente de Charlottetown et le référendum de 1992

À LA SUITE DE L'ÉCHEC DE L'ACCORD DU LAC MEECH (1990), UNE NOUVELLE ÈRE commença dans l'histoire constitutionnelle canadienne. Elle se caractérise par la recherche d'une procédure d'amendement plus démocratique, avec une consultation référendaire à la clé.

Dès septembre 1990, s'amorça une période de consultation publique sans égale dans l'histoire politique canadienne. Au Québec, les consultations avaient pour objectif de mesurer les avantages de la souveraineté par rapport au statu quo fédéral, cependant que, dans le reste du pays, elles devaient concilier les demandes minimales du Québec avec les exigences du Canada anglais et les aspirations des Premières Nations. Ces consultations et la ronde de négociations qui s'ensuivit sont maintenant connues sous l'appellation de « ronde Canada », incarnée dans l'Entente de Charlottetown qui fut signée en août 1992. Le 26 octobre 1992, les Canadiens furent appelés à se prononcer sur cette Entente.

Au Québec, cette période fut dominée par les audiences de la Commission sur l'avenir politique et constitutionnel du Québec (commission Bélanger-Campeau) et par la publication du rapport du Comité constitutionnel du Parti libéral du Québec (rapport Allaire), *Un Québec libre de ses choix*. Déposé en janvier 1991, le rapport Allaire proposait une importante révision du partage des compétences et une nouvelle structure politique Québec-Canada, de type confédéral[1]. Le rapport de la commission Bélanger-Campeau, *L'avenir politique et constitutionnel du Québec*, déposé deux mois plus tard, proposait quant à lui l'alternative suivante pour sortir de l'impasse constitutionnelle : une nouvelle et ultime tentative de redéfinir son statut au sein du système fédéral canadien, ou l'accession au statut d'État indépendant. À l'instar du rapport Allaire, il recommandait la tenue d'un référendum québécois sur la souveraineté, advenant l'échec des négociations avec le reste du Canada². Le 19 juin 1991, le gouvernement adopta la Loi sur le processus de détermination de l'avenir politique et constitutionnel du Québec, loi qui prévoyait la tenue d'un référendum au plus tard le 26 octobre 1992 et qui instituait deux comités, chargés d'étudier respectivement les questions relatives à l'accession du Québec à la souveraineté et toute offre constitutionnelle émanant du reste du Canada.

Pour sa part, Ottawa annonça, dès le 1ᵉʳ novembre 1990, la création du Forum des citoyens sur l'avenir du Canada (commission Spicer), avec le mandat de « sonder les cœurs et les reins des citoyens ordinaires ». Le 13 décembre, un comité mixte spécial de la Chambre des communes et du Sénat (comité Beaudoin-Edwards) fut aussi formé afin d'examiner le processus de modification de la Constitution³. Après que les rapports de ces comités eurent été déposés, le gouvernement fédéral formula ses propositions d'amendement dans un document intitulé *Bâtir ensemble l'avenir du Canada*. Ce projet représentait un programme de réformes ambitieux qui touchait les caractéristiques fondamentales du Canada (notamment les valeurs communes, les Premières Nations, la société distincte québécoise), les institutions fédérales (le Sénat, la Chambre des communes et la Cour suprême), l'union économique et le partage des compétences⁴.

Échaudé par l'expérience de Meech, le premier ministre Mulroney prit toutefois la peine de préciser que ces offres pouvaient être améliorées. Dans cette optique, le gouvernement créa un comité itinérant présidé par Claude Castonguay (remplacé plus tard par Gérald Beaudoin) et Dorothy Dobbie, pour faire connaître ses propositions et recueillir les points de vue de la population. De plus, au cours de l'hiver 1992, cinq conférences publiques furent organisées pour tenter de dégager un consensus sur le partage des compétences, la réforme des institutions, l'union économique, l'identité et les valeurs canadiennes; une sixième tribune sur les questions autochtones fut également mise sur pied à la requête insistante des peuples autochtones. Enfin, au cours des années 1991 et 1992, toutes les provinces et les territoires tinrent leurs propres audiences publiques.

Les consultations cédèrent le pas aux négociations au printemps 1992. Sous la direction de Joe Clark, ces rencontres multilatérales réunirent les gouvernements de neuf provinces et ceux des territoires, ainsi que des dirigeants autochtones. C'était la première fois que des représentants des Premières Nations participaient aux négociations constitutionnelles multilatérales et, par voie de conséquence, leurs exigences prirent une importance qu'elles n'avaient jamais eue durant les rondes précédentes. Conformément à son engagement de ne négocier qu'à deux, le premier ministre du Québec refusa d'assister à ces réunions, 12 en tout, tenues entre le 12 mars et le 7 juillet 1992. Au terme de cette période, les 17 participants se mirent d'accord sur un ensemble de propositions constitutionnelles, comprenant une réforme du Sénat, une « clause Canada », une révision du partage des compétences, une réforme du pouvoir de dépenser et la reconnaissance du droit inhérent à l'autonomie gouvernementale pour les Autochtones. Ce n'est qu'après avoir reçu ces « offres » que Robert Bourassa se joignit aux négociations pour les quatre dernières rencontres, qui aboutirent à la signature de l'Entente de Charlottetown le 28 août 1992.

Avec ses 60 clauses, réparties en cinq grands thèmes, l'Entente de Charlottetown était beaucoup plus complexe que l'Accord du lac Meech. Parmi les plus importantes clauses, signalons la clause Canada, qui énonçait les valeurs communes à tous les Canadiens et reconnaissait le Québec comme société distincte; la garantie, pour le Québec, de toujours disposer d'au moins 25 p. 100 des sièges à la Chambre des communes; un sénat élu, avec représentation égale pour chaque province; la reconnaissance du droit inhérent à un gouvernement autonome pour les Premières Nations et la reconnaissance que le gouvernement autochtone constituait un troisième ordre de gouvernement au Canada; un encadrement du pouvoir fédéral de dépenser ainsi qu'un droit de retrait avec compensation financière pour les provinces qui ne désireraient pas participer aux nouveaux programmes à frais partagés; une procédure d'amendement de la Constitution révisée qui exigerait l'unanimité pour un plus grand nombre de sujet.

Rédigé au mode conditionnel, le *Rapport du consensus sur la Constitution* reposait sur des bases fragiles. Plusieurs propositions (notamment le partage des compétences et les questions liées au gouvernement autochtone) n'avaient pas fait consensus et, par conséquent, étaient susceptibles d'être modifiées à l'occasion de discussions intergouvernementales ultérieures.

Le 10 septembre 1992, la Chambre des communes approuvait la tenue d'un référendum pancanadien et le libellé de la question référendaire, qui se lisait comme suit : « Acceptez-vous que la Constitution du Canada soit renouvelée sur la base de l'entente conclue le 28 août 1992 ? » La campagne commença officiellement le 21 septembre 1992.

Contrairement à ce qu'on put observer dans le reste du Canada, les intentions de vote au Québec ne connurent pas de revirements au cours de la campagne référendaire : le Non fut toujours privilégié, même dans les jours qui suivirent la signature de l'Entente, passant de 41 p. 100 à 52 p. 100 entre le 25 août et le 22 octobre, alors que le Oui voyait ses appuis passer de 37 p. 100 à 31 p. 100 au cours de la même période[5].

Poussé par la nécessité d'amender la Loi sur le processus de détermination de l'avenir politique et constitutionnel du Québec (la loi 150, qui avait été adoptée à l'automne 1990 et qui prévoyait la tenue d'un référendum portant sur la souveraineté), le débat s'amorça très rapidement au Québec. Et les enjeux y furent aussi beaucoup mieux circonscrits, du fait que les forces du Oui et celles du Non étaient clairement identifiées au Parti québécois d'un côté et au PLQ de l'autre. Ce dualisme fut renforcé par le fait que la campagne référendaire était régie par la Loi québécoise sur les consultations populaires, qui limitait à deux le nombre de comités référendaires.

Dès le 24 août, Jacques Parizeau doutait publiquement des talents de négociateur du premier ministre : Robert Bourassa s'était « effondré », disait-il, et il était revenu les mains vides[6]. L'argument voulant que le Québec ait peu obtenu de ces négociations fut un thème dominant tout au long de la campagne. De nombreux spécialistes soutinrent que le consensus de Charlottetown constituait un recul important par rapport aux demandes traditionnelles du Québec

et même qu'il consacrait la victoire du fédéralisme centralisateur[7].
Lise Bissonnette écrivait : « Le peu que le Québec a obtenu, cette
ligne de défense, est en effet un maximum, une limite absolue, un
plafond, un mur[8]. » Plusieurs dissidents libéraux s'opposèrent à une
entente dont la substance était très éloignée du programme constitutionnel du PLQ adopté en mars 1991 :

> Au mieux nous avons fait du surplace, et nous avons
> essayé d'éviter le pire [...], mais tout ceci ne constitue
> pas des gains pour le Québec, qui a dû s'essouffler à
> courir après non plus Meech, mais l'essence de Meech[9],
> déclara Jean Allaire, président de la Commission juridique

du PLQ.

Cette interprétation trouva un large écho dans la population
en général, y compris chez les francophones non souverainistes qui
trouvaient que le Québec sortait perdant de cette ronde constitutionnelle[10]. Elle fut renforcée d'abord par la lenteur des autorités à rendre
publics les documents
officiels – lenteur qui
pouvait faire croire que
des informations vitales
étaient gardées secrètes
ou que l'Entente était en
voie d'être diluée[11]. Puis
survint l'affaire Wilhelmy :
une conversation télépho-
nique interceptée et ren-
due publique, au cours de
laquelle deux proches de
M. Bourassa doutaient de
ses compétences et se
disaient très désappoin-
tés de ce que Québec ait
accepté de signer pour si

L'INJONCTION NE TOUCHE PAS LE VISUEL...

photo prise pendant les négociations

Dans l'Affaire Wilhelmy, une injonction de la cour
interdisait aux médias québécois de rapporter les
propos tenus par deux conseillers de Robert
Bourassa. D'un trait de plume, Serge Chapleau a su
résumer le contenu de la conversation litigieuse.
(Musée McCord d'histoire canadienne, M996.10.103.)

peu – propos qui semblaient confirmer les insinuations de Jacques
Parizeau[12].

Même la clause de la « société distincte », présentée comme
l'une des principales concessions faites au Québec, ne trouva pas
grâce aux yeux des opposants à l'Entente : banalité sans valeur juridique, dirent les uns; insignifiance politique, renchérirent les autres[13].

Les adversaires de l'Entente s'opposèrent tout aussi vivement aux déclarations de Robert Bourassa, qui prétendait qu'un
vote favorable à l'Entente signifierait la stabilité politique et la fin
du climat d'incertitude constitutionnelle. À l'Assemblée nationale,
Jacques Parizeau dénonça ce qu'il appelait la « constitutionnalisation des chicanes ». Au cours de la campagne, l'Entente fut qualifiée de brouillon : « Loin de faire l'unité nationale, nous
perpétuons des intrigues administratives, des querelles de chiffres
et de juridictions[14], » affirma Jean Allaire. ◆

Au moment de se lancer en campagne, les forces du Oui bénéficiaient d'une avance confortable. Le Oui jouissait non seulement de
l'appui de tous les premiers ministres, des leaders des territoires et
des chefs autochtones, mais aussi de celui des trois principaux partis politiques fédéraux, des gens d'affaires et des syndicats. Le ratio
Oui/Non était à ce moment-là d'à peu près 60/40[15]. Un conseiller du
premier ministre Mulroney dira par la suite : « La tenue du référendum paraissait pure formalité [...]. Comme si l'on invitait à l'avance
les gens à célébrer la victoire du "oui"[16]. »

Pour le *Globe and Mail*, l'Entente représentait le meilleur compromis possible dans les circonstances : « [...] la ratification de l'Entente est dans l'intérêt national, même si elle est décevante pour
pratiquement tous les joueurs, sous certains aspects et face à certains
enjeux[17]. » Le premier ministre Mulroney fit pour sa part valoir que

l'Entente était sans doute la clé pour garder le Québec dans le Canada
et présenta ses opposants comme les ennemis du Canada : « Quiconque tenterait de résilier cet accord heurterait de front les intérêts de
son pays[18]. » Les thèmes de la réconciliation et de l'unité nationale
constituèrent l'essentiel du discours au début de la campagne.

Malgré tout, le camp du Oui connut très tôt des difficultés. Au
début du mois d'octobre, le Oui enregistra une baisse de 20 points; à
partir de la mi-octobre, les sondages confirmèrent son recul, dans
l'Ouest en particulier; il ne repassa jamais le cap des 50 p. 100[19].

Le camp du Oui souffrait de gros handicaps : sur le plan
organisationnel, la réunion dans une même équipe de trois partis
rivaux donna lieu à des tensions quant à la stratégie à adopter et
retarda le début de la campagne[20]. En outre, la fragilité de ses
appuis et le manque d'enthousiasme de certains signataires de
l'Entente eurent aussi pour effet de lui faire perdre une partie de sa
crédibilité[21]. Ce problème fut aggravé par la lenteur à distribuer les
textes officiels de l'Entente, qui ne furent accessibles au grand
public que le 13 octobre.

Comme cela avait été le cas au cours du débat sur l'Accord
du lac Meech, les motifs pour s'opposer à l'Entente de Charlottetown et les groupes qui le faisaient étaient fort nombreux. Mais
surtout, l'Entente était difficile à faire accepter parce qu'elle était
trop complexe et ambiguë. Les concessions accordées à chacun faisaient en sorte que personne, en fin de compte, n'était satisfait[22].
Par exemple, la réforme du Sénat, le principal élément de l'Entente
qui avait justement pour but de séduire les électeurs non autochtones et non francophones en repondant à une demande maintes
fois répétée par les provinces de l'Ouest, ne joua pas son rôle
mobilisateur auprès de son public cible[23].

Deux grands thèmes ressortirent plus particulièrement. Le
premier se résumait à l'idée que le Québec avait trop reçu. La clause
de la « société distincte » était en cause encore une fois, mais la
garantie donnée au Québec qu'il aurait toujours 25 p. 100 des sièges

à la Chambre des communes suscitait plus d'opposition encore[24]. « Cette disposition confirme le désir de supériorité du Québec », déclara Phil Fontaine, grand chef de l'Assemblée des chefs du Manitoba[25]. Cette opinion trouva un large écho chez les électeurs à l'extérieur du Québec : le 9 octobre, un sondage publié dans le *Globe and Mail* révélait que 87 p. 100 des répondants qui avaient l'intention de voter Non et 61 p. 100 de ceux qui appuyaient l'option du Oui croyaient que l'Entente faisait trop de concessions au Québec[26]. L'ex-premier ministre Pierre Elliott Trudeau encouragea cette perspective en dénonçant les exigences insatiables des élites québécoises, dans un article publié par le magazine *Maclean's* et dans un discours prononcé lors d'un souper de Cité libre le 1er octobre[27].

Le second sujet d'inquiétude concernait les effets de la « clause Canada » sur l'interprétation de la Charte des droits et libertés et sur l'égalité des citoyens. Pour les groupes non reconnus, cela signifiait qu'ils disposaient de moins de droits que les femmes ou les minorités raciales[28]; les groupes déjà reconnus craignaient plutôt que leurs droits ne soient affaiblis. La tirade de Pierre Elliott Trudeau, qui concluait que « [c]e gâchis mérit[ait] un gros NON », résumait bien la pensée de nombreux Canadiens[29]. ◆

Le 26 octobre 1992, avec un taux de participation de 74,7 p. 100 à l'échelle canadienne (82,8 p. 100 à l'échelle québécoise), la population rejeta la proposition de « renouveler la Constitution canadienne sur la base de l'Entente de Charlottetown » : 54,3 p. 100 des Canadiens hors Québec s'y opposèrent, tandis que 56,7 p. 100 des Québécois et 62,1 p. 100 des Autochtones firent de même[30].

Les résultats du référendum furent interprétés ou bien comme un signal indiquant la nécessité de passer à autre chose, l'économie en l'occurrence[31], ou bien, au Québec, comme une étape qui en annonçait une autre. Alain Dubuc écrivait à ce sujet : « À tort ou à raison, les Québécois ont en effet perçu ce référendum comme une étape non déterminante. Ils se préparent déjà à d'autres échéances [...][32]. »

La victoire du Non laissa tous les partis politiques fédéralistes sans projet de renouvellement, alors que les attentes étaient plus grandes que jamais. Le *statu quo* constitutionnel semblait devenu la seule solution de rechange à la souveraineté. Tant par la procédure (consultation et participation publiques) que par la substance (« société distincte », Sénat « triple-E », gouvernement autonome pour les Premières Nations, clause Canada), l'Entente de Charlottetown semblait laisser un héritage de demandes contradictoires et irréconciliables. Les autorités fédérales envisagèrent d'emprunter des avenues non-constitutionnelles pour atteindre certains objectifs ou de procéder par étapes[33]. Mais ce qui relança le débat constitutionnel, ce furent les élections fédérales en octobre 1993, avec la victoire de 54 députés du Bloc québécois — nombre suffisant pour former l'opposition officielle — puis les élections provinciales au Québec en 1994, qui donnèrent une majorité au Parti québécois.

Le référendum sur la souveraineté-partenariat (1995)

L E 12 SEPTEMBRE 1994, LE PARTI QUÉBÉCOIS (PQ) REMPORTAIT LES ÉLECTIONS québécoises, avec 77 sièges contre 47 pour le Parti libéral du Québec (PLQ). Cette victoire constituait le troisième épisode d'une joute politique qui avait commencé avec le rejet de l'Entente de Charlottetown en 1992 et qui s'était poursuivie lors des élections fédérales de 1993, où 54 députés nationalistes du Bloc québécois (BQ) avaient été élus à la Chambre des communes.

Durant l'année écoulée entre l'élection du PQ et la tenue du référendum, le 30 octobre 1995, le gouvernement québécois se lança dans une longue campagne dite « pré-référendaire » au cours de laquelle il s'efforça d'élargir ses appuis. Dès le 6 décembre, le premier ministre Jacques Parizeau présentait un avant-projet de loi sur la souveraineté, énonçant que « le Québec est un pays souverain ». Les grands enjeux liés à la souveraineté (Constitution, territoire, citoyenneté, monnaie, continuité des lois, partage des actifs et de la dette, etc.) y étaient abordés, et une association économique avec le Canada y était envisagée. Après consultation, le projet devait être adopté par l'Assemblée nationale, puis soumis aux Québécois par référendum.

Le point tournant de cette démarche fut atteint au printemps lorsque Lucien Bouchard, alors leader de l'Opposition à la Chambres des communes, suggéra au premier ministre Parizeau d'associer au projet de souveraineté une proposition de partenariat avec le reste du Canada. Ce virage fut légitimé le 12 juin 1995, avec la signature d'une entente tripartite entre le PQ, le BQ et l'Action démocratique du Québec (ADQ), entente par laquelle le gouvernement du Québec s'engageait à proposer et à négocier un nouveau partenariat politique et économique avec le Canada dans le cas où le Oui l'emporterait au référendum.

Au cours de cette période, les autorités fédérales refusèrent de discuter des conséquences d'un Oui. Elles nourrissaient ainsi un climat d'incertitude quant à la viabilité d'une association advenant une victoire des souverainistes, tout en évitant de s'aliéner le reste du Canada[1]. De même, le premier ministre Chrétien refusa, jusqu'à la veille du référendum, de prendre quelque engagement que ce soit pour amadouer les Québécois. À Ottawa, on s'efforça plutôt de démontrer que le projet souverainiste était dépassé et que le fédéralisme canadien était en évolution constante. On chercha aussi à renforcer le sentiment d'appartenance au Canada, en soulignant, par exemple, le trentième anniversaire de l'unifolié[2].

Les décrets référendaires furent émis le 1er octobre 1995 et la question référendaire se lisait comme suit :

Acceptez-vous que le Québec devienne un pays souverain, après avoir offert formellement au Canada un nouveau partenariat économique et politique, dans le cadre du projet de loi sur l'avenir du Québec et de l'entente signée le 12 juin 1995 ? OUI ou NON.

La manifestation pour l'unité nationale qui a réuni des milliers de personnes au centre-ville de Montréal le 27 octobre 1995. (Ryan Remiorz, Canapress.)

Au cours de la campagne, le camp du Non élabora une stratégie essentiellement négative, qui insistait sur les coûts liés à la souveraineté. Dans cette démarche, le gouvernement fédéral fut aidé par des gens d'affaires[3], des institutions financières, des instituts de recherche[4] et des politiciens des autres provinces. La progression lente mais sûre de l'appui au Oui, ponctuée par la nomination de Lucien Bouchard comme négociateur en chef d'un Québec souverain, incita toutefois les stratèges du Non à mettre de côté ce discours de « gérant de banque » et à tenter de donner une « âme » à leur campagne[5] : le 25 octobre, dans son discours à la nation, le premier ministre Chrétien se dit prêt à reconnaître le caractère distinct du Québec et promit qu'aucun changement ne serait apporté à la Constitution sans le consentement de cette province : « La dissolution du Canada serait l'échec d'un rêve [...][6], » déclara-t-il.

Si je me souviens bien

Plus serrés que prévu, les résultats des élections provinciales de 1994 au Québec furent interprétés comme un signal positif par les fédéralistes. Pour Daniel Johnson, chef du PLQ, ils indiquaient que les Québécois n'étaient pas désireux de se lancer sur la voie de la séparation[7]. Depuis les sommets atteints en 1990, en effet, la ferveur souverainiste n'avait cessé de décliner. En 1994, les sondages d'opinion montraient que les intentions de vote souverainistes étaient descendues à 44 p. 100[8].

Néanmoins, avec 45 p. 100 des votes et avec Jacques Parizeau, chef aux convictions profondes et affichées, le contexte politique était plus encourageant pour les souverainistes en 1994 qu'en 1976, année où le Parti québécois forma, pour la première fois, un gouvernement majoritaire à l'Assemblée nationale[9]. D'autant plus que l'ADQ, qui proposait un renouvellement des rapports Québec-Canada inspiré de l'Union européenne, avait obtenu 6,5 p. 100 des voix à l'élection de 1994 et qu'il y avait à Ottawa un parti frère, le Bloc québécois qui, élu avec presque 50 p. 100 des voix en 1993, travaillerait pour l'option gouvernementale et non contre elle.

Pour les souverainistes, il s'agissait donc de recréer la dynamique de 1990-1991 et « de convaincre ces Québécois qui ont le
goût et la volonté de prendre en main leur destinée qu'il n'y a
qu'une façon d'être plus autonome, c'est d'être souverain », comme
le disait Jacques Parizeau[10]. Prudent, le chef du BQ, Lucien Bouchard, invita toutefois le nouveau premier ministre à ne tenir un
référendum que s'il pouvait le gagner[11].

Au cours de l'hiver 1995, dans ce qui reste la plus vaste
consultation populaire dans l'histoire de la province, les Commissions
sur l'avenir du Québec permirent d'établir que le *statu quo* était
presque unanimement rejeté par les participants. Boycottés par le
PLQ, qui dénonçait le fait que les commissions ne s'intéressaient
qu'à l'option de la souveraineté, les témoignages entendus montrèrent également que bien des Québécois ne se reconnaissaient pas
dans le projet mis de l'avant par le PQ. Au printemps, la souveraineté
continuait de stagner bien en deçà de la barre des 50 p. 100[12]. Bien
que le projet de loi ait été distribué dans toutes les maisons du Québec, plus de la moitié des Québécois se disaient encore trop peu
informés sur le projet du PQ pour prendre une décision, ce qui révélait le peu d'attention accordé à cette question et la fatigue ressentie
par bon nombre de Québécois face à la question constitutionnelle[13].

Deux préoccupations majeures semblaient refroidir leur
enthousiasme. En premier lieu, l'absence de motivation concrète
pour justifier la souveraineté apparaissait comme un des talons
d'Achille du projet gouvernemental – « La souveraineté, pour quoi
faire ? » entendait-on souvent. Pour une majorité de Québécois, la
souveraineté devait s'appuyer sur un projet de société. Dans son
rapport, la Commission nationale notait ainsi que, dès le début de la
consultation, les témoins avaient abordé des sujets tels que la
décentralisation, l'emploi, l'économie ou l'éducation, en dépit de
leurs liens plutôt ténus avec le mandat des Commissions[14].

Néanmoins, à l'heure de la réforme de l'assurance-chômage, de
la révision des pensions de vieillesse et du nouveau transfert social

canadien, le projet souverainiste jouissait du bénéfice du doute : « Avec
un OUI, nous n'avons pas la garantie d'une amélioration; mais avec un
NON, nous avons la certitude d'une détérioration », dit un activiste au
cours de la campagne référendaire[15]. L'impression qu'il y avait une plus
grande affinité entre le camp du Oui et les plus démunis, les travailleurs et les petites entreprises fut confortée par le fait que la plupart des grands patrons étaient en faveur du Non, ces « privilégiés
arrogants », ainsi que Jacques Parizeau les stigmatisa[16].

      Il est aussi certain que l'appui de nombreux Québécois
était très largement fonction du maintien de liens économiques
avec le reste du Canada[17]. L'accueil réservé à l'entente tripartite
signée par Parizeau, Bouchard et Dumont fut donc chaleureux et
se traduisit par un gain de quelques points dans les sondages
d'opinion. Toutefois, à la fin du mois de septembre, seulement
46 p. 100 des personnes interrogées croyaient que le reste du
Canada accepterait de négocier un nouveau partenariat advenant
un Oui majoritaire à la question référendaire[18], et cette option
continuait de tirer de l'arrière à la veille du début de la campagne.
Au cours de la campagne référendaire, la capacité du camp du Oui
de convaincre les Québécois du sérieux et du réalisme de son
offre de partenariat allait d'ailleurs jouer un rôle déterminant
dans la performance du Oui. À ce titre, la nomination, le 5 octobre, des premiers membres du Comité d'orientation et de surveillance des négociations sur le partenariat (dont Jean Allaire,
dissident libéral) et l'annonce, deux jours plus tard, que Lucien
Bouchard agirait à titre de négociateur en chef d'un Québec souverain furent fort importantes[19].

      Malgré les préoccupations exprimées quant à l'avenir écono-
mique d'un Québec souverain, les Québécois ne prirent pas au
sérieux le discours des gens d'affaires et les prévisions alarmistes
quant aux risques économiques associés à la souveraineté, en raison de leur caractère excessif. Certains analystes croient même que
ces interventions favorisèrent le camp du Oui :

Si je me souviens bien

Il y aurait donc eu érosion de la crédibilité politique des hommes d'affaires qui, à chaque campagne référendaire [1980, 1992, 1995], sont plantés sur le devant de la scène comme des épouvantails à corneilles. Faut croire que les corneilles se sont habituées[20].

D'autres analystes ont aussi constaté que les craintes des Québécois au sujet de l'économie d'un Québec souverain avaient diminué et que « les gains du OUI découl[ai]ent principalement d'un plus grand optimisme ou d'un moins grand pessimisme, selon le point de vue, quant aux conséquences économiques de la souveraineté[21]. »

Les sentiments d'appartenance expliquent aussi le comportement et la décision des Québécois; un sondage réalisé au milieu de la campagne indique que c'est aux arguments identitaires que les Québécois furent le plus sensibles[22]. En ce sens, la « manifestation de l'amour » qui réunit des milliers de Canadiens au centre-

Cette caricature de Serge Chapleau, représentant les relations Québec-Canada sous les traits d'une relation conjugale, montre l'agacement avec lequel la manifestation pour l'unité nationale fut reçue par bien des Québécois. (Musée McCord d'histoire canadienne, M998.51.207.)

Si je me souviens bien

ville de Montréal à trois jours du référendum n'eut probablement
pas l'effet escompté :

> L'amour exprimé par ces visiteurs peut se compren-
> dre comme s'adressant non au Québec, mais bien au
> Canada – un amour exprimé dans un moment de
> panique à la pensée que le Canada vivait peut-être
> ses derniers jours, un amour qui contenait une mena-
> ce implicite à l'adresse de quiconque oserait s'en
> prendre à ce pays[23].

Le souvenir de Meech était encore trop frais dans la mémoire de plusieurs pour que cet élan d'affection ne soit pas suspect[24]. ◆

as i recall

Étant donné que le Parti québécois n'avait obtenu que 44,7 p. 100
des votes contre 44,4 p. 100 pour le PLQ, la victoire du PQ fut
interprétée, au Canada anglais, comme la simple expression d'un
désir de changement, voire même comme une défaite morale pour
l'option souverainiste : « C'est une bonne indication de ce que le
Canada est là pour rester », dit Jean Chrétien[25]. En général, soit
parce que l'on croyait inévitable la défaite des souverainistes, soit
par crainte que les interventions n'aient l'effet contraire à celui
que l'on recherchait, l'attentisme et la passivité furent les premières réponses que le reste du Canada offrit au défi péquiste. Même
la gauche canadienne-anglaise, qui avait soutenu le droit à l'autodétermination du Québec en 1980, montra moins d'intérêt cette
fois-ci : la Charte des droits et libertés, les Premières Nations et la
souveraineté canadienne à l'heure du libre-échange retenaient
son attention[26].

Ce fut surtout le milieu universitaire qui se chargea de
réfléchir aux défis posés par l'option souverainiste. Amorcée
après l'échec de l'Accord du lac Meech, cette réflexion connut un

second souffle à la suite de l'élection du PQ. Fait nouveau, on se souciait moins dans ces études du renouvellement de la fédération que de l'avenir du Canada sans le Québec : on commençait à « penser l'impensable[27] ».

Fatigués de l'éternelle question québécoise, bien des Canadiens restèrent plutôt indifférents face à cette nouvelle version d'un air connu, celui de « l'imminente rupture » du Canada[28]. En fait, la grande majorité des personnes interrogées (73 p. 100) étaient d'avis que les Québécois rejetteraient la « souveraineté-association »[29]. La couverture accordée par les médias aux dissensions au sein du camp souverainiste et les résultats des sondages démontrant la faiblesse des appuis à la souveraineté confortaient cette idée que l'option souverainiste était en voie d'être battue de nouveau[30].

Le virage du camp souverainiste, amorcé au printemps à l'instigation du chef du BQ, Lucien Bouchard, fut d'ailleurs largement dénoncé comme une manière de duper les Québécois[31]. Pour les Canadiens des autres provinces, les Québécois devaient choisir : ils ne pouvaient avoir le beurre et l'argent du beurre. Plusieurs intervenants politiques en profitèrent pour rappeler que le Canada ne serait pas disposé à négocier avec un Québec souverain : « Ou bien vous faites partie de la famille, ou bien vous n'en faites pas partie », déclara le premier ministre de la Saskatchewan, Roy Romanow, résumant le sentiment de ses collègues et celui de la majorité de ses concitoyens[32]. L'union économique canadienne existe déjà, alléguait-on, pourquoi risquer de la perdre ?

Même si peu d'entre eux étaient disposés à faire des concessions au Québec pour s'assurer qu'il reste dans la famille, les Canadiens souhaitaient généralement que les Québécois rejettent l'option péquiste[33]. Aussi la publication de sondages de plus en plus favorables à la souveraineté suscita-t-elle l'inquiétude. Trois jours avant le référendum, plusieurs dizaines de milliers de Canadiens, en provenance de tous les coins du Canada, se réunirent à Montréal, dans un immense rallye pour « l'unité nationale ». Pour les partici-

> pants, ce rassemblement fut l'occasion de prendre part à un débat
> qui les touchait de près et duquel ils avaient, jusque-là, été exclus :
> « Nous sommes venus ici pour dire aux Québécois, par le seul
> moyen dont nous disposions, que nous ne voulons pas les voir par-
> tir », dit une manifestante venue de la Nouvelle-Écosse[34]. Après
> coup, 61 p. 100 des Canadiens jugèrent que cette manifestation avait
> eu une influence positive sur la performance du camp du Non[35]. ◆

Le soir du 30 octobre, le dévoilement des résultats de la consultation référendaire prit l'allure d'un véritable suspense et tint le Québec et le Canada en
haleine jusqu'à 22 h 20, heure à laquelle le Non fut déclaré gagnant. L'option du
Oui recueillit l'appui de 49,4 p. 100 des Québécois, et celle du Non, 50,6 p. 100;
seulement 54 288 voix séparaient les deux options. Le référendum fut l'occasion
d'inscrire un record dans l'histoire politique canadienne, avec un taux de participation frôlant les 94 p. 100[36].

Amer, Jacques Parizeau déclara : « On a été battus, mais au fond par quoi ?
Par l'argent et des votes ethniques[37]. » Il démissionna le lendemain même et, en janvier 1996, Lucien Bouchard devint premier ministre du Québec. Cette sortie et les
résultats référendaires révélèrent mieux que jamais auparavant le clivage linguistique qui divisait la province[38]. Le climat politique postréférendaire, caractérisé par le
militantisme et la colère des Anglo-Québécois[39] — « les Angryphones » comme on
les a surnommés — incita d'ailleurs certains politiciens et de simples citoyens à lancer des appels au calme et au dialogue. Lucien Bouchard, notamment, entreprit sa
tâche de premier ministre sous le signe de la réconciliation et de l'apaisement[40].

Au contraire de Parizeau, la plupart des souverainistes accueillirent le verdict référendaire avec dignité, plutôt satisfaits de la progression de leur option
depuis la consultation de 1980. Le gain de neuf points donnait l'allure d'une victoire à cette défaite, et le « à la prochaine » de René Lévesque devint un « à bientôt ». « Gardons espoir, car la prochaine fois sera la bonne. Et cette prochaine fois
elle pourrait venir plus rapidement que l'on pense », annonça Lucien Bouchard[41].

Pour la plupart des observateurs et des politiciens du Québec, la décision
des Québécois devait se traduire par un changement et ne signifiait pas qu'ils

appuyaient le *statu quo* : « L'exercice référendaire a débouché sur un mandat, autrement l'exercice aurait été carrément inutile. [...] Il y a un mandat de changement du fédéralisme canadien[42] », affirmait Daniel Johnson.

Le message fut bien reçu au Canada anglais. La réponse prit deux formes, connues respectivement comme le Plan A et le Plan B. Selon le premier, Ottawa devait faire en sorte que les Québécois préfèrent rester au sein du Canada[43]. Dans cette optique, le premier ministre Chrétien fit adopter deux résolutions au cours des mois qui suivirent. La première reconnaissait que le Québec formait une société distincte au sein du Canada et incitait les branches législative et exécutive du gouvernement fédéral à tenir compte de cette situation dans leurs délibérations et décisions. La seconde résolution octroyait un droit de veto au Québec ainsi qu'à l'Ontario, à la Colombie-Britannique, aux Prairies et aux Maritimes. Des projets de dévolution par étapes furent aussi envisagés[44]. À compter de 1997, les provinces entreprirent de leur côté un processus de consultation publique afin de faire adopter la Déclaration de Calgary, par laquelle on reconnaissait le caractère « unique » du Québec tout en affirmant l'égalité des provinces; en 1998, toutes les provinces l'avaient ratifiée[45].

Après la courte victoire référendaire, toutefois, de plus en plus de Canadiens favorisaient l'adoption d'une ligne plus dure envers les souverainistes, dite Plan B. En novembre 1996, un sondage d'opinion concluait que 63 p. 100 d'entre eux préféraient cette approche au Plan A de la réconciliation[46]. D'une part, il semblait plus que jamais impossible

Des fédéralistes manifestent devant la Cour suprême aux côtés d'un souverainiste, après que les neuf juges de cette Cour eurent rendu leur décision relativement à la sécession unilatérale du Québec : « La Cour suprême se prononce sur la légitimité du Canada », disent les uns; « neuf perruques contre 7 millions de tuques », rétorque l'autre. (Jonathan Hayward, Canapress.)

de trouver des solutions durables qui puissent accommoder le Québec sans aliéner le reste du Canada ou l'une de ses parties[47]. D'autre part, ébranlés par le résultat du référendum, les Canadiens se rendaient compte plus que jamais que le
démembrement du Canada était une chose tout à fait possible. Dans cette optique,
ce fut avec une ardeur nouvelle que l'on entreprit de préciser les conditions auxquelles l'organisation d'un nouveau référendum serait soumise et les règles qui
régiraient la sécession[48]. C'est ainsi que la thèse partitionniste reçut une attention
renouvelée — si le Canada est divisible, le Québec l'est aussi — et que la légalité
d'une déclaration unilatérale d'indépendance fut soumise à l'autorité de la Cour
suprême. Le 20 août 1998, la Cour statua que le Québec ne pouvait pas procéder
unilatéralement à la sécession, que ce soit en vertu de la Constitution du Canada
ou en vertu du droit international[49].

Réélu en 1998, le PQ s'est engagé à tenir un nouveau référendum si les
conditions gagnantes étaient réunies.

Conclusions

par Guy Rocher
par John Meisel

Conclusion

A	U TERME DE CET OUVRAGE, TROIS QUESTIONS VIENNENT À L'ESPRIT : QUELLES CONCLU-
	sions ressortent de l'ensemble de ces articles ? Que peut-on prévoir pour l'ave-
nir ? Et finalement, quelle foi et quel poids faut-il accorder à l'histoire ? La réponse à
la dernière question nous aidera à répondre aux précédentes.

Tout cet ouvrage porte sur l'histoire canadienne, depuis la Conquête de la
Nouvelle-France par l'Angleterre jusqu'à la relation et l'analyse d'événements tout
récents. Cela pose une double interrogation : celle de la signification sociologique
et politique de l'histoire et celle de la fiabilité de l'histoire.

Dans sa description de la Nation, le philosophe français Ernest Renan
incluait le partage de souvenirs communs[1]. S'il existe une culture canadienne commune aux anglophones et aux francophones, on ne peut que reconnaître qu'elle
comprend, entre autres, le souvenir des oppositions, des luttes, des incompréhen-
sions qui l'ont construite. La question se pose : doit-on oublier l'histoire si l'on veut
continuer à cohabiter, dans un cadre politique ou dans l'autre ? La réponse nous
paraît claire : l'histoire est pour une société une mémoire collective qui ne peut être
oblitérée, pas plus que la mémoire d'une personne ne peut l'être. Car vouloir
l'occulter revient toujours à fournir à un individu ou à un groupe l'occasion de la
rappeler et de s'en servir d'une manière souvent inattendue. Le régime de Franco
en Espagne avait cru éteindre à jamais le souvenir des spécificités catalane et bas-
que. La mémoire collective les avait cependant conservées, et elles sont réapparues
avec une force nouvelle au cours des dernières décennies. Les régimes socialistes de
l'Europe centrale et de l'Europe de l'Est pensaient avoir étouffé toute velléité de
retour des anciennes entités nationales. On sait avec quelle vitalité bien vite retrou-
vée les nationalismes ont surgi de leurs catacombes.

La mémoire collective s'exprime parfois de manière inattendue. Intitulé « Je me souviens », ce graffiti rappelle quelques-uns des événements qui nourrissent la mémoire collective québécoise, de la Conquête de 1760 au référendum de 1995, en passant par le rébellion des patriotes (1837-38), le référendum de 1980, le rapatriement de la Constitution (1982), l'échec de l'Accord du lac Meech (1990) et l'Entente de Charlottetown (1992). (Robert Galbraith, Canapress.)

L'histoire sert souvent à réunir les membres d'une collectivité et à engendrer une identité commune, par la production d'une signification symbolique attachée à des événements ou à des personnages. Ce que l'on a appelé les « mythes fondateurs » des peuples se construit à partir du matériau qu'ont offert les grands « chroniqueurs » d'autrefois, et que fournissent aujourd'hui les historiens, même à leur corps défendant. C'est ainsi, par exemple, que l'image du roi Clovis, rassembleur du premier royaume franc chrétien au VIe siècle et à ce titre considéré comme le premier roi aux origines de la France, doit tout à la chronique de sa vie, plus ou moins romancée, qu'a écrite l'évêque Grégoire de Tours, dans son *Historia Francorum*, près d'un siècle après la mort de Clovis. L'ouvrage, heureusement conservé, sert toujours de référence obligée pour les historiens qui étudient cette époque, malgré les réserves qu'ils s'empressent d'exprimer à son sujet; et c'est sur lui que s'est construit le mythe fondateur des origines de la France, à la fois comme patrie et comme « fille aînée de l'Église ». Aux États-Unis, le nationalisme américain, pour remplir le rôle unificateur qu'il a joué dans le « melting-pot », s'est créé sur les images de la Révolution de 1776 et du personnage mythifié de George Washington.

En réalité, l'histoire de l'Antiquité gréco-romaine, du déclin de l'Empire romain, du Moyen Âge et des débuts de l'ère moderne, telle que nous pouvons aujourd'hui la reconstituer, repose sur les écrits de certains historiographes dont l'œuvre a pu être conservée. C'était à l'occasion le héros lui-même qui racontait ses travaux, comme César faisant le récit de sa guerre des Gaules. Mais, le plus souvent, c'étaient des hommes vivant dans l'entourage d'un souverain qui se chargeaient d'en raconter la vie et les exploits, ou qui étaient chargés de l'écrire par le souverain lui-même comme n'ont pas manqué de le faire plusieurs empereurs romains. De tels écrits servaient évidemment à conserver et à grandir le souvenir du souverain, mais ils pouvaient aussi contribuer à créer et à entretenir une conscience collective commune. On dit volontiers, par exemple, qu'un des éléments constitutifs de la nation anglaise se trouve dans son historiographie, à travers les œuvres successives de Bède le Vénérable (731), de l'évêque Geoffrey de Monmouth (1136), d'Edward Hall (1548), de William Harrison (1577), d'Edmund Spenser (1590-1596), jusqu'aux grandes tragédies anglaises de Shakespeare. C'est en se fondant sur des exemples de cette nature qu'Ernest Renan, dans son fameux petit texte sur la Nation, pouvait affirmer que l'« âme » nationale était, pour une part, composée de « la possession en commun d'un riche legs de souvenirs[2]. »

Mais les travaux de ces historiographes restaient entachés de bien des défauts méthodologiques. Aujourd'hui, l'histoire est bien sortie de l'« âge des chroniques »; elle est maintenant une discipline authentiquement scientifique, prenant appui sur une méthodologie critique rigoureuse, une variété croissante de sources et des horizons toujours plus étendus. Cependant, précisément parce que le passé est un présent toujours agissant, l'historien demeure chargé d'une tâche infiniment délicate : il doit s'efforcer de comprendre le passé en se dégageant des cadres idéologiques du monde présent. Mais celui-ci le rejoint toujours, soit parce que les mouvements politiques, sociaux et culturels de l'heure choisissent de puiser dans son œuvre, soit parce que l'historien lui-même n'est pas totalement imperméable aux idéologies dominantes de son milieu et du moment — c'est ce qui explique, en partie, la présence et la divergence des « écoles historiques » qu'évoque Arthur Silver dans certains articles du premier chapitre.

Il est vrai que l'œuvre de l'historien est plus que jamais susceptible d'être utilisée, à son corps défendant ou de son plein gré, par les mouvements sociaux, les collectivités dominantes ou dominées et les courants de pensée contemporains.

De toutes les sciences humaines, l'histoire se trouve plus souvent qu'à son tour mêlée aux petites et grandes querelles dans lesquelles s'affrontent des partis, des religions, des intérêts, des idéologies, des valeurs et des options divergentes. Il arrive ainsi que les querelles d'écoles entre historiens débouchent sur la place publique, deviennent des enjeux politiques et entrent dans l'argumentaire des luttes contemporaines. On assiste aujourd'hui, par exemple, à de vifs débats sur les origines celtes des Écossais au Royaume-Uni, sur l'interprétation du nazisme en Allemagne, sur le sens du multiculturalisme aux États-Unis. Sans parler de l'usage qui est fait d'un passé parfois lointain dans des conflits violents, comme en Irlande et au Kosovo. En même temps qu'elle réunit, l'histoire peut aussi diviser. Il importe de savoir vivre avec elle, l'ingérer en quelque sorte et construire son présent et son avenir en en tenant compte.

Cette réponse apportée aux interrogations touchant l'histoire, sa vérité, ses limites et sa portée hautement sociologique nous permet de répondre maintenant à la première question posée plus haut : quelles conclusions ressortent des articles du présent ouvrage ?

Une première observation. Les concepteurs de ce livre ont choisi de mettre l'accent sur les événements où se sont affirmées des différences de points de vue plus ou moins accentuées, souvent plus que moins, entre le Québec francophone et le Canada anglophone. On peut critiquer cette option en disant qu'elle néglige ce qu'ont par ailleurs en commun l'un et l'autre, ce qui les a malgré tout tenus réunis et continue de les unir. Une telle remarque ne serait pas sans fondement. Mais elle serait pourtant injuste, car elle passerait à côté de l'intention de cet ouvrage, qui était précisément de regarder courageusement et sans fard l'écart des perceptions entre francophones et anglophones, écart qui existe et perdure au fil des événements, depuis la Conquête jusqu'à nos jours. Ce phénomène est indéniable, même si l'on peut vouloir le relativiser par les convergences qui l'accompagnent; il faut même reconnaître qu'il forme une trame profonde de l'histoire, de la culture et des institutions canadiennes. Cet ouvrage a voulu le rappeler, pour que l'on ait la sagesse d'en prendre conscience et d'en tenir compte dans toute recherche de solutions ou de compromis, quels qu'ils soient.

Une deuxième observation nous paraît ressortir de ces articles : c'est la complexité croissante de la vie politique canadienne. Les clivages du milieu du XIXe siècle étaient relativement simples : ils se ramenaient à ceux qui séparaient et à l'occasion opposaient francophones et anglophones, protestants et catholiques. Les clivages se sont multipliés avec l'arrivée et l'intégration de nouvelles et multiples communautés ethniques ou culturelles, d'abord dans les provinces de l'Ouest, puis en Ontario et de plus en plus au Québec. À cela s'ajoute un événement d'importance majeure : la prise de parole politique des différentes nations autochtones au cours des dernières décennies pose dans tout le Canada une série de grandes questions, auxquelles les réponses tardent à venir et qui ajoutent notablement à la complexité du paysage. L'histoire canadienne était déjà une histoire de rapports entre minorités et majorités; l'évolution est allée dans le sens d'une complexité toujours plus grande de ce trait caractéristique de la réalité canadienne.

Cela dit, il n'en demeure pas moins — et c'est là une autre observation — que, au-delà de cette complexité croissante, les rapports et le clivage entre francophones et anglophones demeurent l'axe central de l'histoire canadienne ancienne et contemporaine. On a beau vouloir nier les « deux peuples fondateurs », leurs rapports et la dynamique de ces rapports occupent toujours le devant de la scène politique, sociale et culturelle. Pourtant, il faut tout de suite ajouter — autre observation encore — qu'il ne s'agit pas d'un affrontement de deux blocs homogènes et monolithiques. En réalité, il n'y a ni LE Canada anglais ni LE Canada français. Comme on l'a vu dans plusieurs articles du présent recueil et comme l'a noté John Meisel dans ses introductions, les Canadiens anglais forment un ensemble complexe, qui n'est que rarement unanime, surtout dans ses jugements et ses attitudes à l'endroit du Québec et des francophones.

De son côté, le Canada français est composé des minorités francophones des provinces de l'Ouest et de l'Ontario, des Acadiens des Maritimes et des Québécois francophones, et l'on pourrait ajouter — s'ils l'acceptent — des Amérindiens parlant français. Ces groupes ont des intérêts, des préoccupations et des options différentes, voire divergentes. Et, à l'intérieur même du Québec, on connaît bien le clivage entre francophones fédéralistes et francophones souverainistes, lui-même recouvert par un certain nationalisme canadien-français ou québécois. Ces différents clivages viennent encore accroître la complexité du paysage canadien.

Si l'on se tourne finalement vers l'avenir, pour répondre à notre autre interrogation de départ, doit-on croire que la divergence des points de vue entre francophones et anglophones va perdurer, s'accentuer ou s'atténuer ? Qu'elle va s'exacerber ou évoluer dans le sens d'une convergence de points de vue ? Bien malin ou bien audacieux celui qui osera s'avancer et prédire l'avenir, même proche, avec quelque certitude. En effet, la réponse que l'on donne à cette question tient assez largement d'un choix ou d'un souhait que l'on fait, plutôt que d'une prévision solidement étayée. En réalité, les deux voies sont possibles, c'est ce que l'on doit d'abord reconnaître. Bref, il n'y a pas dans l'histoire humaine de déterminisme et donc d'avenir préétabli. La vie politique et sociale dépend d'une variété de facteurs qui marquent l'existence de toute entreprise humaine. Ce sont, notamment, des facteurs structurels et conjoncturels, des facteurs tenant à l'activité ou à l'activisme de groupes et à l'apparition de personnalités et de leaders.

Un de ces facteurs nous apparaît particulièrement déterminant dans le présent, et vraisemblablement pour l'avenir : la polarisation entre anglophones et francophones évoquée tout au long de cet ouvrage s'est accentuée au cours des deux ou trois dernières décennies. Deux nouveaux nationalismes, le canadien et le québécois, se sont construits, sont devenus de plus en plus explicites et s'affrontent plus que jamais. Et cette montée des deux nationalismes tient, paradoxalement, pour une large part à l'apport de l'immigration.

À l'extérieur du Québec, tous les immigrants adoptent l'anglais et la culture canadienne-anglaise, par l'intermédiaire de l'école et des médias. Ces nouveaux Canadiens ont activement contribué à faire mettre de côté la conception des « deux peuples fondateurs » et du biculturalisme, au profit de l'image d'un Canada unitaire et égalitaire. D'une manière qui peut paraître contradictoire, mais qui ne l'est pas, les Canadiens d'origine non britannique ont très fortement contribué à la fois à la définition du Canada multiculturel et à l'élaboration du néonationalisme canadien, fondé sur l'égalité de tous les citoyens et sur l'occultation des différences. Ce sont ces Canadiens d'origine non britannique qui ont insisté pour qu'on abandonne ces traits d'union qui semblaient diviser les Canadiens : pourquoi persister à s'identifier comme Canadiens français ou Canadiens anglais, alors qu'il n'y a pas lieu de parler de Canadiens allemands, de Canadiens ukrainiens, de Canadiens vietnamiens ?

Au Québec, parce qu'il était possible de s'intégrer à la communauté anglophone (minoritaire au Québec et majoritaire au Canada) ou à la communauté francophone (majoritaire au Québec et minoritaire au Canada), l'arrivée des immigrants depuis la Seconde Guerre mondiale a posé avec beaucoup d'acuité la question de l'identité québécoise. Toute l'histoire des lois linguistiques québécoises successives et des projets de politique culturelle depuis la fin des années 1960 tient à la recherche d'une réponse à cette interrogation. C'est dans ce terreau que le néo-nationalisme québécois a pris racine et s'est développé.

Ces deux nationalismes sont dynamiques et interagissants. Plus le reste du Canada affirme son nationalisme canadien, plus s'amplifie le nationalisme québécois. Et plus ce dernier s'explicite, plus l'autre y répond en se gonflant. À tel point que, au moment où l'on parle couramment d'une crise de l'État-nation dans le monde, le Canada et le Québec paraissent aller à contre-courant : ici s'édifient d'un côté un nouvel État-nation canadien, et de l'autre un nouvel État-nation québécois. Dans l'un et l'autre cas, l'idée de la nation est en évolution dans un sens qui l'éloigne de la conception ethnique traditionnelle pour se rapprocher d'une définition pluraliste.

« Sortir de l'impasse » est devenu un défi qui paraît dépasser les forces du pays. Si l'on écoute et si l'on lit tout ce qui se dit et s'écrit pour tenter de trouver une issue, on passe d'une redéfinition du Canada — pour le moment improbable — à la recherche d'un nouveau partenariat — également improbable. Ce que le présent ouvrage nous enseigne, c'est que « l'impasse » date déjà d'il y a bien longtemps, qu'elle s'est construite sur des perceptions divergentes et contradictoires et donc que le « mal canadien » est bien plus profondément culturel que constitutionnel, qu'il est sociétal avant d'être politique. À nous d'en tirer la leçon.

Conclusion

L ES CANADIENS, QU'ILS SOIENT DE LANGUE FRANÇAISE OU DE LANGUE ANGLAISE, ÉVA-
luent le fait que chacune de leurs deux collectivités constitue une composante essentielle de l'État canadien, ainsi que les divers épisodes et événements de leur
histoire commune, en faisant une analyse sommaire des coûts et des avantages de
leur situation respective. Or, ce type d'évaluation, s'il comporte un jugement
rationnel, fait également appel aux émotions et aux sentiments. La cohabitation
dans un même pays a forcément des avantages et des inconvénients pour chacun
des partenaires. Chacun, comme nous l'ont montré les épisodes évoqués dans ces
pages, doit fréquemment s'adapter à la présence de l'autre et modifier en conséquence sa façon de voir les choses.

De part et d'autre de la barrière linguistique, on a longuement débattu la
question de savoir si l'équilibre des aspects positifs et des aspects négatifs avait,
au total, favorisé un groupe plutôt que l'autre. La réponse dépend généralement
de la personne qui fait le calcul. Les rapports de cause à effet étant ici fort complexes, chacun évalue la situation selon son appartenance à l'un des groupes que
j'ai décrits au chapitre 4 (côté anglophone : les amis du Québec, les ennemis du
Québec ou les neutres; côté québécois : les indépendantistes purs et durs, les
fédéralistes convaincus ou quelque groupe intermédiaire).

Appliquée aux interactions entre les groupes, l'analyse coûts/avantages
donne d'utiles aperçus, mais elle ne va pas sans contraintes. Car cette « méthode
du plus et du moins » donne à l'observateur une vision manichéenne des choses,
qui deviennent obligatoirement bonnes ou mauvaises, et l'amène habituellement à
conclure que ce qui est bon pour l'un doit être mauvais pour l'autre. On est ainsi
coincé dans une sorte de jeu à somme nulle, où pour chaque gagnant il faut un

perdant. Mais la réalité n'est pas toujours aussi simple : telle relation peut être bénéfique aux deux parties ou, au contraire, avoir des conséquences néfastes pour l'une et l'autre. Prenons comme exemples la crise d'Octobre, ou l'interminable débat constitutionnel, ou encore les perturbations engendrées par la crise des « gens de l'air » : ces trois épisodes ont eu, je crois, des effets négatifs autant pour les francophones que pour les anglophones. À l'inverse, l'Expo 67, le soutien qu'Ottawa et Québec ont accordé à l'industrie aérospatiale québécoise et la création de la Société Radio-Canada se sont avérés salutaires pour les deux groupes.

Le déséquilibre n'est pas rare, pourtant. Tout au long de la période que couvre notre étude, les avantages ont été plus grands pour les anglophones que pour les francophones, et les coûts plus élevés pour ces derniers. Cet écart (qui s'est quelque peu amenuisé avec le temps) tient en grande partie aux conséquences de la Conquête, puis au déclin numérique des francophones par rapport aux anglophones. Le débat fait encore rage sur le choix des moyens à prendre pour évaluer la situation actuelle : les uns prétendent que ce déséquilibre coûts/avantages n'existe pratiquement plus; d'autres soutiennent qu'il pèse encore lourdement sur l'une ou l'autre des deux principales composantes linguistiques et politiques de l'État canadien. Tout cela est la source de bien des désaccords et alimente les débats sur bien des tribunes comme dans la presse écrite et électronique.

Les francophones et les Québécois ont dû faire face à des situations où, minoritaires, ils ont été forcés de céder devant la majorité : à ce titre, rappelons la crise de la conscription ou le rapatriement de la Constitution. Parfois, et surtout en des temps récents, ce sont au contraire les anglophones qui ont payé le prix, obligés de modifier certaines politiques de l'État fédéral en fonction des vœux et des intérêts des Québécois et des francophones : le contrat d'entretien des CF-18, la question des brevets pharmaceutiques ainsi que certaines politiques relatives à l'immigration en sont des exemples.

De part et d'autre, on assiste au même phénomène : alors qu'aux yeux des extrémistes les inconvénients l'emportent sur les avantages, la majorité reconnaît que les deux collectivités ont tiré profit de leur association au sein de l'État canadien. Le parlementarisme « à la Westminster » et notre culture politique britannique ont aidé à créer un modèle politique propice à un discours civilisé et généralement fécond, entre francophones et anglophones comme entre le Québec et le reste du Canada. Le cadre fédéral canadien, malgré ses lacunes, a favorisé la naissance d'institutions politiques, sociales et économiques; il a permis à la plupart des Canadiens d'atteindre un mode et un niveau de vie nettement supérieurs à ceux de presque tous les autres pays. Chose plus importante peut-être, les Canadiens ont acquis une mentalité que je dirais civilisée et séduisante, une façon de voir et de faire qui, subtilement, les différencie des citoyens d'autres pays. Le Canada, tel qu'on le connaît aujourd'hui, a pu mettre en œuvre des politiques qui ont apporté à ses deux groupes linguistiques des avantages que n'auraient pu leur donner un ou deux États plus petits.

Selon cette optique (que ne partagent pas tous les observateurs), la participation du Québec à la fédération canadienne a renforcé dans cette province la langue et la culture françaises — alors que les minorités francophones hors Québec, et en particulier celles de l'Ouest, n'ont pas connu le même sort. Quelles que soient les frustrations que font naître chez certains Québécois les liens qui les unissent au Canada, il reste que, après la Seconde Guerre mondiale, le Québec a atteint — sur le plan de l'entrepreneuriat, de la culture, de la technologie et du développement social — un niveau fort impressionnant, dont on trouve peu d'équivalents dans la francophonie et à travers le monde. Dans le même temps, le Canada est devenu un acteur important sur la scène mondiale; il le doit à l'énergie et au dynamisme que lui confère l'interaction entre francophones et anglophones, ainsi qu'à la taille et à la riche diversité des communautés qui le composent.

Une des leçons à tirer des épisodes analysés dans le présent ouvrage est que le Canada a été et demeure une entité politique fragile. Comparant le pays à un être humain, on pourrait dire que, sur le plan de l'unité nationale, le Canada a une santé délicate mais que, comme beaucoup de malades, il manifeste une étonnante aptitude à endurer ses maux et à y survivre. Il semble toutefois que l'incident en apparence le plus banal et le plus anodin puisse déclencher, sinon une crise, du moins une prise de bec entre certains éléments des deux groupes linguistiques.

Comme la plupart des Canadiens hors Québec, je souhaite que le pays survive à ces heurts et trouve les moyens de concilier ses différences. Je considère donc comme prioritaire — tant pour les gouvernements que pour les organismes privés et les individus — la tâche qui consiste à réduire les frictions et, si possible, à favoriser l'harmonie. Mais il s'agit ici de bien plus que d'harmonie. Il s'agit de trouver les moyens de multiplier les interactions entre le Québec et le reste de la fédération, pour la plus grande satisfaction et le plus grand enrichissement des deux parties; et j'entends par là non seulement les francophones et les anglophones, non seulement le Québec et les autres régions, mais aussi tous les autres groupes qui composent le pays. Il s'agit de mettre en œuvre, chez chacun des principaux acteurs individuels ou collectifs, les mécanismes qui les inciteront au dépassement de soi et à la créativité.

Dans les chapitres 2 à 6, nous avons étudié 27 épisodes qui se sont déroulés après la Seconde Guerre mondiale. Or, cet échantillonnage nous donne un bon aperçu des incidents et des événements qui ont contribué à détériorer les relations entre le Québec et le reste du pays. Au moins 15 de ces épisodes mettent en cause les relations fédérales-provinciales ou les politiques culturelles et linguistiques. Ces champs d'activité préoccupent au plus haut point les classes les plus portées à s'exprimer : écrivains, universitaires, artistes, journalistes et politiciens — des gens qui, on le sait, ont un accès privilégié aux tribunes publiques et à la prise des décisions politiques. Dans l'introduction au chapitre 6, j'ai noté qu'au Québec ce groupe, majoritairement composé d'intellectuels, se montre en général beaucoup plus nationaliste et plus séparatiste que le reste de la population. Dans les autres parties du Canada, au contraire, c'est parmi les intellectuels que l'on trouve les gens les plus conciliants en ce qui touche les compromis à trouver avec le Québec. J'ajouterai que les intellectuels québécois, plus estimés chez eux que leurs pairs ne le sont dans le reste du pays, sont dès lors mieux placés pour influencer leur gouvernement dans le choix de ses priorités.

Ces différences ont diverses conséquences, dont celles-ci : d'une part, les événements susceptibles de provoquer des conflits entre ethnies ou entre régions prennent le plus souvent naissance au Québec (même s'il y a à cela d'autres raisons, que nous avons relevées dans le présent ouvrage); d'autre part, les questions litigieuses, sitôt évoquées, soulèvent au Québec des réactions particulièrement vigoureuses et bruyantes si on les compare à celles, généralement plus discrètes et diffuses, qui se manifestent dans les autres régions. Dans les deux camps, la nature des conflits qui surgissent de temps à autre et les comportements qu'ils suscitent dépendent de divers facteurs, dont la classe socioculturelle à laquelle appartiennent les protagonistes. Or, ces modèles sociaux ont de profondes racines et ne se transforment pas facilement. On doit dès lors s'attendre à l'apparition d'autres conflits, qui susciteront chez les Québécois une réaction plus vive et mieux formulée que celle des autres Canadiens.

La coexistence de diverses régions et de plusieurs ethnies est soumise à une double influence : celle des gouvernements et celle du secteur privé. Car, comme nous l'avons vu, bien des facteurs peuvent susciter un désaccord ou l'exacerber, provoquer une crise ou l'entretenir : telle loi ou telle mesure inopportune qu'édicte un gouvernement ; telle décision irréfléchie que prend un fonctionnaire à l'esprit borné ou obsédé par une question de gros sous; tel article provocateur que publie un journaliste irresponsable.

Les Canadiens qui ont à cœur l'établissement et le maintien de relations harmonieuses entre francophones et anglophones (tout comme entre les autres composantes du pays) doivent dès lors reconnaître la nécessité d'une vigilance de tous les instants et sur tous les fronts, seul moyen de prévenir d'inutiles et coûteux conflits. Tous les décideurs, ceux du secteur privé comme ceux du secteur public, doivent prendre l'habitude d'examiner avec rigueur — pour en déceler les possibles effets directs et indirects sur le tissu sociopolitique — chaque nouvelle mesure qu'ils envisagent d'adopter et même chaque événement qui fait l'actualité. Cette précaution s'impose, en particulier, en tout ce qui a trait à l'environnement, à la santé publique et à d'autres secteurs délicats. Pour qu'une telle analyse discerne jusqu'aux conséquences les plus lointaines de toute initiative, il faudra sans doute mettre au point des méthodes plus efficaces que celles du passé. Il s'agit d'évaluer non seulement les répercussions éventuelles de telle mesure ou de tel événement sur l'unité du pays, mais aussi les meilleurs moyens dont les citoyens disposent pour exploiter intelligemment leurs ressources humaines et matérielles. Car l'une des données à prendre en compte dans l'analyse coûts/avantages d'un système est la capacité de l'État à répondre aux attentes de la population sur les plans social, économique et culturel.

J'ai adopté jusqu'ici, dans la conclusion de ce recueil, une perspective « publique » : pour l'examen des questions proposées, j'ai d'abord envisagé le point de vue de l'État et celui de l'intérêt public. Mais cette méthode, utile sur un certain plan, peut s'avérer dangereusement réductrice. Car, même lorsque les intérêts du groupe sont en jeu, c'est l'individu qui, en dernière analyse, est au cœur de la question : l'État n'a-t-il pas pour mission de servir les collectivités et les personnes qui composent celles-ci ? Le public et le privé ne sont-ils pas reliés entre eux et interdépendants ? Il me semble par conséquent utile de faire intervenir mon expérience personnelle dans l'analyse des questions sous-jacentes au présent ouvrage.

En tant qu'universitaire ayant également travaillé au service de gouvernements et œuvré comme bénévole dans les milieux communautaires, j'ai souvent eu affaire à des collègues de l'autre groupe linguistique. Un tel contact, s'il est sans doute particulièrement facile dans les milieux de la recherche et de l'enseignement, n'y est confiné d'aucune façon. Les affaires et le commerce, les organismes bénévoles, la culture et le sport, les affaires publiques, toutes ces activités liées au travail ou aux loisirs réunissent souvent des francophones et des anglophones. Elles leur fournissent l'occasion de se connaître mutuellement et d'enrichir réciproquement leur expérience de vie, alors même qu'ils poursuivent des buts sans lien avec leurs origines ethniques respectives.

Il n'est certes pas facile de mesurer avec précision les avantages que procure cet entremêlement de deux ou de plusieurs groupes linguistiques ou culturels. On peut toutefois présumer qu'un contact soutenu élargit l'univers de l'un et de l'autre groupes, qu'il encourage leurs membres à comparer leurs idées et leurs réalisations respectives, et qu'il donne ainsi à chaque partie l'occasion de jeter sur elle-même un regard neuf. (Tel est du moins l'enseignement que je tire de mon expérience personnelle et des solides amitiés nouées avec de nombreux collègues québécois.) J'ajouterai que le contact assidu, en suscitant à l'occasion une saine émulation entre les partenaires, est de nature à favoriser chez l'un et l'autre l'effort et l'ingéniosité. En entretenant des relations suivies avec des personnes d'une autre culture, et en particulier en parlant leur langue, on élargit son horizon, ses connaissances et son expérience. La personnalité de chacun dépasse alors ses limites initiales et revêt une dimension nouvelle — processus enrichissant et très satisfaisant. Et, même dans les cas où la conciliation de vues opposées a engendré tensions et contraintes, les protagonistes conviennent volontiers, après coup, que les effets positifs de leur relation dépassent largement les inconvénients et les frustrations qu'ils ont pu connaître dans un premier temps.

L'expérience de deux cultures accroît, pour ainsi dire, notre capacité de comprendre les attitudes et les positions inhérentes à chacune d'elles. « Comprendre, c'est pardonner », dit un dicton français. L'affirmation peut paraître exagérée mais, comme le font souvent les proverbes, elle cerne de près une réalité : la connaissance intime d'une personne nous aide à comprendre sa motivation et souvent, par le fait même, explique et même excuse à nos yeux une conduite autrement incompréhensible et inacceptable. En cela, notre incursion

... a future together

English and French have lived
side by side in Canada
for over 230 years.

... un avenir ensemble

Au Canada, le français et l'anglais
se côtoient depuis
plus de 230 ans.

Une des trois affiches « Vision, Tradition, Perspective » produites en 1992 par le Commissariat aux langues officielles pour célébrer les deux langues officielles, encourager la compréhension entre les francophones et les anglophones et promouvoir l'unité du Canada. (ANC, C145711, Commissariat aux langues officielles.)

dans le champ de la psychologie nous éclaire sur les épisodes décrits dans les six chapitres que nous venons de lire. Car ce que nous avons dit des personnes s'applique aussi aux groupes : la connaissance intime d'un groupe, de son histoire et du contexte dans lequel il vit nous explique d'où viennent sa vision du monde et son comportement. À défaut de toujours partager le point de vue de ce groupe, nous saisissons au moins par quel chemin il y est arrivé. Or, tel est bien l'un des objectifs du présent recueil : aider francophones et anglophones à mieux se comprendre les uns les autres, en leur montrant comment et pourquoi ils ont adopté des attitudes différentes face aux événements et aux problèmes.

Mais ces relations étroites et assidues ne se tissent pas d'elles-mêmes; elles se produisent dans la mesure où le climat social, politique et économique les favorise et les encourage. Au Canada, c'est le cadre politique qui, dans une très large mesure, fournit les stimulants institutionnels grâce auxquels les deux groupes linguistiques se rencontrent et travaillent ensemble pour régler leurs problèmes communs. Parmi ces institutions pancanadiennes, signalons les commissions royales d'enquête, les associations regroupant des professionnels ou des gens de métier, les organismes publics ou parapublics — sans parler d'organismes indépendants comme l'IRPP. Sans de telles institutions, qui poursuivent des objectifs communs à tout le pays et servent de ponts entre groupes linguistiques, entre communautés culturelles et entre régions, bien des Canadiens n'auraient tout simplement aucune raison ni aucune occasion de faire connaissance ou de travailler ensemble.

Ce que nous venons de dire sur les conséquences positives de relations assidues entre francophones et anglophones s'applique, bien sûr, aux relations entre les autres groupes, quel que soit le cadre dans lequel ces derniers se situent : langue, ethnie, territoire, etc. La population du Québec et celle du reste du Canada, en devenant l'une et l'autre de plus en plus hétérogènes, accumulent des expériences de plus en plus diverses et enrichissantes pour leur vie commune. Cette croissante diversité de la population canadienne transforme en profondeur le pays et modifie le cadre des relations entre francophones et anglophones. Toutefois, cela ne change rien au fait que la présence française conférera toujours un caractère particulier à nos aménagements politiques et sociaux. Grâce à sa culture particulière, à sa concentration géographique dans le Québec, à la solide assise politique et populaire qu'elle a établie dans cette province, la francophonie canadienne est assurée d'une place particulière. La majorité anglophone — quelle que soit sa composition ethnique — doit composer avec cette réalité. La composante française du Canada demeure irréductible et primordiale, par-delà le caractère de plus en plus cosmopolite du Canada (et du Québec) et par-delà les attitudes plus réalistes et plus justes qui se font jour (tardivement, hélas!) quant au rôle des Autochtones et quant à la nécessité de changements radicaux à apporter à leur statut juridique, économique et social.

J'ai dit plus haut ce que je dois personnellement aux contacts que j'ai entretenus avec mes collègues d'une autre langue et d'une autre culture. J'ai dit combien ces relations ont élargi et approfondi mon expérience. Nous avons vécu là, mes collègues et moi, des expériences précieuses — une chance qui n'est malheureusement pas donnée à tous les Canadiens. Cela ne veut pas dire que ceux qui ont mené une vie plus isolée n'ont pas tiré indirectement profit du privilège qui fut le nôtre, car les groupes soumis à ces enrichissants contacts jouent un rôle de médiateurs dans la société et aident celle-ci à trouver l'harmonie entre ses diverses composantes, pour le plus grand avantage de tous. Si donc on veut que ce rôle soit mieux rempli, on doit donner au plus grand nombre d'individus possible, quelle que soit leur condition sociale, l'occasion d'établir de tels contacts interculturels. Bref, le défi est lancé aux Québécois et aux autres Canadiens : pour mettre à profit tout ce qu'ils ont à partager, ils doivent par tous les moyens multiplier entre eux les interactions, en particulier dans la poursuite d'entreprises communes.

Jusqu'ici, dans la recherche de ces moyens, on a principalement mis l'accent sur les formules politiques. Mais il importe de se rappeler que le champ politique couvre seulement quelques facettes de l'expérience humaine et que — par-delà l'action des gouvernements, les décisions politiques et les affaires de l'É-tat —, d'autres facteurs nous touchent profondément et donnent un sens à notre vie. La politique, si indispensable soit-elle, n'est au fond qu'un moyen d'atteindre des fins auxquelles nous prêtons une valeur intrinsèque. Ces fins revêtent une importance primordiale; elles sont la raison d'être de la politique et celle-ci, en dernière analyse, doit se mettre à leur service. Ainsi les Canadiens, dans leurs efforts pour favoriser l'enrichissement interculturel dont nous avons parlé plus haut, doivent mettre en œuvre tous les moyens et toutes les institutions dont ils disposent : politiques et apolitiques.

Dans la mise à jour de leurs façons de faire et de leurs institutions — sur les plans culturel, éducationnel, économique et, bien sûr, politique, que ce soit à l'intérieur du fédéralisme actuel ou par d'autres arrangements —, les Canadiens doivent sauvegarder et faire fructifier le bien précieux et irremplaçable qu'ils ont acquis depuis un siècle et demi. Ils doivent garder présentes à l'esprit les dimensions les plus fécondes du cadre de vie élaboré jusqu'à ce jour. Quels que soient les changements que l'on apportera à celui-ci dans l'avenir, la vie des Canadiens sera d'autant plus riche que l'on aura maintenu en place quelques-uns des actuels stimulants institutionnels — publics et privés, imposés ou volontaires — grâce auxquels francophones et anglophones se sont rencontrés et ont pu tisser des liens. Même si cette coexistence ne sera pas exempte de frictions, qui pourront faire l'objet d'un autre recueil semblable à celui que l'on vient de lire, nos deux communautés doivent continuer de travailler ensemble.

Introduction générale

1   Voir par exemple, François Moreau, *Le Québec, une nation opprimée*, Hull, Éditions Vents d'Ouest, 1995; François Rocher et Michel Sarra-Bournet, « La longue quête de l'égalité », dans Michel Sarra-Bournet (dir.), *Manifeste des intellectuels pour la souveraineté*, Montréal, Fides, 1995, p. 43-57. Les Québécois d'allégeance fédéraliste sont aussi sensibles à cette dimension. Voir André Burelle, *Le mal canadien : essai de diagnostic et esquisse d'une thérapie*, Montréal, Fides, 1995; Christian Dufour, *Le défi québécois : essai*, Montréal, L'Hexagone, 1989.

2   Fernand Dumont, *Genèse de la société québécoise*, Montréal, Boréal, 1993, p. 333-334. *A contrario*, de nombreux travaux montrent que nationalistes et souverainistes s'efforcent de s'affranchir de cet héritage du passé et de repenser l'identité québécoise en des termes plus éclatés. Voir Michael Elbaz, Andrée Fortin et Guy Laforest (dir.), *Les frontières de l'identité : modernité et postmodernisme au Québec*, Sainte-Foy, Presses de l'Université Laval, 1996; Michel Sarra-Bournet (dir.), *Le pays de tous les Québécois : diversité culturelle et souveraineté*, Montréal, VLB, 1998; Gérard Bouchard, *La nation québécoise au futur et au passé*, Montréal, VLB, 1999.

3   Certains ont néanmoins fait de la place au point de vue québécois. À ce titre, les travaux suivants sont exemplaires : John F. Conway, *Des comptes à rendre : le Canada anglais et le Québec, de la Conquête à l'Accord de Charlottetown*, Montréal, VLB, 1995; Kenneth McRoberts, *Misconceiving Canada : The Struggle for National Unity*, Don Mills, Oxford University, 1997; et Ray Conlogue, *Impossible Nation : The Longing for Homeland in Canada and Quebec*, Stratford, Mercury Press, 1996. En général, toutefois, la question du Québec n'occupe qu'une place secondaire dans les manuels d'histoire du Canada. À ce propos, voir Brian Young,

« New Wine or Just New Bottles ? », *Revue d'études canadiennes*, vol. 30, n⁰ 4, hiver 1995-1996, p. 194-199. Pour une étude des manuels plus anciens, voir Daniel Francis, *National Dreams : Myth, Memory and Canadian History*, Vancouver, Arsenal Pulp Press, 1997, p. 88-110.

4   John A. Dickinson, « Canadian Historians : Agents of Unity or Disunity ? », *Revue d'études canadiennes*, vol. 31, n⁰ 2, été 1996, p. 148. [Traduction]

5   Marcel Trudel et Geneviève Jain, *L'histoire du Canada : enquête sur les manuels*, Ottawa, Études de la Commission royale d'enquête sur le bilinguisme et le biculturalisme, 1970, p. 129. On peut noter qu'en 1943 l'Association d'éducation du Canada et de Terre-Neuve a mis sur pied un comité chargé d'examiner les manuels d'histoire en usage dans les différentes provinces. Les propositions de réformes devaient favoriser l'unité nationale en recommandant des moyens pour assurer une plus grande harmonie des points de vue présentés dans les cours d'histoire. Voir le dossier constitué sur cette question à la Fondation Lionel-Groulx, P1/618.

6   J. L. Granatstein, *Who Killed Canadian History ?*, Toronto, Harper Collins, 1998, p. 148-149 [Traduction]. Voir aussi Michael Bliss, « Privatizing the Mind : The Sundering of Canadian History, the Sundering of Canada », *Revue d'études canadiennes*, vol. 26, n⁰ 4, hiver 1991-1992, p. 5-17; Thomas S. Axworthy, « Curing the Historical Amnesia that is Killing Canada », *Canadian Speeches*, vol. 11, n⁰ 6, octobre 1997, p. 19-24.

7   John Ralston Saul, *Réflexions d'un frère siamois : le Canada à la fin du XXᵉ siècle*, Montréal, Boréal, 1998, p. 25, 481. En 1968, Paul G. Cornell, Jean Hamelin, Fernand Ouellet et Marcel Trudel publiaient un manuel d'histoire intitulé *Canada : unité et diversité*, s.l., Holt, Rinehart and Winston, 1968, qui avait justement pour

objectif de contrer cette tendance en s'adressant à tous les Canadiens : « [...] si l'histoire a pour effet de désunir les hommes par les mauvais souvenirs qu'elle rappelle, elle peut aussi contribuer à les réunir si elle leur remet en mémoire ce qu'ils ont en commun. » (Avant-propos).

8   À propos des connaissances historiques des Canadiens, voir Paul Watson, « We Flunk Badly on Basic History Test », *Toronto Star*, 13 août 1988; Brad Evenson, « Canadians Clueless », *The Gazette*, 30 juin 1998, p. A1; Granatstein, *Who Killed Canadian History ?*, p. 1-17; Micheline Lachance, « L'école : zéro en histoire », *L'actualité*, 1er mars 1996, p. 33-38.

9   Nancy Huston, *Pour un patriotisme de l'ambiguïté : notes d'un voyage aux sources*, Saint-Laurent, Fides, 1994, p. 24. Pour une analyse de ce phénomène, voir Bliss, « Privatizing the Mind »; Desmond Morton, « History and Nationality in Canada : Variations on an Old Theme », *Communications historiques*, 1979, p. 1-10.

10   Dominique Moisi, « Confront the Past », *Financial Times*, 26 août 1997. [Traduction]

11   Pierre Nora cité par Jacques Mathieu et Jacques Lacoursière, *Les mémoires québécoises*, Sainte-Foy, Presses de l'Université Laval, 1991, p. 20. Mathieu et Lacoursière ajoutent : « La mémoire collective, c'est le savoir de la société sur elle-même. [...] Elle est le point de référence à travers lequel on se reconnaît et on s'identifie. »

12   Deux revues spécialisées consacrées à l'histoire nationale et politique ont récemment vu le jour au Québec et au Canada : *Bulletin d'histoire politique* et *National History : A Canadian Journal of Enquiry and Opinion*. À l'automne 1996, le *Bulletin* a consacré un numéro spécial à l'enseignement de l'histoire nationale (vol. 5, n° 1).

13   Voir le numéro spécial que le *Bulletin d'histoire politique* a consacré à cette question, vol. 4, n° 2, hiver 1995, p. 7-74. Sur les tenants et les aboutissants de ce débat, voir

Kenneth McRoberts, « La thèse de la tradition-modernité : l'historique québécois », dans Elbaz, Fortin et Laforest (dir.), *Les frontières de l'identité*, p. 29-45.

14   Les discours annuels de la présidence de la Société historique du Canada sont souvent révélateurs des débats que cette question de la construction historique d'une identité nationale alimente. Voir, par exemple, Margaret Prang, « National Unity and the Uses of History », dans Peter Gillis et Marcel Caya (dir.), *Historical Papers 1997 : Communications historiques*, Ottawa, Société historique du Canada, 1997; Veronica Strong-Boag, « Contested Space : The Politics of Canadian Memory », *Revue de la société historique du Canada*, nouvelle série, vol. 5, 1994.

15   Bien que la négligence envers les Premières Nations ait été corrigée dans les manuels d'histoire récents, le fil conducteur du récit continue d'être européen d'abord, comme le note Gerald Friesen, « New Wine or Just New Bottles ? A Round Table on Recent Texts in Canadian History », *Journal d'études canadiennes*, vol. 30, n° 4, hiver 1995-1996, p. 179-180. Pour avoir une idée de ce à quoi pourrait ressembler une telle relecture, voir Georges E. Sioui, *Pour une auto-histoire amérindienne*, Sainte-Foy, Presses de l'Université Laval, 1989; Commission royale sur les peuples autochtones, *Un passé, un avenir*, vol. 1, Ottawa, Approvisionnements et Services Canada, 1996.

16   Pour approfondir ces perspectives, on peut consulter Roger Gibbins et Sonia Arrison, *Western Visions : Perspectives on the West in Canada*, Peterborough, Broadview Press, 1995; David J. Bercuson (dir.), *Canada and the Burden of Unity*, Toronto, Macmillan of Canada, 1977; et Robert C. Vipond, *Liberty and Community : Canadian Federalism and the Failure of the Constitution*, Albany, State University of New York Press, 1991.

Chapitre 1 : Les premiers pas

Introduction par John Meisel

1   Dans les introductions et la conclusion de
    ce livre, je fais fréquemment la distinction
    entre le Québec et le reste du Canada et
    entre les Québécois francophones et leurs
    compatriotes non francophones. Je qualifie
    souvent ces derniers d'« Anglais » ou
    d'« Anglo-Canadiens ». À strictement par-
    ler, cette appellation est incorrecte, puisque
    souvent ils ne sont pas d'origine britan-
    nique et que certains ne parlent même pas
    l'anglais. Mais le contexte permet toujours
    de comprendre le sens de ce titre.
    L'utilisation de ces termes permet d'éviter
    de longues et pénibles descriptions.

2   Arthur Koestler a bien décrit et analysé ce
    phénomène dans *Le zéro et l'infini*, Paris,
    Calman-Lévy, 1956.

3   Bien sûr, il s'agit là d'une description très
    sommaire de la réalité. De toute évidence,
    cette description ne s'applique pas à tous
    les citoyens du Canada. Ainsi, un immi-
    grant asiatique naturalisé peu après son
    arrivée au Canada n'a pas baigné assez
    longtemps dans le contexte canadien pour
    subir l'influence des forces décrites plus
    haut. De même les Autochtones, conscients
    de leur propre histoire, portent un ensem-
    ble de « postulats fondamentaux non
    dits », à la lumière desquels ils observent
    les événements et en évaluent la significa-
    tion. Il convient enfin de rappeler que la
    dualité Français/Anglais ne constitue qu'un
    des attributs du Canada; on doit être sensi-
    ble aux autres traits de ce pays : diversité
    des origines ethniques, diversité des
    régions, diversité des modes de vie, etc.

La Conquête (1760)

1   Voir, par exemple, Guy Frégault, *La guerre de
    la conquête*, Montréal, Fides, 1955, 5ᵉ partie.

2   Cité par Fernand Ouellet, *Histoire
    économique et sociale du Québec, 1760-1850*,
    Montréal, Fides, 1971, p. 93.

3   Les Britanniques ne trouvèrent à Québec
    aucun document français indiquant exacte-
    ment à quelle partie de la Nouvelle-France
    correspondait l'appellation « Canada ». En
    créant une province appelée « Québec »,
    on évitait l'ambiguïté. Les régions recensées
    sous le Régime français s'étendaient vers
    l'ouest jusqu'aux Cèdres, environ sept kilo-
    mètres au-delà de la rivière des Outaouais.
    Voir le volume 4 du recensement de 1871 :
    Recensement du Canada 1665-1871, Ottawa,
    Taylor, 1876.

4   Voir Cornelius Jaenen, « French
    Sovereignty and Native Nationhood During
    the French Regime », *Native Studies Review*,
    vol. 2, nᵒ 1, 1986.

5   Voir Pierre Tousignant, « L'incorporation de
    la province de Québec dans l'Empire bri-
    tannique, 1763-1791 — Première partie :
    De la Proclamation royale à l'Acte de
    Québec », *Dictionnaire biographique du
    Canada*, vol. IV, Sainte-Foy, Presses de
    l'Université Laval, 1980, p. xxxiv-liii. Sur
    la concurrence venue d'Albany, voir
    Ouellet, *Histoire économique et sociale du
    Québec*, p. 74 et suiv.

6   Il existait dans le Bas-Canada une excep-
    tion aux lois françaises : les terres
    publiques pouvaient désormais être cédées
    en franche tenure.

7   Cité par Mason Wade, *Les Canadiens
    français, de 1760 à nos jours, tome I (1760-
    1914)*, Montréal, Cercle du Livre de France,
    1963, p. 106.

8   Voir Allan Greer, *Peasant, Lord and
    Merchant : Rural Society in Three Quebec
    Parishes, 1740-1840*, Toronto, University of
    Toronto Press, 1985, p. 230. Cette étude de
    la vie de l'habitant montre l'existence

d'« une continuité fondamentale dans la structure de la vie rurale avant 1840 » [Traduction]. Du régime traditionnel, on avait gardé la relation seigneur-censitaire ainsi que l'économie de type paysan; et les marchands ruraux arrivés après 1760 respectèrent « l'ordre existant ». On tenta, en 1777 et au cours des années suivantes, de faire revivre la conscription, mais cela se fit dans la confusion et donna généralement lieu à des corvées de travail plutôt qu'à un véritable service militaire.

9   Fernand Ouellet, « Propriété seigneuriale et groupes sociaux dans la vallée du Saint-Laurent (1663-1840) », *Revue de l'Université d'Ottawa*, vol. 47, n⁰ 1-2, 1997, p. 196.

10 Ouellet, « Propriété seigneuriale et groupes sociaux dans la vallée du Saint-Laurent (1663-1840) », p. 199. Voir aussi Fernand Ouellet, « Officiers de milice et structure sociale au Québec (1660-1815) », *Histoire sociale*, vol. 12, n⁰ 23, mai 1979, p. 55.

11 Voir, par exemple, Michel Brunet, « La conquête anglaise et la déchéance de la bourgeoisie canadienne », dans Michel Brunet, *La présence anglaise et les Canadiens : études sur l'histoire et la pensée des deux Canadas*, Montréal, Beauchemin, 1958, p. 49-112.

12 Ouellet, *Histoire économique et sociale du Québec*.

13 À l'appui de la première explication, voir Ouellet, *Histoire économique et sociale*, p. 140 et suiv. À l'appui de la troisième explication, voir José Igartua, « A Change in Climate : The Conquest and the "Marchands" of Montreal », *Historical Papers*, Ottawa, Société historique du Canada, 1974.

14 Marcel Trudel, « La servitude de l'Église catholique du Canada français sous le Régime anglais », *Rapports*, Ottawa, Société historique du Canada, 1963.

15 Cité par Michel Brunet, *Les Canadiens après la Conquête*, Montréal, Fides, 1969, p. 36.

16 Louis-François Laflèche, *Quelques considérations sur les rapports de la société civile avec la religion et la famille*, Montréal, Senécal, 1866, p. 73.

17 Ramsay Cook mentionne à cet égard Laurier, Mercier et Henri Bourassa. Voir Ramsay Cook, « Some French-Canadian Interpretations of the British Conquest — Une quatrième dominante de la pensée canadienne-française », *Historical Papers*, Ottawa, Société historique du Canada, 1966, p. 76-77.

18 Cité par Serge Gagnon, *Le Québec et ses historiens, de 1840 à 1920 : la Nouvelle-France, de Garneau à Groulx*, Sainte-Foy, Presses de l'Université Laval, 1978, p. 314.

19 Cité par Wade, *Les Canadiens français, de 1760 à nos jours*, p. 106-107.

20 Maurice Séguin, *L'idée d'indépendance au Québec : genèse et historique*, Trois-Rivières, Boréal Express, 1971, p. 12.

21 Voir Philip Lawson, *The Imperial Challenge : Quebec and Britain in the Age of the American Revolution*, Montréal/Kingston, McGill-Queen's University Press, 1989, chap. 2.

22 « Les Canadiens ne devaient-ils pas être dès plus heureux », écrivait William Smith dans une histoire du Canada datée de 1826, d'avoir été séparés de la France et faits sujets du roi d'Angleterre, pour qui la Conquête n'était qu'« un moyen d'étendre ses bienfaits ». Cité par J. K. McConica, « Kingsford and Whiggery in Canadian History », *Canadian Historical Review*, 1959, p. 112. [Traduction]

23 A. R. M. Lower, *Colony to Nation*, Toronto, McClelland and Stewart, 1975 (1ʳᵉ éd. : 1946), p. 65 [Traduction]; Susan Trofimenkoff, *The Dream of Nation*, Toronto, Macmillan, 1982, p. 31.

24 *Débats parlementaires sur la question de la confédération des provinces de l'Amérique britannique du Nord*, Québec, Hunter, Rose et Lemieux, 1865, p. 84.

25 William Foster, *Canada First*, Toronto, Hunter Rose, 1890 (1ʳᵉ éd. : 1871), p. 18-20, 39. [Traduction]

26 Samuel LaSelva, *The Moral Foundations of*

Canadian Federalism, Montréal/Kingston, McGill-Queen's University Press, 1996, p. 157. [Traduction]

27 C'est une des idées avancées par Michel Brunet, « *Canadians* » *et Canadiens*, Montréal, Fides, 1954; puis développée par Christian Dufour, *Le défi québécois*, Montréal, L'Hexagone, 1989.

28 Voir, par exemple, « Notre dépendance coloniale », *Le Courrier de Saint-Hyacinthe*, 22 novembre 1864.

29 Cité par Wade, *Les Canadiens français, de 1760 à nos jours*.

30 Michel Brunet, « Une autre manifestation du nationalisme "canadian" », dans Brunet, « *Canadians* » *et Canadiens*.

31 Eric Schwimmer, *Le syndrome des plaines d'Abraham*, Montréal, Boréal, 1995, p. 102.

32 Dufour, *Le défi québécois*, chap. 2.

La rébellion des patriotes (1837 - 1838)

1 Sur la diffusion des idées venues d'autres pays de l'Atlantique Nord, voir Jean-Pierre Wallot, « Frontière ou fragment du système atlantique : des idées étrangères dans l'identité bas-canadienne au début du XIXe siècle », *Communications historiques*, Ottawa, Société historique du Canada, 1983. Sur l'influence des principes et des pratiques constitutionnels de la Grande-Bretagne, voir Lawrence Smith, « "Le Canadien" and the British Constitution, 1806-1810 », *Canadian Historical Review*, vol. XXXVIII, n° 2, juin 1957, p. 93-108.

2 Plusieurs fois de suite, l'Assemblée vota l'exclusion des juges (nommés par décision du gouverneur) et celle d'Ézéchiel Hart (ami personnel du gouverneur James Craig). On voyait dans ces hommes des porte-parole du gouverneur plutôt que des représentants des électeurs. Trois années de suite, Craig défit l'Assemblée et déclencha des élections; en 1810, il frappa d'interdiction *Le Canadien*

(Québec), journal des réformistes, et fit arrêter plusieurs chefs réformistes.

3 Voir par exemple David Gagan, *Hopeful Travellers*, Toronto, University of Toronto Press, 1981, p. 20-37.

4 L'évaluation la plus modeste vient d'Elinor Senior, *Redcoats and Patriotes*, Stittsville, Canada's Wings avec la collaboration du Musée canadien de la guerre, du Musée national du Manitoba et des Musées nationaux du Canada, 1985, p. 213. L'évaluation la plus élevée est tirée de Jean-Paul Bernard, *Les rébellions de 1837 et de 1838 dans le Bas-Canada*, n° 55, Ottawa, Société historique du Canada, 1996, p. 9.

5 Cité par Allan Greer, « 1837-1838 Rebellion Reconsidered », *Canadian Historical Review*, vol. LXXVI, n° 1, 1995, p. 14. [Traduction]

6 Sur cet aspect de la rébellion, voir Allan Greer, *The Patriots and the People : The Rebellion of 1837 in Rural Lower Canada*, Toronto, University of Toronto Press, 1993, particulièrement le chap. 9.

7 Voir Gilles Paquet et Jean-Pierre Wallot, *Patronage et pouvoir dans le Bas-Canada*, Montréal, Presses de l'Université du Québec, 1973, p. 109 : « La noblesse seigneuriale et militaire s'approprie une portion considérable du petit nombre de places disponibles pour les Canadiens [...] et la quasi-totalité de celles au-dessus de £100 st. » Plus loin (p.114), les auteurs précisent toutefois que la minorité britannique obtenait la majorité des postes, à tous les niveaux de l'administration.

8 Les historiens ne s'entendent pas sur l'influence de ce conflit entre Français et Anglais sur la population rurale. Selon Fernand Ouellet, l'évolution de la crise agricole et l'appauvrissement des campagnes semèrent, parmi les habitants, une amertume que la classe politique patriote put tourner contre les Anglais en la transformant en une sorte de nationalisme populaire. Mais Allan Greer ne décèle aucun conflit entre Français et

Anglais dans les campagnes avant la crise de 1837. D'après lui, c'est seulement quand parurent menacées l'autorité constituée et la sécurité générale que l'on sentit monter l'inquiétude chez les colons anglais; ceux-ci, souvent d'immigration récente et encore mal adaptés à leur nouveau milieu, se portèrent alors à la défense de la Constitution contre leurs voisins canadiens-français. Voir Fernand Ouellet, *Le Bas-Canada, 1791-1840 : changements structuraux et crise*, Ottawa, Éditions de l'Université d'Ottawa, 1976; Greer, *The Patriots and the People*, particulièrement le chap. 6.

9   Cité par Mason Wade, *Les Canadiens français, de 1760 à nos jours, tome I (1760-1914)*, Montréal, Cercle du Livre de France, 1963, p. 106.

10 « Projet de Mr. L.J. Papineau », Documents du Mouvement anti-unioniste, Bas-Canada, 1822-1825, Archives nationales du Canada, Fonds MG24 B 22.

11 *Le Canadien* (Québec), 13 août 1831, cité par Maurice Séguin, *L'idée d'indépendance au Québec : genèse et historique*, Trois-Rivières, Boréal, 1971, p. 19.

12 Voir, dans le présent recueil, l'article intitulé « Le Canada-Uni ».

13 Séguin, *L'idée d'indépendance au Québec*, p. 33.

14 Pierre Vallières, *Les héritiers de Papineau*, Montréal, Québec/Amérique, 1986, p. 11.

15 Voir F. Murray Greenwood, *Legacies of Fear*, Toronto, Osgoode Society, 1993.

16 Jean-Pierre Wallot et John Hare (dir.), *Confrontations; choix de textes sur des problèmes politiques, économiques et sociaux du Bas-Canada, 1806-1810 = Ideas in Conflict; a Selection of Texts on Political, Economic and Social Questions in Lower Canada, 1806-1810*, Trois-Rivières, Éditions Boréal Express, 1970, p. 219-222.

17 Greer, *The Patriots and the People*, p. 138. [Traduction]

Le Canada-Uni (1840)

1   John George Lambton Durham, *Le rapport Durham*, Montréal, Éditions Sainte-Marie, 1969, p. 105, 115.

2   Durham, *Le Rapport Durham*, p. 23.

3   Sur cet épisode, voir l'étude de William Ormsby, *The Emergence of the Federal Concept in Canada*, Toronto, University of Toronto Press, 1969.

4   Durant les années 1860, le Haut-Canada et le Bas-Canada avaient le même nombre de députés, soit 65 chacun. Or, une représentation proportionnelle aurait donné 72 députés au Haut-Canada et 58 au Bas-Canada. Voir Maurice Giroux, *La Pyramide de Babel*, Montréal, Éditions Sainte-Marie, 1967, 1ère partie.

5   Sur la nouvelle attitude que les hommes politiques canadiens-français adoptèrent à partir de 1840 face au développement économique, voir Fernand Ouellet, *Histoire économique et sociale du Québec : structures et conjonctures, 1760-1850*, Montréal, Fides, 1966, p. 448 et suiv. Pour une étude de cas d'un patriote qui, après 1840, fit cause commune avec le milieu montréalais des affaires, voir Brian Young, *George-Étienne Cartier : bourgeois montréalais*, Montréal, Boréal Express, 1982. Sur l'influence réciproque entre les deux systèmes juridiques, voir David Howes, « From Polyjurality to Monojurality », *McGill Law Journal*, vol. 32, juillet 1987; voir aussi G. Blain Baker, « The Reconstruction of Upper Canadian Legal Thought in the Late-Victorian Empire », *Law and History Review*, vol. III, 1985, p. 234-242.

6   On lira dans le premier chapitre de Marta Danylewycz, *Profession religieuse : un choix pour les Québécoises, 1840-1920*, Montréal, Boréal, 1988, une bonne étude du mouvement ultramontain et de l'influence croissante qu'il exerça au Bas-Canada à partir de 1840.

7   Jacques Monet, « French-Canadian Nationalism and the Challenge of

Ultramontanism », *Historical Papers*,
Ottawa, Société historique du Canada,
1966, p. 53-55.

8   On trouve l'expression la plus cohérente de
cette opinion dans Louis-François Laflèche,
*Quelques considérations sur les rapports de la
société civile avec la religion et la famille*,
Montréal, Senécal, 1866, particulièrement
les articles VII à X.

9   Jacques Monet, *La première révolution tranquille*, Montréal, Fides, 1981.

10   Maurice Séguin, *L'idée d'indépendance au
Québec : genèse et historique*, Trois-Rivières,
Boréal Express, 1968, p. 47.

11   Voir l'étude de Michel Brunet, « L'Église
catholique du Bas-Canada et le partage du
pouvoir à l'heure d'une nouvelle donne
(1837-1854) », Ottawa, *Communications historiques*, Société historique du Canada, 1969.

12   « The Union as it Affects Lower Canada »,
*The Monthly Review : Devoted to the Civil
Government of Canada*, janvier-février 1841,
p. 21. [Traduction]

13   Voir Janet Ajzenstat, *The Political Thought of
Lord Durham*, Montréal/Kingston, McGill-
Queen's University Press, 1988; ou Janet
Ajzenstat, « Liberalism and Nationality »,
Revue canadienne de science politique, vol.
XIV, n⁰ 3, septembre 1981.

14   Samuel LaSelva, *The Moral Foundations of
Canadian Federalism*, Montréal/Kingston,
McGill-Queen's University Press, 1996,
p. 157. [Traduction]

La Confédération (1867)

1   *The Globe* (Toronto) cité par W. L. Morton,
*The Critical Years : The Union of British North
America*, Toronto, McClelland and Stewart,
1964, p. 71. [Traduction]

2   L'Île-du-Prince-Édouard, par exemple, ne
comptait qu'un dix-huitième de la population du Haut-Canada.

3   Les délégués étaient conscients de l'ambiguïté qu'ils introduisaient dans leur pro-

jet. On aurait pu, par exemple, clarifier la
division des pouvoirs entre les gouvernements fédéral et provinciaux en dressant la
liste des pouvoirs de l'un et en convenant
que les pouvoirs résiduels appartiendraient
à l'autre. C'est sur l'insistance de Cartier
que la Conférence accepta d'établir deux
listes distinctes. On ne possède aucun
compte rendu officiel des délibérations de
la Conférence de Québec; on trouvera
cependant deux séries de notes dans
G.P. Browne (dir.), *Documents on the
Confederation of British North America*,
Toronto, McClelland and Stewart, 1969.

4   *Le Moniteur Acadien* (Shediac), 8 juillet 1867.

5   Louis-François Laflèche, *Quelques considérations sur les rapports de la société civile avec la
religion et la famille*, Montréal, Senécal,
1866, p. 43.

6   *Le Pays* (Montréal), 23 juillet 1864.

7   C. S. Cherrier et coll., *Discours sur la confédération*, Montréal, Lanctot, Bouthillier &
Thompson, 1865, p. 13.

8   *Le Pays* (Montréal), 29 mars 1867.

9   Browne, *Documents on the Confederation of
British North America*, p. 42-43. [Traduction]

10   *Débats parlementaires sur la question de la
confédération des provinces de l'Amérique
Britannique du Nord*, Québec, Hunter, Rose
et Lemieux, 1865, p. 10.

11   Joseph Cauchon, *L'Union des provinces de
l'Amérique britannique du Nord*, Québec,
Côté, 1865, p. 45.

12   *La Minerve* (Montréal), 1ᵉʳ juillet 1867.

13   Étienne-Pascal Taché, qui soutenait le projet de Confédération, avait promis,
quelques années plus tôt : « Le dernier
coup de canon tiré pour le maintien de la
présence anglaise en Amérique le sera par
un bras canadien. » Cité par Andrée
Désilets, *Dictionnaire biographique du
Canada*, vol. IX, Québec, Presses de
l'Université Laval, 1976, p. 857.

14   Selon Jean-Charles Bonenfant, Cartier
éprouvait une crainte « presque maladive »
à l'endroit des États-Unis; voir Jean-Charles

Bonenfant, « Le Canada et les hommes politiques de 1867 », *Revue d'histoire de l'Amérique française*, vol. XXI, n° 3a, p. 579. Cartier lui-même s'exprime ainsi devant l'Assemblée législative : « La question se résout comme ceci : il nous faut ou avoir une confédération de l'Amérique Britannique du Nord, ou bien être absorbés par la confédération américaine. » *Débats parlementaires sur la question de la confédération des provinces de l'Amérique Britannique du Nord*, p. 54. Dans le premier gouvernement fédéral, d'ailleurs, Cartier choisira le ministère de la Défense.

15 Voir le discours que Cartier prononça devant des gens d'affaires de Québec, cité par Joseph Tassé (dir.), *Discours de Sir Georges Cartier, baronnet*, Montréal, Sénécal et fils, 1893, p. 642.

16 Entre 1850 et 1900, de 500 000 à 600 000 Canadiens français quittèrent le Québec pour les États-Unis. Au tournant du siècle, on recensait aux États-Unis un nombre de Canadiens français presque égal à celui des francophones du Québec.

17 Cité par *L'Union des Cantons de l'Est* (Arthabaskaville), 23 mai 1867.

18 *Débats parlementaires sur la question de la confédération des provinces de l'Amérique Britannique du Nord*, p. 59.

19 *Le Courrier de Saint-Hyacinthe*, 28 octobre 1864.

20 *Le Courrier de Saint-Hyacinthe*, 28 octobre 1864. Voir aussi *Le Courrier du Canada* (Québec), 7 novembre 1864; Joseph Cauchon, *Discours [...] sur la question de la Confédération*, s.l., s.d., p. 8. D'après les auteurs, chaque gouvernement recevrait ses pouvoirs directement de la source ultime de la souveraineté, c'est-à-dire le Parlement impérial.

21 *L'Union des Cantons de l'Est* (Arthabaskaville), 4 juillet 1867.

22 *Débats parlementaires sur la question de la confédération des provinces de l'Amérique Britannique du Nord*, p. 34.

23 Lettre à M. C. Cameron, 19 décembre 1864, tirée des Archives nationales du Canada, Fonds Macdonald. [Traduction]

24 Macdonald déclarait : « il n'y avait, de la part de ces provinces, aucun désir de perdre leur individualité comme nation, et elles partageaient à cet égard les mêmes dispositions que le Bas-Canada. » Browne reconnaissait que l'opposition à l'union législative venait non seulement des Canadiens français, mais aussi bien des délégués des provinces maritimes. *Débats parlementaires sur la question de la confédération des provinces de l'Amérique Britannique du Nord*, p. 30, 109. Les provinces de l'Atlantique avaient derrière elles une longue histoire, distincte de celle du Canada, et, à la veille de la Confédération, il n'y avait entre elles et le Canada que bien peu de communications. Isolées du Canada, elles ne se reconnaissaient guère d'identité commune avec les Canadiens anglais.

25 Voir Phillip Buckner, « The Maritimes and Confederation : A Reassessment », dans Ged Martin (dir.), *The Causes of Canadian Confederation*, Fredericton, Acadiensis Press, 1990.

26 *The Globe* (Toronto), 30 août 1864 et 20 juin 1867, cités par Robert Vipond, *Liberty and Community : Canadian Federalism and the Failure of the Constitution*, Albany, State University of New York Press, 1991, p. 32-33. Vipond développe cette question dans le chap. 2 [Traduction].

27 *Débats parlementaires sur la question de la confédération des provinces de l'Amérique Britannique du Nord*, p. 41-42, 30.

28 Voir Ralph Nelson et coll., « Canadian Confederation as a Case Study in Community Formation », dans Martin (dir.), *The Causes of Canadian Confederation*, p. 50-85.

29 *Débats parlementaires sur la question de la confédération des provinces de l'Amérique Britannique du Nord*, p. 59.

30 Lire l'histoire de « Canada First », racontée

par l'un de ses membres : George Taylor
Denison, *The Struggle for Imperial Unity*,
London, Macmillan, 1909, p. 10-12.
[Traduction]

31   Durant la même période, les historiens de
langue anglaise étudièrent la Confédération
dans la perspective du nationalisme canadien : ils mettaient l'accent sur les tendances
centralisatrices et minimisaient l'importance
des éléments favorables à l'autonomie
provinciale; ils accordaient plus d'attention
à des centralisateurs comme John A.
Macdonald qu'à leurs opposants. Le
représentant le plus connu de cette tendance historiographique est Donald
Creighton. Voir Donald Creighton,
*L'Amérique Britannique du Nord à l'époque de
la Confédération : étude préparée pour la
Commission royale des relations entre le
Dominion et les provinces*, Ottawa, Imprimeur
de la Reine, 1964; *John A. Macdonald*, vol. 1,
Toronto, Macmillan of Canada, 1955; et *The
Road to Confederation*, Toronto, Macmillan of
Canada, 1964.

La pendaison de Louis Riel (1885)

1   Cela sembla nécessaire, à partir du
moment où la prise de pouvoir de Riel
avait sapé l'autorité de la Compagnie de la
baie d'Hudson.

2   Apparemment, Ritchot croyait qu'on lui
avait promis l'amnistie. Voir ses impressions
dans W. L. Morton (dir.), *Manitoba : The
Birth of a Province*, Winnipeg, Manitoba
Record Society, 1965. Mais les représentants fédéraux et impériaux étaient d'avis
qu'ils ne pouvaient rien faire à ce moment
et qu'ils devaient attendre. Voir Lord
Kimberley à Sir John Young, 10 août 1870,
dans *Archives publiques du Canada*, Fonds
Lord Lisgar : MG27, I, B2.

3   Le message de Riel se trouve dans *Epitome
des documents parlementaires relatifs à la
rébellion du Nord-Ouest, 1885*, Ottawa,

Maclean, Roger, 1886, p. 229.

4   *Le Courrier de Saint-Hyacinthe*, 11 janvier
1870; *La Gazette de Sorel*, 20 avril 1870.

5   *Le Pays* (Montréal), 29 mars 1870; *Le
Journal des Trois-Rivières*, 18 avril 1870.

6   *Le Courrier de Saint-Hyacinthe*, 16 avril
1870.

7   Frits Pannekoek prétend que les Métis
anglais étaient fortement opposés à Riel,
qu'ils étaient même prêts à s'engager dans
une « guerre civile » contre lui et qu'ils ne
semblaient passifs qu'en raison d'un
manque d'armes et de commandement efficace. Frits Pannekoek, *A Snug Little Flock*,
Winnipeg, Watson and Dyer, 1992.

8   *Le Journal de Québec*, 11 avril 1870.

9   *L'Union des Cantons de l'Est*
(Arthabaskaville), 14 avril 1870.

10 A.-A. Dorion à A. Mackenzie, Montréal,
10 juin 1874, dans APC, Fonds Mackenzie
sur microfilm (M-197), p. 529-530.
[Traduction]

11 *La Minerve* (Montréal), 11 février 1875.

12 *L'Événement* (Québec), 10 février 1875; *Le
National* (Montréal), 9 et 10 février 1875.

13 Le 20 octobre 1875, l'archevêque A.-A.
Taché de Saint-Boniface écrivit au député
conservateur L.R. Masson que le « simu-
lacre d'amnistie » avait mis fin à la violence
contre les Métis. On peut trouver la trans-
cription dactylographiée de la correspondance entre Taché et Masson à la
Bibliothèque municipale de Montréal.

14 *Le Nouveau Monde* (Montréal), 28 mars
1885.

15 Récits des mémoires des volontaires canadiens-français : C. R. Daoust, *Cent vingt
jours de service actif*, Montréal, Senécal,
1886, p. 21-22; Arthur Eventurel, Journal
personnel, 2 avril 1885, dans *Archives
nationales du Québec*, Fonds Levasseur-
Eventurel (PO152-0001).

16 *Le Pionnier de Sherbrooke*, 9 avril 1885.

17 *L'Union des Cantons de l'Est*
(Arthabaskaville), 11 avril 1885.

18 *La Minerve* (Montréal), 30 mars 1885.

19   *La Patrie* (Montréal), 18 mai 1885; *L'Union des Cantons de l'Est* (Arthabaskaville), 30 mai 1885.

20   *L'Union des Cantons de l'Est* (Arthabaskaville), 14 novembre 1885.

21   Bien que l'avocat de Riel ait déclaré aux journalistes, à la fin du processus d'appel, que le procès avait été juste, et bien que le procès de Lépine en 1874 ait démontré que les jurés francophones étaient aussi prêts à châtier que leurs homologues anglophones, la composition du jury devait confirmer le public de l'époque dans la conviction que Riel avait fait l'objet de discrimination parce qu'il était francophone.

22   *La mort de Riel et la voix du sang*, s.l., s.d., p. 15.

23   Cité par Robert Rumilly, *Honoré Mercier et son temps*, vol. 1, Montréal, Fides, 1975, p. 281.

24   *The Canadian Statesman* (Bowmanville), 2 décembre 1869. [Traduction]

25   *The London Advertiser*, 28 janvier 1870. [Traduction]

26   *The Gazette* (Montréal), 5 avril 1870. Les partisans de Riel allégueraient plus tard qu'Ottawa avait en effet reconnu son gouvernement provisoire en négociant en mai avec les trois délégués. Mais, à cette époque, sir John Macdonald avait décrit ces derniers non pas comme les délégués d'un gouvernement, mais comme des hommes envoyés par « une assemblée de personnes issues de différentes localités » et ayant en main « une déclaration de leurs griefs [...] pour présenter ce document au pied du trône », c'est-à-dire de simples porteurs d'une pétition adressée au gouverneur général. *Débats de la Chambre des Communes*, 1870, p. 1082 [Traduction].

27   *The London Advertiser*, 19 septembre 1870. [Traduction]

28   *The Ottawa Citizen*, 18 octobre 1873. [Traduction]

29   *The Ottawa Free Press*, 4 novembre 1874 [Traduction].

30   *The London Advertiser*, 19 janvier 1875. [Traduction]

31   *The Telegram* (Toronto), 23 juillet 1885; *The Montreal Star*, 20 juillet 1885. [Traduction]

32   *The Ottawa Citizen*, 3 août 1885. [Traduction]

33   C. A. Boulton, *Reminiscences of the North-West Rebellions*, Toronto, Grip, 1886, p. 408. Voir les témoignages du frère André et de Charles Nolin dans *The Queen vs. Louis Riel*, Toronto, University of Toronto Press, 1974, p. 233, 294-295.

34   *The Irish Canadian* (Toronto), 6 août 1885. [Traduction]

35   *The Northern Advance* (Barrie, Ontario), 5 novembre 1885. [Traduction]

36   J. A. Teskey à sir John A. Macdonald, APC, Fonds Macdonald, vol. 108, Appleton, Ontario, 16 septembre 1885. [Traduction]

37   *The Hamilton Spectator*, 3 août 1885; *The Northern Advance* (Barrie, Ontario), 19 novembre 1885 [Traduction].

38   *The London Advertiser*, 3 septembre 1885. [Traduction]

39   *The Telegram* (Toronto), 24 novembre 1885. [Traduction]

40   *The London Advertiser*, 8 septembre 1885. [Traduction]

41   *Hamilton Spectator*, 24 février 1890. [Traduction]

42   Par exemple, Charles Castonguay dans *Le Devoir* (Montréal), 7 et 23 janvier 1980; Gérald Godin dans *La Presse* (Montréal), 21 janvier 1980.

43   *L'Express de Toronto*, 18-25 octobre 1983.

44   Un sondage Angus Reid a révélé en 1997 que seulement 40 p. 100 des jeunes Canadiens (35 p. 100 au Québec) connaissaient le nom du chef métis qui avait été pendu en 1885.

45   Dans l'introduction de Desmond Morton à *The Queen vs. Louis Riel*, p. xxviii. [Traduction]

46   Voir, par exemple, Doug Owram, « The Myth of Louis Riel », *Canadian Historical Review*, vol. LXIII, n° 3, septembre 1982;

J. R. Miller, « From Riel to the Métis »,
Canadian Historical Review, vol. LXIX, nᵒ 1,
mars 1988. En 1998, un projet de loi d'intérêt privé de la Chambre des communes,
innocentant Riel et le nommant père de la
Confédération et fondateur du Manitoba, a
été parrainé par des députés de tous les
partis et de toutes les régions du Canada.

Les droits des minorités francopho-
nes (1871 – 1916)

1   Voir, par exemple, Louis-François Laflèche,
*Quelques considérations sur les rapports de la
société civile avec la religion et la famille*,
Montréal, Senécal, 1866, chap. XX-XXI; ou,
sur la question des écoles du Nouveau-
Brunswick, *Le Journal des Trois-Rivières*,
27 mai 1872.
2   C. B. Sissons, *Bi-Lingual Schools in Canada*,
Toronto, Dent, 1917, p. 17-22. En soi, cette
tolérance ne garantissait pas aux enfants francophones la création d'écoles de langue
française. Cela ne se produisait que si les
francophones étaient assez nombreux, dans
un district scolaire donné et au sein du
conseil scolaire local, pour influencer le choix
de la langue d'enseignement de l'école locale.
Voir Chad Gaffield, *Language, Schooling, and
Cultural Conflict*, Montréal/ Kingston, McGill-
Queen's University Press, 1987.
3   Canada, Commission royale d'enquête sur
le bilinguisme et le biculturalisme, *Rapport
final Livre II : L'éducation*, Ottawa,
Imprimeur de la Reine, 1968. Voir aussi
Maud Hody, « The Anglicising Common
Schools Act of 1871 : A Study in
Folklore », dans *Les cahiers — Société historique acadienne*, cahier nᵒ 19, avril-juin
1968, p. 347-349.
4   Canada, Commission royale d'enquête sur
le bilinguisme et le biculturalisme, *Livre II :
L'éducation*.
5   Dans ces textes du XIXᵉ siècle, l'égalité officielle ne s'appliquait qu'aux parlements et

aux tribunaux, excluant les services gouvernementaux.
6   Il fut aidé par une encyclique de 1897 par
laquelle le pape Léon XIII reconnaissait que
Laurier avait agi de son mieux, eu égard au
fait que les catholiques étaient minoritaires
au Canada.
7   Le Règlement 17 fut abrogé en 1927, mais
c'est seulement dans les années 1960 qu'on
assista à une restauration valable des droits
de la langue française.
8   Lettre d'Hector Langevin à Jean et Edmond
Langevin, Londres, 19 novembre 1866, dans
Archives nationales du Québec, Collection
Chapais, Fonds Langevin, Boîte nᵒ 4.
9   Joseph Tassé (dir.), *Discours de Sir Georges
Cartier*, Montréal, Senécal et fils, 1893,
p. 734-735.
10 *Le Pays* (Montréal), 17 novembre 1866.
11 *Le Courrier de St-Hyacinthe*, 1ᵉʳ mai 1872;
Le Courrier du Canada (Québec), 30 janvier
1872.
12 Tassé, *Discours de Sir Georges Cartier*,
p. 752-753.
13 *La Minerve* (Montréal), 24 avril 1873; voir
aussi H. Langevin, Télégramme à l'évêque
de Rimouski, dans *Archives nationales du
Québec*, Fonds Langevin.
14 *Le Courrier de Saint-Hyacinthe*, 12 mars
1870.
15 *Le Nouveau Monde* (Montréal), 30 janvier et
3 février 1875; *La Minerve* (Montréal),
15 février 1875.
16 *Le Canadien* (Québec), 3 février 1875.
17 *La Revue Canadienne*, vol. XXVIII, 1892,
p. 471.
18 *La Patrie* (Montréal), 21 février 1890.
19 Henri Bourassa, *Pour la justice*, Montréal,
Imprimerie du Devoir, 1912, p. 12.
20 *The Globe* (Toronto), 6 mars 1865
[Traduction].
21 *Toronto Leader*, 12 novembre 1864
[Traduction].
22 *The Hamilton Spectator*, 4 février 1870; *The
London Advertiser*, 22 février 1870
[Traduction].

23 *The Varsity* (Toronto), 10 juin 1885 [Traduction].

24 Cité dans O.D. Skelton, *Life and letters of Sir Wilfrid Laurier, vol. 1*, Toronto, McClelland and Stewart, 1965, p. 129. [Traduction]

25 Voir, par exemple, Equal Rights Association for the Province of Ontario, *Address by the Provincial Council to the People of Ontario Dealing Mainly with Separate Schools*, Toronto, s.d. On remarquera que, au cours des années 1850 et 1860, les attaques contre les écoles séparées étaient généralement fondées sur le principe libéral de la séparation de l'Église et de l'État; dans les années 1890, par contre, elles s'appuyaient plus souvent sur l'idée d'unité nationale.

L'impérialisme et la Première Guerre mondiale (1884 - 1917)

1 Desmond Morton, « French Canada and War, 1868-1917 : The Military Background to the Conscription Crisis of 1917 », dans J. L. Granatstein et R. D. Cuff (dir.), *War and Society in North America*, Toronto, Nelson, 1971, p. 93.

2 Jean Pariseau et Serge Bernier, *Les Canadiens français et le bilinguisme dans les Forces armées canadiennes, tome 1, 1763-1969 : le spectre d'une armée bicéphale*, Ottawa, Service historique de la Défense nationale, Approvisionnements et Services Canada, 1987, p. 70.

3 R. C. Brown et Donald Loveridge, « Unrequited Faith : Recruiting the CEF, 1914-1918 », *Revue internationale d'histoire militaire*, n° 51, 1982, p. 56-59.

4 Un unioniste d'origine française fut élu en Ontario. Des 152 députés unionistes, 148 étaient d'origine britannique. Voir John English, *The Decline of Politics*, Toronto, University of Toronto Press, 1977, p. 199-201.

5 *The News* (Toronto), 31 janvier 1885. [Traduction]

6 En 1891, lorsque les libéraux firent campagne en faveur du libre-échange, les conservateurs qualifièrent leur proposition de « trahison voilée » et gagnèrent les élections.

7 Voir, par exemple, Stephen Leacock, « Greater Canada : An Appeal », *The University Magazine*, avril 1907, p. 134, 137.

8 Sir Charles Tupper, *Bart and the Unification of the Empire*, Halifax, T. C. Allen, 1896. [Traduction]

9 Leacock, « Greater Canada », p. 133. [Traduction]

10 Pour une analyse de l'impérialisme pris comme une expression du nationalisme canadien, voir Carl Berger, *The Sense of Power : Studies in the Ideas of Canadian Imperialism, 1867-1914*, Toronto, University of Toronto Press, 1970.

11 D'Alton McCarthy, *Discours [...] prononcé le jeudi 12 décembre 1889 à Ottawa, sous les auspices de la section d'Ottawa de la Equal Rights Association*, s.l., s.d., p. 28-30.

12 Cité dans *Le Journal des Trois-Rivières*, 27 janvier 1890.

13 Cité dans *La Presse* (Montréal), 16 septembre 1889.

14 Cité par Robert Page, *The Boer War and Canadian Imperialism*, Ottawa, Canadian Historical Association, 1987, p. 13. [Traduction]

15 George Taylor Denison, *The Struggle for Imperial Unity*, London, Macmillan, 1909, p. 266. [Traduction]

16 Cité par Laurier LaPierre, « Politics, Race, and Religion in French Canada : Joseph Israel Tarte », thèse de doctorat non publiée, Université de Toronto, 1962, p. 374 [Traduction].

17 *The News* (Toronto), 20 septembre 1899, p. 12. [Traduction]

18 Cité dans *Le Nouveau Monde* (Montréal), 26 octobre 1899.

19 Cité par Robert Craig Brown, « Sir Robert Borden, the Great War and Anglo-Canadian Relations », dans J. S. Moir (dir.), *Character and Circumstance*, Toronto, Macmillan,

1970, p. 203-204. [Traduction]

20   Sur le lien entre la guerre et la réforme
     sociale, voir, par exemple, J. H.
     Thompson,
     « The Beginning of our Regeneration : The
     Great War and Western Canadian Reform
     Movements », *Historical Papers*, Ottawa,
     Société historique du Canada, 1972.

21   Dans J. L. Granatstein et J. M. Hitsman,
     *Broken Promises : A History of Conscription in
     Canada*, Toronto, Oxford University Press,
     1977, p. 27, 82. [Traduction]

22   Cité par Desmond Morton, « The Limits of
     Loyalty : French-Canadian Officers and the
     First World War », dans Edgar Denton III
     (dir.), *Limits of Loyalty*, Waterloo, Wilfrid
     Laurier University Press, 1980, p. 96.
     [Traduction]

23   Sur cette affinité entre les influences ultra-
     montaines canadiennes-françaises et l'im-
     périalisme de la fin du XIXe siècle, voir
     A. I. Silver, « Some Quebec Attitudes in an
     Age of Imperialism and Ideological
     Conflict », *Canadian Historical Review*, vol.
     LVII, n⁰ 4, décembre 1976, p. 440-460.

24   *La Patrie* (Montréal), 20 novembre 1884.
     Sur les articles parus dans la presse canadi-
     enne-française à propos de l'expédition du
     Soudan, voir A. I. Silver, « Quelques con-
     sidérations sur les rapports du Canada
     français avec l'impérialisme britannique au
     XIXe siècle », *Revue canadienne des études
     africaines*, vol. XV, n⁰ 1, 1981, p. 60-66.

25   A. B. Routhier, *La Reine Victoria et son jubilé*,
     Québec, Darveau, 1898, p. 82.

26   Voir, par exemple, *L'Union des Cantons de
     l'Est* (Arthabaskaville), 27 octobre 1899 et
     23 février 1900; *Le Nouveau Monde*
     (Montréal), 2 novembre 1899.

27   *Le Nouveau Monde* (Montréal), 21 septem-
     bre 1899.

28   *L'Union des Cantons de l'Est* (Arthabaskaville),
     20 octobre 1899; *Le Nouveau Monde*
     (Montréal), 26 octobre 1899.

29   Henri Bourassa, *Le Patriotisme canadien-
     français, ce qu'il est, ce qu'il doit être*,
     Montréal, Revue canadienne, 1902, p. 4-7.

30   Cité par René Durocher, « Henri Bourassa,
     les évêques et la guerre de 1914-1918 »,
     Communications historiques, Ottawa, Société
     historique du Canada, 1971, p. 248.

31   Cité par Durocher, « Henri Bourassa, les
     évêques et la guerre de 1914-1918 », p. 253.

32   *Le Devoir* (Montréal), 18 août 1918.

33   Cité dans Robert Rumilly, *Histoire de la
     province de Québec*, vol. XX, Montréal,
     Montréal-Éditions, s.d., p. 117.

34   Cité dans Rumilly, *Histoire de la province de
     Québec*, vol. XX, p. 117.

35   La motion qui fit le plus de bruit fut celle
     que J.-N. Francœur présenta à l'Assemblée
     législative du Québec : si le reste du
     Canada considérait le Québec comme un
     obstacle à son développement national,
     alors le Québec était prêt à quitter la
     Confédération. Cette motion, sans faire
     l'objet d'un vote, attira l'attention sur l'im-
     passe dans laquelle se trouvaient les
     Canadiens français et les Canadiens anglais.

36   Certains journalistes estimèrent qu'il y avait
     eu en réalité deux fois plus de blessés que
     les 35 officiellement signalés par les
     médecins de Québec. Voir Jean Provencher,
     Québec sous la Loi des mesures de guerre,
     Trois-Rivières, Boréal Express, 1971,
     p. 123-124.

37   Par exemple, une récente émission de
     télévision intitulée « Vimy : the Birth of a
     Nation », Vimy Productions, Vancouver,
     C.-B., 1996.

38   Cité, avec approbation, dans *Le Devoir*
     (Montréal), 20 et 21 décembre 1917.

39   Lionel Groulx, « Ce Cinquantenaire » et
     « Les Canadiens français et l'établissement
     de la Confédération », tous deux repris dans
     la *Revue d'histoire de l'Amérique française*,
     vol. XXI, n⁰ 3a, 1967; *Notre avenir politique*,
     Montréal, L'Action française, 1923.

40   Voir, par exemple, H. B. Neatby,
     « Mackenzie King and National Unity »,
     dans H. L. Dyck et H. P. Krosby (dir.),
     Empire and Nations, Toronto, University of
     Toronto Press, 1969.

41   Pour un exposé de ce point de vue cana-
     dien-français, voir André Laurendeau, *La
     crise de la conscription, 1942*, Montréal, Édi-
     tions du Jour, 1962, p. 71-75.

42   Marcel Chaput, *Pourquoi je suis séparatiste*,
     Montréal, Éditions du Jour, 1961, p. 13, 28.

Chapitre 2 : L'édification de l'État providence

L'adoption du programme d'assurance-chômage (1940)

1   Les élections fédérales de 1921 se soldèrent
    par la formation d'un gouvernement libéral
    minoritaire. Pour gouverner, le premier
    ministre King devait donc compter sur l'ap-
    pui des députés progressistes qui, pour la
    plupart, représentaient des régions rurales.
    Or, à l'époque, les agriculteurs s'opposaient
    à l'assurance-chômage qui, selon eux, inci-
    terait les travailleurs à rester en ville et
    diminuerait la masse de main-d'œuvre bon
    marché disponible pour les travaux agri-
    coles. Prudent, King ne donna donc pas
    suite à l'engagement de son parti. Cela con-
    tribua cependant à sa défaite lors des élec-
    tions générales de 1930, que remportèrent
    les conservateurs de R. B. Bennett. Durant
    la campagne, Bennett avait promis d'instau-
    rer un programme national d'assurance-
    chômage. Allan Irving, *The Development of
    Income Security in Canada, Britain and the
    United States, 1908-1945 : A Comparative
    and Interpretative Account*, Working Papers
    on Social Welfare in Canada, Toronto,
    Faculty of Social Work, University of
    Toronto, 1980, p. 43.

2   Dennis Guest, *Histoire de la sécurité sociale
    au Canada*, Montréal, Boréal, 1993, p. 129.
    La Colombie-Britannique avait un pro-
    gramme d'assurance-chômage depuis 1928,
    l'Alberta depuis 1930, la Saskatchewan et le
    Manitoba depuis 1931. Alvin Finkel,
    Business and Social Reform in the Thirties,
    Toronto, James Lorimer, 1979, p. 87.

3   Jean-Guy Genest, *Godbout*, Sillery,
    Septentrion, 1996, p. 159.

4   On doit aussi se souvenir qu'Adélard
    Godbout devait sa victoire à l'appui des
    libéraux fédéraux. Paul-André Linteau et
    coll., *Histoire du Québec contemporain : le
    Québec depuis 1930*, Montréal, Boréal, 1986,
    p. 152.

5   En ne consultant pas l'Assemblée législative
    avant de consentir à l'amendement consti-
    tutionnel, Godbout suivait la ligne de con-
    duite adoptée par ses prédécesseurs du
    Québec et par les premiers ministres des
    autres provinces. Genest, *Godbout*, p. 161.

6   Cité dans Genest, *Godbout*, p. 160-161.

7   Guest, *L'histoire de la sécurité sociale au
    Canada*, p. 90.

8   André Laurendeau, « Alerte aux Canadiens
    français », *L'action nationale*, vol. XVI, 1940,
    p. 202-203. « C'est une mesure centra-
    lisatrice, destinée à accroître les pouvoirs
    du gouvernement fédéral au détriment des
    législatures provinciales », écrivait aussi
    Léopold Richer dans « Préliminaires d'une
    loi d'assurance-chômage », *Le Devoir*,
    26 juin 1940, p. 1.

9   François-Albert Angers, « Assurance-chô-
    mage », *L'actualité économique*, août-septem-
    bre 1940, p. 369. Léopold Richer notait :
    > Aussi longtemps que le Canada
    > sera ce qu'il est, c'est-à-dire un
    > pays ayant beaucoup de terre
    > arable pouvant être facilement
    > mise en disponibilité et d'abon-
    > dantes ressources naturelles,
    > capable d'assurer l'emploi à un
    > grand nombre d'hommes, un
    > projet de ce genre est un stupé-
    > fiant aveu d'incapacité de la part
    > de nos gouvernements.

    Richer, « Préliminaires d'une loi d'assur-
    ance-chômage ».

10 Genest, *Godbout*, p. 161.

11 Léopold Richer, « Les travailleurs
    catholiques à Ottawa », *Le Devoir*, 17 juin
    1940, p. 1.

12 Genest, *Godbout*, p. 160.

13   James Struthers, « Canadian Unemployment Policy in the 1930s », dans R. Douglas Francis et Donald B. Smith (dir.), *Readings in Canadian History : Post-Confederation*, 3ᵉ éd., Toronto, Holt, Rinehart and Winston, 1990, p. 436.

14   Struthers, « Canadian Unemployment Policy in the 1930s », p. 433.

15   James Struthers, *No Fault of their Own : Unemployment and the Canadian Welfare State 1914-1941*, Toronto, University of Toronto Press, 1983, p. 209. [Traduction]

16   Leslie A. Pal, « Relative Autonomy Revisited : The Origins of Canadian Unemployment Insurance », *Revue canadienne de science politique*, vol. X1X, nᵒ 1, mars 1986, p. 91.

17   Yves Vaillancourt, *L'évolution des politiques sociales au Québec, 1940-1960*, Montréal, Presses de l'Université de Montréal, 1988, p. 311-318; Finkel, *Business and Social Reform in the Thirties*, p. 84-91.

18   Leslie A. Pal, *State, Class and Bureaucracy*, Montréal, McGill-Queen's University Press, 1988, p. 150.

19   Pal, « Relative Autonomy Revisited »; Angers, « Assurance-chômage », p. 370.

20   Pal, *State, Class and Bureaucracy*, p. 152-158 [Traduction].

21   Pal, *State, Class and Bureaucracy*, p. 157.

22   Pour une brève présentation des initiatives québécoises en ce domaine, voir Diane Bellemare et Lise Poulin Simon, *Le défi du plein emploi*, Montréal, Éditions Saint-Martin, 1986, p. 235-238, 249-260.

23   Le 14 avril 1994, l'Assemblée nationale adopta à l'unanimité une motion demandant « à M. Jean Chrétien et au gouvernement libéral fédéral de respecter le consensus de tous les intervenants quant à la nécessité pour le Québec d'exercer exclusivement les compétences qui se rattachent à la formation de la main-d'œuvre ». En outre, d'après un sondage *Le Devoir*/Sondagem, 74,5 p. 100 des répondants croient que le régime d'assurance-chômage serait mieux administré par Québec, et 70 p. 100 appuient la volonté du gouvernement du Québec de gérer tous les programmes de formation de la main-d'œuvre. Pierre O'Neill, « 75 p. 100 des Québécois pour le rapatriement de l'assurance-chômage », *Le Devoir*, 14 mai 1995, p. A1. Voir aussi Alain Dubuc, « Formation : à quelques pas du fil d'arrivée », *La Presse*, 1ᵉʳ juin 1996, p. B2; Lise Bissonnette, « L'échine raide », *Le Devoir*, 1ᵉʳ et 2 juin 1996, p. A14.

24   Pour une analyse critique, voir François Rocher et Christian Rouillard, « Using the Concept of Deconcentration to Overcome the Centralization/Decentralization Dichotomy : Thoughts on Recent Constitutional and Political Reform », dans Patrick Fafard et Douglas M. Brown (dir.), *Canada : The State of the Federation 1996*, Kingston, Institut des relations intergouvernementales, Queen's University, 1996, p. 117-118. Notons que, même au temps de Godbout, en 1942, alors que le ministère fédéral du Travail proposait de dispenser des cours de métier et de donner des attestations d'études, la question de la formation de la main-d'œuvre suscitait des conflits de compétence entre Ottawa et Québec. Voir Genest, *Godbout*, p. 246-247.

25   Le gouvernement fédéral conserve toutefois la responsabilité de gérer les fonds de la caisse de l'assurance-chômage. Pour en savoir plus, voir Gérard Boismenu, « Les relations fédérales-provinciales : la formation de la main d'œuvre », dans Denis Monière (dir.), *L'année politique au Québec 1993-1994*, Montréal, Fides/Le Devoir, 1994, p. 55-62; Herman Bakvis, « Federalism, New Public Management, and Labour-Market Development », dans Fafard et Brown (dir.), *Canada : The State of the Federation 1996*, p. 135-165.

Les accords de location fiscale (1947 - 1954)

1 La commission Rowell-Sirois recommandait une redistribution des revenus entre les provinces et le gouvernement fédéral et entre les provinces elles-mêmes. L'impôt sur le revenu des particuliers et sur les bénéfices des sociétés, ainsi que les droits de succession, devaient être réservés au gouvernement fédéral. A. Milton Moore, J. Harvey Perry et Donald I. Beach, *Le financement de la fédération canadienne : le premier siècle*, Toronto, Association canadienne d'études fiscales, 1966, p. 12.

2 Réal Bélanger, Richard Jones et Marc Vallières, *Les grands débats parlementaires, 1792-1992*, Sainte-Foy, Presses de l'Université Laval, 1994, p. 166.

3 Richard Simeon et Ian Robinson, *L'État, la société et l'évolution du fédéralisme canadien*, Ottawa, Commission royale sur l'union économique et les perspectives de développement du Canada, 1990, p. 115.

4 Gérard Boismenu, *Le duplessisme : politique économique et rapports de force, 1944-1960*, Montréal, Presses de l'Université de Montréal, 1981, p. 271.

5 Ces propositions sont contenues dans le livre vert que le gouvernement fédéral publia en 1945 et dans lequel il se proposait de mettre en place plusieurs programmes de sécurité sociale (allocations familiales, sécurité de la vieillesse, régime d'assurance-maladie).

6 Boismenu, *Le Duplessisme*, p. 272.

7 Le Nouveau-Brunswick fut la première province à signer une telle entente. Voir Robert Rumilly, *L'autonomie provinciale*, Montréal, Éditions de L'Arbre, 1948, p. 260.

8 L'absence d'ententes fiscales fit perdre environ 150 millions $ au gouvernement du Québec de 1947 à 1954. En 1954, même avec l'impôt provincial sur le revenu des particuliers, la perte du gouvernement du Québec a été évaluée à 20,7 millions $. Boismenu, *Le duplessisme*, p. 273-274.

9 R. M. Burns, *The Acceptable Mean : The Tax Rental Agreements, 1941-1962*, Toronto, Association canadienne d'études fiscales, 1966, p. 108.

10 Léon Dion, *Québec 1945-2000 (Tome II) : les intellectuels et le temps de Duplessis*, Sainte-Foy, Les Presses de l'Université Laval, 1993, p. 109.

11 Pour un compte rendu des considérations ayant permis d'aboutir à ce compromis, voir Burns, *The Acceptable Mean*, p. 107-112.

12 Voir, par exemple, François-Albert Angers, « À quelle sauce veut-on nous manger ? », *L'action nationale*, vol. XVI, n⁰ 4, décembre 1940, p. 289-306; Anonyme, « Centralisation démocratique », *Relations*, vol. I, n⁰ 1, janvier 1941, p. 2-3. Voir aussi les nombreux articles parus dans *Le Devoir* à cette époque, sous la signature d'André Laurendeau notamment. L'ouvrage de Rumilly, *L'autonomie provinciale*, constitue aussi un excellent exemple de ce discours.

13 Cité par Bélanger, Jones et Vallières, *Les grands débats parlementaires*, p. 167.

14 Cité par Rumilly, *L'autonomie provinciale*, p. 186. Le résultat des élections fut toutefois mitigé. Ainsi, le Parti libéral du Québec obtint 40 p. 100 des voix mais seulement 37 sièges, et l'Union nationale obtint 38,2 p. 100 des voix et 48 sièges. Une fois dans l'opposition, les libéraux maintinrent qu'un impôt fédéral sur le revenu ne constituait pas une atteinte à l'autonomie provinciale.

15 Pierre Trépanier, « L'opinion publique anglo-québécoise et l'autonomie provinciale (1945-1946) », *L'action nationale*, vol. 67, n⁰ 1, 1977, p. 42.

16 Michael D. Behiels, *Prelude to Quebec's Quiet Revolution : Liberalism Versus Neo-Nationalism*, Montréal, McGill-Queen's University Press, 1985, p. 200-202.

17 René Durocher et Michèle Jean, « Duplessis et la Commission royale d'enquête sur les problèmes constitutionnels, 1953-1956 », *Revue d'histoire de l'Amérique française*, vol. 25, n⁰ 3, décembre 1971, p. 338.

Il faut noter que les ententes fiscales négociées par Ottawa et les provinces les autorisaient à lever un impôt sur le revenu des particuliers de 5 p. 100 sans que les contribuables se voient imposer la double taxation.

18 François-Albert Angers, « Le tour de M. Duplessis », *L'actualité économique*, juillet 1946, p. 364-365.

19 Dion, *Québec 1945-2000*, p. 109.

20 Durocher et Jean, « Duplessis et la Commission royale d'enquête sur les problèmes constitutionnels, 1953-1956 », p. 346.

21 Cité par Durocher et Jean, « Duplessis et la Commission royale d'enquête sur les problèmes constitutionnels, 1953-1956 », p. 348.

22 Cité par Rumilly, *L'autonomie provinciale*, p. 267.

23 Roland Parenteau, « Québec et le partage des impôts », *L'actualité économique*, vol. XXX, n⁰ 2, juillet-septembre 1954, p. 323.

24 Behiels, *Prelude to Quebec's Quiet Revolution*, p. 199. [Traduction]

25 Burns, *The Acceptable Mean*, p. 106. [Traduction]

26 Rappelons que dans l'immédiat après-guerre, le Québec, l'Ontario et la Colombie-Britannique payaient 85,5 p. 100 de tous les revenus fiscaux au Canada, alors que les autres provinces ne déboursaient que 14,5 p. 100. Boismenu, *Le duplessisme*, note 20, p. 272.

27 Simeon and Robinson, *State, Society and the Development of Canadian Federalism*, p. 112.

28 Moore and Perry, *Le financement de la fédération canadienne*, p. 29-30; Parenteau, « Québec et le partage des impôts », p. 325-326.

29 Cité par Rumilly, *L'autonomie provinciale*, p. 270.

30 Cité par John Grube, « M. François-Albert Angers et l'indépendance fiscale », *L'action nationale*, Vol. 70, 1980-1981, p. 801. [Traduction]

31 Cité par Grube, « M. François-Albert Angers et l'indépendance fiscale », p. 803 [Traduction]. Voir aussi Rumilly, *L'autonomie*

provinciale, p. 178-188.

32 Burns, *The Acceptable Mean*, p. 105. [Traduction]

33 Burns, *The Acceptable Mean*, p. 111-112.

Les subventions fédérales aux universités (1951)

1 Michel Brunet, *Canadians et Canadiens : études sur l'histoire et la pensée des deux Canadas*, Montréal, Fides, 1954, p. 60.

2 Richard Simeon et Ian Robinson, *L'État, la société et l'évolution du fédéralisme canadien*, Ottawa, Commission royale sur l'union économique et les perspectives de développement du Canada, 1990, p. 160.

3 La même situation se reproduira en 1997, lorsque le gouvernement du Québec menacera de diminuer les subventions des institutions d'enseignement et de recherche qui accepteraient l'argent provenant de la Fondation canadienne de l'innovation, mise sur pied par le gouvernement fédéral. Lysiane Gagnon, « Toujours le même vieux contentieux », *La Presse*, 16 décembre 1997, p. B3; Don Macpherson, « Quebec Right to Feel Leery Over Research Fund », *The Gazette*, 17 décembre 1997, p. B3.

4 Brunet, *Canadians et Canadiens*, p. 61.

5 Pierre Elliott Trudeau, *Le fédéralisme et la société canadienne-française*, Montréal, HMH, 1967, p. 88-89.

6 Cité par Rumilly, *Maurice Duplessis et son temps ; tome II : 1944-1959*, Saint-Laurent, Fides, 1978, p. 492.

7 Louis Maheu et Marcel Fournier, « Nationalisme et nationalisation du champ scientifique québécois », *Sociologie et Sociétés*, vol. 7, n⁰ 2, novembre 1975, p. 89-114.

8 Cité par Rumilly, *Maurice Duplessis et son temps*, p. 469.

9 Robert Bothwell, Ian Drummond et John English, *Canada Since 1945 : Power, Politics, and Provincialism*, Toronto, University of Toronto Press, 1981, p. 167.

10 Rumilly, *Maurice Duplessis et son temps*, p. 402.

11 Frank R. Scott, « Areas of Conflict in the Field of Public Law and Policy », dans *Essays on the Constitution : Aspects of Canadian Law and Politics*, Toronto, University of Toronto, 1977, p. 317. [Traduction]

12 Jean-Claude Robert, *Du Canada français au Québec libre : histoire d'un mouvement indépendantiste*, Paris, Flammarion, 1975, p. 188.

13 C'est l'Entente sur le financement des universités signée en 1959. Kenneth McRoberts et Dale Posgate, *Développement et modernisation du Québec*, Montréal, Boréal, 1983, p. 133. Cette formule de financement fut étendue à toutes les provinces à compter de 1967.

14 Sur la question du droit de retrait, voir David B. Perry, *Financing the Canadian Federation, 1867 to 1995 : Setting the Stage for Change*, Toronto, Association canadienne d'études fiscales, 1997, p. 207-224; et, dans le présent ouvrage, l'article sur « l'assurance-hospitalisation et l'assurance-maladie », ainsi que celui sur « Le Régime de pensions du Canada et le Régime des rentes du Québec ».

Le Régime de pensions du Canada et le Régime des rentes du Québec (1965)

1 En 1951, le gouvernement fédéral avait procédé à la révision de ses programmes relatifs au soutien du revenu des personnes âgées et adopté trois nouvelles lois permettant l'instauration d'un programme universel de sécurité de la vieillesse. Cela consistait en un programme de prestations versées aux personnes âgées de 70 ans et plus, un programme d'assistance-vieillesse pour les personnes de 65 à 70 ans et un programme d'assistance aux aveugles âgés de 21 ans et plus. Pour ce faire, le Parlement

de Westminster avait amendé l'Acte de l'Amérique du Nord britannique, avec le consentement du gouvernement fédéral et de toutes les provinces. Le nouvel article 94A énonçait que

> [...] le Parlement du Canada peut, à l'occasion, légiférer sur les pensions de vieillesse au Canada, mais aucune loi édictée par le Parlement du Canada à l'égard des pensions de vieillesse ne doit atteindre l'application de quelque loi présente ou future d'une législation provinciale relativement aux pensions de vieillesse.

2 Le 23 août 1963, l'Assemblée législative québécoise adoptait une motion pour marquer son intention de créer une caisse de retraite. « L'Union nationale a dit NON jusqu'au bout », *Le Devoir*, 24 août 1963, p. 1.

3 Peter C. Newman, *The Distemper of Our Times*, Ottawa, McClelland and Stewart/Institut d'études canadiennes, Université Carleton, 1978, p. 309.

4 « L'insistance avec laquelle le Québec parla de son propre régime nous surprit désagréablement, » confie un haut fonctionnaire. Même après que le premier ministre Lesage eut annoncé que sa province allait créer son propre régime, les planificateurs, à Ottawa, ne s'étaient guère inquiétés [...].

Cité par Richard Simeon, *Federal-Provincial Diplomacy : The Making of Recent Policy in Canada*, Toronto, University of Toronto Press, 1972, p. 45, note 7 [Traduction]. Les mémoires de Tom Kent laissent toutefois voir que les intentions de Québec étaient prises au sérieux par certains haut fonctionnaires. Selon lui, Pearson était même disposé à créer un régime capitalisé dont une proportion substantielle des revenus aurait été investie dans des projets provinciaux. Des considérations politiques auraient repoussé la conclusion de cette entente au printemps 1964. Voir Tom Kent, *A Public Purpose*, Montréal, McGill-Queen's University Press, 1988, p. 260-263.

5   La rencontre portait aussi sur la question des arrangements fiscaux entre Ottawa et les provinces (depuis 1960, le gouvernement du Québec exigeait plus de points d'impôt) et sur les programmes conjoints. Le gouvernement fédéral envisageait à cette époque d'élargir les allocations familiales et d'établir un programme de prêts aux étudiants. Voir Richard Simeon et Ian Robinson, L*État, la société et l'évolution du fédéralisme canadien*, Ottawa, Commission royale sur l'union économique et les perspectives de développement du Canada, 1990, p. 210-218.

6   Cité par Newman, *The Distemper of Our Times*, p. 310 [Traduction]; Peter Desbarats, *The State of Quebec*, Toronto, McClelland and Stewart, 1966, p. 125.

7   Cité par Simeon, *Federal-Provincial Diplomacy*, p. 56 [traduction]. Sous le titre « Le climat à Québec : Un résultat qui met en cause la Confédération », Mario Cardinal écrivait dans *Le Devoir* du 3 avril 1964, p. 1 : « Jamais peut-être à un niveau aussi élevé et publiquement, la Confédération n'a paru aussi menacée. » De même pour Tom Kent, haut fonctionnaire fédéral, la conclusion de la conférence « annonçait une suite d'événements capables de submerger Lesage et de rendre vraisemblable la sécession du Québec ». Kent, *A Public Purpose*, p. 276. [Traduction]

8   Par ce compromis, Québec acceptait un amendement constitutionnel en vertu duquel Ottawa pourrait offrir des programmes de complément du revenu et consentait à ce que l'exemption de cotisation qu'il envisageait pour les personnes gagnant moins de 1000 $ par an soit restreinte aux personnes touchant moins de 600 $ par an. De même, la période de transition fut ramenée de 20 à 10 ans. En échange, Ottawa adoptait la formule de capitalisation préconisée par Québec et acceptait que les revenus soient gérés par les provinces. Pour une présentation détaillée de ces négociations, voir Kent, *A Public Purpose*, p. 276-283.

9   Cité par Pierre Desbiens, « Perspectives sur l'État québécois », dans Pierre Fournier (dir.), *Le capitalisme au Québec*, Laval, Les Éditions Coopératives Albert Saint-Martin, 1978, p. 129.

10   Jacques Parizeau se rappelle cette époque en ces termes :
> Ces gens-là détenaient un pouvoir étonnant [...]. Ils avaient l'habitude, après chaque élection provinciale, de déverser sur les marchés jusqu'à 50 millions $ en obligations du Québec, pour semer la panique au sein du nouveau gouvernement. Ils y réussirent en 1962, en 1966 et en 1970. Durant les premiers mois de tout gouvernement québécois, l'écart entre les obligations de l'Ontario et celles du Québec atteignait généralement 35 ou 40 points [ce qui représente un écart de 0,35 p. 100 à 0,4 p. 100 entre les taux d'intérêt].

Cité par Diane Francis, *Controlling Interest*, Toronto, Macmillan of Canada, 1986, p. 207 [Traduction]. Duplessis avait réussi à préserver l'autonomie financière du gouvernement québécois en récupérant des points d'impôt et en limitant les emprunts publics. Il tenta aussi de créer un syndicat financier concurrent, mais sans succès. Voir François Moreau, *Le capital financier québécois*, Laval, Albert Saint-Martin, 1981, p. 55; Mario Pelletier, *La machine à milliards : l'histoire de la Caisse de dépôt et placement du Québec*, Montréal, Québec/Amérique, 1989, p. 23, 52-54, 56-60.

11   Pelletier, *La machine à milliards*. C'est finalement aux États-Unis que le Québec trouva les sommes nécessaires.

12   Pelletier, *La machine à milliards*, p. 25-26.

13   Cité par Newman, *The Distemper of Our Times*. [Traduction]

14   Claude Ryan, « Une victoire pour les personnes âgées et pour le vrai fédéralisme », *Le Devoir*, 21 avril 1964, p. 4.

15   Simeon, *Federal-Provincial Diplomacy*, p. 46. Voir aussi John S. Morgan, « Welfare », dans John Saywell (dir.), *Canadian Annual*

Review for 1963, Toronto, University of
Toronto Press, 1964, p. 398-399; Gordon
Milling, « Labour's Interest in Pension
Planning », dans Laurence E. Coward (dir.),
Pensions in Canada, Don Mills, CCH
Canadian Limited, 1964, p. 192. Le gouvernement fédéral soumit toutefois
plusieurs versions remaniées de son projet
pour tenter de répondre aux objections de
l'Ontario. Étant donné qu'elle était la
province la plus populeuse, son appui au
projet fédéral était essentiel. Voir Kent, *A
Public Purpose*, p. 258-266.

16 Simeon, *Federal-Provincial Diplomacy*, p. 59.

17 Cité par Peter Stursberg, *Lester Pearson and
the Dream of Unity*, Toronto, Doubleday,
1978, p. 196 [Traduction]. En échange,
l'Ontario obtint deux concessions : le droit
pour toute province de se retirer du régime
si elle le désirait et un droit de regard sur
toute réforme ultérieure. Simeon, *Federal-
Provincial Diplomacy*, p. 61.

18 Voir « Réactions favorables », *Le Devoir*,
21 avril 1964, p. 1 [Traduction]. Selon
Diefenbaker, le projet du Québec aurait
représenté un pas en avant, contrairement au régime « hybride » qui fut
finalement adopté.

19 Chiffre avancé par Pierre Arbour, *Québec Inc.
et la tentation du dirigisme*, Montréal,
L'Étincelle, 1993, p. 77. Aujourd'hui, outre
les contributions à la RRQ, la Caisse admi-
nistre les fonds versés à une dizaine d'organismes, dont la Commission de la santé et
de la sécurité du travail, le Fonds d'assurance prêts agricoles du Québec et la Régie
de l'assurance automobile du Québec. Elle
cons-titue l'un des plus gros réservoirs de
capitaux en Amérique du Nord. En 1981,
ses projets d'investissements dans le
Canadien Pacifique suscitèrent d'ailleurs
une levée de boucliers au Canada anglais. À
ce propos, voir dans le présent ouvrage l'article sur « Le projet de loi S-31 ».

20 Ainsi, en juin 1966,
des millions de dollars d'obligations du Québec étaient mis en

vente par les courtiers de la rue
Saint-Jacques, dans une tentative flagrante d'intimider le nouveau gouvernement en ruinant
son crédit. Mais la tentative a
échoué à cause de l'intervention
de la Caisse de dépôt, qui
rachetait les obligations [...].

Moreau, *Le capital financier québécois*, p. 58.
En 1968, après la décision du Québec
d'emprunter 38 millions $ d'un consortium
de banques étrangères, le président de la
Caisse de dépôt constatait que la santé
financière du Québec était mieux reconnue
à l'extérieur du Canada. Voir « C'est le reste
du Canada plutôt que les États-Unis qui
boude les obligations de la province du
Québec », *Les affaires*, 25 mars 1968, p. 3.
Lors de l'élection du Parti québécois en
1976, l'intervention de la Caisse permit
d'éviter des reventes massives et, en 1995,
elle servit à préparer l'après-référendum.
Pelletier, *La machine à milliards*, p. 135-140;
Presse canadienne, « Référendum : le PQ
avait 37 milliards "en réserve" », *La Presse*,
18 mai 1996, p. A31.

21 Jean Lesage dirait par la suite :
Durant le mois qui vient de s'é-
couler, ma vie a été terrible. J'ai
travaillé pour ma province
comme personne ne l'a fait
jusqu'ici. J'ai mis en œuvre tous
les moyens que la Providence
m'a donnés, afin que le Québec
se voie enfin reconnaître un
statut particulier au sein de la
Confédération. Et j'ai réussi.

Cité par Newman, *The Distemper of Our
Times*.[Traduction] Voir aussi les
témoignages des acteurs politiques du temps
dans Stursberg, *Lester Pearson*, p. 198;
Desbarats, *The State of Quebec*, p. 132-133.

22 Claude Morin, *Le pouvoir québécois... en
négociation*, Montréal, Boréal Express, 1978,
p. 22-24. Pour une critique du fédéralisme
coopératif, voir aussi Jean-Marc Léger, « Le
"fédéralisme coopératif" ou le nouveau visage de la centralisation » dans J. Peter
Meekison (dir.), *Canadian Federalism : Myth
or Reality*, Toronto, Methuen, 1968, p. 317-
320; Donald V. Smiley, « Canadian

Federalism and the Resolution of Federal-Provincial Conflict », dans Frederick Vaughan (dir.), *Contemporary Issues in Canadian Politics*, Scarborough, Prentice Hall of Canada, 1970, p. 48-66.

L'assurance-hospitalisation et l'assurance-maladie (1957 – 1968)

1   Robert Bothwell, Ian Drummond et John English, *Canada Since 1945 : Power, Politics, and Provincialism*, Toronto, University of Toronto Press, 1981, p. 162.

2   Yves Vaillancourt, *L'évolution des politiques sociales au Québec, 1940-1960*, Montréal, Presses de l'Université de Montréal, 1988, p. 196. Le cabinet fédéral préciserait plus tard que cette « majorité substantielle » devait comprendre la participation d'au moins six provinces dont l'Ontario ou le Québec. Toutefois, après la défaite des libéraux en 1957, le nouveau premier ministre John Diefenbaker abandonna cette condition et accepta de mettre en vigueur le programme avec les provinces admissibles, quel que soit leur nombre. Gwendolyn Gray, *Federalism and Health Policy : The Development of Health Systems in Canada and Australia*, Toronto, University of Toronto Press, 1991, p. 37.

3   Gray, *Federalism and Health Policy*.

4   Vaillancourt, *L'évolution des politiques sociales au Québec*, p. 200.

5   Réal Bélanger, Richard Jones et Marc Vallières, *Les grands débats parlementaires, 1792-1992*, Sainte-Foy, Les Presses de l'Université Laval, 1994, p. 354.

6   Cité par Malcolm G. Taylor, *Health Insurance and Canadian Public Policy*, Montréal, McGill-Queen's University Press, 1987, p. 365. [Traduction]

7   Deena White, « La santé et les services sociaux : réformes et remises en question », dans Gérard Daigle (dir.), *Le Québec en jeu*, Montréal, Presses de l'Université de

Montréal, 1992, p. 232-233.

8   Sur la spécificité de l'approche québécoise, voir Pierre Bergeron et France Gagnon, « La prise en charge étatique de la santé au Québec », dans Vincent Lemieux et coll. (dir.), *Le système de santé au Québec*, Sainte-Foy, Presses de l'Université Laval, 1994, p. 16-28; White, « La santé et les services sociaux », p. 225-247.

9   Taylor, *Health Insurance and Canadian Public Policy*, p. 391.

10   Le droit de retrait fut utilisé pour la première fois en 1959 dans le but de régler la question des subventions accordées aux universités. Ce droit fut introduit dans le programme du Parti libéral du Canada en 1961 et institutionnalisé en 1965 avec l'adoption, par le gouvernement fédéral, de la Loi sur les programmes établis (arrangements provisoires). En 1965, le Québec fut la seule province à se prévaloir des arrangements provisoires, en signant des accords pour sortir du programme d'assurance-hospitalisation en échange de 14 points d'impôt sur le revenu des particuliers. Par la même occasion, il se retira du « programme spécial de bien-être social » en échange de quatre points d'impôt (ce programme incluait l'assistance aux chômeurs, l'assistance aux personnes âgées de 65 à 70 ans, l'assistance aux aveugles et l'assistance aux personnes handicapées), d'un programme de formation de la main-d'œuvre (un point) et d'un programme d'hygiène publique (un point); le droit de retrait fut aussi utilisé pour les allocations familiales en 1964 (quatre points). Yves Vaillancourt, « Un bilan de l'opting out du Québec des programmes fédéraux à frais partagés dans le domaine social (1964-1992) », dans François Rocher (dir.), *Bilan québécois du fédéralisme canadien*, Montréal, VLB, 1992, p. 348-353; David B. Perry, *Financing the Canadian Federation, 1867 to 1995 : Setting the Stage for Change*, Toronto, Association canadienne d'études fiscales, 1997, p. 208-219.

11 Cité par Taylor, *Health Insurance and Canadian Public Policy*, p. 392. [Traduction]

12 Cette réflexion fut enrichie de plusieurs rapports, dont le *Rapport sur la sécurité sociale au Canada* (rapport Marsh, 1943), le *Rapport du Comité consultatif de l'assurance-santé* (rapport Heagerty, 1943) et les propositions du livre vert du gouvernement libéral de Mackenzie King (1945). Au cours de la décennie ayant précédé l'adoption du programme d'assurance-hospitalisation, plusieurs politiques gouvernementales révélaient l'émergence d'une nouvelle attitude concernant le rôle de l'État en matière de politique sociale. À ce titre le programme d'assurance-chômage (1940), les allocations familiales (1944) et le programme de subventions à la santé (1948) ont été importants. Dennis Guest, *Histoire de la sécurité sociale au Canada*, Montréal, Boréal, 1993, p. 149-197.

13 En 1928, la Colombie-Britannique avait déjà institué deux commissions d'enquête sur cette question. Donald Swartz, « The Politics of Reform : Public Health Insurance in Canada », *International Journal of Health Services*, vol. 23, n° 2, 1993, p. 222. Voir aussi Gray, *Federalism and Health Policy*, p. 26-30.

14 Gray, *Federalism and Health Policy*, p. 32.

15 Douglas Francis, Richard Jones et Donald B. Smith, *Destinies : Canadian History Since Confederation*, Toronto, Holt Rinehart and Winston of Canada, 1988, p. 321 [Traduction]. Voir aussi, Vaillancourt, *L'évolution des politiques sociales au Québec*.

16 Bothwell, Drummond et English, *Canada Since 1945*.

17 D'après un sondage effectué en septembre 1965 par l'Institut canadien de l'opinion publique, 52 p. 100 des répondants préféraient un programme volontaire, contre 41 p. 100 qui appuyaient un programme obligatoire. Taylor, *Health Insurance and Canadian Public Policy*, p. 367.

18 Cité par Taylor, *Health Insurance and Canadian Public Policy*, p. 375. [Traduction]

19 Taylor, *Health Insurance and Canadian Public Policy*, p. 161-238. Voir aussi Swartz, « The Politics of Reform », p. 219-226.

20 Le premier ministre ontarien avait entrepris une campagne publique pour inciter le gouvernement fédéral à instaurer un programme national d'assurance-hospitalisation. Les historiens Robert Bothwell, Ian Drummond et John English n'hésitent pas à qualifier le premier ministre ontarien de « joueur clé » dans cette affaire : « C'est Frost qui a rendu politiquement incontournable, au Canada, l'instauration d'un régime national d'assurance-hospitalisation » [Traduction], écrivent-ils. Bothwell, Drummond et English, *Canada Since 1945*.

21 Jacques Paul Couturier, en collaboration avec Wendy Johnston et Réjean Ouellette, *Un passé composé : le Canada de 1850 à nos jours*, Moncton, Éditions d'Acadie, 1996, p. 293. Le premier ministre Louis Saint-Laurent n'accepta de s'engager qu'après que son ministre Paul Martin père eut menacé de démissionner s'il n'était pas autorisé à relever le défi que venait de lancer le premier ministre ontarien.

22 Gray, *Federalism and Health Policy*, p. 43-44. D'après Malcolm G. Taylor, les principaux partisans de l'assurance-maladie au Cabinet étaient Judy LaMarsh, Walter Gordon, Allan MacEachen, Maurice Lamontagne et Jean Marchand. Taylor, *Health Insurance and Canadian Public Policy*, p. 353. On doit toutefois noter que les libéraux n'étaient pas majoritaires et devaient compter sur l'appui d'un tiers parti, en l'occurrence le NPD, pour conserver le pouvoir. Cette situation contribua sans doute beaucoup à faire de l'expansion des programmes sociaux une priorité du gouvernement : A. W. Johnson, « Social Policy in Canada : The Past as it Conditions the Present », dans Shirley B. Seward (dir.), *The Future of Social Welfare Systems in Canada and the United Kingdom*,

Halifax, Institut de recherche en politique sociale, 1987, p. 41.

23 Les objections contre le droit de retrait sont présentées dans Yves Vaillancourt, *Le régime d'assistance publique du Canada : perspective québécoise*, Montréal, thèse de doctorat, Université de Montréal, 1992, p. 165-225. Vaillancourt rappelle que, durant les négociations concernant la formule du droit de retrait en 1964, le gouvernement du Québec avait dû accorder un délai provisoire de cinq ans au terme duquel le droit de retrait devait devenir permanent. Cette transition ne s'est jamais produite, de sorte que le statut particulier que le Québec s'était ainsi constitué est toujours resté provisoire, bien qu'il ait été reconduit jusqu'à aujourd'hui. Voir aussi Kenneth McRoberts, *Misconceiving Canada : The Struggle for National Unity*, Oxford, Oxford University Press, 1997, chap. 3.

24 Pour en savoir davantage sur les enjeux liés à ces négociations, voir Keith G. Banting, « The Past Speaks to the Future : Lessons from the Postwar Social Union », dans Harvey Lazar (dir.), *Canada : The State of the Federation 1997 — Non-Constitutional Renewal*, Kingston, Institut des relations intergouvernementales, 1998, p. 39-69; François Rocher et Christian Rouillard, « Décentralisation, subsidiarité et néo-libéralisme », *Analyse de politiques*, vol. 24, n⁰ 2, juin 1998, p. 233-258; le numéro spécial consacré à cette question par la revue *Options politiques*, vol. 19, n⁰ 9, novembre 1998.

Chapitre 3 : La définition de l'identité canadienne

Introduction par John Meisel

1 Hector Charlesworth, *I'm Telling You*, Toronto, Macmillan, 1937, p. 99. [Traduction]

La création de Radio-Canada (1932)

1 Voir Frank W. Peers, *The Politics of Canadian Broadcasting, 1920-1951*, Toronto, University of Toronto Press, 1969, p. 49. C'est le commissaire francophone, Augustin Frigon, qui avait insisté pour que la commission recommande que l'on confiât aux provinces la responsabilité du contenu des émissions. Cela aurait garanti aux Québécois des émissions en français. Cet aspect du rapport fut complètement abandonné par le gouvernement fédéral, à la suite de la décision du Conseil privé de Londres de reconnaître son autorité en matière de radiodiffusion.

2 Michel Filion, *Radiodiffusion et société distincte*, Montréal, Méridien, 1994, p. 31; Peers, *The Politics of Canadian Broadcasting*, p. 52.

3 Marc Raboy, *Occasions ratées : histoire de la politique canadienne de radiodiffusion*, Montréal/Sainte-Foy, Liber/Presses de l'Université Laval, 1996, p. 52-56.

4 Raboy, *Occasions ratées*, p. 37, 50, 65.

5 Toutefois, le facteur linguistique, combiné à une cote d'écoute plus faible qu'ailleurs au Canada, atténuait les craintes que les francophones pouvaient nourrir à cet égard. À titre indicatif, on peut noter que la récente étude de Michel Filion montre que, déjà à cette époque, les habitudes d'écoute des francophones étaient distinctes et que les émissions américaines étaient moins écoutées par les francophones que par les anglophones. On espérait surtout que la

radiodiffusion publique permettrait de combler les lacunes en matière d'équipement de radiodiffusion au Canada français, que ce soit par le nombre d'émetteurs ou la force du rayon d'émission. Filion, *Radiodiffusion et société distincte*, p. 65-86; Elzéar Lavoie, « L'évolution de la radio au Canada français avant 1940 », *Recherches sociographiques*, vol. XII, n⁰ 1, janvier-avril 1971, p. 2-49.

6　À cet égard, on lira avec intérêt le commentaire d'Arthur Laurendeau, « La radio », *L'action nationale*, vol. 4, n⁰ 2, octobre 1934, p. 117-134, dans lequel il exprimait ses craintes concernant la démocratisation de la culture : « Je veux bien que le bon peuple puisse goûter le beau : mais à la condition d'être encadré, dirigé par une élite qui s'agite, qui se remue, qui le guide, une élite surtout qui ait le goût de la charité intellectuelle » (p. 126).

7　Raboy, *Occasions ratées*, p. 82. Voir aussi Omer Héroux, « Le français et la radio », *Le Devoir*, 20 mars 1933, p. 1.

8　Murray disait :
> La radiodiffusion peut contribuer à rendre bilingue tout le Canada, à mettre désormais à la disposition de tous les citoyens canadiens la culture, la littérature et la pensée des deux langues mères. Il ne s'agit pas là d'une vague aspiration, mais d'une politique précise et tout à fait réfléchie.

En 1936, le président de Radio-Canada avait effectivement annoncé son intention de faire de la radio un instrument de réconciliation nationale :
> La radio faillirait à son grand objectif si elle ne devenait pas dans notre vie nationale un facteur de guérison et de réconciliation. Si la radio canadienne ne contribue pas à améliorer de façon durable la compréhension entre ceux qu'on appelle Canadiens français et ceux qu'on appelle Canadiens anglais, entre l'Est et l'Ouest [...], alors nous aurons manqué à notre devoir.

Cité par Peers, *The Politics of Canadian Broadcasting*, p. 250, 199 [Traduction].

9　C'est grâce à une station privée baptisée Radio-Ouest française, affiliée à Radio-Canada, que les francophones des Prairies purent capter des émissions dans leur langue à partir de 1942. Ceux de l'Ontario durent attendre 1952 pour pouvoir recevoir un premier signal radio en français, et Radio-Canada ne s'installa dans cette région qu'en 1958. Les Maritimes et les Prairies n'eurent accès à la radio française qu'à partir de 1956. Greg M. Nielsen, « L'impasse Canada-Québec et le sort de Radio-Canada : l'autonomie culturelle ou la mort », *Cahiers de recherche sociologique*, vol. 25, 1995, p. 203. Voir aussi Lavoie, « L'évolution de la radio au Canada français avant 1940 », p. 40, qui constate que, au début des années 1940, « [l']option régionaliste laissait hors du champ de rayonnement du réseau français plus de 700 000 francophones canadiens, soit plus de 20 p. 100 de cette collectivité linguistique ». La frustration des Québécois francophones face à cette situation est bien décrite dans « La litanie pour l'unité nationale », *L'action nationale*, vol. 17, n⁰ 6, juin 1941, p. 507.

10　Lavoie, « L'évolution de la radio au Canada français avant 1940 », p. 40-41.

11　Voir *Le Devoir* des 19 et 27 mai 1936.

12　Sur l'importance du nationalisme, voir le témoignage de Graham Spry, « The Origins of Public Broadcasting in Canada : A Comment », *Canadian Historical Review*, vol. 46, n⁰ 2, juin 1965, p. 136; l'étude de Mary Vipond, « The Nationalist Network : English Canada's Intellectuals and Artists in the 1920s », *Canadian Review of Studies on Nationalism*, vol. 7, n⁰ 1, printemps 1980, p. 32-52; et celle de Raboy, *Occasions ratées*, p. 33-73.

13　Raboy, *Occasions ratées*, p. 63; Peers, *The Politics of Canadian Broadcasting, 1920-1951*, p. 51-55 (pour les réactions à la publication du rapport Aird), p. 75-77 (pour le soutien donné au projet de créer une radio publique en 1931).

14   Cité par Filion, *Radiodiffusion et société distincte*, p. 33. Sur le rôle de la Ligue, voir Raboy, *Occasions ratées*, p. 49-66, et Peers, *The Politics of Canadian Broadcasting*.

15   Cité par Raboy, *Occasions ratées*, p. 66-67.

16   « L'usage de l'anglais serait la règle », dit-il. Cité par Filion, *Radiodiffusion et société distincte*, p. 32. [Traduction]

17   E. Austin Weir, *The Struggle for National Broadcasting in Canada*, Toronto, McClelland and Stewart, 1965, p. 149; Peers, *The Politics of Canadian Broadcasting*, p. 128-130; Raboy, *Occasions ratées*, p. 78-82.

18   Weir, *The Struggle for National Broadcasting in Canada*, p. 150.

19   Weir, *The Struggle for National Broadcasting in Canada*, p. 151.

20   Hector Charlesworth, *I'm Telling You*, Toronto, Macmillan of Canada, 1937, p. 99.

21   Peers, *The Politics of Canadian Broadcasting*, p. 159.

22   Peers, *The Politics of Canadian Broadcasting*, p. 140. L'échantillon comptait 700 répondants.

23   Cité par Peers, *The Politics of Canadian Broadcasting*.

24   Que ce soit en matière de contenu ou d'écoute, le réseau français a réussi de façon beaucoup plus marquée à promouvoir un contenu canadien. Filion, *Radiodiffusion et société distincte*, chap. 7 et 8; Richard Collins, *Culture, Communication and National Identity : The Case of Canadian Television*, Toronto, University of Toronto Press, 1990, p. 190-204.

25   Rappelons que CBFT diffusa des émissions anglaises et françaises de septembre 1952, moment de son inauguration, à janvier 1954. Gérard Laurence, « La naissance de la télévision au Québec, 1949-1953 », *Communication et information*, vol. 2, n° 3, 1979, p. 55-60; Jean-Pierre Desaulniers, « Television and Nationalism : From Culture to Communication », dans Phillip Drummond et Richard Paterson (dir.), *Television in Transition*, London, BFI Books,

1986, p. 112-122; Pierre Laporte, « La "justice pour les deux parties" à la télévision », *Le Devoir*, 29 mai 1953, p. 1; André Laurendeau, « Sur la télévision et les Canadiens français », *Le Devoir*, 13-14-15 juin 1956, p. 1.

26   Raboy, *Occasions ratées*, p. 98-103.

27   Michel Roy, « La grève des réalisateurs de Radio-Canada », *Relations industrielles*, vol. 14, n° 2, avril 1959, p. 276; Frank W. Peers, *The Public Eye : Television and the Politics of Canadian Broadcasting, 1952-1968*, Toronto, University of Toronto Press, 1979, p. 181-193.

28   En 1968, le gouvernement fédéral adopta une nouvelle loi sur la radiodiffusion, dans laquelle le mandat de Radio-Canada fut clairement défini comme devant soutenir l'unité nationale. Raboy, *Occasions ratées*, p. 277-282.

29   Raboy, Occasions ratées, p. 335-349.

30   Claude Marsolais, « Le référendum et les médias : le "mea culpa" de Radio-Canada », *Bulletin d'histoire politique*, vol. 4, n° 3, printemps 1996, p. 19-22; « The Media and Constitutional Reform in Canada », dans David E. Smith et coll. (dir.), *After Meech Lake : Lessons for the Future*, Saskatoon, Fifth House Publishers, 1991, p. 147-203.

31   Esther Désilets, « Le canal d'information unilingue anglais : les francophones s'avoueraient-ils vaincus ? », *Le Devoir*, 7 janvier 1988.

32   Le conflit fut amorcé en 1929 avec la décision du gouvernement du Québec de contester la compétence fédérale en matière de radiodiffusion mais fut interrompu par la décision du Conseil privé de Londres en faveur d'Ottawa. Il reprit de plus belle dans les années 1960, avec l'ouverture de Radio-Québec en 1968 et la création du ministère des Communications du Québec en 1969. Alain Laramée, « Le dossier des communications au Québec : historique des relations entre Québec et Ottawa », *L'action nationale*,

vol. 81, n⁰ 9, novembre 1991, p. 1165-
1183; Marc Raboy, « Vers une politique
québécoise de télévision : les leçons de
l'histoire », *L'action nationale*, vol. 81, n⁰ 9,
novembre 1991, p. 1313-1325.

La Commission royale d'enquête sur le bilinguisme et le biculturalisme (1963 - 1970)

1   Lester B. Pearson, *Mike : The Memoirs of the
     Right Honourable Lester B. Pearson*, Toronto,
     University of Toronto Press, 1975,
     p. 23.[Traduction]

2   Cité par Pearson, *Mike*, p. 67-69
     [Traduction]. Ce discours avait été préparé
     par Maurice Lamontagne.

3   L'idée d'instituer une commission d'enquête
     sur cette question fut lancée par Laurendeau
     dans un éditorial publié dans le quotidien
     Le Devoir en janvier 1962 et intitulé « Pour
     une enquête sur le bilinguisme ».

4   Canada, Commission royale d'enquête sur
     le bilinguisme et le biculturalisme, *Rapport
     préliminaire*, Ottawa, Imprimeur de la
     Reine, 1965, appendice 1, p. 143.

5   Canada, Commission royale d'enquête sur
     le bilinguisme et le biculturalisme, *Rapport
     préliminaire*, p. 5.

6   Canada, Commission royale d'enquête sur
     le bilinguisme et le biculturalisme, *Rapport
     préliminaire*, p. 101, 102-103, 110.

7   Denis Monière, *André Laurendeau et le destin
     d'un peuple*, Montréal, Québec/Amérique,
     1983, p. 324-325. Trudeau n'a pas signé la
     critique de *Cité libre*, mais Marc Lalonde a
     confirmé sa participation à la rédaction du
     document. Voir Robert Bothwell, *Canada
     and Quebec : One Country, Two Histories*,
     Vancouver, University of British Columbia
     Press, 1995, p. 125.

8   Cité par Paul Lacoste dans l'introduction à
     André Laurendeau, *Journal tenu pendant la
     Commission royale d'enquête sur le bilinguisme et
     le biculturalisme*, Outremont, VLB, 1990, p. 39.

9   René Lévesque, *Option Québec*, Montréal,
     Éditions de L'Homme, 1968, p. 115.

10   À la Conférence constitutionnelle de février
     1968, Johnson cita abondamment l'intro-
     duction du premier volume du rapport final
     de la Commission, les fameuses « pages
     bleues », pour soutenir ce qu'il appelait « la
     dimension politique de l'égalité culturelle ».
     Voir *Constitutional Conference Proceedings*,
     5-7 février 1968, p. 62.

11   Guy Rocher, « Le Canada : un pays à
     rebâtir ? », *Revue canadienne de sociologie et
     d'anthropologie*, vol. 6, n⁰ 2, 1969, p. 124.

12   Canada, Commission royale d'enquête sur
     le bilinguisme et le biculturalisme, *Rapport
     préliminaire*, p. 117. Les audiences
     régionales firent perdre à Laurendeau ses
     illusions. À ce propos, il écrivait : « Un
     séparatiste qui vivrait notre expérience
     actuelle en sortirait encore beaucoup plus
     convaincu. Un jeune nationaliste serait cer-
     tainement tenté par le séparatisme. »
     Laurendeau, *Journal tenu pendant la
     Commission royale d'enquête sur le bilinguisme
     et le biculturalisme*, p. 67.

13   Laurendeau, *Journal tenu pendant la
     Commission royale d'enquête sur le bilinguisme
     et le biculturalisme*, p. 70.

14   Cité par Peter Stursberg, *Lester Pearson and
     the Dream of Unity*, Toronto, Doubleday
     Canada, 1978, p. 149. [Traduction]

15   Voir Canada, Commission royale d'enquête
     sur le bilinguisme et le biculturalisme,
     Rapport préliminaire, p. 118. Le commissaire
     Neil Morrison se souvient de cet épisode :
     > Je revois, comme si j'y étais, la
     > rencontre avec les représentants
     > des « autres groupes ethniques »
     > au nord de Winnipeg, ma ville
     > natale : j'étais tellement en
     > colère et gêné devant les
     > attaques contre André
     > Laurendeau et les Canadiens
     > français que j'allais quitter la
     > salle lorsque Dave Dunton,
     > beaucoup plus calme et
     > rationnel que moi, m'a persuadé
     > de n'en rien faire.

     Neil Morrison, « Bilinguisme et bicultura-
     lisme », dans Robert Comeau et Lucille

Beaudry (dir.), *André Laurendeau : un intellectuel d'ici*, Sillery, Presses de l'Université du Québec, 1990, p. 215.

16   Laurendeau, *Journal tenu pendant la Commission royale d'enquête sur le bilinguisme et le biculturalisme*, 21 janvier 1964, p. 52. Dans le *Rapport préliminaire*, les commissaires notent que les gens de l'Ouest préféraient la vision multiculturelle, celle de la mosaïque, et insistaient sur la présence d'une « troisième force », composée de Canadiens d'autres origines ethniques.

17   Canada, Commission royale d'enquête sur le bilinguisme et le biculturalisme, *Rapport préliminaire*, p. 52.

18   John Porter, « Bilingualism and the Myths of Culture », *Revue canadienne de sociologie et d'anthropologie*, vol. 6, n° 2, 1969, p. 116. [Traduction]

19   *Débats de la Chambre des communes*, 17 octobre 1968, p. 1487.

20   Kenneth McRoberts, « Les perceptions canadiennes-anglaises du Québec », dans Alain-G. Gagnon (dir.), *Québec : État et société*, Montréal, Québec/Amérique, 1994, p. 114-115. Voir aussi Michael Oliver, « The Impact of the Royal Commission on Bilingualism and Biculturalism on Constitutional Thought and Practice in Canada », *Revue internationale d'études canadiennes*, vol. 7-8, printemps-automne 1993, p. 323.

21   Voir dans le présent ouvrage les articles intitulés « La politique fédérale du multiculturalisme » et « La loi sur les langues officielles ».

Le drapeau canadien (1965)

1   George F. G. Stanley, *The Story of Canada's Flag : A Historical Sketch*, Toronto, Ryerson Press, 1965, p. 35. [Traduction]

2   Canada, Ministère du Patrimoine canadien, Direction de l'identité canadienne, *Le drapeau national du Canada : un profil*, Ottawa, Approvisionnements et Services Canada,

1995, p. 10. Le « Red Ensign » a été créé en 1707 comme drapeau de la Marine marchande britannique. De 1870 à 1965, différents modèles du « Canadian Red Ensign » furent utilisés, au même titre que l' « Union Jack ».

3   Blair Fraser, *The Search for Identity : Canada, 1945-1967*, Toronto, Doubleday Canada, 1967, p. 238-239.

4   Ce comité était composé de 15 membres : sept libéraux, cinq conservateurs, un néodémocrate, un créditiste et un député du Crédit social. Voir Stanley, *The Story of Canada's Flag*, p. 67.

5   Ratifiée par 152 voix contre 85, la motion fut soutenue par 12 créditistes, sept députés du Crédit social et quatre conservateurs. Outre 73 conservateurs, neuf néo-démocrates, deux députés du Crédit social et un libéral se prononcèrent contre la motion.

6   Léon Balcer, *Léon Balcer raconte*, Sillery, Septentrion, 1988, p. 131.

7   Claude Ryan, « Le drapeau du Canada », *Le Devoir*, 16 février 1965, p. 4.

8   « Lesage : le Canada passe de l'adolescence à l'âge adulte », *Le Devoir*, 16 février 1965, p. 1.

9   « Lesage : le Canada passe de l'adolescence à l'âge adulte ».

10   Stanley, *The Story of Canada's Flag*, p. 64.

11   John G. Diefenbaker, *One Canada — Memoirs of the Right Honourable John G. Diefenbaker : The Tumultuous Years, 1962-1967*, Toronto, Macmillan of Canada, 1977, p. 223. [Traduction]

12   « With Responsible Haste », *The Globe and Mail*, 16 février 1965, p. 6.

13   Fraser, *The Search for Identity*, p. 243. [Traduction]

14   J. M. Bumsted, *The Peoples of Canada : A Post-Confederation History*, Oxford, Oxford University Press, 1992, p. 327. [Traduction]

15   Hugh Winsor, « Ottawa Warned Against Promoting Maple Leaf », *The Globe and Mail*, 25 septembre 1996, p. A7.

16   Winsor, « Ottawa Warned Against
      Promoting Maple Leaf ».

La Loi sur les langues officielles (1969)

1   Maurice Héroux, *Historique du Commissariat
      aux langues officielles, 1970-1991*, Ottawa,
      Commissariat aux langues officielles, édi-
      tion revue et corrigée, juin 1991, p. 1.
2   L'article 133 de l'Acte de l'Amérique du
      Nord britannique stipule que l'anglais ou le
      français peuvent être utilisés au Parlement
      fédéral et à l'Assemblée législative du
      Québec et que les registres ainsi que les
      procès-verbaux de ces deux parlements,
      tout comme les lois qu'ils promulguent,
      doivent être rédigés dans les deux langues.
      L'utilisation des deux langues est aussi
      autorisée devant les tribunaux fédéraux
      et québécois.
3   Commissariat aux langues officielles, *Nos
      deux langues officielles au fil des ans*, édition
      revue et corrigée, mai 1994, p. 3-10. Le
      bilinguisme sur les chèques d'allocations
      familiales fut d'abord introduit au Québec
      en 1945. Il fut étendu à tout le territoire
      canadien en 1962.
4   W. Seymour Wilson, « Language Policy »,
      dans G. Bruce Doern et W. Seymour Wilson
      (dir.), *Issues in Canadian Public Policy*,
      Toronto, Macmillan of Canada, 1974,
      p. 256, 259 [Traduction], Kenneth
      McRoberts, « Les perceptions canadiennes-
      anglaises du Québec », dans Alain-G.
      Gagnon (dir.), *Québec : État et société*,
      Montréal, Québec/Amérique, 1994, p. 109;
      Paul-André Linteau et coll., *Histoire du
      Québec contemporain 1 : De la Confédération
      à la crise (1867-1929)*, Montréal, Boréal,
      1989, p. 600.
5   Eric Waddell, « L'État, la langue et la
      société : les vicissitudes du français au
      Québec et au Canada », dans Alan C. Cairns
      et Cynthia Williams (dir.), *Les dimensions

politique du sexe, de l'ethnie et de la langue au
Canada*, Ottawa, Commission royale sur
l'avenir économique et les perspectives de
développement du Canada, 1986, p. 94.
6   Commissariat aux langues officielles, *Nos
      deux langues officielles au fil des ans*, p. 15-16.
7   Linteau et coll., *Histoire du Québec contem-
      porain*, p. 69.
8   Renaude Lapointe, « Les Canadiens devien-
      nent adultes », *La Presse*, 9 juillet 1969, p. 4.
9   Jean-François Cardin et Claude Couture,
      Histoire du Canada : espace et différences,
      Sainte-Foy, Presses de l'Université Laval,
      1996, p. 180.
10   Jacques P. Couturier, en collaboration avec
      Wendy Johnston et Réjean Ouellette, *Un
      passé composé : le Canada de 1850 à nos jours*,
      Moncton, Éditions d'Acadie, 1996, p. 333.
11   En 1974, le gouvernement libéral de Robert
      Bourassa adoptait la Loi sur la langue offi-
      cielle (loi 22), qui faisait du français la
      langue officielle de la province. Voir, dans
      cet ouvrage, l'article sur « Les lois linguis-
      tiques québécoises ».
12   Waddell, « L'État, la langue et la société »,
      p. 88; voir aussi Milton J. Esman, « The
      Politics of Official Bilingualism in
      Canada », *Political Science Quarterly*, vol.
      97, n° 2, été 1982, p. 246.
13   Charles Castonguay, « Chrétien, Durham,
      même combat », *Le Devoir*, 22 août 1996,
      p. A7.
14   Pierre Fournier, *Autopsie du lac Meech : la
      souveraineté est-elle inévitable ?*, Montréal,
      VLB, 1990, p. 158-159.
15   Voir, dans le présent ouvrage, l'article con-
      sacré à « La création de Radio-Canada ». Sur
      la décision d'imprimer des billets de banque
      bilingues, voir *Débats de la Chambre des com-
      munes*, 1936. Sur la situation du français
      dans les forces armées, voir Jean Pariseau et
      Serge Bernier, *Les Canadiens français et le
      bilinguisme dans les Forces armées canadiennes,
      tome I : 1763-1969 — Le spectre d'une armée
      bicéphale*, Ottawa, Service historique de la
      Défense nationale, 1987.

16 Voir Waddell, « L'État, la langue et la
    société », p. 86-87; et dans le présent
    ouvrage, l'article sur « Les droits des
    minorités francophones ».
17 Wilson, « Language Policy », p. 255.
18 Kenneth McRoberts, *Misconceiving Canada :
    The Struggle for National Unity*, Oxford,
    Oxford University Press, 1997, p. 80. Au
    début des années 1960, la commission
    Glassco recommandait encore que des
    efforts particuliers soient faits pour aug-
    menter le bilinguisme au sein de la fonction
    publique. Wilson, « Language Policy »,
    p. 260. Voir aussi Émile Gosselin,
    « L'administration publique dans un pays
    bilingue et biculturel », *Administration
    publique du Canada*, vol. VI, n° 4, décembre
    1963, p. 407-433.
19 Esman, « The Politics of Official Bilingualism
    in Canada », p. 248. [Traduction]
20 McRoberts, « Les perceptions canadiennes-
    anglaises du Québec », p. 120.
21 Cliff Downey (Battle River), *Débats de la
    Chambre des communes*, 21 mai 1969,
    p. 8918; H. A. Moore, *Débats de la Chambre
    des communes*, 27 mai 1969, p. 9104. Voir
    aussi J. T. Thorson, *Wanted : A Single
    Canada*, Toronto, McClelland and Stewart,
    1973, p. 123-134.
22 Downey, *Débats de la Chambre des communes*.
23 Michael O'Keefe, *Analyse des attitudes des
    anglophones à l'égard des politiques en matière
    de langues officielles*, Ottawa, Commissariat
    aux langues officielles, 1990, p. 10-11. En
    1993, Scott Reid écrivait :
        Adopté pour redresser des torts
        passés, [le bilinguisme] a créé de
        nouvelles injustices. Destiné à
        contribuer à la création d'une
        nouvelle identité nationale qui
        pût rallier tous les Canadiens, il
        est plutôt devenu symbole de
        régionalisme, d'élitisme et de
        division.
    Scott Reid, *Lament for a Nation : The Life
    and Death of Canada's Bilingual Dream*,
    Vancouver, Arsenal Pulp Press, 1993,
    p. 251. [Traduction]
24 McRoberts, *Misconceiving Canada*, p. 113;

    O'Keefe, *Analyse des attitudes des anglo-
    phones*, p. 8.
25 Lors du recensement de 1971, les fran-
    cophones ne constituaient que 1,7 p. 100
    de la population en Saskatchewan,
    1,4 p. 100 en Alberta et 0,5 p. 100 en
    Colombie-Britannique. Ils représentaient
    31,4 p. 100 de la population au Nouveau-
    Brunswick et 4,6 p. 100 en Ontario.
    McRoberts, *Misconceiving Canada*, p. 86.
26 Jean-Louis Roy, *Le choix d'un pays : le débat
    constitutionnel Québec-Canada*, Montréal,
    Leméac, 1978, p. 170.
27 Davidson Dunton, « Majority Must Bend to
    Québec », dans S. D. Berkowitz et R. K.
    Logan (dir.), *Canada's Third Option*, Toronto,
    Macmillan of Canada, 1978, p. 96.
28 Sur la réponse des provinces, voir
    McRoberts, *Misconceiving Canada*, p. 95-97;
    et Esman, « The Politics of Official
    Bilingualism in Canada », p. 237.
29 Esman, « The Politics of Official
    Bilingualism in Canada », p. 243.
30 Cité dans Lewis Seale, « Language Bill's
    Loss is Separatist Gain, Fournier
    Contends », *The Globe and Mail*, 9 juillet
    1969, p. 3. [Traduction]
31 *Débats de la Chambre des communes*,
    17 octobre 1968, p. 1484 (pour la déclara-
    tion de M. Trudeau) et p. 1486 (pour celle
    de M. Lewis).
32 Lorne Nystrom, *Débats de la Chambre des
    communes*, 23 mai 1969, p. 9010.
33 Pour des exemples de réactions négatives
    suscitées par cette politique, voir Sam
    Allison, *French Power : The Francization of
    Canada*, Richmond Hill, BMG, 1978; J. B.
    Andrew, *Bilingual Today, French Tomorrow :
    Trudeau's Master Plan and How it Can Be
    Stopped*, Richmond Hill, BMG, 1977.
34 O'Keefe, *Analyse des attitudes des anglo-
    phones*. Les programmes d'immersion en
    français ont vu leurs effectifs passer de
    37 835 en 1977-1978 à 313 084 en
    1995-1996. Commissaire aux langues
    officielles, *Rapport annuel 1995*, Ottawa,

Approvisionnements et Services Canada, 1996, tableau V.1, p. 108. En 1977, l'association *Canadian Parents for French* était créée.

35 Héroux, *Historique du Commissariat aux langues officielles*, p. 27.

36 Les francophones occupent aujourd'hui, dans la fonction publique fédérale, une place qui est plus conforme à leur poids démographique. Ce changement est visible non seulement dans le nombre de postes occupés (28 p. 100), mais aussi, dans une moindre mesure, dans le prestige et l'importance des emplois occupés. Commissaire aux langues officielles, *Rapport annuel 1995*, p. 2-3. Pour une analyse critique, voir Michel Sarra-Bournet, « "French power, Québec power" : la place des francophones québécois à Ottawa », dans François Rocher (dir.), *Bilan québécois du fédéralisme canadien*, Montréal, VLB, 1992, p. 199-225.

37 Une vérification effectuée par le Commissariat aux langues officielles en 1994 a révélé que les services sont offerts dans les deux langues dans 98,8 p. 100 des points de service bilingues du Québec et dans 72 p. 100 de ceux du reste du Canada. Commissaire aux langues officielles, *Rapport annuel 1995*, p. 2.

38 Le Commissaire aux langues officielles écrit à ce propos :
> [...] il est juste de dire que l'instruction dans la langue des communautés minoritaires est maintenant davantage disponible dans toutes les provinces et les deux territoires et que plus de la moitié de celles-ci ont adopté des lois sur l'éducation qui satisfont entièrement aux exigences [de l'article 23] de la Charte [canadienne des droits et libertés].

Commissaire aux langues officielles, *Rapport annuel 1995*, p. 6.

39 Commissaire aux langues officielles, *Rapport annuel 1995*, p. 1.

40 Charles Castonguay, « Vérité et mensonge sur la langue », *Le Devoir*, 1er avril 1996,

p. A7; McRoberts, *Misconceiving Canada*, p. 103-106.

41 Les anglophones bilingues hors Québec représentaient 5 p. 100 de la population en 1981. Ce chiffre atteignait 6,4 p. 100 en 1991, et 7 p. 100 en 1996. Toutefois, 62 p. 100 des Anglo-Québécois étaient bilingues d'après le recensement de 1996. Chez les Québécois francophones, le taux de bilinguisme est passé de 28,7 p. 100 à 31,5 p. 100 entre 1981 et 1991; il atteignait 34 p. 100 au recensement de 1996. Les francophones hors Québec étaient bilingues dans une proportion de 81,1 p. 100 en 1991, et de 84 p. 100 en 1996. McRoberts, *Misconceiving Canada*, p. 108; Chantal Hébert, « Le bilinguisme qui s'essouffle », *La Presse*, 4 décembre 1997, p. B7.

42 Un sondage Multi-réso/*Le Devoir*, réalisé en avril 1991, rapporte que 53 p. 100 des répondants se disaient Québécois d'abord, 23 p. 100 Canadiens français, et 19 p. 100 Canadiens. Édouard Cloutier, « L'opinion politique québécoise en 1990-1991 », dans Denis Monière (dir.), *L'année politique au Québec 1991*, Montréal, Québec/Amérique, 1992, p. 230. Pour des données plus récentes confirmant cette tendance, voir Antoine Robitaille, « L'insondable âme américaine des Québécois », *Le Devoir*, 9 mai 1998, p. A4. Néanmoins, un grand nombre de Québécois ressentent aussi un attachement (modéré ou fort) au Canada, comme le révèle un sondage effectué en avril 1998; ce sentiment reste toutefois beaucoup moins répandu que dans le reste du Canada (54 p. 100 des répondants contre 88 p. 100). Voir Paul Wells, « Sovereignty Star Fading : Poll », *The Gazette*, 2 avril 1998, p. A1.

La politique fédérale du multiculturalisme (1971)

1   Raymond Breton, « Le multiculturalisme et le développement national du Canada », dans Alan Cairns et Cynthia Williams (dir.), *Les dimensions politiques du sexe, de l'ethnie et de la langue au Canada*, vol. 34 de la Commission royale sur l'union économique et les perspectives de développement du Canada, Ottawa, Approvisionnements et Services Canada, 1986, p. 58.

2   *Débats de la Chambre des communes*, 8 octobre 1971, p. 8545.

3   Comité permanent du multiculturalisme, *Multiculturalisme : cimenter la mosaïque canadienne. Rapport du Comité permanent du multiculturalisme*, Ottawa, Approvisionnements et Services Canada, juin 1987.

4   Kenneth McRoberts, *Misconceiving Canada : The Struggle for National Unity*, Oxford, Oxford University Press, 1997, p. 128.

5   Voir Leslie A. Pal, *Interests of State : The Politics of Language, Multiculturalism, and Feminism in Canada*, Montréal, McGill-Queen's University Press, 1993.

6   Daniel Salée, « Espace public, identité et nation au Québec : mythes et méprises du discours souverainiste », *Cahiers de recherche sociologique*, n° 25, 1995, p. 142. En 1991, le rapport de la commission Bélanger-Campeau dénonçait explicitement l'enchâssement du multiculturalisme dans la Charte des droits et libertés pour son rejet de la dualité canadienne. Voir *Rapport de la Commission sur l'avenir politique et constitutionnel du Québec*, Québec, Assemblée nationale, mars 1991, p. 33.

7   McRoberts, *Misconceiving Canada*, p. 135. [Traduction]

8   McRoberts, *Misconceiving Canada*, p. 130.

9   Voir le mémoire de Micheline Labelle soumis à la commission Bélanger-Campeau et intitulé : « Politique d'immigration, politique d'intégration : Identité du Québec », dans Commission sur l'avenir politique et constitutionnel du Québec, *Les avis des spécialistes invités à répondre aux huit questions posées par la Commission*, document de travail n° 4, Québec, Assemblée nationale, 1991, p. 491-506.

10 Micheline Labelle, François Rocher et Guy Rocher, « Pluriethnicité, citoyenneté et intégration : de la souveraineté pour lever les obstacles et les ambiguïtés », *Cahiers de recherche sociologique*, n° 25, 1995, p. 218.

11 *Au Québec pour bâtir ensemble : énoncé de politique en matière d'immigration et d'intégration*, 1990, cité dans Labelle, Rocher et Rocher, « Pluriethnicité, citoyenneté et intégration », p. 224.

12 Voir Breton, « Le multiculturalisme et le développement national du Canada », p. 55.

13 Pal, *Interests of State*, p. 128.

14 D'après les sociologues Jeffrey Reitz et Raymond Breton, du point de vue des immigrants, les résultats de la politique canadienne de multiculturalisme ne sont pas si différents de ceux de la politique américaine, contrairement à ce que laisse croire l'utilisation des concepts de « mosaïque » canadienne et de « melting pot » américain. Voir Jeffrey G. Reitz et Raymond Breton, *The Illusion of Difference*, Toronto, Institut C.D. Howe, 1994.

15 Voir Yasmeen Abu-Laban et Daiva Stasiulis, « Ethnic Pluralism under Siege : Popular and Partisan Opposition to Multiculturalism », *Analyse de politiques*, vol. 18, n° 4, 1992, p. 365-386; Gina Mallet, « Multiculturalism : Has Diversity Gone too Far ? », *The Globe and Mail*, 15 mars 1997, p. D1.

16 Forum des citoyens sur l'avenir du Canada, *Rapport à la population et au gouvernement du Canada*, Ottawa, Approvisionnements et Services Canada, p. 144.

17 Voir Patricia E. Roy, « The Fifth Force : Multiculturalism and the English Canadian Identity », *Annals of the American Academy of Political and Social Science*, n° 538, mars 1995, p. 199-209.

18   Voir Abu-Laban et Stasiulis, « Ethnic Pluralism under Siege », p. 373. En 1989, le Parti réformiste a adopté, en matière de multiculturalisme une plate-forme qui donnait à l'État la responsabilité de promouvoir et de préserver la culture nationale et celle d'encourager les minorités culturelles à s'intégrer à la culture nationale.

19   Cité par Robert Bothwell, *Canada and Quebec : One Country, Two Histories*, Vancouver, University of British Columbia Press, 1995, p. 235.

20   Neil Bissoondath, *Le marché aux illusions*, Montréal, Boréal, 1995, p. 145.

21   À titre d'exemple, voir le discours prononcé par Bohdan Kordan (coprésident) au cours de la 57e conférence annuelle du Congrès ukrainien canadien et intitulé « Multiculturalism, Citizenship and the Canadian Nation », Toronto, 5 avril 1997.

22   Reitz et Breton, *The Illusion of Difference*, p. 127.

23   McRoberts, *Misconceiving Canada*, p. 135. [Traduction]

24   McRoberts, *Misconceiving Canada*, p. 130. Cet argument est repris par Daniel Latouche, *Plaidoyer pour le Québec*, Montréal, Boréal, 1995, p. 200.

Chapitre 4 : Au-delà de la Révolution tranquille

Introduction par John Meisel

1   Canada, Commission royale d'enquête sur le bilinguisme et le biculturalisme, *Rapport préliminaire*, Ottawa, Imprimeur de la Reine, 1965, p. 13.

2   On peut, pareillement, distinguer parmi les Québécois trois tendances idéologiques : premièrement les indépendantistes, deuxièmement les fédéralistes et, troisièmement, un groupe intermédiaire qu'aucune de ces deux options ne satisfait.

3   Denis Smith, *Bleeding Hearts... Bleeding Country : Canada and the Quebec Crisis*, Edmonton, M.G. Hurtig, 1971. De même, l'analyse la plus fouillée des bavures commises par des agents de la GRC au cours de leur enquête sur les activités illégales du mouvement nationaliste québécois fut l'œuvre de Reginald Whitaker, professeur à l'Université York de Toronto. Voir « Canada : The RCMP Scandals », dans Andrei S. Marcovits et Mark Silverstein (dir.), *The Politics of Scandal : Power and Process in Democracies*, New York, Holmes & Meyer, 1988, p. 38-61. Lire aussi, du même auteur mais dans une veine révisionniste, « Apprehended Insurrection ? RCMP Intelligence and the October Crisis », *Queen's Quarterly*, vol. 100, n° 2, été 1993, p. 383-406.

4   Keith Banting et Richard Simeon (dir.), *And no One Cheered : Federalism, Democracy and the Constitution Act*, Toronto, Methuen, 1983. Cette analyse était la troisième d'une série que l'Institut consacrait à l'union canadienne. Les deux premières portaient des titres tout aussi éloquents : *One Country or Two ?* (1972) et *Must Canada Fail ?* (1977).

5   Jean-Luc Pepin et John Robarts (coprésidents), *Se retrouver : observations et recommandations*, Hull, Approvisionnements et Services Canada, 1979.

« Vive le Québec libre ! » (1967)

1   Depuis 1960, le gouvernement du Québec renforçait ses liens avec la France. L'inauguration fastueuse de la Délégation générale du Québec à Paris en 1961 fut suivie par la signature d'une convention concernant les stages de jeunes, puis par celle d'une entente « sur un programme d'échanges et de coopération dans le

domaine de l'éducation ». Puisque le pouvoir de conclure des traités appartenait au seul gouvernement fédéral, les initiatives du gouvernement québécois sur la scène internationale étaient surveillées de très près par Ottawa.

2   Renée Lescop, *Le Pari québécois du général de Gaulle*, Montréal, Boréal Express, 1981, p. 51.

3   Jacques Portes, *Le Canada et le Québec au XXe siècle*, Paris, Armand Colin, 1994, p. 123.

4   Jean-Claude Robert, *Du Canada français au Québec libre : histoire d'un mouvement indépendantiste*, Paris, Flammarion, 1975, p. 251.

5   *Le Temps* (Montréal) 29 juillet 1967, cité dans *De Gaulle au Québec*, Montréal, Éditions Actualité, 1967, p. 83-84.

6   Dale C. Thomson, *De Gaulle et le Québec*, Saint-Laurent, Trécarré, 1990, p. 297.

7   Pierre O'Neill, « Drapeau : notre attachement au Canada sert la vie française », *Le Devoir*, 27 juillet 1967, p. 1.

8   Michel Sarra-Bournet, « De Gaulle et la mémoire collective du Canada anglais », *L'action nationale*, vol. 88, n° 10, décembre 1998, p. 93-95.

9   Cité par Robert Bothwell, *Pearson : His Life and World*, Toronto, McGraw-Hill Ryerson, 1978, p. 202. [Traduction]

10 Cité par Thomson, *De Gaulle et le Québec*, p. 265.

11 « A Time to Go Home », *The Globe and Mail*, 26 juillet 1967, p. 6. [Traduction]

12 Les opinions françaises et internationales concordaient généralement avec ce point de vue. L'historien Jacques Portes se rappelle l'accueil réservé au président à son retour du Canada : « Personne ne comprend vraiment l'initiative du président, beaucoup arguent de son grand âge, d'autres de « l'exercice solitaire du pouvoir ». La plupart déplorent cette ingérence dans les affaires d'un pays ami. » Portes, *Le Canada et le Québec au XXe siècle*, p. 124.

13 Sur ces controverses, voir Charles

Grandmont, « Un timbre du général de Gaulle fait couler beaucoup d'encre : Québec se réjouit, Ottawa refuse de commenter », *La Presse*, 1er mars 1997, p. A30; Gilles Lesage et Gilles Rhéaume, « Qui sont les timbrés ? », *Le Devoir*, 19 mars 1997, p. A1; Josée Legault, « Les apôtres de l'amnésie », *Le Devoir*, 23 juillet 1997, p. A6; Michel Venne, « Guerre des clans pour le général », *Le Devoir*, 24 juillet 1997, p. A1.

14 Pierre O'Neill, « De Gaulle n'a plus la cote », *Le Devoir*, 21 novembre 1997, p. A1.

La crise d'Octobre (1970)

1   Ce manifeste est reproduit dans Louis Fournier, *FLQ : histoire d'un mouvement clandestin*, Montréal, Québec/Amérique, 1982, p. 306. Le passage suivant illustre bien l'esprit du manifeste :

> Le Front de libération du Québec veut l'indépendance totale des Québécois, réunis dans une société libre et purgée à jamais de sa clique de requins voraces, les « big boss » patronneux et leurs valets qui ont fait du Québec leur chasse gardée du « cheap labour » et de l'exploitation sans scrupule [...].

2   La Loi des mesures de guerre autorisait sans restriction le cabinet fédéral à parer, par décrets ou règlements, à toute situation d'urgence mettant en danger la sécurité publique. En octobre 1970, le Cabinet l'appliqua par décret, sans solliciter l'accord du Parlement. La Loi fut abrogée en 1988, puis remplacée par la Loi sur les mesures d'urgence, qui autorise elle aussi la restriction des libertés civiles. Voir Peter Hogg, *Constitutional Law of Canada*, 4e éd., Scarborough, Carswell, 1996, p. 706.

3   Denis Smith, *Bleeding Hearts, Bleeding Country : Canada and the Quebec Crisis*, Edmonton, M.G. Hurtig, 1971, p. 42, 47. [Traduction]

4   Germain Dion, *Une tornade de 60 jours : la crise*

d'Octobre 1970 à la Chambre des communes, Hull, Éditions Asticou, 1985, p. 175-176.

5 John Saywell, *Quebec 70 : A Documentary Narrative*, Toronto, University of Toronto Press, 1971, p. 118.

6 Cité par Robert Bothwell, *Canada and Quebec : One Country, Two Histories*, Vancouver, University of British Columbia Press, 1995, p. 129. [Traduction]

7 Fournier, *FLQ*, p. 314.

8 Cette déclaration devint le sujet d'une controverse lorsque, à Ottawa, on prêta au FLQ l'intention de renverser le gouvernement Bourassa. Ryan réfuta cette allégation dans un éditorial du 30 octobre 1970, intitulé « Un complot qui n'a jamais existé ». Voir Claude Ryan, *Le Devoir et la crise d'Octobre 70*, Montréal, Leméac, 1971, p. 113-118.

9 Cité dans Ryan, *Le Devoir et la crise d'Octobre 70*, p. 59. Voir aussi Guy Lachapelle, « The Editorial Position of Le Devoir », *Québec Studies*, n⁰ 11, 1990/1991, p. 3. Le 13 novembre 1970, le ministre québécois de la Justice, Jérôme Choquette, soutenait que, à l'exception du *Devoir* et de « quelque obscur journal algérien », tous les journaux du monde avaient approuvé les actions des gouvernements québécois et canadien.

10 Tiré de l'éditorial de Claude Ryan du 17 octobre 1970, « Les mesures de guerre : trois questions » et cité dans Ryan, *Le Devoir et la crise d'octobre 70*, p. 58.

11 Voir Michel Bellavance et Marcel Gilbert, *L'opinion publique et la crise d'Octobre*, Montréal, Éditions du Jour, 1971, p. 47. Un sondage a permis de relever les impressions suivantes : d'une part, 74 p. 100 des répondants déclaraient ne pas s'être sentis directement menacés par le FLQ durant la crise; d'autre part, ceux qui s'étaient sentis menacés par les forces de sécurité (34 p. 100) dépassaient en nombre ceux qui s'étaient sentis menacés par le FLQ (22 p. 100); voir Bellavance et Gilbert, *L'opinion publique et la*

crise d'Octobre, p. 63, 67.

12 Le *Globe and Mail*, de Toronto, écrivait le 30 avril 1970 : « Le Canada nous apparaît aujourd'hui comme un pays magnifique, [car] la province de Québec, bien vivante, en fait bel et bien partie. » Cité par Saywell, *Québec 70*, p. 22. [Traduction]

13 Cité par Smith, *Bleeding Hearts, Bleeding Country*, p. 33. [Traduction]

14 Saywell, *Quebec 70*, p. 94.

15 Saywell, *Quebec 70*, p. 91 [Traduction]. D'autres défenseurs des libertés publiques, comme J. C. McRuer et Frank Scott, considéraient toutefois la Loi des mesures de guerre comme un « mal nécessaire ». Il est également intéressant de noter que l'Association canadienne des libertés civiles attendit le 10 décembre — alors que la thèse de l'« insurrection appréhendée » avait perdu de sa crédibilité — pour réclamer qu'une commission royale fît enquête sur les actions du gouvernement. Voir Saywell, *Quebec 70*, p. 128.

16 « The End of Innocence », *Maclean's*, 15 octobre 1990, p. 27. [Traduction]

17 Ryan, *Le Devoir et la crise d'Octobre 70*, p. 17. Voir aussi Reg Whitaker, « Insurrection ? RCMP Intelligence and the October Crisis », *Queen's Quarterly*, vol. 100, n⁰ 2, été 1993, p. 383-406.

18 Louis Fournier parle de la mort de Laporte comme « en quelque sorte, la réponse du FLQ au refus de négocier des autorités ». Voir Fournier, *FLQ*, p. 351.

19 Voir Whitaker, « Insurrection ? RCMP Intelligence and the October Crisis », p. 401. L'auteur cite Joseph Ferraris, employé de longue date du Service de sécurité, selon qui l'application de la Loi des mesures de guerre « a retardé de deux ou trois semaines, d'un mois peut-être, la libération de M. Cross ».

20 Voir Whitaker, « Insurrection ? RCMP Intelligence and the October Crisis », p. 385. Parmi ces actes, on relève l'incendie d'une grange, le vol de dynamite, l'interception de correspondance, ainsi que le vol de

la liste des membres du PQ. Voir Richard
French et André Béliveau, *La GRC et la gestion de la sécurité nationale*, Montréal,
Institut de recherche en politiques
publiques, 1979, p. 1.

21 Cette explication, d'abord proposée par
Smith dans *Bleeding Hearts, Bleeding Country*,
a été reprise plus récemment par Whitaker
dans « Insurrection ? RCMP Intelligence and
the October Crisis », p. 404.

22 John F. Conway, *Des comptes à rendre : le
Canada et le Québec, de la Conquête à
l'Accord de Charlottetown*, Montréal, VLB
Éditeur, 1995, p. 131.

La Charte de Victoria (1971)

1 Donald V. Smiley, *Canada in Question :
Federalism in the Seventies*, Toronto,
McGraw Hill Ryerson, 1976, p. 43-44.

2 Voir *Conférence constitutionnelle : délibérations*, Victoria, 14 juin 1971, Ottawa,
Information Canada, 1971, annexe B,
part. IX. La formule de Victoria exigeait
le consentement des assemblées législatives d'une majorité des provinces. Cette
majorité devait comprendre, 1. l'appui de
toute province qui aurait compté, à
quelque moment que ce soit, au moins
25 p. 100 de la population du pays (soit
l'Ontario et le Québec); 2. l'appui d'au
moins deux provinces de la région de
l'Atlantique; et 3. l'appui d'au moins
deux provinces de l'Ouest réunissant,
ensemble, au moins 50 p. 100 de la population totale de cette région. Voir James
Ross Hurley, *La modification de la
Constitution du Canada : historique, processus, problèmes et perspectives d'avenir*,
Ottawa, Approvisionnements et Services
Canada, 1996, p. 33-40 et annexe 3,
p. 199.

3 Gouvernement du Québec, *Les positions traditionnelles du Québec en matière constitutionnelle, 1936-1990*, document de travail,

Secrétariat aux Affaires intergouvernementales canadiennes, novembre 1991, p. 30.

4 Un document déposé par le gouvernement
du Québec à la Conférence de février 1968
explique que la présence de deux gouvernements dans le domaine social empêche
« une planification efficace de la sécurité
sociale, permet la contradiction entre les
divers programmes et mène au double
emploi administratif et au gaspillage ». Cité
par Jean-Louis Roy, *Le choix d'un pays : le
débat Québec-Canada, 1960-1976*, Montréal,
Leméac, 1978, p. 200.

5 Robert Bothwell, *Canada and Quebec : One
Country, Two Histories*, Vancouver, University
of British Columbia Press, 1995, p. 134.
[Traduction]

6 Au sujet de l'influence du rapport
Castonguay-Nepveu sur les positions du
Québec dans les négociations de Victoria,
voir le mémoire adressé au premier ministre Trudeau par Gordon Robertson,
greffier du Conseil privé, « Le mémorandum du 4 février 1971 », reproduit dans *Le
Devoir*, 24 octobre 1991, p. B10.

7 Robert Bourassa, *Gouverner le Québec*,
Montréal, Fides, 1995, p. 128.

8 Gérard Boismenu et François Rocher, « Une
réforme constitutionnelle qui s'impose »,
dans Yves Bélanger, Dorval Brunelle et coll.,
*L'ère des libéraux : le pouvoir fédéral, de 1963
à 1984*, Sillery, Presses de l'Université du
Québec, 1988, p. 91.

9 Roy, *Le choix d'un pays*, p. 269.

10 Tiré d'un éditorial de *The Gazette*, 19 juin
1971, et cité par Roy, *Le choix d'un pays*,
p. 271.

11 Voir Roy, *Le choix d'un pays*, p. 182. Voir
aussi Boismenu et Rocher, « Une réforme
constitutionnelle qui s'impose », p. 87.

12 Richard Simeon et Ian Robinson, *L'État, la
société et l'évolution du fédéralisme canadien*,
Ottawa, Commission royale sur l'union
économique et les perspectives de
développement du Canada, 1990, p. 225.

13 Roy, *Le choix d'un pays*, p. 268.

14 Roy, *Le choix d'un pays*, p. 184.
15 Voir l'allocution du premier ministre Strom
    à la Conférence de Victoria, dans *Conférence constitutionnelle : délibérations*, p. 42.
16 John Saywell (dir.), *Canadian Annual Review of Politic and Public Affairs, 1971*, Toronto, University of Toronto Press, 1972, p. 60. Après que le Québec eut rejeté la Charte, le gouvernement nouvellement élu de la Saskatchewan ne prit pour sa part aucune décision pour l'adopter ou la rejeter.
17 Roy, *Le choix d'un pays*, p. 267.
18 « No Victoria Charter and no More Yielding », *The Globe and Mail*, 24 juin 1971, p. 6. Voir aussi « Bourassa's 'no' is Ominous for Canada », *Toronto Star*, 23 juin 1971, p. 6.
19 Roy, *Le choix d'un pays*, p. 268.
20 Roy, *Le choix d'un pays*, p. 53, 273. En refusant de se prononcer sur la Charte sans consulter son gouvernement, Bourassa se gardait une marge de manœuvre, mais on avait partout l'impression que, pour l'essentiel, il avait approuvé le contenu de l'entente. Lire à ce sujet les souvenirs de Gordon Robertson, dans Bothwell, *Canada and Quebec*, p. 134. Dans ses mémoires, cependant, Bourassa nie carrément avoir donné son accord. Voir Bourassa, *Gouverner le Québec*, p. 92.
21 Voir, par exemple, les souvenirs de Claude E. Forget et de Gérald A. Beaudoin, relatés dans Bothwell, *Canada and Quebec*, p. 134-135.

Les lois linguistiques québécoises (1969 - 1994)

1 Voir Marc Levine, *La reconquête de Montréal*, Montréal, VLB, 1997, chap. 3.
2 Paul-André Linteau et coll., *Histoire du Québec contemporain, tome 2 : Le Québec depuis 1930*, Montréal, Boréal, 1986, p. 547. À ses débuts, l'Office s'employait surtout à promouvoir l'usage correct de la

langue et à en mettre à jour la terminologie.
3 Cité par Alain-G. Gagnon et Mary Beth Montcalm, *Québec : au-delà de la Révolution tranquille*, Montréal, VLB, 1992, p. 254.
4 Au sujet de cette période, voir Levine, *La reconquête de Montréal*, p. 125-137.
5 Voir Jean-Denis Gendron (président), *Rapport de la Commission d'enquête sur la situation de la langue française et sur les droits linguistiques au Québec, tome I : Les droits linguistiques*, Québec, Gouvernement du Québec, 1972, p. 305. On préconisait aussi l'adoption d'une loi linguistique visant, entre autres, à assurer la prédominance du français comme langue publique sur les enseignes, les panneaux d'affichage, les étiquettes, etc. (sans bannir l'usage de l'anglais ou de quelque autre langue) et à « proclamer le droit du client francophone, dans les activités de consommation se déroulant dans le secteur privé, d'être servi dans sa langue partout au Québec » (tout en reconnaissant son droit d'être servi en anglais).
6 Levine, *La reconquête de Montréal*, p. 163.
7 William D. Coleman, « From Bill 22 to Bill 101 : The Politics of Language under the Parti Québécois », *Revue canadienne de science politique*, vol. 14, n⁰ 3, septembre 1981, p. 467. Kenneth McRoberts a fait observer que ce détail technique, que l'on pourrait croire de nature à ouvrir effectivement l'accès à l'enseignement, avait en réalité pour but de diriger vers le réseau scolaire francophone les enfants des immigrants non anglophones; voir Kenneth McRoberts, *Quebec : Social Change and Political Crisis*, 3ᵉ éd., Toronto, McClelland and Stewart, 1988, p. 228.
8 Tiré du préambule de la Charte de la langue française, tel que cité par Michel Plourde, *La politique linguistique du Québec, 1977-1987*, Québec, Institut québécois de recherche sur la culture, 1988, p. 22. On lira une comparaison entre la Loi sur la langue officielle et la Charte de la langue

française, dans Coleman, « From Bill 22 to Bill 101 ».

9   Coleman, « From Bill 22 to Bill 101 », p. 469.

10 Voir « Évolution de la législation linguistique », dans *Le français, langue commune : enjeu de la société québécoise, bilan de la situation de la langue française au Québec en 1995, Rapport du Comité interministériel sur la situation de la langue française*, Québec, Direction des communications du ministère de la Culture et des Communications, 1996, p. 39-42.

11 Par la suite, d'autres plaignants opposés aux mesures québécoises concernant la langue d'affichage soumirent leurs griefs au Comité des Nations Unies sur les droits de la personne. Celui-ci statua que la Charte de la langue française violait l'article 27 du Pacte international relatif aux droits civils et politiques, article qui garantit les droits linguistiques des minorités. Voir Peter W. Hogg, *Constitutional Law of Canada*, 4ᵉ éd., Scarborough, Carswell, 1996, annexe VI, p. 1079.

12 Christian Dufour, *Le défi québécois*, Montréal, L'Hexagone, 1989, p. 96.

13 Voir Plourde, *La politique linguistique du Québec, 1977-1987*, p. 26. Plus récemment, lors du 20ᵉ anniversaire de l'adoption de la loi 101, la ministre québécoise de la Culture, Louise Beaudoin, la considérait comme « une loi de portée constitutionnelle ». Voir Louise Beaudoin, « French Language Charter is Here to Stay », *The Gazette*, 26 août 1997, p. B3.

14 Guy Rocher, « Autour de la langue : crises et débats, espoirs et tremblements », dans Gérard Daigle (dir.), *Le Québec en jeu : comprendre les grands défis*, Montréal, Presses de l'Université de Montréal, 1992, p. 442.

15 Cité par Plourde, *La politique linguistique du Québec*, p. 51. Lors d'un sondage réalisé en 1980, les répondants francophones qui avaient voté Oui au référendum sur la souveraineté-association favorisaient, dans une

proportion variant entre 61 p. 100 et 86 p. 100, le maintien d'une gamme de droits et de services pour les anglophones. Gagnon et Montcalm, *Québec : au-delà de la Révolution tranquille*, p. 269.

16 *Le français langue commune*, p. 15.

17 Voir *Rapport de la Commission sur l'avenir politique et constitutionnel du Québec* (commission Bélanger-Campeau), mars 1991, p. 19.

18 Tiré d'une lettre de René Lévesque à Eric Maldoff, président d'Alliance Québec, 5 novembre 1982; cité par Plourde, *La politique linguistique du Québec*, p. 61.

19 C'est l'opinion de Plourde, dans *La politique linguistique du Québec*, p. 25.

20 Voir Rocher, « Autour de la langue », p. 441.

21 Gagnon et Montcalm, *Québec : au-delà de la Révolution tranquille*, p. 266.

22 Rhéal Séguin, « Poll Backs Current Language Law », *The Globe and Mail*, 23 mars 1996, p. A4.

23 Levine, *The Reconquest of Montreal*, p. 107.

24 « Abandoning Restraint », *The Gazette*, 23 juillet 1974, p. 6. [Traduction]

25 Gary Caldwell, « Le Québec anglais : prélude à la disparition ou au renouveau », dans Daigle (dir.), *Le Québec en jeu*, p. 486. Voir aussi Ronald Rudin, « English-Speaking Québec : The Emergence of a Disillusioned Minority », dans Alain-G. Gagnon (dir.), *Québec : State and Society*, 2ᵉ éd., Scarborough, Nelson, 1993, p. 345. Rudin note que la communauté anglo-québécoise avait derrière elle, en matière d'émigration vers le reste du Canada, une longue tradition qui la préparait à une telle réaction.

26 Gagnon et Montcalm, *Québec : au-delà de la révolution tranquille*, p. 261.

27 Rudin, « English-Speaking Québec », p. 347.

28 *Rapport de la Commission d'enquête sur la situation de la langue française et sur les droits linguistiques au Québec*, tome I, p. 215. Voir aussi SORECOM, « Les mass média, l'attachement

à sa langue et les modèles linguistiques au Québec en 1971 », Étude E17 effectuée pour la commission Gendron, Québec, Éditeur officiel du Québec, 1973, p. 195.

29   Uli Locher, *Les anglophones de Montréal : émigration et évolution des attitudes, 1978-1983*, Québec, Conseil de la langue française, 1988, p. 77.

30   Gary Caldwell a noté que les allophones (Italiens et Portugais, par exemple) sont restés fidèles au Parti libéral du Québec lors des élections de 1989. Voir Caldwell, « Le Québec anglais : prélude à la disparition ou au renouveau », p. 498.

31   Rudin, « English-Speaking Québec ».

32   « Mr. Bourassa: High-Handed and Reckless », *The Globe and Mail*, 1er août 1974, p. 6. [Traduction]

33   Kenneth McRoberts, « English-Canadian Perceptions of Québec », dans Gagnon (dir.), *Québec : State and Society*, p. 127.

34   « Quebec House Passes Controversial Bill 101 », *The Globe and Mail*, 27 août 1977, p. 11.

35   Donald Creighton, « No More Concessions : If Quebec Does Go, Let it Not Be With Impunity », *MacLean's*, vol. 90, n° 13, 1978, p. 24.

36   McRoberts, « English-Canadian Perceptions of Québec », p. 124-125.

37   Cité par Robert Bothwell, *Canada and Québec : One Country, Two Histories*, Vancouver, University of British Columbia Press, 1995, p. 199.

38   C'est ce que soutient, par exemple, l'étude de Patrick Monahan intitulée *Meech Lake : The Inside Story*, Toronto, University of Toronto Press, 1991, p. 253.

39   Voir la Politique gouvernementale relative à l'emploi et à la qualité de la langue française dans l'Administration, adoptée par le Cabinet des ministres du Québec le 12 novembre 1996.

40   Denis Lessard, « Les Québécois partagés en deux blocs sur tous les changements à la Loi 101 », *La Presse*, 2 mars 1996, p. A8.

41   *Le français langue commune*, p. 220.
42   *Le français langue commune*, p. 137.
43   *Le français langue commune*, p. 68-69.

La crise des « gens de l'air » (1976)

1   En 1963, seulement neuf contrôleurs de la circulation aérienne (sur 110), 15 opérateurs radio (sur 135) et 12 techniciens en électronique aéronautique (sur 150) étaient de langue française. Vers le milieu des années 1970, la situation était complètement renversée, puisque, sur les 200 opérateurs radio et les 275 contrôleurs de la circulation aérienne en poste au Québec, « une poignée seulement des premiers et une soixantaine des seconds étaient unilingues anglais ». Sandford Borins, *Le français dans les airs : le conflit du bilinguisme dans le contrôle de la circulation aérienne au Canada*, Montréal, Chenelière/Stanké, 1983, p. 26-27.

2   En juillet 1970, le rapport Lisson recommandait déjà que le bilinguisme soit autorisé dans les districts bilingues. Voir Commissariat aux langues officielles, *Nos deux langues officielles au fil des ans*, Ottawa, Commissariat aux langues officielles, mai 1994, p. 18; Michael Benedict, « Air-Language Row : A Step-By-Step History », *Toronto Star*, 28 juin 1976, p. C3; Borins, *Le français dans les airs*, p. 28-30.

3   Pour une présentation des principaux arguments contre le bilinguisme dans le contrôle aérien, voir Borins, *Le français dans les airs*, p. 35-40.

4   Robert Bourassa rappelle que « [les "gens de l'air"] invoquaient la loi 22 quand ils ont décidé d'intervenir : "On veut parler français au Québec, maintenant que le français est la langue officielle du Québec." » Robert Bourassa, *Gouverner le Québec*, Montréal, Fides, 1995, p. 111-112.

5   « Pilots and Controllers Distorting Real Issue, Trudeau Says », *The Toronto Star*, 24 juin 1976, p. A14. [Traduction]

6   « The Air Strike's Over », *The Toronto Star*, 28 juin 1976, p. A1.

7   Kenneth McRoberts, *Quebec : Social Change and Political Crisis*, 3e éd., Toronto, McClelland and Stewart, 1988, p. 236-237. [Traduction]

8   Robert Bothwell, Ian Drummond et John English, *Canada Since 1945 : Power, Politics and Provincialism*, Toronto, University of Toronto Press, 1981, p. 356.

9   Milton J. Esman, « The Politics of Official Bilingualism in Canada », *Political Science Quarterly*, vol. 97, n° 2, été 1982, p. 250. [Traduction]

10   Borins, *Le français dans les airs*, p. 168.

11   Borins, *Le français dans les airs*, p. 168-170.

12   John F. Conway, *Des comptes à rendre : le Canada anglais et le Québec, de la Conquête à l'Accord de Charlottetown : essai*, Montréal, VLB, 1995, p. 138.

13   Cité par Bothwell, Drummond et English, *Canada Since 1945*. Voir aussi « Because of Ottawa's Haste », *The Globe and Mail*, 21 juin 1976, p. 6. [Traduction]

14   Borins, *Le français dans les airs*, p. 172-173. Voir aussi William Johnson, « Pilots Won't Budge in Bilingual Battle », *The Globe and Mail*, 26 juin 1976, p. 1.

15   Voir « How to Fire a Fan », *The Globe and Mail*, 26 juin 1976, p. 6; « Trudeau Clears the Air », *The Toronto Star*, 24 juin 1976, p. B4; « Pilots Arrogant to Defy the Law », *The Toronto Star*, 26 juin 1976, p. B2.

16   Borins, *Le français dans les airs*, p. 169.

17   Borins, *Le français dans les airs*, p. 189.

18   Conway, *Des comptes à rendre*, p. 137.

19   Bothwell, Drummond et English, *Canada Since 1945*, p. 396.

L'élection du Parti québécois et le référendum sur la souveraineté-association (1976 - 1980)

1   Depuis 1973, René Lévesque et Claude Morin avaient entrepris de modifier le projet initial du Parti québécois (qui prévoyait la réalisation de la souveraineté dès la prise de pouvoir) au profit d'une stratégie « étapiste ». Cette stratégie fut progressivement incorporée au programme du PQ durant les congrès des années subséquentes, non sans créer des tensions au sein du parti. À ce propos, voir notamment Robert Barberis et Pierre Drouilly, *Les illusions du pouvoir : les erreurs stratégiques du gouvernement Lévesque*, Montréal, Sélect, 1980; Vera Murray, *Le Parti québécois, de la fondation à la prise du pouvoir*, Montréal, Hurtubise HMH, 1976, p. 191-195.

2   Par exemple, Claude Ryan, alors rédacteur en chef au journal *Le Devoir*, avait appuyé le PQ : « Comme il avait fait campagne autour du thème du bon gouvernement et que le gouvernement libéral était à bout de souffle, j'avais pris position en faveur du Parti québécois [...] tout en me désolidarisant de son option souverainiste. » Claude Ryan, *Regards sur le fédéralisme canadien*, Montréal, Boréal, 1995, p. 118.

3   La loi 22 faisait du français la langue officielle du Québec. En guise de protestation, les anglophones appuyèrent l'Union nationale. André Bernard, *Québec : élections 1976*, Montréal, Hurtubise HMH, 1976, p. 135-138. Voir aussi, dans le présent recueil, l'article sur « Les lois linguistiques québécoises ».

4   En 1970, le PQ obtenait 23 p. 100 des votes et sept sièges à l'Assemblée nationale; en 1973, il obtenait 30 p. 100 des votes et six sièges. Aucune des têtes d'affiche du PQ ne fut élue lors de ces deux élections. Murray, *Le Parti québécois*, p. 181.

5   Kenneth McRoberts, *Misconceiving Canada : The Struggle for National Unity*, Don Mills, Ont., Oxford University Press, 1997, p. 148.

6   Pour une analyse des diverses propositions qui furent avancées au cours de cette période, on peut consulter Peter H. Russell, *Constitutional Odyssey : Can the Canadians Become a Sovereign People ?*, Toronto,

University of Toronto Press, 1992,
p. 92-106; McRoberts, *Misconceiving
Canada*, p. 148-155; Guy Laforest, *Trudeau
ou la fin d'un rêve canadien*, Montréal,
Septentrion, 1992.

7   Dans *L'option*, Montréal, Éditions de L'homme,
1978, p. 331-346, Jean-Pierre Charbonneau
et Gilbert Paquette expliquent pourquoi les
propositions du livre blanc de 1978 étaient
jugées insuffisantes par les souverainistes.

8   Edward McWhinney, *Canada and the
Constitution, 1979-1982 : Patriation and the
Charter of Rights*, Toronto, University of
Toronto Press, 1982, p. 4. Voir aussi
Russell, *Constitutional Odyssey*, p. 95-99.

9   Patrick J. Monahan, *Constitutional Law*,
Concord, Ont., Irwin Law, 1997,
p. 144-145.

10 La souveraineté-association n'obtint jamais
plus de 35 p. 100 d'intentions de vote
avant 1980. Édouard Cloutier, « La
stratégie référendaire », dans Yves Bélanger
et Michel Lévesque (textes colligés par),
*René Lévesque : l'homme, la nation et la
démocratie*, Montréal, Presses de l'Université
du Québec, 1991, p. 167-168.

11 C'est l'époque de la Charte de la langue
française, de la Loi sur la protection des
territoires agricoles, de la création de la
Société de l'assurance automobile du
Québec, de la Loi anti-briseurs de grève, de
l'aide juridique, de la Loi sur le financement des partis politiques, des cliniques
Lazure (avortement), des sommets socioéconomiques, de la concertation, bref, de
l'interventionnisme d'État.

12 La question référendaire traduit bien l'évolution de la position constitutionnelle du
PQ. Elle exprimait non seulement le souhait
d'en arriver, avec le reste du Canada, à une
nouvelle entente fondée sur le principe de
l'égalité des peuples, mais aussi celui de
maintenir une association économique avec
le Canada. En outre, elle engageait le gouvernement à tenir un deuxième référendum
avant de procéder à tout changement de

statut politique résultant de ces négociations. En somme, le PQ ne demandait
qu'un mandat de négocier.

13 Cité par Graham Fraser, *Le Parti québécois*,
Montréal, Libre Expression, 1984, p. 252.

14 Charbonneau et Paquette, *L'option*,
p. 554-558.

15 Pierre Vadeboncœur, « Les qui-perd-gagne »,
dans *Gouverner ou disparaître*, Montréal,
Typo, 1993 p. 187-188. Ce texte a originalement été écrit en février 1979.

16 Pierre Vadeboncœur, « Le pire serait égal ? »,
dans *Gouverner ou disparaître*, p. 161-162. Ce
texte a originalement été écrit en juillet 1976.

17 Claude-V. Marsolais, *Le référendum
confisqué*, Montréal, VLB, 1992, p. 132.
Voir aussi Marcel Rioux, *Pour prendre
publiquement congé de quelques salauds*,
Montréal, L'Hexagone, 1980, p. 19.

18 Plus de 130 000 Anglo-Québécois quittèrent la province entre 1976 et 1981, contre
94 000 entre 1971 et 1976. Josée Legault,
*L'invention d'une minorité : les Anglo-
Québécois*, Montréal, Boréal, 1992, p. 106.

19 Ainsi, le 18 novembre 1976, le groupe
Participation Québec fut formé, puis, le
23 décembre 1976, le Comité d'action positive voyait le jour. Legault, *L'invention d'une
minorité*, p. 41-45.

20 « And Now to Be Honest », *The Globe and
Mail*, 16 novembre 1976, p. 6 [Traduction].
Le premier ministre Trudeau et les chefs
des deux partis d'opposition firent le même
constat. John King, « PQ Has Mandate to
Rule, not Separate, PM Says », *The Globe
and Mail*, 16 novembre 1976, p. 1.

21 « What Mr. Levesque Wants », *The Globe
and Mail*, 17 novembre 1976, p. 6
[Traduction]. Voir aussi Frederick J. Fletcher,
« Les attitudes du public et les solutions
d'avenir », dans Richard Simeon (dir.), *Le
Canada face à son destin*, Sainte-Foy, Presses
de l'Université Laval, 1978, p. 33.

22 Richard Simeon, « Introduction », dans
Simeon (dir.), *Le Canada face à son destin*,
p. 4.

23   Voir, par exemple, « A Declaration of Quebec's Right to Self-Determination », *Canadian Forum*, février 1980, p. 6, qui était signée par 20 personnalités du Canada anglais. Sur la gauche canadienne-anglaise et la question nationale québécoise, on peut consulter Serge Denis, *Le long malentendu : le Québec vu par les intellectuels progressistes au Canada anglais, 1970-1991*, Montréal, Boréal, 1992.

24   Voir Simeon (dir.), *Le Canada face à son destin.*

25   Kenneth McRoberts, « English Canada and the Quebec Nation », *Canadian Forum*, février 1980, p. 12.

26   Donald Creighton, « No More Concessions : If Quebec Does Go, Let it Not Be With Impunity », *MacLean's*, vol. 90, n° 13, 1978, p. 25-26 [Traduction]. Voir dans le numéro de juillet 1977, p. 10-11, les réactions que suscita l'analyse du professeur Creighton. Voir aussi Reginald Whitaker, « Competition for Power : Hobbes and the Quebec Question », *Canadian Forum*, janvier-février 1979, p. 10.

27   Le premier ministre Trudeau avait adopté cette approche dès le lendemain de l'élection du PQ. Voir Pierre Elliott Trudeau, *Débats de la Chambre des communes, Deuxième session*, Trentième parlement, vol. 1, 1976, p. 1036.

28   Michael D. Ornstein, H. Michael Stevenson et A. Paul Williams, « L'opinion publique et l'avenir du Canada », dans Roddick B. Byers et Robert W. Reford, *Le défi canadien : la viabilité de la Confédération*, Toronto, Institut canadien des affaires internationales, 1979, p. 82. Les auteurs de cette enquête concluent : « Le politicien qui cherche à connaître l'opinion de ses commettants concernant le Québec s'apercevra qu'il y a manque d'unanimité et ignorance à ce sujet. » (p. 112)

29   Cité par Fraser, *Le Parti québécois*, p. 264.

30   Par exemple, Kenneth McRoberts, *Quebec : Social Change and Political Crisis*, 3ᵉ éd., Toronto, McClelland and Stewart, 1988.

31   Jean Herman Guay, « L'évolution de l'opinion pendant la campagne référendaire », dans Denis Monière et Jean H. Guay (dir.), *La bataille du Québec : troisième épisode — 30 jours qui ébranlèrent le Canada*, Saint-Laurent, Fides, 1996, p. 184-185.

32   Voir à ce propos, Nicole Laurin-Frenette et Jean-François Léonard (dir.), *L'impasse : enjeux et perspectives de l'après-référendum*, Montréal, Nouvelle Optique, 1980; Jean-Pierre Bonhomme et coll., *Le syndrome post-référendaire*, Montréal, Stanké, 1988; Marc Henry Soulet, *Le silence des intellectuels*, Montréal, Albert Saint-Martin, 1987.

Le rapatriement de la Constitution (1982)

1   On sait aujourd'hui que ni le Québec ni aucune autre province ne disposait d'un tel droit de veto. À l'époque, avant que la Cour suprême ne se prononce sur cette question en 1982, l'opinion selon laquelle le Québec disposait d'un droit de veto reposait sur les précédents historiques créés lors des négociations constitutionnelles de 1964-1965 (formule Fulton-Favreau) et de 1968-1971 (Charte de Victoria). À ces deux occasions, le Québec avait rejeté les ententes issues des discussions, et cela avait suffit à mettre un terme aux projets de réforme. En outre, jusqu'alors, tous les amendements constitutionnels touchant les compétences provinciales avaient été apportés avec l'accord de toutes les provinces. Voir Peter W. Hogg, *Constitutional Law of Canada*, 4ᵉ éd., Scarborough, Carswell, 1996, p. 59-65; et James Ross Hurley, *La modification de la Constitution du Canada : Historique, processus, problèmes et perspectives d'avenir*, Ottawa, Approvisionnements et Services Canada, 1996, p. 69-71, dans lequel on retrouve aussi la correspondance échangée par René Lévesque et Pierre Elliott Trudeau à ce propos.

2   Patrick J. Monahan, *Constitutional Law*, Concord, Ont., Irwin Law, 1997, p. 155.

3   La formule d'amendement, la composition de la Cour suprême et le bilinguisme dans les institutions fédérales étaient toutefois soumis à la règle de l'unanimité.

4   La résolution, telle qu'elle fut votée par le Parlement le 8 décembre 1981, contenait des modifications qui visaient à amadouer le Québec. Ainsi, des compensations furent finalement prévues pour les amendements touchant les domaines de l'éducation et de la culture, et une exception au droit à la libre circulation des personnes entre les provinces (article 6 de la Charte) fut autorisée dans les provinces où le taux d'emploi était inférieur à la moyenne nationale. De même, une clause protégeant les droits existants des Autochtones fut ajoutée, et la clause garantissant l'égalité des sexes (article 28) fut soustraite à l'application de la clause dérogatoire. Peter H. Russell, *Constitutional Odyssey : Can the Canadians Become a Sovereign People ?*, Toronto, University of Toronto Press, 1992, p. 122.

5   René Lévesque, « Intervention lors de la séance de clôture de la Conférence fédérale-provinciale des premiers ministres sur la Constitution », 5 novembre 1981, reproduit dans Gil Rémillard, *Le fédéralisme canadien, Tome II*, Montréal, Québec/Amérique, 1985, p. 661.

6   Les résultats d'un sondage mené du 13 au 28 novembre 1981 montrent que 38,1 p. 100 des Québécois (43,4 p. 100 des francophones) appuyaient la décision du gouvernement de ne pas entériner l'entente de novembre, contre 39,6 p. 100 (33,6 p. 100 des francophones) qui la désapprouvaient. Guy Trudel, « Trois sondages sur le Québec d'après-novembre », *Le Devoir*, 20 janvier 1982, p. 13.

7   Claude Ryan, « La dualité canadienne », *Options politiques*, vol. 3, nᵒ 4, juillet-août 1982, p. 19. En mars 1990, le ministre de la Justice, Gil Rémillard, fera écho à cette interprétation : « Aucun gouvernement québécois, peu importe son allégeance politique, n'aurait pu accepter ce rapatriement. » Cité par Roch Denis (dir.), *Québec : dix ans de crise constitutionnelle*, Montréal, VLB, 1990, p. 223.

8   Voir Guy Laforest, *Trudeau et la fin d'un rêve canadien*, Sillery, Septentrion, 1992, chap. 1.

9   Pierre Elliott Trudeau, « Faire progresser l'histoire », *Le Devoir*, 22 mai 1980, p. 10.

10   Guy Laforest, « L'esprit de 1982 », dans Louis Balthazar et coll., *Le Québec et la restructuration du Canada, 1980-1992*, Sillery, Septentrion, 1991, p. 153-154. Voir aussi Donald Smiley, « A Dangerous Deed », dans Keith Banting et Richard Simeon (dir.), *And No One Cheered : Federalism, Democracy and the Constitution Act*, Toronto, Methuen, 1983, p. 78.

11   Marcel Adam, « Rien n'est changé au statut du Québec », La Presse, 6 mars 1989, p. B3. À l'été 1980, Marcel Rioux appréhendait déjà l'évolution de ce dossier et écrivait : « Il est bien évident que les Québécois se sont " fait passer un sapin ", un tour de cochon [...]. Plusieurs qui ont voté non au Référendum se rendent compte aujourd'hui que non veut bien dire non et non pas oui. » Marcel Rioux, *Pour prendre publiquement congé de quelques salauds*, Montréal, L'Hexagone, 1980, p. 30.

12   Claude Morin, *Les lendemains piégés*, Montréal, Boréal, 1988, p. 308.

13   Morin, *Les lendemains piégés*, p. 372. Voir aussi Laforest, *Trudeau et la fin d'un rêve canadien*, p. 66.

14   Jean-Louis Roy, « Le Québec est exclu et isolé », *Le Devoir*, 6 novembre 1981, p. 8. Voir aussi Ryan, « La dualité canadienne », p. 18.

15   Ryan, « La dualité canadienne », p. 21. À l'Assemblée nationale, en mars 1990, Gil Rémillard dira :
> L'argument qu'il n'y avait rien à faire parce que le gouvernement québécois était souverainiste ne

tient pas. René Lévesque dirigeait un gouvernement légitime qui avait reçu un mandat clair pour s'opposer à tout rapatriement unilatéral par Ottawa. Reproduit dans Denis, *Québec : dix ans de crise constitutionnelle*, p. 224.

16   Roy, « Le Québec est exclu et isolé », p. 6. Voir aussi Laforest, « L'esprit de 1982 », p. 149; et André Burelle, *Le mal canadien : essai de diagnostic et esquisse d'une thérapie*, Montréal, Fides, 1995.

17   Voir James Tully, « The Crisis of Identification : The Case of Canada », *Political Studies*, vol. 42, Numéro spécial, 1994, p. 85.

18   Laforest, « L'esprit de 1982 », p. 154.

19   « The Federation Stands », *The Globe and Mail*, 6 novembre 1981, p. 6. [Traduction]

20   Seulement 11 p. 100 croyaient l'inverse. « 75 p. 100 [sic] des Canadiens appuient la nouvelle Constitution », *La Presse*, 19 juin 1982, p. A11.

21   « The Federation Stands ». [Traduction]

22   En novembre 1981, un sondage concluait que 72 p. 100 des Canadiens appuyaient l'enchâssement d'une Charte dans la Constitution. « Poll Shows 72 per cent Questioned Favor Rights Charter in Constitution », *The Globe and Mail*, 10 novembre 1981, p. 10.

23   Alan C. Cairns, « The Charter, Interest Groups, Executive Federalism and Constitutional Reform », dans David E. Smith et coll., *After Meech Lake : Lessons for the Future*, Saskatoon, Fifth House Publishers, 1991, p. 13-31; Reginald Whitaker, « Democracy and the Canadian Constitution », dans Banting et Simeon (dir.), *And No One Cheered*, p. 254.

24   « On April 17, 1982 », *The Globe and Mail*, 17 avril 1982, p. 6. [Traduction]

25   Pierre Elliott Trudeau, *Mémoires politiques*, Montréal, Le Jour, 1993, p. 295.

26   Trudeau, *Mémoires politiques*, p. 294-295. Jean Chrétien, qui fut le principal représentant du gouvernement fédéral durant cette ronde de négociations, confirme : « Il n'y a jamais eu de nuit des longs couteaux. Un compromis fut conclu par ceux qui étaient de bonne foi, à une conférence tenue pour trouver un compromis. » Voir « L'épopée du rapatriement de la Constitution », dans Thomas S. Axworthy et Pierre Elliott Trudeau (dir.), *Les années Trudeau : la recherche d'une société juste*, Montréal, Le Jour, 1990, p. 323.

27   Trudeau, *Mémoires politiques*, p. 295. Voir aussi « L'accord constitutionnel de 1982 n'a pas été un marché de dupes pour le Québec », *La Presse*, 10 mars 1989, p. B3.

28   Ce point de vue est exposé dans Roy Romanow, John Whyte et Howard Leeson, *Canada... Notwithstanding : The Making of the Constitution*, Toronto, Carswell/Methuen, 1984, p. 264-268.

29   Keith Banting et Richard Simeon, « Federalism, Democracy and the Future », dans Banting et Simeon (dir.), *And No One Cheered*, p. 348. Voir aussi Romanow, Whyte et Leeson, *Canada... Notwithstanding*; Robert Stanfield, « What to do About Quebec's Isolation », Options politiques, vol. 3, n⁰ 4, juillet-août 1982, p. 6-10.

30   Pour Pierre Elliott Trudeau, l'enchâssement de la Charte devait « créer un ensemble de valeurs et de croyances qui non seulement unirait tous les Canadiens, en leur donnant le sentiment de constituer une seule nation, mais aussi les placerait au-dessus des gouvernements des provinces et du gouvernement fédéral lui-même ». Pierre Elliott Trudeau, *Lac Meech : Trudeau parle*, Lasalle, Hurtubise HMH, 1989, p. 55. Sur la Charte comme instrument servant à la construction d'une nation, voir Rainer Knopff et F. L. Morton, « Le développement national et la Charte », dans Alan C. Cairns et Cynthia Williams (dir.), *Le constitutionnalisme, la citoyenneté et la société au Canada*, Ottawa, Commission royale sur l'union économique et les perspectives de développement du Canada, 1985, p. 149-205.

31 Russell, *Constitutional Odyssey*, p. 125. Voir
aussi Smiley, « A Dangerous Deed », p. 80-81.

32 Banting et Simeon, « Federalism,
Democracy and the Constitution », p. 22.

33 Voir Roger Gibbins, « Constitutional
Politics and the West », dans Banting et
Simeon (dir.), *And No One Cheered*, p. 119-
132; George Woodcock, *Confederation
Betrayed*, Madeira Park, Harbour
Publishing, 1981.

34 Par exemple, voir les conclusions de Robert
Sheppard et Michael Valpy, *The National
Deal : The Fight for a Canadian Constitution*,
Toronto, Macmillan of Canada, 1982,
p. 315-321; celles de Russell, *Constitutional
Odyssey*, p. 125-126; et celles d'Edward
McWhinney, *Canada and the Constitution,
1979-1982 : Patriation and the Charter of
Rights*, Toronto, University of Toronto Press,
1982, p. 115-124.

35 Québec, *Journal des débats*, vol. 26, n⁰ 9,
1981, p. 462.

36 Québec, *Journal des débats*, vol. 26, n⁰ 12,
1981, p. 605.

37 Le 6 décembre 1982, huit mois après la
proclamation de la Loi constitutionnelle de
1982, la Cour suprême du Canada répondit
par la négative à cette requête.

38 Richard Gwyn, « Masters in Our Own
House », *Toronto Sun*, 17 avril 1982, p. A1.
[Traduction]

Chapitre 5 : Les débats économiques

Le contrat des chutes Churchill (1969)

1 Pour un compte rendu détaillé des origines
du projet et de son évolution, voir Philip
Smith, *Brinco : The Story of Churchill Falls*,
Toronto, McClelland and Stewart, 1975.

2 Selon cette option, l'électricité aurait été
acheminée des chutes Churchill aux États-
Unis en traversant par un tunnel le détroit
de Belle-Isle, en longeant la côte Ouest de
Terre-Neuve et en franchissant le détroit de
Cabot par câble sous-marin jusqu'en
Nouvelle-Écosse. Frederick W. Rowe, *A
History of Newfoundland and Labrador*,
Toronto, McGraw-Hill Ryerson, 1980,
p. 488-489.

3 Rowe, *A History of Newfoundland and
Labrador*, p. 489.

4 Maurice Jannard, « La Cour suprême
donne raison à Québec contre Terre-
Neuve », *La Presse*, 4 mai 1984, p. A1.

5 Parmi les plaignants dans cette cause figuraient la CFLCo, Hydro-Québec, le gouvernement du Québec et deux créanciers
de la CFLCo, le Trust Royal et le Trust
Général du Canada. La partie adverse était
représentée par le procureur général de
Terre-Neuve.

6 Craignant un verdict défavorable, le gouvernement du Québec tenta de trouver un
terrain d'entente où une amélioration du
contrat de 1969 aurait été liée à la mise en
valeur de nouvelles ressources hydrauliques
à Terre-Neuve. En mars 1984, le premier
ministre Lévesque proposa à son homologue
terre-neuvien un compromis évalué par
Hydro-Québec à plus d'un milliard $. L'offre
de Québec accordait à Terre-Neuve 500
mégawatts supplémentaires (au lieu des 800
mégawatts réclamés) et doublait ses redevances hydrauliques. « Notre proposition a
été rejetée du revers de la main en moins de
72 heures, sans qu'on nous fasse la moindre
contre-proposition », rapportait à l'époque le
ministre de l'Énergie et des Ressources du
Québec, Yves Duhaime. « Le jugement sur
les chutes Churchill : Québec fera payer à
Terre-Neuve le prix de son entêtement », *La
Presse*, 4 mai 1984, p. C1.

7 Lisa Binsse, « Churchill Falls : qui dit
vrai ? », *La Presse*, 26 septembre 1996, p. E1.

8 Roger J. Bédard, « Churchill Falls : signer
d'abord, discuter ensuite », *Le Devoir*,
1ᵉʳ avril 1969, p. 5.

9   Gilles Lesage, « Québec est prêt à négocier, mais sur la base du jugement », *Le Devoir*, 4 mai 1984, p. A1.

10   Alain Dubuc, « Le plan B, Churchill Falls et Captain ROC », *La Presse*, 25 septembre 1996, p. B2. Voir aussi Gilles Lesage, « Capitaine Canada : à l'abordage! », *Le Devoir*, 28-29 septembre 1996, p. A10.

11   Eric Kierans, « Tobin Hasn't Told the Full Story on Churchill Falls », *The Gazette*, 1er novembre 1996, p. B3. [Traduction]

12   Jeffrey Simpson, « Quebec Faces a New Challenge to its Hydro Deal With Newfoundland », *The Globe and Mail*, 24 septembre 1996, p. A22. [Traduction]

13   Jannard, « La Cour suprême donne raison à Québec contre Terre-Neuve ».

14   Jannard, « La Cour suprême donne raison à Québec contre Terre-Neuve ».

15   « Newfoundland Loses its Bid to Cancel Hydro Agreement », *The Globe and Mail*, 4 mai 1984, p. 1. [Traduction]

16   « Arbitrary Measures From our Lawmakers », *The Globe and Mail*, 24 septembre 1996, p. A22. [Traduction]

17   Cabot Martin, « The Truth Behind the Churchill Falls Deal », *The Globe and Mail*, 23 novembre 1996, p. D2. [Traduction]

18   Quelques mois auparavant, le Parti réformiste avait fait campagne, lors d'une élection partielle au Labrador, en demandant à la Chambre des communes de dénoncer le contrat des chutes Churchill. Chantal Hébert, « Tobin sur les traces de Clyde Wells », *La Presse*, 28 septembre 1996, p. B3.

19   « Mr. Chrétien and Newfoundland », *The Globe and Mail*, 25 septembre 1996, p. A22.

20   Cité par Konrad Yakabuski, « Churchill Falls Peace Advocated », *The Globe and Mail*, 28 novembre 1996, p. B4. [Traduction]

21   Mario Cloutier, « Bouchard et Tobin se disent également comblés », *Le Devoir*, 10 mars 1998, p. A6; Rhéal Séguin et Sean McCarthy, « Churchill Pact to Bury Hatchet », *The Globe and Mail*, 9 mars 1998, p. A1.

22   Ryan Cleary, « Business as Usual for Tobin », *The Telegram*, 11 février 1999.

23   Mario Cloutier, « Les Autochtones exigent leur part », *Le Devoir*, 10 mars 1998, p. A1; Mario Cloutier, « Les Innus devant l'ONU à Genève », *Le Devoir*, 29 juillet 1998, p. A4.

Le projet de loi S-31 et la Caisse de dépôt et placement du Québec (1982)

1   Yves Bélanger et Pierre Fournier, *L'entreprise québécoise : développement historique et dynamique contemporaine*, Montréal, Hurtubise HMH, 1987, p. 174.

2   Cité dans Mario Pelletier, *La machine à milliards : l'histoire de la Caisse de dépôt et placement du Québec*, Éditions Québec/Amérique, Montréal, 1989, p. 197.

3   On pense notamment aux interventions du gouvernement de Pierre Elliott Trudeau dans le domaine du développement économique régional, au Programme énergétique national et aux propositions constitutionnelles alors mises de l'avant. Voir David Milne, *Tug of War : Ottawa and the Provinces Under Trudeau and Mulroney*, Toronto, James Lorimer and Company, 1986, p. 128-137.

4   Allan Tupper, *Bill S-31 and the Federalism of State Capitalism*, Kingston, Institut des relations intergouvernementales, Queen's University, 1983, p. 14-16.

5   Tupper, *Bill S-31 and the Federalism of State Capitalism*, p. 22-23.

6   Alain Dubuc, « Caisse de dépôt : la chasse aux péquistes », *La Presse*, 20 novembre 1982, p. A12.

7   Michel Vastel, « La loi S-31 ne gêne pas tellement la Caisse de dépôt à moins qu'elle veuille prendre le contrôle de CP », *Le Devoir*, 30 novembre 1982, p. 2.

8   « Qui a peur de la Caisse ? », *Le Devoir*, 9 décembre 1982, p. 11.

9   Tupper, *Bill S-31 and the Federalism of State Capitalism*, p. 21.

10   « Not Finished Yet », *The Globe and Mail*, 26 novembre 1982, p. 6.

11   Michel Nadeau, « Le projet S-31 : un coup de jarnac à Power », *Le Devoir*, 12 novembre 1982, p. 11.

12   Cité dans Pelletier, *La machine à milliards*, p. 202.

13   Graham Fraser, « Quebec Closes Ranks over Investment Bill », *The Gazette*, 7 décembre 1982, p. B3.

14   Michel Roy, « L'opération ratée du cabinet fédéral », *La Presse*, 9 décembre 1982, p. A6.

15   « Rhetoric Outstrips Reality », *The Gazette*, 27 novembre 1982, p. B2. [Traduction]

16   Pelletier, *La machine à milliards*, p. 206.

17   Vastel, « La loi S-31 ne gêne pas tellement la Caisse de dépôt à moins qu'elle veuille prendre le contrôle de CP ».

18   Tupper, *Bill S-31 and the Federalism of State Capitalism*, p. 18; Hubert Bauch, « CP Sought PM's Help to Ward off Caisse », *The Gazette*, 3 décembre 1982, p. A1; « Issue Behind Ottawa Bill is Control of Investment », *The Globe and Mail*, 9 décembre 1982, p. 8.

19   Tupper, *Bill S-31 and the Federalism of State Capitalism*, p. 25.

20   « Issue Behind Ottawa Bill is Control of Investment ».

21   « Issue Behind Ottawa Bill is Control of Investment ».

22   Tupper, *Bill S-31 and the Federalism of State Capitalism*, p. 1-2. [Traduction]

23   Bélanger et Fournier, *L'entreprise québécoise*, p. 175.

Le contrat d'entretien des CF-18 (1986)

1   Groupe Canadair : Canadair Ltée (Montréal), CAE Electronics (Montréal), Northwest Industries (Edmonton), Groupe Bristol : Bristol Aerospace (Winnipeg), Litton Systems of Canada (Toronto), Bendix Avelex Inc. (Montréal), Garrett Manufacturing Ltd. (Toronto), Leigh Instruments Ltd. (Ottawa), Groupe IMP : IMP Aerospace (Dartmouth), Canadian Marconi Co. (Montréal), Canadian Astronautics Ltd. (Ottawa), Spar Aerospace Ltd. (Toronto), Fleet Industries (Fort Érié).

2   En janvier 1988, le quotidien torontois *The Globe and Mail* révélait que, sur la foi de documents rendus publics en vertu de la Loi sur l'accès à l'information, le prix de Bristol n'était pas inférieur de 3,5 millions $ mais bien de 65 millions $. Voir Robert M. Campbell et Leslie A. Pal, « The CF-18 Affair », *The Real Worlds of Canadian Politics : Cases in Process and Policy*, Peterborough, Broadview Press, 1989, p. 20.

3   « West Outraged at CF-18 Decision », *The Gazette*, 1er novembre 1986, p. A1. [Traduction]

4   Maurice Girard, « Les libéraux du Québec optent pour Canadair », *Le Devoir*, 4 septembre 1986, p. 3.

5   Campbell et Pal, « The CF-18 Affair », p. 41. [Traduction]

6   Campbell et Pal, « The CF-18 Affair », p. 26 [Traduction]. Voir aussi p. 19.

7   Michel Van De Walle, « CF-18 : la décision fédérale consacre Montréal à titre de capitale aéronautique », *Le Devoir*, 1er novembre 1986, p. B1..

8   Rapporté dans Campbell et Pal, « The CF-18 Affair », p. 22.

9   Campbell et Pal, « The CF-18 Affair », p. 39. [Traduction]

10   Campbell et Pal, « The CF-18 Affair », p. 35. [Traduction]

11   Don Braid, « CF-18 Contract May Help Doom Tories », *The Gazette*, 1er novembre 1986, p. B3. [Traduction]

12   « Pawley Has Doubts About Federalism After Contract Loss », *The Gazette*, 6 novembre 1986, p. A9. [Traduction]

13   Campbell et Pal, « The CF-18 Affair », p. 31.

14   « West Outraged at CF-18 Decision »;

Geoffrey York, « CF-18 Affair Flying High as an Issue in Manitoba », *The Globe and Mail*, 4 octobre 1988, p. A5.

15   « West Outraged at CF-18 Decision ». [Traduction]

16   « West Outraged at CF-18 Decision ». [Traduction]

17   Jeffrey Simpson, *Spoils of Power : The Politics of Patronage*, Toronto, Collins, 1988, p. 375.

18   York, « CF-18 Affair Flying High as an Issue in Manitoba ».

19   Alain-G. Gagnon et A. Brian Tanguay, « Minor Parties in the Canadian Political System : Origins, Functions, Impact », dans Alain-G. Gagnon et A. Brian Tanguay (dir.), *Canadian Parties in Transition*, 2ᵉ éd., Toronto, Nelson Canada, 1996, p. 114. [Traduction]

20   Sheldon Alberts, « Ottawa Renews CF-18 Contract Despite Howls From Reformers », *The Gazette,* 21 novembre 1996, p. A10. Au Manitoba, le contrat d'entretien des CF-18 façonna le programme de la campagne électorale fédérale de 1988, libéraux et néo-démocrates en ayant fait un de leurs thèmes prioritaires, au même titre que le libre-échange Canada-États-Unis qui soulevait aussi, à l'époque, la controverse au pays. York, « CF-18 Affair Flying High as an Issue in Manitoba ».

21   Cité par Miro Cernetig, « How Western Canada Remembers Robert Bourassa », *The Globe and Mail*, 4 octobre 1996, p. A23.

22   Alberts, « Ottawa Renews CF-18 Contract Despite Howls from Reformers ».

La loi C-22 sur les brevets pharmaceutiques (1987)

1   Robert M. Campbell et Leslie A. Pal, « Drug Deals : Globalization and the Politics of Patents », *The Real Worlds of Canadian Politics : Cases in Process and Policy*, 3ᵉ éd., Peterborough, Broadview Press, 1994, p. 32-33; Guy Taillefer, « Quarante orga-

nismes de la santé pressent le Sénat de mettre fin à son obstruction », *La Presse*, 22 septembre 1987, p. 1.

2   Robert M. Campbell et Leslie A. Pal, « The Long and Winding Road : Bill C-22 and the Politics of Drug Patents », dans *The Real Worlds of Canadian Politics : Cases in Process and Policy*, Peterborough, Broadview Press, 1989, p. 68.

3   Michael M. Atkinson et William D. Coleman, *The State, Business, and Industrial Change in Canada*, Toronto, University of Toronto Press, 1989, p. 134.

4   Campbell et Pal, « The Long and Winding Road », p. 91.

5   Paul Durivage, « Les scientifiques craignent une mollesse du gouvernement devant les pressions », *Le Devoir*, 16 décembre 1986, p. 9; Jean-Benoît Nadeau, « Encore une guerre des pilules? », *L'Actualité*, vol. 17, nᵒ 17, 1ᵉʳ novembre 1992, p. 44.

6   Campbell et Pal, « The Long and Winding Road », p. 79, 82.

7   Campbell et Pal, « The Long and Winding Road », p. 87.

8   « Les changements à la loi pourraient se buter à l'opinion publique », *La Presse*, 2 septembre 1986, p. B1.

9   Janice Turner, « Drug Patent Law Under Opposition Fire », *Toronto Star*, 16 novembre 1988, p. A26. [Traduction]

10   Jean-Benoît Nadeau, « La guerre des pilules : un enjeu crucial », *L'actualité*, vol. 22, nᵒ 5, 1ᵉʳ avril 1997, p. 16.

11   Atkinson et Coleman, *The State, Business, and Industrial Change in Canada*, p. 138.

12   Campbell et Pal, « The Long and Winding Road », p. 96.

13   Campbell et Pal, « The Long and Winding Road », p. 96-97. [Traduction]

14   Nadeau, « La guerre des pilules », p. 16.

15   Pour une étude comparative de ces deux lois sur les brevets pharmaceutiques, voir Campbell et Pal, « Drug Deals », p. 46-62.

16   Nadeau, « Encore une guerre des pilules ? », p. 15.

17 Nadeau, « La guerre des pilules », p. 15.

L'Accord de libre-échange Canada-États-Unis (1988)

1 G. Bruce Doern et Brian W. Tomlin, *The Free Trade Story : Faith & Fear*, Toronto, Stoddart, 1991, p. 58 [Traduction]. Voir aussi Robert M. Campbell et Leslie A. Pal, « A Big Deal ? Forging the Canada-US Free Trade Agreement », *The Real Worlds of Canadian Politics : Cases in Process and Policy*, Peterborough, Broadview Press, 1989, p. 360.

2 Campbell et Pal, « A Big Deal ? Forging the Canada-US Free Trade Agreement », p. 316, 376; Stephen T. Easton, « Free Trade, Nationalism, and the Common Man : The Free Trade Agreement Between Canada and the United-States », *Contemporary Policy Issues*, vol. VII, juillet 1989, p. 61.

3 Campbell et Pal, « A Big Deal ? Forging the Canada-US Free Trade Agreement », p. 342.

4 Doern et Tomlin, *The Free Trade Story*, p. 140; Alain-G. Gagnon et Mary Beth Montcalm, *Québec : au-delà de la Révolution tranquille*, Montréal, VLB, 1992, p. 23.

5 Jean Blouin, « Les Don Quichotte du commerce », *L'actualité*, novembre 1986, p. 33.

6 Coalition québécoise d'opposition au libre-échange, CEQ-CSN-FTQ-UPA, *Danger, Libre-échange*, 1987, p. iii.

7 Coalition québécoise d'opposition au libre-échange, CEQ-CSN-FTQ-UPA, *Danger, Libre-échange*, p.13, 22, 38.

8 Cité par David Johnston, « Free Trade Scares "les Anglais" : Bouchard », *The Gazette*, 16 novembre 1988, p. A11. [Traduction]

9 Jacques Portes, *Le Canada et le Québec au XXe siècle*, Paris, Armand Colin, 1994, p. 165.

10 Mel Hurtig, *The Betrayal of Canada*, Toronto, Stoddart, 1991, p. xiii et 265. [Traduction]

11 David Crane, « Free Trade Fears Rising, Poll Shows », *Toronto Star*, 4 mars 1986, p. A1. [Traduction]

12 Doern et Tomlin, *The Free Trade Story*, p. 224.

13 John M. Strate et James R. Sellars, « Elite Opinion on Canada-US Trade Liberalization », *American Review of Canadian Studies*, hiver 1993, p. 587, 596.

14 Marc Clark, « The Free Trade Fight », *Maclean's*, 12 mai 1986, p. 20. [Traduction]

15 Crane, « Free Trade Fears Rising, Poll Shows ».

16 Darrel R. Reid, « The Election of 1988 and Canadian Federalism », dans Ronald L. Watts et Douglas M. Brown (dir.), *Canada : the State of the Federation*, 1989, Kingston, Institut des relations intergouvernementales, Queen's University, 1989, p. 37-42; Richard Johnston et coll., *Letting the People Decide : Dynamics of a Canadian Election*, Montréal, McGill-Queen's University Press, 1992, p. 143.

17 « Alberta Warns it 'Will Never Forget' if Opponents Scuttle Free Trade Deal », *Toronto Star*, 28 octobre 1987, p. A2. [Traduction]

18 Quoique moins exceptionnel qu'en 1984, alors qu'ils s'étaient emparés de 211 sièges avec 50 p. 100 des voix, le pourcentage de votes obtenus par les conservateurs restait comparable, voire supérieur, à celui qu'avaient obtenus les gouvernements libéraux des années 1960 et 1970. Ils réussissaient en outre à faire élire un deuxième gouvernement majoritaire de suite, ce qui n'était jamais arrivé sous Trudeau. La répartition régionale des votes en leur faveur était la suivante : dans les Maritimes, ils étaient minoritaires avec seulement 12 sièges contre 20 pour les libéraux; en Ontario, ils obtenaient 47 sièges et 38 p. 100 des voix, contre 43 sièges avec 39 p. 100 des voix pour les libéraux et 10 sièges avec 20 p. 100 des voix pour le NPD; dans l'Ouest, ils étaient majoritaires avec 48 sièges, contre 32 sièges pour le NPD et six sièges seulement pour les libéraux. Reid, « The Election of 1988 and Canadian Federalism », p. 38-39.

19 Philip Resnick, « Lettre à un ami québécois », dans Philip Resnick et Daniel Latouche, *Réponse à un ami canadien*,

Montréal, Boréal, 1990, p. 14.

20 Dans la même veine, un Accord de libre-
échange entre le Canada et Israël, l'ALÉCI,
signé le 31 juillet 1996, entra en vigueur le
1er janvier 1997. Finalement, le premier
ministre Jean Chrétien et le président chilien
Eduardo Frei signèrent, le 17 novembre
1996, un accord bilatéral de libre-échange
entre le Canada et le Chili, qui entra en
vigueur le 2 juin 1997.

Chapitre 6 : La réconciliation manquée

Introduction par Guy Rocher

1 La « nuit des longs couteau » réfère aux
négociations qui eurent lieu au cours de la
nuit du 4 au 5 novembre 1981, en l'absence
de la délégation québécoise.

2 La philosophie de *Cité libre* s'inspirait de la
revue française *Esprit*, d'orientation chrétienne de gauche, dirigée dans l'après-guerre
par un philosophe qui eut sur l'équipe
québécoise une forte et persistante influence, Emmanuel Mounier, auteur notamment d'un ouvrage sur *Le personnalisme*.
Tout en étant pro-syndicaliste, l'équipe de
Cité libre mettait de l'avant une idéologie
universaliste de la personne, dans la perspective planétaire du jésuite Teilhard de
Chardin, idéologie qui lui paraissait à l'opposé d'un nationalisme replié sur une collectivité particulière et son passé.

Introduction par John Meisel

1 Reginald Whitaker, *The Government Party*,
Toronto, University of Toronto Press, 1977.

2 Voir Neil Nevitte, *The Decline of Deference*,
Peterborough, Broadview Press, 1996.

3 Voir Arend Lijphart, *Democracy in Plural
Societies*, New Haven, Yale University Press,

1977; Kenneth McRae (dir.), *Consociational
Democracy*, Toronto, McClelland and Stewart,
1974, particulièrement la quatrième partie.

L'Accord du lac Meech (1987)

1 Ce discours avait été rédigé par nul autre
que Lucien Bouchard, qui deviendra chef
du Bloc québécois en 1990 puis du Parti
québécois en 1996.

2 Ces cinq conditions étaient déjà inscrites au
programme du Parti libéral du Québec. Pour
revenir à la table de négociations, les
libéraux exigeaient la reconnaissance
explicite du caractère distinct de la société
québécoise; des pouvoirs accrus quant au
choix, à l'administration et à l'intégration des
nouveaux arrivants; la nomination à la Cour
suprême de trois juges formés en droit civil;
la restriction du pouvoir fédéral de dépenser;
un droit de veto sur toute modification à la
Constitution. Le texte de l'allocution du
ministre est reproduit dans Peter M. Leslie,
*Une collaboration renouvelée : le Québec et ses
partenaires dans la Confédération*, Kingston,
Institut des relations intergouvernementales,
Queen's University, 1987, p. 47-55.

3 L'Accord fut ratifié par la Saskatchewan
(septembre 1987); la Chambre des communes (octobre 1987 et juin 1988);
l'Alberta (décembre 1987); l'Île-du-Prince-
Édouard (mai 1988); la Nouvelle-Écosse
(mai 1988); l'Ontario (juin 1988); la
Colombie-Britannique (juin 1988); le
Nouveau-Brunswick (juin 1990).

4 Le nouvel article 2 reconnaissait aussi la
dualité fondamentale du Canada. Il stipulait :
[...] l'existence de Canadiens
d'expression française, concentrés au Québec, mais présents
aussi dans le reste du pays, et de
Canadiens d'expression anglaise,
concentrés dans le reste du pays
mais aussi présents au Québec,
constitue une caractéristique
fondamentale du pays.

Le Parlement et les assemblées législatives
provinciales se voyaient confier le rôle de

protéger cette caractéristique fondamentale. Voir Peter W. Hogg, *L'Accord constitutionnel du lac Meech*, Toronto, Carswell, 1988, p. 11.

5   L'unanimité serait notamment exigée pour modifier les pouvoirs et la composition du Sénat ainsi que le mode de sélection des sénateurs, la création de nouvelles provinces, la Cour suprême, et le principe de la représentation proportionnelle à la Chambre des communes.

6   Nouveau-Brunswick, Assemblée législative, Comité spécial de l'Accord constitutionnel de 1987, *Rapport définitif sur la modification constitutionnelle de 1987*, Fredericton, Le Comité, 1989.

7   Ramsay Cook, « Alice in Meechland or the Concept of Quebec as a "Distinct Society" », dans Michael D. Behiels (dir.), *The Meech Lake Primer*, Ottawa, Presses de l'Université d'Ottawa, 1989, p. 285-294; Michael D. Behiels, « Women's Rights : Does Meech Lake Undermine the Gains of 1982 ? », dans Behiels (dir.) *The Meech Lake Primer*.

8   André Blais et Jean Crête, « Pourquoi l'opinion publique au Canada anglais a-t-elle rejeté l'Accord du lac Meech ? », dans Raymond Hudon et Réjean Pelletier (dir.), *L'engagement intellectuel : mélanges en l'honneur de Léon Dion*, Sainte-Foy, Presses de l'Université Laval, 1991, p. 386.

9   Michel Roy, « Le Québec au Canada », *La Presse*, 4 juin 1987, p. B2.

10   Benoit Lauzière, « Un pas en avant », *Le Devoir*, 26 et 27 mai 1987, reproduit dans *Le Québec et le lac Meech : un dossier du Devoir*, Montréal, Guérin, 1987, p. 264.

11   « A Hard-Won Victory », *The Gazette*, 2 mai 1987, reproduit dans Le Québec et le lac Meech, p. 269. [Traduction]

12   Rapporté dans Gilles Lesage, « Pierre-Marc Johnson mobilisera la population contre l'Accord du lac Meech », *Le Devoir*, 2 mai 1987, reproduit dans Roch Denis (dossier constitué par), *Québec : dix ans de crise constitutionnelle*, Montréal, VLB, 1990, p. 167-168.

13   « Les progrès accomplis excèdent mes

attentes », écrivait Léon Dion. Toutefois, parce que le concept de société distincte n'était pas défini, le politologue de l'Université Laval refusa finalement d'appuyer l'Accord. Léon Dion, « Une entente dans les limites du possible », *Le Devoir*, 7 mai 1987, p. 11.

14   Daniel Latouche, « L'art de négocier : la version du lac Meech », *Le Devoir*, 12 mai 1987, p. 11. Lui aussi suggéra toutefois des modifications, notamment au chapitre de la définition de la société distincte, avant d'appuyer l'Accord.

15   Pierre O'Neill, « Le Lac Meach [sic] a rallié les péquistes de toutes les tendances », *Le Devoir*, 4 mai 1987, p. A1.

16   Voir « Appel au peuple du Québec », reproduit dans Denis (dossier constitué par), *Québec : dix ans de crise constitutionnelle*, p. 163-164. Les positions de plusieurs organisations et partis nationalistes sont reproduites dans *Le Québec et le lac Meech*, chap. 4.

17   Déclaration du Parti indépendantiste reproduite dans *Le Québec et le lac Meech*, p. 197.

18   Pierre Fournier, *Autopsie du lac Meech*, Montréal, VLB, 1990, p. 42.

19   Denis Robert, « La signification de l'Accord du lac Meech au Canada anglais et au Québec francophone », dans Peter M. Leslie et Ronald L. Watts (dir.), *Canada : The State of the Federation, 1987-88*, Kingston, Institut des relations intergouvernementales, Queen's University, 1988, p. 154.

20   Guy Laforest, *Trudeau et la fin d'un rêve canadien*, Sillery, Septentrion, 1992, p. 65.

21   Par exemple, le 28 mars 1990, le parti ministériel appuyait une motion présentée par l'opposition et stipulant que le gouvernement du Québec rejetait officiellement toute proposition qui constituerait un amendement ou une modification susceptible de changer le contenu ou l'esprit de l'Accord du lac Meech.

22   Daniel Bonin, « Le Québec de l'après-Meech », dans Douglas M. Brown (dir.), *Canada : The*

State of the Federation, 1991, Kingston, Institut des relations intergouvernementales, Queen's University, 1991, p. 20.

23   « The Welcome Pact », *The Globe and Mail*, 4 juin 1987, p. 6 [Traduction]. Le *Calgary Herald*, le *Vancouver Sun*, le *Chronicle Herald* appuyèrent l'Accord, mais le *Winnipeg Free Press* et le *Toronto Star* émirent de très sérieuses réserves. Ces éditoriaux sont reproduits dans *Le Québec et le lac Meech*, p. 290-298.

24   Blais et Crête, « Pourquoi l'opinion publique au Canada anglais a-t-elle rejeté l'Accord du lac Meech ? », p. 390. D'après un sondage réalisé au début du mois de juin 1987, le nombre de personnes qui appuyaient l'Accord oscillait entre 46 p. 100 en Ontario et 57 p. 100 dans les Maritimes. Rapporté par Kenneth McRoberts, *Misconceiving Canada : The Struggle for National Unity*, Oxford, Oxford University Press, 1997, p. 197.

25   « This Deal Carries Too High a Price », *The Toronto Star*, 2 mai 1987; « No One Spoke for Canada », 4 juin 1987. Ces éditoriaux sont reproduits dans *Le Québec et le lac Meech*, p. 278-279, 290-292.

26   Par exemple, l'adoption du projet de loi 178 (1988) par le gouvernement du Québec est souvent considérée comme un point tournant, dans la mesure où elle fut utilisée par le premier ministre du Manitoba pour justifier le retrait de la résolution sur l'Accord du lac Meech devant l'Assemblée législative du Manitoba. Le témoignage de Philip Resnick montre aussi combien l'appui que le Québec donna au libre-échange fut vivement ressenti par de nombreux Canadiens anglais. Voir Philip Resnick, « Lettre à un ami québécois », dans Philip Resnick et Daniel Latouche, *Réponse à un ami canadien*, Montréal, Boréal, 1990, p. 73-87.

27   Blais et Crête, « Pourquoi l'opinion publique au Canada anglais a-t-elle rejeté l'Accord du

lac Meech ? », tableau 1, p. 386. Ces chiffres font état des réponses des personnes de langue maternelle anglaise.

28   Gordon Robertson, *The Five Myths of Meech Lake*, Toronto, Methuen, 1990; Richard Simeon, « Meech Lake and Visions of Canada », dans K. E. Swinton et C. J. Rogerson (dir.), *Competing Constitutional Visions : The Meech Lake Accord*, Toronto, Carswell, 1988, p. 295-306; Peter M. Leslie, « Submission to the Special Joint Committee of the Senate and the House of Commons on the 1987 Constitutional Accord », dans Clive Thompson (dir.), *Navigating Meech Lake*, Kingston, Institut des relations intergouvernementales, Queen's University, 1988, p. 8-28. En janvier 1990, le groupe « Les Amis du lac Meech » fut fondé pour tenter de détruire la perception selon laquelle l'Accord n'était que le fruit d'un chantage exercé par le Québec sur les autres provinces. Robert Stanfield, Stephen Lewis, Lucie Pepin, Serge Joyal, Jeremy Webber, Flora MacDonald faisaient partie de ce groupe.

29   Des audiences publiques furent tenues au Manitoba, au Nouveau-Brunswick, en Ontario, à l'Île-du-Prince-Édouard et au Québec. Le gouvernement fédéral tint ses propres audiences en août 1987, par le biais d'un comité mixte du Sénat et de la Chambre des communes, et le Sénat fit de même en mars 1988.

30   Parmi les figures les plus connues, on peut nommer Pierre Elliott Trudeau, Sharon Carstairs (Manitoba), Clyde Wells (Terre-Neuve), Frank McKenna (Nouveau-Brunswick) et, plus discrètement, Jean Chrétien (qui allait devenir chef du parti en 1990). John Turner, alors chef du PLC, malgré ses réserves et celles de son caucus, finit par appuyer l'Accord lors des deux votes qui furent pris sur cette question à la Chambre des communes. De même, lors de la course à la direction du Parti libéral fédéral, le candidat Paul Martin appuya

l'Accord. Voir Pierre O'Neill, « Paul Martin appuie inconditionnellement l'Accord du lac Meech », *Le Devoir*, 18 janvier 1990, p. A1.

31 Voir Alan C. Cairns, « The Charter, Interest Groups, Executive Federalism and Constitutional Reform », dans David E. Smith, Peter MacKinnon et John C. Courtney (dir.), *After Meech Lake : Lessons for the Future*, Saskatoon, Fifth House Publishers, 1991, p. 13-31.

32 Blais et Crête, « Pourquoi l'opinion publique au Canada anglais a-t-elle rejeté l'Accord du lac Meech ? », p. 390.

33 Clyde Wells, « One Canada Means no Special Privileges », Earle Gray (dir.), *Visions of Canada : Disparate Views of What Canada is, What it Ought to be, and What it Might Become*, Woodville, Ont., Canadian Speeches, 1990, p. 38-45.

34 Pour une présentation plus détaillée de l'opposition des groupes féministes canadiens, voir Barbara Roberts, *Beau fixe ou nuage à l'horizon ? L'Accord du lac Meech jugé par les groupes féministes du Québec et du Canada*, Ottawa, Institut canadien de recherche sur les femmes, 1989, p. 10-16, 28-46. Le premier ministre McKenna fit de la clarification de l'effet de l'Accord sur les droits des femmes une des conditions de son appui.

35 Cité par Tony Hall, « What Are We ? Chopped Liver ? Aboriginal Affairs in the Constitutional Politics of Canada in the 1980s », dans Michael D. Behiels (dir.), *The Meech Lake Primer*, Ottawa, Presses de l'Université d'Ottawa, p. 457 [Traduction]. Pour une présentation de l'ensemble des objections des Premières Nations à l'Accord du lac Meech, voir aussi Tony Penikett, « Constitutionalizing Northern Canada's Colonial Status », dans Behiels (dir.), *The Meech Lake Primer*, p. 457-464; Commission royale sur les peuple autochtones, *Un passé, un avenir : rapport de la Commission royale sur les peuples autochtones*, vol. 1, Ottawa, Approvisionnements et Services Canada, 1996, p. 224-228.

36 Georges Arès, de l'Association canadienne-française de l'Alberta, a écrit :
> La plus grande faiblesse [de l'Accord du lac Meech], aux yeux de l'ACFA, c'est l'absence de toute obligation, du moins pour le gouvernement fédéral, de promouvoir la dualité canadienne. Le parlement fédéral et les assemblées législatives provinciales n'ont que l'obligation de protéger les caractéristiques fondamentales du Canada, alors que le Québec a la responsabilité de préserver et de promouvoir sa société distincte.

Georges Arès, « The Accord Abandons Canada's Battered and Defenceless Minorities », dans Behiels (dir.), *The Meech Lake Primer*, p. 220.

37 David Bercuson, « Meech Lake : The Peace of the Graveyard », dans Roger Gibbins (dir.), *Meech Lake and Canada : Perspectives from the West*, Edmonton, Academic Printing and Publishing, 1988, p. 17-21.

38 Wells, « One Canada Means no Special Privileges », p. 43.

39 Pierre Elliott Trudeau, « Comme gâchis total, il serait difficile de faire mieux », dans Donald Johnston (textes réunis par), *Lac Meech : Trudeau parle...*, Montréal, Hurtubise HMH, 1989, p. 25.

40 Lucien Bouchard, « Le vrai pays », *Le Devoir*, 26 juin 1990, p. 13.

41 Denis Monière, *L'indépendance*, Montréal, Québec/Amérique, 1992, p. 103.

42 Jean Herman Guay, « L'évolution de l'opinion pendant la campagne référendaire », dans Denis Monière et Jean H. Guay, *La bataille du Québec, troisième épisode : 30 jours qui ébranlèrent le Canada*, Montréal, Fides, 1996, p. 186. En fait, la poussée souverainiste précéda de quelques mois la mort de l'Accord du lac Meech. Voir Mario Fontaine, « La poussée nationaliste selon cinq sondages », dans Denis (dir.), *Québec : dix ans de crise constitutionnelle*, p. 220-222; Maurice Pinard, Robert Bernier et Vincent Lemieux, *Un combat inachevé*, Sillery, Presses de l'Université du Québec, 1997, p. 76-83.

43   Cité par François Rocher, « Le Québec et la Constitution : une valse à mille temps », dans François Rocher (dir.), *Bilan québécois du fédéralisme canadien*, Montréal, VLB, 1992, p. 34.

La crise d'Oka (1990)

1   Campbell et Pal, *The Real Worlds of Canadian Politics*, p. 326. D'après Geoffrey York et Loreen Pindera, « Oka a déclenché la plus éclatante manifestation d'unité amérindienne dont le pays ait été témoin au cours de son histoire récente ». Geoffrey York et Loreen Pindera, *People of the Pines : The Warriors and the Legacy of Oka*, Toronto, Little Brown, 1991, p. 273.

2   Robert M. Campbell et Leslie A. Pal, *The Real Worlds of Canadian Politics : Cases in Process and Policy*, 2e éd., Peterborough, Broadview Press, 1991, p. 268-269.

3   Édouard Cloutier, « L'opinion politique québécoise en 1990-1991 », dans Denis Monière (dir.), *L'Année politique au Québec, 1991*, Montréal, Québec/Amérique, 1992, p. 241.

4   Cloutier, « L'opinion politique québécoise en 1990-1991 ». Seulement 11 p. 100 des répondants se disaient plus favorables.

5   Campbell et Pal, *The Real Worlds of Canadian Politics*, p. 331. Voir aussi York et Pindera, *People of the Pines*, p. 231.

6   Les « Warriors » sont des nationalistes Mohawks qui s'inspirent des écrits de Louis Hall prônant une résistance active et armée pour défendre le territoire et la culture Mohawks. À ce propos, voir Gail Valaskakis, « Rights and Warriors : First Nations, Media and Identity », *A Review of International English Literature*, janvier 1994, p. 60-72; York et Pindera, *People of the Pines*, p. 167-190; Peter McFarlane, « Stolen Land », *Canadian Forum*, novembre 1990, p. 18-21.

7   Paul Ogresko, « Reflections on Oka », *Canadian Dimension*, janvier-février 1991, p. 10.

8   York et Pindera, *People of the Pines*, p. 414. Pour une analyse du traitement de l'information par les médias anglophones d'un point de vue québécois, voir Robin Philpot, *Oka : dernier alibi du Canada anglais*, Montréal, VLB, 1991, p. 136-148. Pour mieux connaître le point de vue autochtone, voir la Commission royale sur les peuples autochtones, *Vers un ressourcement : rapport de la Commission royale sur les peuples autochtones, Volume 3*, Ottawa, Approvisionnements et Services Canada, 1996, p. 707-709.

9   Philpot, *Oka*, p. 106.

10   Robert Bourassa, *Gouverner le Québec*, Montréal, Fides, 1995, p. 230-231. Parmi ces intervenants figuraient notamment Mgr Tutu, Jesse Jackson, le Parlement européen et la Commission des droits de la personne de l'ONU.

11   « Les négociations avec les Mohawks sont au point mort », *Le Devoir*, 30 juillet 1990, p. 1.

12   La pétition fut publiée dans le *Globe and Mail*, le 6 septembre 1990, sous le titre « A Solution at the End of a Rifle Is No Solution at All ». [Traduction]

13   Philpot, *Oka*, p. 149. 56 p. 100 des répondants étaient d'avis que les Autochtones devraient être reconnus comme société distincte. Voir « Canadians Willing to Give Natives One-Fifth of the Country, Poll Says », *The Gazette*, 11 novembre 1990, p. A7

14   Ogresko, « Reflections on Oka », p. 10. [Traduction]

15   Kenneth McRoberts, *Misconceiving Canada : The Struggle for National Unity*, Oxford, Oxford University Press, 1997, p. 208. [Traduction]

L'Entente Gagnon-Tremblay-McDougall sur l'immigration (1991)

1   Julien Bauer, *Les minorités au Québec*, Montréal, Boréal, 1994, p. 31. En vertu de l'article 95 de la Loi constitutionnelle de 1867, l'immigration constitue une

compétence partagée avec prépondérance législative fédérale.

2   Bauer, *Les minorités au Québec*; Joseph H. Carens, « Immigration, Political Community, and the Transformation of Identity : Quebec's Immigration Policies in Critical Perspective », dans Joseph H. Carens (dir.), *Is Quebec Nationalism Just ? Perspectives from Anglophone Canada*, Montréal/Kingston, McGill-Queen's University Press, 1995, p. 21.

3   Gouvernement du Québec, *Accord Canada-Québec relatif à l'immigration et à l'admission temporaire des aubains*, Ministère des Communautés culturelles et de l'Immigration, 1991, p. 2.

4   Gouvernement du Québec, *Accord Canada-Québec relatif à l'immigration et à l'admission temporaire des aubains*, 1991, p. 3.

5   Le gouvernement fédéral conserve l'entière responsabilité d'établir des normes nationales et les objectifs en matière d'immigration.

6   Gouvernement du Québec, *Accord Canada-Québec relatif à l'immigration et à l'admission temporaire des aubains*, 1991, p. B2-B3.

7   Bauer, *Les minorités au Québec*.

8   Kenneth McRoberts, *Misconceiving Canada : The Struggle for National Unity*, Oxford, Oxford University Press, 1997, p. 152. [Traduction]

9   Monique Gagnon-Tremblay, « Ottawa doit signer : la nouvelle entente en matière d'immigration est essentielle pour le Québec », *Le Devoir*, 27 novembre 1990, p. B8.

10   Lise Bissonnette, « La première politique d'immigration », *Le Devoir*, 5 décembre 1990, p. A8.

11   Cité par Paul Cauchon, « Ottawa rejette la stratégie des petits pas de Rémillard », *Le Devoir*, 6 février 1991, p. A1. Voir aussi Monique Gagnon-Tremblay, « L'entente sur l'immigration, un modèle à suivre », *Le Devoir*, 1er septembre 1992, p. A13.

12   René Marleau, « Le Québec ne contrôle pas son immigration », *Le Devoir*, 21 août 1992, p. A13.

13   Voir, par exemple, Daniel Turp et Alain-G. Gagnon, « Le Rapport du consensus de 1992 sur la Constitution, ou l'extinction de l'Entente du lac Meech », dans *Les objections de 20 spécialistes aux offres fédérales*, Montréal, Éditions Saint-Martin, 1992, p. 38. On doit toutefois noter que, faute de pouvoir lui donner une base constitutionnelle, le Canada et le Québec lui ont donné une base presque aussi permanente en s'engageant à n'ouvrir l'Entente que s'ils s'entendaient sur la façon de la refermer. Cette clause explique pourquoi le Québec n'est pas pénalisé financièrement, même s'il ne respecte pas son engagement d'accueillir un nombre d'immigrants équivalant à son poids démographique.

14   Carens, « Immigration, Political Community, and the Transformation of Identity », p. 31. [Traduction]

15   Depuis 1992, la part du Québec dans l'immigration au Canada a été de 15,1 p. 100 (176 498 personnes), comparativement à 19 p. 100 (180 986 personnes) pour la période allant de 1987 à 1991. *Québec : prévoir et planifier — caractéristiques de l'immigration récente au Québec*, Québec, Direction de la planification stratégique du ministère des Relations avec les citoyens et de l'Immigration, 1997, p. 23.

16   Edward Greenspon et Scott Feschuk, « Ottawa Offers Immigration Deal », *The Globe and Mail*, 27 février 1997, p. A1.

17   Jeffrey Simpson, « Quebec's Immigration Deal May Be Flexible, but It's Also Profitable », *The Globe and Mail*, 10 novembre 1995, p. A20. [Traduction]

18   Allan Thompson, « Provinces Stalling Deal on Immigrants : Ottawa », *The Toronto Star*, 28 février 1997, p. A13; Greenspon et Feschuk, « Ottawa Offers Immigration Deal ».

L'Entente de Charlottetown et le référendum de 1992

1 Parti libéral du Québec, *Un Québec libre de ses choix*, Rapport du Comité constitutionnel du Parti libéral du Québec, 28 janvier 1991.

2 Commission sur l'avenir politique et constitutionnel du Québec, *Rapport de la Commission sur l'avenir politique et constitutionnel du Québec*, Québec, Secrétariat de la Commission, 1991.

3 Au cours de l'hiver 1991, le premier ministre confiait en outre à une dizaine d'équipes de sous-ministres et de hauts fonctionnaires le soin de revoir l'ensemble des compétences partagées. En avril, il mettait sur pied le Comité spécial du Cabinet sur l'unité canadienne et les négociations constitutionnelles et en confiait la direction à Joe Clark.

4 Canada, *Bâtir ensemble l'avenir du Canada*, Ottawa, Approvisionnements et Services Canada, 1991.

5 Leslie A. Pal et F. Leslie Seidle, « Constitutional Politics, 1990-92 : The Paradox of Participation », dans Susan D. Phillips (dir.), *How Ottawa Spends, 1993-1994*, Ottawa, Carleton University Press, 1993, p. 170.

6 Cité dans Jean Dion, « Même les Autochtones ont obtenu plus que le Québec, dit Parizeau », *Le Devoir*, 24 août 1992, p. A1.

7 François Rocher, « La consécration du fédéralisme centralisateur », dans *Référendum, 26 octobre 1992 : Les objections de 20 spécialistes aux offres fédérales*, Montréal, Saint-Martin, 1992, p. 87-98.

8 Lise Bissonnette, « Le mur », *Le Devoir*, 24 août 1992, p. A1. Voir aussi son éditorial du 9 juillet, à la suite de l'annonce de l'Entente du 7 juillet, éditorial qui compte un seul mot : « NON ».

9 Jean Allaire, « Le droit de savoir », reproduit dans *Référendum*, 26 octobre 1992, p. 157.

10 Richard Johnston, André Blais, Elisabeth Gidengil et Neil Nevitte, « The People and the Charlottetown Entente », dans Ronald L. Watts et Douglas M. Brown (dir.), *Canada : The State of the Federation, 1993*, Kingston, Institut des relations intergouvernementales, Queen's University, 1993, p. 36.

11 Le texte officiel de l'Entente de Charlottetown fut d'ailleurs rendu public plus rapidement au Québec, le 10 octobre plutôt que le 13, pour tenter de calmer ces appréhensions.

12 Voir *Le Devoir*, 1er octobre 1992, p. A4.

13 Voir *Référendum*, 26 octobre 1992, p. 45-62.

14 Allaire, « Le droit de savoir ».

15 Johnston, Blais, Gidengil et Nevitte, « The People and the Charlottetown Entente », p. 21.

16 Cité par Alain Noël, « Deliberating a Constitution : The Meaning of the Canadian Referendum of 1992 », dans Curtis Cook (dir.), *Constitutional Predicament : Canada after the Referendum of 1992*, Montréal, McGill-Queen's University Press, 1994, p. 72. [Traduction]

17 « And Miles to Go Before we Sleep », *The Globe and Mail*, 24 août 1992, p. 26. [Traduction]

18 Rapporté par Susan Delacourt, « PM Gears Up to Fight for Entente », *The Globe and Mail*, 24 août 1992, p. A1. [Traduction]

19 Johnston, Blais, Gidengil et Nevitte, « The People and the Charlottetown Entente »; Kenneth McRoberts, *Misconceiving Canada : The Struggle for National Unity*, Don Mills, Ont., Oxford University Press, 1997, p. 218.

20 Pal et Seidle, « Constitutional Politics, 1990-92 », p. 164.

21 Plusieurs signataires ou bien émirent des réserves à son sujet, comme Clyde Wells, ou bien furent carrément absents durant la campagne, comme le premier ministre de la Colombie-Britannique, Michael Harcourt. De plus, l'appui du Parti libéral du Canada et du Nouveau Parti démocratique demeura tiède et, le 18 octobre, les chefs autochtones

refusèrent d'approuver l'Entente négociée par le grand chef de l'Assemblée des Premières Nations, Ovide Mercredi.

22 Jeremy Webber, *Reimagining Canada : Language, Culture, Community and the Canadian Constitution*, Montréal, McGill-Queen's University Press, 1994, p. 174.

23 David Elton, un des concepteurs du Sénat « triple-E », et Roger Gibbins, fervent promoteur d'un tel forum, s'opposèrent tous deux à la réforme de Charlottetown. Le Parti réformiste en fit autant. Les sondages d'opinion montrent que les gens étaient plus favorables à l'abolition du Sénat qu'à la réforme proposée. McRoberts, *Misconceiving Canada*, p. 217. De même, la reconnaissance du droit inhérent à l'autonomie gouvernementale des Premières Nations fut insuffisante pour convaincre les Autochtones de soutenir l'Entente. Pal et Seidle, « Constitutional Politics, 1990-92 », p. 167.

24 La proportion des opposants à la clause de société distincte par rapport à ses partisans était de 55/40, alors que, dans le cas du plancher de 25 p. 100, la proportion était de 78/16. Voir Johnston, Blais, Gidengil et Nevitte, « The People and the Charlottetown Entente », p. 24-25.

25 Cité par Pal et Seidle, « Constitutional Politics, 1990-92 », p. 167. [Traduction]

26 Pal et Seidle, « Constitutional Politics, 1990-92 ».

27 Pierre Elliott Trudeau, « Le chantage québécois », *À contre-courant : textes choisis, 1939-1996*, Montréal, Stanké, 1996, p. 276; d'abord paru dans le magazine *Maclean's* le 28 septembre 1992, son allocution à *Cité libre* fut publiée sous le titre *Trudeau : ce gâchis mérite un gros NON!*, Outremont, L'Étincelle, 1992.

28 Voir « Entente Puts Handicapped in Jeopardy, Coalition Says », *The Globe and Mail*, 4 septembre, p. A4.

29 *Trudeau : ce gâchis mérite un gros NON!*

30 Curtis Cook, « Introduction : Canada's Predicament », dans Cook (dir.),

Constitutional Predicament, p. 7. Les chiffres concernant le vote autochtone doivent être pris avec prudence puisque la marge d'erreur peut atteindre 17 p. 100.

31 Voir « On to the economy », *The Globe and Mail*, 27 octobre 1992, p. A26; et Claude Masson, « Et maintenant... », *La Presse*, 27 octobre 1992, p. B2.

32 Alain Dubuc, « Anatomie d'un échec », *La Presse*, 27 octobre 1992, p. B2.

33 Par exemple, la responsabilité de la formation de la main-d'œuvre a été transférée aux provinces. Aussi, le 12 mars 1993, une résolution d'amendement de la Constitution, qui proposait d'ajouter un nouvel article 16.1 à la Loi constitutionnelle de 1982 (par lequel l'égalité des deux communautés linguistiques au Nouveau-Brunswick avait été reconnue) fut adoptée par la Chambre des communes et le Sénat.

Le référendum sur la souveraineté-partenariat (1995)

1 Reg Whitaker, « The National Unity Portfolio », dans Susan D. Phillips (dir.), *How Ottawa Spends, 1995-96 : Mid-Life Crises*, Ottawa, Carleton University Press, 1995, p. 72; Robert A. Young, « "Maybe Yes, Maybe No" : The Rest of Canada and a Quebec "Oui" », dans Douglas M. Brown et Jonathan W. Rose (dir.), *Canada : The State of the Federation, 1995*, Kingston, Institut des relations intergouvernementales, Queen's University, 1995, p. 48-50.

2 Jean Dion, « L'unifolié à nouveau dans la tempête », *Le Devoir*, 16 février 1995, p. A3. Voir aussi le document de travail qui fut rendu public par Jacques Parizeau et qui résumait les objectifs et les stratégies du gouvernement fédéral, « La stratégie du NON », *Le Devoir*, 27 juillet 1995, p. A7.

3 Par exemple, Laurent Beaudoin, de la compagnie Bombardier, déclara qu'il pourrait déménager ses usines advenant une victoire

du Oui. Sur le rôle des gens d'affaires, voir Michel Venne, « Le déroulement de la campagne », dans Denis Monière et Jean H. Guay (dir.), *La bataille du Québec, troisième épisode : 30 jours qui ébranlèrent le Canada*, Montréal, Fides, 1996, p. 41-44.

4   L'Institut C.D. Howe publia dès janvier 1995 une enquête qui mettait en relief les effets néfastes de la séparation du Québec. Au même moment, Moody's, une des principales agences de cotation américaines, émettait des doutes sur la stabilité de la cote de crédit du Québec advenant un vote favorable à la souveraineté.

5   Ed Broadbent, « Post-Referendum Canada », dans John E. Trent et coll. (dir.), *Québec-Canada : What is the Path Ahead ? Nouveaux sentiers vers l'avenir*, Ottawa, Presses de l'Université d'Ottawa, 1996, p. 277.

6   Cité par Venne, « Le déroulement de la campagne », p. 58. De même, l'Ontario et la Nouvelle-Écosse adoptèrent une résolution reconnaissant le caractère distinct du Québec, et Terre-Neuve et le Nouveau-Brunswick, une résolution demandant la reconnaissance constitutionnelle de la société distincte québécoise. Barry Came, « Crusade for Canada », *Maclean's*, 6 novembre 1995, p. 23.

7   Michel Venne, « Vivement le référendum », *Le Devoir*, 14 septembre 1994, p. A5.

8   Jean H. Guay, « L'évolution de l'opinion pendant la campagne référendaire », dans Monière et Guay (dir.), *La bataille du Québec, troisième épisode : 30 jours qui ébranlèrent le Canada*, p. 188-190.

9   François Rocher, « Les aléas de la stratégie pré-référendaire, chronique d'une mort annoncée », dans Brown et Rose (dir.), *Canada : The State of the Federation, 1995*, p. 25. Voir aussi John F. Conway, « English Canada's Willful Blindness », *Inroads*, n° 4, mai 1995, p. 31-32.

10   Jacques Parizeau, « Le contraire du repli sur soi », conférence de presse tenue le 14 septembre 1995. Reproduit dans

Jacques Parizeau, *Pour un Québec souverain*, Montréal, VLB, 1997, p. 97.

11   Jean Dion, « À pieds joints dans le bain de l'unité nationale », *Le Devoir*, 14 septembre 1994, p. A6.

12   Guay, « L'évolution de l'opinion pendant la campagne référendaire », p. 194.

13   Rocher, « Les aléas de la stratégie pré-référendaire, chronique d'une mort annoncée », p. 33. Notons tout de même que les audiences publiques tenues par les 16 commissions régionales et les deux commissions réservées aux jeunes et aux aînés ont attiré la participation de 55 000 Québécois. Voir Commission nationale sur l'avenir du Québec, *Rapport*, Québec, ministère du Conseil exécutif, 1995, p. 10.

14   Commission nationale sur l'avenir du Québec, *Rapport*, p. 25.

15   Cité par Venne, « Le déroulement de la campagne », p. 47. Sur l'état des finances publiques fédérales et ses conséquences pour la stratégie référendaire, voir Whitaker, « The National Unity Portfolio ».

16   Barry Came, « Quebec Inc. Stirs », *Maclean's*, 2 octobre 1995, p. 22.

17   Guy Lachapelle, « La souveraineté-partenariat, donnée essentielle du résultat référendaire et de l'avenir des relations Québec-Canada », dans Trent et coll. (dir.), *Québec-Canada*, p. 45-53; Maurice Pinard, Robert Bernier et Vincent Lemieux, *Un combat inachevé*, Sillery, Presses de l'Université du Québec, 1997, p. 76-83; Commission nationale sur l'avenir du Québec, *Rapport*, p. 34.

18   Lachapelle, « La souveraineté-partenariat, donnée essentielle du résultat référendaire et de l'avenir des relations Québec-Canada », p. 58.

19   Sur l'importance de l'entente tripartite et de « l'effet Bouchard » sur les intentions de vote, voir Maurice Pinard, « L'effet Bouchard », *Options politiques*, vol. 18, n° 8, octobre 1997, p. 34-37; Pinard, Bernier et Lemieux, *Un combat inachevé*.

20   Jean Herman Guay et Denis Monière, « Conclusion », dans Monière et Guay (dir.), *La bataille du Québec*, p. 257. Voir aussi Claude Denis, « Sovereignty Postponed : On the Canadian Way of Losing a Referendum, and Then Another », *Constitutional Forum constitutionnel*, vol. 7, n° 3, hiver-printemps 1996, p. 45-46; Daniel Drache, « Chock-a-Block Federalism Lessons for the Next Time », *Canada Watch*, vol. 4, n° 2, novembre-décembre 1995, p. 20; Édouard Cloutier, « The Quebec Referendum : From Polls to Ballots », *Canada Watch*, vol. 4, n° 2, novembre-décembre 1995, p. 37, 39.

21   André Blais, « Pourquoi le oui a-t-il fait des gains pendant la campagne référendaire ? », dans Trent et coll. (dir.), *Québec-Canada*, p. 74. Pinard, Bernier et Lemieux, *Un combat inachevé*, p. 85-87.

22   Guay et Monière, « Conclusion », p. 258; voir aussi Vincent Lemieux, « Le référendum de 1995, quelques pistes d'explication », dans Trent et coll. (dir.), *Québec-Canada*, p. 65-69; Pinard, Bernier et Lemieux, *Un combat inachevé*, p. 317-353.

23   Denis, « Sovereignty Postponed », p. 46 [Traduction]. Voir aussi Daniel Latouche, « You Asked for It », *Canada Watch*, vol. 4, n° 2, novembre-décembre 1995, p. 31; Louis Balthazar, « Please, Let Us Breathe », *Canada Watch*, vol. 4, n° 2, novembre-décembre 1995, p. 35.

24   Martin Leblanc, « Bouchard dénonce l'amour soudain pour le Québec », *Journal de Montréal*, 27 octobre 1995, p. 6; John Gray, « Business as Usual Amid the Tumult », *The Globe and Mail*, 28 octobre 1995, p. A4. D'après une enquête réalisée en novembre 1996 au Québec, 56, 5 p. 100 des répondants disaient avoir attaché peu ou pas d'importance à cette manifestation. Toutefois, elle demeurait l'événement auquel les répondants avaient accordé le plus d'attention. Guy Lachapelle, « Les raisons du vote massif des Québécois au référendum », *Bulletin d'his-toire politique*, vol. 4, n° 3, printemps 1996, p. 24.

25   Cité par Jean Dion, « La souveraineté ne fait pas partie du paysage », *Le Devoir*, 14 septembre 1994, p. A5. Jean Dion, « Le reste du Canada met ses gants blancs », *Le Devoir*, 14 septembre 1994, p. A4; Jean Chartier, « La presse anglophone a mis le paquet », *Le Devoir*, 14 septembre 1994, p. A6.

26   Henry Milner, « Why Quebec Must Say No to Saying No », *Inroads*, n° 4, 1995, p. 9; Michel Sarra-Bournet, *Le Canada anglais et la souveraineté du Québec : deux cents leaders d'opinion se prononcent*, Montréal, VLB, 1995, p. 154-155.

27   Voir par exemple Kenneth McRoberts (dir.), *Beyond Quebec : Taking Stock of Canada*, Montréal, McGill-Queen's University Press, 1995; Philip Resnick, *Thinking English Canada*, Toronto, Stoddart, 1994; Robert A. Young, *La sécession du Québec et l'avenir du Canada*, Sainte-Foy, Presses de l'Université Laval, 1995; Douglas M. Brown, « Thinking the Unthinkable », dans Patrick C. Fafard et Douglas M. Brown (dir.), *Canada : The State of the Federation, 1996*, Kingston, Institut des relations intergouvernementales, Queen's University, 1996, p. 23-43; Sarra-Bournet, *Le Canada anglais et la souveraineté du Québec*.

28   Voir, à ce titre, Charles Gordon, « Canada's Imminent Breakup, Version 4 », *Maclean's*, 26 septembre 1994, p. 13.

29   Anthony Wilson-Smith, « A Quiet Passion », *Maclean's*, 1er juillet 1995, p. 13; Mary Nemeth, « All or Nothing », *Maclean's*, 30 octobre 1995, p. 32-33.

30   Barry Came, « Is Separatism Dead ? », *Maclean's*, 24 avril 1995, p. 12-16; John F. Conway, « English Canada's Willful Blindness », *Inroads*, n° 4, mai 1995, p. 31-32. Avant la répartition des indécis, les intentions de vote en faveur de la souveraineté atteignaient 39 p. 100 entre janvier et mars 1995 (en 14 sondages). Voir Pinard, Bernier et Lemieux, *Un combat*

inachevé, tableau A, p. 275.

31   Brian Bergman, « A New Gambit, English Canada is Cool to Parizeau's Unity Offer », *Maclean's*, 8 mai 1995, p. 20; Diane Francis, « The Dishonesty of the Parti Québécois », *Maclean's*, 2 octobre 1995, p. 17.

32   « He Said, They Said », *Maclean's*, 4 septembre 1995, p. 10 [Traduction]. Sur les sentiments populaires, voir aussi Nemeth, « All or Nothing »; Pierre Martin, « L'opinion des Canadiens sur une association économique avec le Québec », *Le Devoir*, 22 et 23 juillet 1995, p. A7.

33   Nemeth, « All or Nothing ».

34   Cité par Barry Came, « Crusade for Canada », *Maclean's*, 6 novembre 1995, p. 22. [Traduction]

35   Dix-huit p. 100 des répondants croyaient que la manifestation avait permis de convaincre un nombre important d'indécis et de nationalistes « mous » de voter Non et 43 p. 100 qu'elle avait permis d'en convaincre quelques-uns. « Taking the Pulse », *Maclean's*, 25 décembre 1995 et 1ᵉʳ janvier 1996, p. 33.

36   Pour une présentation détaillée des résultats, voir Jean Herman Guay, « Les résultats du référendum du 30 octobre 1995 », dans Monière et Guay (dir.), *La bataille du Québec*, p. 203-252.

37   Cité par Philippe Cantin, « Parizeau blâme l'argent et le vote ethnique », *La Presse*, 31 octobre 1995, p. A4.

38   Pierre Drouilly estime que près de 60 p. 100 des francophones ont voté Oui, mais que tout au plus 5 p. 100 de non-francophones ont fait de même. « Le référendum du 30 octobre 1995, une analyse des résultats », dans Robert Boily (dir.), *L'année politique au Québec, 1995-1996*, Montréal, Fides, 1996, p. 135. Voir aussi Pinard, Bernier et Lemieux, *Un combat inachevé*, p. 307-313.

39   À titre d'exemple, on peut citer le « Quebec Political Action Committee », de Howard Galganov; le Comité spécial pour l'unité canadienne; et Les citoyens pour la démo-cratie, de Guy Bertrand. Bien que ces groupes ne soient pas l'apanage des anglophones, comme en fait foi le groupe de Guy Bertrand, ils y sont prédominants. Voir John E. Trent, « Post-Referendum Citizen Group Activity », dans Fafard et Brown (dir.), *Canada : The State of the Federation, 1996*, p. 58.

40   Plusieurs personnalités québécoises de toutes origines ont aussi ressenti le besoin de s'exprimer publiquement contre « le climat post-référendaire qui nous paraît malsain », en faveur d'un « dialogue franc et respectueux des valeurs démocratiques ». Voir Marc Brière (dir.), *Le goût du Québec*, Montréal, Hurtubise HMH, 1996. Le groupe Forum Québec et plusieurs intellectuels de langue anglaise ont également favorisé cette approche. Voir « Un climat postréférendaire malsain », *Le Devoir*, 26-27 octobre 1996, p. A6.

41   Cité par Cantin, « Parizeau blâme l'argent et le vote ethnique ». Voir aussi Daniel Turp, « Post-referendum Reflections: Sovereignty is Alive and Well, Partnership Remains the Roadmap to the Future », *Canada Watch*, vol. 4, nᵒ 2, novembre-décembre 1995, p. 1.

42   Cité par Guay, « Les résultats du référendum du 30 octobre 1995 », p. 220. Voir aussi Lise Bissonnette, « Le non de 1995 », *Le Devoir*, 31 octobre 1995, p. 14.

43   Voir « The Unfinished Country », *The Globe and Mail*, 31 octobre 1995, p. A24. [Traduction]

44   Gérard Boismenu, « L'obsédante question constitutionnelle », dans Boily (dir.), *L'année politique au Québec, 1995-1996*, p. 15-21. Voir aussi Groupe des 22, *Making Canada Work Better*, Toronto, Institut C.D. Howe, mai 1996; Yves Fortier, Peter Lougheed et J. Maxwell, *Today and Tomorrow, an Agenda for Action : Report of the Confederation 2000 Conference*, Ottawa, mai 1996; Trent et coll. (dir.), *Québec-Canada*; André Burelle, *Le mal canadien*, Montréal, Fides, 1995.

45 Voir le texte du communiqué émis à l'issue de la rencontre des premiers ministres provinciaux : « Des consultations publiques pour renforcer la fédération », *Le Devoir*, 16 septembre 1997, p. A7.

46 Hugh Windsor et Edward Greenspon, « Hardline on Separation Popular Outside Quebec », *The Globe and Mail*, 16 novembre 1996, p. A1. La question se lisait comme suit : « D'après vous, le gouvernement fédéral doit-il s'efforcer de mettre en œuvre quelques-uns des changements que demande le Québec, ou doit-il plutôt mettre l'accent sur les sévères contraintes auxquelles le Québec devrait se plier pour quitter le Canada ? » Dans les Maritimes, 57 p. 100 des répondants préféraient la deuxième option; en Ontario, 58 p. 100 abondaient dans le même sens; dans l'Ouest, cette réponse obtenait l'appui de 70 p. 100 des personnes interrogées.

47 Roger Gibbins, « Western Canada in the Wake of the Events of 1995 », dans Trent et coll. (dir.), *Québec-Canada,* p. 255-262.

48 Par exemple, l'ouvrage de Diane Francis, *Fighting for Canada*, Toronto, Key Porter, 1996. Pour des analyses du climat qui a régné dans l'après-référendum, voir McRoberts, *Misconceiving Canada*, p. 241-244; Michel Sarra-Bournet, « Le choc référendaire au Canada anglais », *L'action nationale*, vol. 85, n° 9, septembre 1997, p. 111-122; *Canada Watch*, août 1996.

49 Sécession du Québec (Renvoi relatif à la), [1998] 2 R.C.S. 217. La cour ajoutait toutefois que :
> Un vote qui aboutirait à une majorité claire au Québec en faveur de la sécession, en réponse à une question claire, conférerait au projet de sécession une légitimité démocratique que tous les autres participants à la Confédération auraient l'obligation de reconnaître. [...] l'ordre constitutionnel canadien existant ne pourrait pas demeurer indifférent devant l'expression claire, par une majorité claire de Québécois, de

leur volonté de ne plus faire partie du Canada. Les autres provinces et le gouvernement fédéral n'auraient aucune raison valable de nier au gouvernement du Québec le droit de chercher à réaliser la sécession, si une majorité claire de la population du Québec choisissait cette voie, tant et aussi longtemps que, dans cette poursuite, le Québec respecterait les droits des autres.

Conclusion par Guy Rocher

1 Ernest Renan, *Qu'est-ce qu'une nation ?*, texte integral avec présentation de Philippe Forest, Paris, Pierre Bordas et fils, 1991.

2 Renan, *Qu'est-ce qu'une nation ?*, p. 41.

John Meisel est professeur émérite en science politique à l'Université Queen's de Kingston (chaire sir Edward Peacock) et chercheur au Centre d'études sur la démocratie, de la même université. De 1980 à 1983, il fut président du Conseil de la radiodiffusion et des télécommunications canadiennes (CRTC). Au cours de sa carrière, il a fait partie, à divers titres, de plusieurs commissions d'enquête, groupes de travail ou comités d'études sur des questions comme le bilinguisme et le biculturalisme, l'unité nationale et le statut de la femme. Il a également agi comme conseiller auprès du gouvernement fédéral et auprès du gouvernement de l'Ontario. M. Meisel est l'auteur de nombreux livres, monographies et articles et il a collaboré à plusieurs ouvrages collectifs — dont *Cleavages, Parties and Values in Canada* (1974) et *Debating the Constitution* (avec Jean Lapointe, 1994). Parmi ses publications les plus récentes, signalons « Multi-Nationalism and the Federal Idea : A Synopsis » (1995), « Meteor ? Phoenix ? Chameleon ? The Decline and Transformation of Party in Canada » (avec Michael Mendelsohn, 1995). M. Meisel a reçu en 1991 le prix d'études canadiennes, décerné par Northern Telecom International.

Guy Rocher est depuis 1960 professeur titulaire au département de sociologie de l'Université de Montréal et, depuis 1979, chercheur attaché au Centre de recherche en droit public de la Faculté de droit, à la même université. De 1977 à 1979, il a été sous-ministre au Développement culturel dans le gouvernement du Québec et, à ce titre, il a participé à l'élaboration de la Charte de la langue française. En plus de ses nombreux livres et de ses contributions à divers ouvrages collectifs, il a publié un grand nombre d'articles et de rapports de recherche. On lui doit, entre autres ouvrages : *Introduction à la sociologie générale* (1969), *Le Québec en mutation* (1973), *Le Québec en jeu* (en collaboration, 1992) — et son ouvrage le plus récent, intitulé *Études de sociologue du droit et de l'éthique* (1996). M. Rocher s'est vu décerner de nombreuses distinctions dont, en 1997, le prix Molson pour l'excellence de son apport aux sciences sociales.

Arthur Silver est professeur au département d'histoire de l'Université de Toronto. Il est l'auteur de *The French Canadian Idea of Confederation, 1864-1900* (publié en 1982 et réédité en 1997) ; on lui doit également de nombreux articles sur l'histoire canadienne, parus dans diverses revues savantes, dont la *Canadian Historical Review*. Il prépare actuellement un ouvrage sur les réactions de l'opinion publique — tant anglophone que francophone — face à l'affaire Louis Riel.

1534	Jacques Cartier prend possession de la Nouvelle-France au nom du roi de France
1608	Fondation de Québec
1755 - 1762	Déportation des Acadiens
1759	Bataille des plaines d'Abraham
1760	Capitulation du gouverneur français
1763	Traité de Paris
	Proclamation royale
1774	Acte de Québec
1775	Exode des loyalistes
1791	Acte constitutionnel
1834	92 résolutions du Bas-Canada
1837 - 1838	Rébellions des patriotes
1839	Rapport Durham
1840	Acte d'Union
1848	Gouvernement responsable au Canada-Uni
1854 - 1866	Traité de réciprocité avec les États-Unis
1867	Confédération de la Nouvelle-Écosse, du Nouveau-Brunswick, du Québec et de l'Ontario
	John A. Macdonald (conservateur) devient premier ministre du Canada
1870	Le Manitoba devient province canadienne
1871	Entrée de la Colombie-Britannique dans la Confédération
1872	Oliver Mowat (libéral) devient premier ministre de l'Ontario
1873	Entrée de l'Île-du-Prince-Édouard dans la Confédération
1874 - 1875	Crise des écoles séparées au Nouveau-Brunswick
1879	Première « Politique nationale »
1884	Formation de la « Imperial Federation League »
	Crise du Soudan

1885	Exécution de Louis Riel
	Pose du dernier rail du chemin de fer Canadien Pacifique
1886	Honoré Mercier (Parti national) devient premier ministre du Québec
1887	Première conférence interprovinciale
1890	Question des écoles au Manitoba
	Formation de l'« Equal Rights Association »
1896	Wilfrid Laurier (libéral) devient premier ministre du Canada
	Formation de la « British Empire League »
1898	Le Yukon obtient le statut de territoire
1899 - 1902	Guerre des Boers
1905	L'Alberta et la Saskatchewan deviennent provinces canadiennes
	Le reste de la Terre de Rupert devient les Territoires du Nord-Ouest
1908	Lomer Gouin (libéral) devient premier ministre du Québec
1911	Robert Borden (conservateur) devient premier ministre du Canada
1912	Règlement 17 en Ontario
1914 - 1918	Première Guerre mondiale
	Le Canada adhère à la Société des nations
1917	Crise de la conscription
1920s	« Maritimes Rights Movement »
1921	William Lyon Mackenzie King (libéral) devient premier ministre du Canada
1927	Loi sur les pensions de vieillesse
1929	Grande Dépression
1930	Richard B. Bennett (conservateur) devient premier ministre du Canada
1931	Statut de Westminster
1932	Création de la Commission canadienne de la radiodiffusion
1933	Rapport de la Commission des assurances sociales du Québec (commission Montpetit)

1934   Création de la Banque du Canada

1935   William Lyon Mackenzie King reprend le pouvoir

1936   Maurice Duplessis (Union nationale) devient premier ministre du Québec

            Publication de la *Théorie générale de l'emploi, de l'intérêt et de la monnaie* de John Maynard Keynes

            Création de la Société Radio-Canada

1939 - 1945 Deuxième Guerre mondiale

1939   Adélard Godbout (libéral) devient premier ministre du Québec

1940   Rapport de la Commission royale d'enquête sur les relations entre le Dominion et les provinces (commission Rowell-Sirois)

            Instauration de l'assurance-chômage

1942   Plébiscite pancanadien sur la conscription

1943   Rapport sur la sécurité sociale au Canada (rapport Marsh)

            Rapport du Comité consultatif de l'assurance-santé (rapport Heagerty)

1944   Loi fédérale sur les allocations familiales

            Tommy Douglas (CCF) devient premier ministre de la Saskatchewan

            Maurice Duplessis reprend le pouvoir

1945   Adhésion du Canada à l'Organisation des Nations Unies

1945 - 1946 Conférences de la reconstruction

1946   Régime d'assurance-hospitalisation en Saskatchewan

1947   Loi sur la citoyenneté canadienne

            Premiers accords de location fiscale

1948   Louis Saint-Laurent (libéral) devient premier ministre du Canada

            Programme fédéral de subventions à la santé

            Adoption du drapeau québécois

1949   Entrée de Terre-Neuve dans la Confédération

            La Cour suprême du Canada devient la cour d'appel de dernière instance

	Leslie M. Frost (conservateur) devient premier ministre de l'Ontario
1951	Loi canadienne sur la sécurité de la vieillesse
	Loi canadienne sur l'assistance-vieillesse
	Loi canadienne sur les aveugles
	Rapport de la Commission royale d'enquête sur l'avancement des arts, des lettres et des sciences au Canada (commission Massey-Lévesque)
	Subventions fédérales aux universités
1952	Vincent Massey devient le premier gouverneur général natif du Canada
	Naissance de la télévision au Canada
1953	Instauration de la Bibliothèque nationale du Canada
1954	Loi sur les invalides
1955	Impôt sur le revenu du Québec
1956	Loi sur l'assistance-chômage
	Rapport de la Commission royale d'enquête sur les problèmes constitutionnels (commission Tremblay), au Québec
1957	Loi fédérale sur l'assurance-hospitalisation et les services diagnostiques
	John Diefenbaker (conservateur) devient premier ministre du Canada
	Premiers arrangements fiscaux
1958	Loi sur la capitale nationale du Canada
1959	Entente sur les universités
	Premier droit de retrait
1960	Adoption de la Déclaration canadienne des droits
	Jean Lesage (libéral) devient premier ministre du Québec
	Fondation du Rassemblement pour l'indépendance nationale (RIN)
1961	Instauration de l'assurance-maladie en Saskatchewan
	Création de l'Office de la langue française, au Québec
	John P. Robarts (conservateur) devient premier ministre de l'Ontario

1963	Lester B. Pearson (libéral) devient premier ministre du Canada
	Le Front de libération du Québec fait sauter ses premières bombes
1963 - 1970	Commission royale d'enquête sur le bilinguisme et le biculturalisme (commission Laurendeau-Dunton)
1964	Loi sur les allocations aux jeunes
	Entente fédérale-provinciale sur un processus de modification de la Constitution (formule Fulton-Favreau)
1965	Adoption officielle du drapeau canadien
	Régime de pensions du Canada et Régime des rentes du Québec
	Loi sur les programmes établis (arrangements provisoires)
	Signature du Pacte de l'auto entre le Canada et les États-Unis
1966	Daniel Johnson (Union nationale) devient premier ministre du Québec
1967	Centenaire de la Confédération
	Charles de Gaulle s'exclame « Vive le Québec libre ! »
	Fondation du Mouvement souveraineté-association
	Conférence sur la Confédération de demain
1968	Programme d'assurance-maladie
	Jean-Jacques Bertrand (Union nationale) devient premier ministre du Québec
	L'Assemblée législative du Québec devient l'Assemblée nationale
	Pierre Elliott Trudeau (libéral) devient premier ministre du Canada
	Création du Parti québécois
1969	Crise de Saint-Léonard, au Québec
	Loi canadienne sur les langues officielles
	Loi pour promouvoir la langue française au Québec (loi 63), au Québec
	Contrat des chutes Churchill

1970   Robert Bourassa (libéral) devient premier ministre du Québec

            Politique fédérale du multiculturalisme

            Rapport de la Commission d'enquête sur la santé et le bien-être social
            (commission Nepveu-Castonguay), au Québec

            Crise d'octobre

1971   Charte de Victoria

1972   Rapport de la Commission sur la situation de la langue française et sur
            les droits linguistiques au Québec (commission Gendron)

1974   Loi sur la langue officielle (loi 22), au Québec

1975   Politique de contrôle des salaires et des prix

1976   René Lévesque (PQ) devient premier ministre du Québec

            Crise des « gens de l'air »

1977   Charte de la langue française (loi 101), au Québec

1979   Joe Clark (conservateur) devient premier ministre du Canada

            Rapport du groupe de travail Pepin-Robarts sur l'unité canadienne

1980   Pierre Elliott Trudeau reprend le pouvoir

            Le « Ô Canada » devient l'hymne national canadien

            Programme énergétique national

            Référendum québécois sur la souveraineté-association

1981   La Cour suprême se prononce sur le projet du gouvernement Trudeau
            de rapatrier unilatéralement la Constitution

1982   Projet de loi S-31 sur la limitation de la propriété des actions de cer-
            taines sociétés

            Rapatriement de la Constitution

            La Cour suprême se prononce sur le droit de veto du Québec

1983   Loi modifiant la Charte de la langue française (loi 57), au Québec

1984   La Cour suprême se prononce sur la « clause Québec »

            Brian Mulroney (conservateur) devient premier ministre du Canada

            Robert Bourassa reprend le pouvoir

1986	Loi modifiant la Loi sur les services de santé et les services sociaux (loi 142)
	Contrat d'entretien des CF-18
	Déclaration d'Edmonton
1987	Loi sur les brevets pharmaceutiques (loi C-22)
	Accord du lac Meech
	Formation du Parti réformiste du Canada
1988	La Cour suprême se prononce sur l'affichage unilingue français au Québec
	Loi modifiant la Charte de la langue française (loi 178), au Québec
1989	Le Traité de libre-échange avec les États-Unis entre en vigueur
1990	Formation du Bloc québécois
	Crise d'Oka
	Forum des citoyens sur l'avenir du Canada (commission Spicer)
1991	Rapport Allaire
	Rapport de la Commission sur l'avenir politique et constitutionnel du Québec (commission Bélanger-Campeau)
1992	Référendum pancanadien sur l'Entente de Charlottetown
1993	Jean Chrétien (libéral) devient premier ministre du Canada
	Le Bloc québécois devient l'opposition officielle à Ottawa
	Loi modifiant la Charte de la langue française (loi 86), au Québec
1994	Jacques Parizeau (PQ) devient premier ministre du Québec
1995	Transfert canadien en matière de santé et de services sociaux
	Commission nationale sur l'avenir du Québec
	Référendum québécois sur la souveraineté-partenariat
1996	Lucien Bouchard (PQ) devient premier ministre du Québec
1997	Conférence de Calgary
1998	La Cour suprême se prononce sur le droit du Québec de faire sécession unilatéralement
1999	Entente sur l'union sociale